…

osteu

74. JAHRGANG / HEFT 11–12 / 20..

Druckpunkte
Georgien, Moldova, Ukraine

Editorial	Der schwarze Punkt	3
Zaal Andronikashvili	„Schutzlos gegenüber Russland" Wahlen in Georgien: Alptraum, 3. Akt	5
Hans Gutbrod	Verräterische Zahlen Manipulation der georgischen Wahlen	15
Anna Guminska	Sandu gewählt, Spaltung zementiert Präsidentschaftswahlen in Moldova	25
Martin Schulze Wessel	Weltbilder im Widerstreit Nachrüstung und Russlands Krieg	35
Benno Ennker	Das süße Gift Appeasement Russlands Krieg und deutsches Lavieren	45
Vladimír Handl Kateřina Řežábková Zuzana Zavadilová	Prager Zeitenwende Tschechien, Russland und der Ukrainekrieg	57
	Internationale Unterstützung für die Ukraine Finanzen, Militär, Flüchtlinge	68
Krisztián Ungváry	Die Russlandversteher Orbán, die Ungarn und der Ukrainekrieg	71
Alexander Duleba	Die zwei Gesichter des Robert Fico Die Slowakei, Russland und der Ukrainekrieg	81

Sergej Kučerov	Öl gegen Leichen Die Allianz Nordkorea-Russland	93
Nikolay Mitrokhin	Russlands Krieg gegen die Ukraine Wochenberichte Herbst 2024	99
Nikolay Mitrokhin	Das dritte Kriegsjahr Vier Szenarien für 2025	173
Peter Sawicki	Neustart verschoben Polen, Deutsche und der Schatten des Krieges	181
Martina Winkler	Populismus in der Slowakei Weltbild und Politik der Fico-Regierung	195
Hella Engerer	Abkopplung von Russland Wie weit sich die EU bei Gas und Öl gelöst hat	215
Namig Abbasov *Emil A. Souleimanov*	Aufstieg eines Verbrechers Kadyrovs Gewaltherrschaft in Tschetschenien	229
Felix Riefer	Die Russlanddeutschen Von der Schicksals- zur Erinnerungs- gemeinschaft	243

Abstracts 251

Karten

Georgien – Veränderung der Wahlbeteiligung	Einschub 1
Georgien – Wo die Wahl gefälscht wurde	Einschub 1
Moldova – Stichwahl um die Präsidentschaft 2024	Einschub 1
Moldova – Referendum über EU-Beitritt als Verfassungsziel	Einschub 1

Der schwarze Punkt

Georgien kommt nicht zur Ruhe. Seit Wochen halten die Proteste an. Zunächst richteten sie sich gegen die systematische und raffinierte Fälschung der Parlamentswahlen am 26. Oktober 2024, durch die sich die Partei *Georgischer Traum* die absolute Mehrheit sicherte. Seit der Oppositionsabgeordnete Davit Kirtadze am 16. November 2024 dem Vorsitzenden der Zentralen Wahlkommission Giorgi Kaladarishvili bei der Bekanntgabe des vermeintlichen Wahlergebnisses schwarze Farbe ins Gesicht und auf dessen weißes Hemd spritzte, ist der schwarze Punkt, der das Cover dieser OSTEUROPA-Ausgabe ziert, zum Symbol der Protestbewegung geworden.

Die Proteste richten sich gegen die Regierung, welche die Demonstranten wegen der Wahlfälschung für illegitim halten; sie richten sich aber auch gegen die Ankündigung von Ministerpräsident Irakli Kobachidse vom 28. November 2024, den EU-Beitrittsprozess des Landes bis 2028 auf Eis zu legen. Die Demonstranten und die Opposition befürchten, dass damit die Westorientierung des Landes gestoppt wird und die zunehmend autoritäre Regierung Georgien in Russlands Orbit führt. Am 14. Dezember 2024 wurde auf Vorschlag des *Georgischen Traums* Michael Kavelashvili von einer Wahlversammlung aus Parlamentariern und Regionalvertretern zum neuen Präsidenten Georgiens gewählt. Die Oppositionsparteien waren dieser Abstimmung ferngeblieben und fordern gemeinsam mit der bislang amtierenden Präsidentin Salome Surabishvili und der Protestbewegung freie und faire Neuwahlen.

Bei den Wahlen Anfang November in Moldova wurde die Präsidentin Maia Sandu wiedergewählt. Gleichzeitig entschied die Bevölkerung in einem Referendum mit hauchdünner Mehrheit von kaum mehr als 10 000 Stimmen, den EU-Beitritt des Landes zum Verfassungsziel zu erklären. Der knappe Ausgang der beiden Abstimmungen ist Ausdruck der Spaltung des Landes. Diese ist hausgemacht und doch bietet sie ein Einfallstor für Einmischung aus Russland.

In der Ukraine setzt Russland seinen Krieg unverändert fort. Auf dem Boden in der Region Donec'k rückt die Okkupationsarmee – wenn auch unter enormen Verlusten – langsam vor. Am besonders verbrecherischen Charakter des Luftkrieges hat sich nichts geändert: Russlands Armee greift systematisch zivile Infrastruktur an und zerstört Kraftwerke, Fernwärmesysteme, Umspannwerke, Stromleitungen und Wasserwerke. Ziel ist es, die Menschen unter den härteren Lebensbedingungen des Winters mürbe zu machen und den Widerstandswillen der Ukrainer zu brechen. Auch die Kriegsziele des Putin-Regimes haben sich nicht geändert. Zwar verzeichnete die Okkupationsarmee in diesem Herbst die größten Geländegewinne seit langem. Es geht dem Regime aber nicht um das Territorium der vier annektierten Gebiete, sondern um die Zerstörung der Selbstbestimmung und Freiheit der ukrainischen Nation. Und um die Ausschaltung einer demokratischen Alternative vor den Mauern des Kreml.

Moldova, Georgien und die Ukraine sind unterschiedliche Schauplätze ein und desselben Konflikts. Der Konflikt dreht sich um die Frage, wie die politische Ordnung beschaffen sein soll: liberal oder autoritär? Was ist besser für die jeweilige Gesellschaft: eine liberale, pluralistische, rechtsstaatliche oder eine autoritäre, antipluralistische rechtsnihilistische Ordnung? Dieser Konflikt beschäftigt die Gesellschaften in Osteuropa seit der Auflösung der Sowjetunion im Dezember 1991. Mal ist der Konflikt kaum zu registrieren. Wie in der Tektonik nehmen die Spannungen im Untergrund langsam zu, bis sie sich in gesellschaftlichen Krisen wie der Rosenrevolution 2003 in Georgien oder der Orangen Revolution 2004 und dem Euromajdan 2013/2014 in der Ukraine entladen. Das sind die Druckpunkte des Protests. Mal eskalieren die Spannungen wie im Falle von Russlands Einmischung in der Ukraine und führen zum Krieg. Dieser Konflikt um die politische Ordnung hat neben der innergesellschaftlichen und der innenpolitischen auch eine außenpolitische Dimension. Zugespitzt lautet diese: „Brüssel" oder „Moskau"?

Da ist es kein Wunder, dass ausgerechnet jene politischen Kräfte wie die Autokraten und Populisten von rechts und von links, die mit „Brüssel" als Symbol der liberalen pluralistischen Demokratie und der Rechtsstaatlichkeit hadern oder gebrochen haben, die europäische Solidarität mit den Angegriffenen aufkündigen. Als „Friedensmissionar" gerierte sich der ungarische Ministerpräsident Viktor Orbán bei seinem Kreml-Besuch Anfang Juli 2024. Dass er mit keiner Silbe den einfachsten Weg zum Frieden ansprach, nämlich Putin aufzufordern, die Aggression einzustellen und seine Truppen aus der Ukraine abzuziehen, ist Ausdruck einer besonderen Donau-Diplomatie. Statt dem Frieden nur einen Zentimeter näherzukommen, bot Orbán Putin den Anlass, vor der internationalen Presse unwidersprochen seine Lügen zu wiederholen, dass der Westen einen Krieg gegen Russland führe, Moskau aber nur Frieden wolle.

Der andere führende Donau-Diplomat Robert Fico, seines Zeichens slowakischer Ministerpräsident, machte deutlich, dass es ihm und seinesgleichen, die in die Friedensschalmeien blasen, um Appeasement geht – also um nichts anderes als die Kapitulation der Ukraine. Unter Anspielung auf das Münchner Abkommen von 1938, als England und Frankreich festlegten, dass die Tschechoslowakei das Sudetenland an NS-Deutschland abtreten muss, und sie damit den Weg zur Zerschlagung der Tschechoslowakei freigaben, meinte Fico in einem Radiogespräch Anfang Dezember 2024: „Es wird ein schönes München für die Ukraine werden, Russland wird die Gebiete behalten, die es kontrolliert."

So honoriert man Angriffskriege. Und so hofiert man Diktatoren. Doch mit Frieden hat das nichts zu tun. Kein schwarzer Punkt, kein Druckpunkt, sondern ein Tiefpunkt.

Berlin, im Dezember 2024   *Manfred Sapper, Aurelia Ohlendorf, Felix Eick*

Georgien nach der Wahl

Schutzlos gegenüber Russland
Zaal Andronikashvili zum georgischen Alptraum, 3. Akt

Die Partei *Georgischer Traum* des Milliardärs Bidzina Ivanishvili hat sich durch Wahlfälschung die absolute Mehrheit in Georgiens Parlament gesichert. Da ihr die Umfragen eine Niederlage voraussagten, entschied sie sich für eine erfindungsreiche Kombination aus Wahlmanipulationen. Die proeuropäische Opposition gab sich Illusionen hin und machte Fehler. Sie konnte die Tatsache, dass 80 Prozent der Georgier in die EU streben, nicht für sich nutzen. Geopolitisch sind Georgien und die Ukraine unterschiedliche Schauplätze des gleichen von Russland geführten Kampfes. Der einzige Schutz Georgiens vor Moskau ist die EU- und NATO-Integration. Mit Ivanishvilis Wahlsieg wird dieser Kurs unterbrochen. Die Wahl ist für Moskau ein großer Erfolg. Und Brüssel schaut zu.

OSTEUROPA: *Die Anzeichen haben sich verdichtet, dass es bei der georgischen Parlamentswahl am 26. Oktober 2024 systematische Wahlmanipulationen in größerem Umfang zugunsten des Georgischen Traums gegeben hat. Die Rede ist von zehn bis 15 Prozent Stimmanteil. Wie bewerten Sie die offiziellen Zahlen?*

Zaal Andronikashvili: Bereits die Diskrepanz zwischen den am Wahltag durch internationale Wahlforschungsinstitute erstellten Hochrechnungen und dem Endergebnis von 54 Prozent Stimmanteil für den *Georgischen Traum*, der nahe an der von der Regierung in den vorausgegangenen Monaten angekündigten Zahl lag, weckte Bedenken. Der gemeinsame vorläufige Bericht des Büros für demokratische Institutionen und Menschenrechte (ODIHR) der OSZE sowie der parlamentarischen Versammlungen der OSZE, des Europarats und der NATO bescheinigte, dass die Wahlen zwar prozedural ordentlich organisiert waren, monierte jedoch zahlreiche Unregelmäßigkeiten wie Hinweise auf Einschüchterung der Wähler oder Verletzungen des Wahlgeheimnisses. Auch gab es offenbar Fälle, in denen die Markierung der Finger mit unter UV-Licht sichtbarer Spezialtinte fehlte, was eine Mehrfachwahl verhindern soll. Bemerkenswert

---

Zaal Andronikashvili (1973), Dr. phil., wissenschaftlicher Mitarbeiter am Zentrum für Literatur und Kulturforschung, Berlin
Von Zaal Andronikashvili erschien zuletzt in OSTEUROPA: Georgischer Alptraum, 2. Akt. Die Proteste in Tbilissi, in: OE, 4/2024, S. 17–25. – Georgischer Alptraum. Über die autoritäre Entwicklung in Tbilissi, in: OE, 9–10/2022, S. 193–200. – Dichtung zwecks Wahrheit. Georgien: Eine literarische Biographie 1988–2018, in: OE, 7/2018, S. 79–102. – (gemeinsam mit Franziska Thun-Hohenstein): Die Kolchis und das Meer. Elemente einer symbolischen Raumordnung Georgiens, in: OE, 7/2018, S. 23–45. – Verfemt und vergessen. Georgiens Sozialdemokratie und das Jahr 1917, in: OE, 6–8/2017, S. 409–424.

ist, dass die Wahlen im Bericht nicht als fair und frei bezeichnet wurden. Georgische Wahlbeobachter und oppositionelle Medien sprechen von einer lang vorbereiteten und nahezu generalstabsmäßig durchgeführten Operation, bei der es der Regierung und der von ihr kontrollierten Zentralen Wahlkommission vorrangig darum ging, die Wahlen massiv zu manipulieren.

OSTEUROPA: *Wie lief diese Manipulation ab und wie vielfältig war die Wahlbeeinflussung?*

Andronikashvili: Zuerst gab es nicht abgesprochene, kurzfristige Gesetzesänderungen, die Manipulationen ermöglicht haben. So änderte der *Georgische Traum* als Mehrheitsfraktion im Parlament etwa die Regeln zur Ernennung von Wahlhelfern. Im Gegensatz zu früher wurde es dadurch möglich, Wahlhelferpositionen nicht erst am Wahltag zu verlosen, sondern sie bereits eine Woche vor der Wahl durch die Wahlkommission zu verteilen. Zudem hatte die Regierung illegalen Zugriff auf personenbezogene Daten. Der frühere georgische Premierminister Giorgi Gakharia, ein ehemaliger Anhänger Bidzina Ivanishvilis, der 2021 die Partei verließ und eine oppositionelle Partei gründete, geht davon aus, dass die Behörden Zugriff auf alle persönlichen Daten inklusive der medizinischen und finanziellen Daten hatten. Sie wussten daher ziemlich genau, welche Personen nicht zur Wahl gehen würden. Dies waren vor allem zwei Gruppen: erstens Menschen, die ausgewandert und lange Zeit nicht in Georgien gewesen sind, und zweitens jene, die in Georgien dazu überredet werden konnten, nicht wählen zu gehen – im Austausch gegen kleinere oder größere Zugeständnisse wie Geld oder die Einstellung von Strafverfahren. Einem Teil dieser Menschen nahmen die Behörden im Vorfeld der Wahlen die Personalausweise ab. Die Regierung ließ Datenbanken mit persönlichen Identifikationsnummern dieser Nichtwähler anlegen. Mithilfe dieser Datenbanken konnten andere Personen – in den meisten Fällen dieselbe Person mehrfach – in verschiedenen Wahllokalen für die Partei *Georgischer Traum* stimmen. Die Personen, die mehrfach in unterschiedlichen Wahllokalen wählten, taten dies nicht mit der eigenen Personalidentifikationsnummer – dies geht nur einmal –, sondern mit den Identifikationsnummern anderer Personen. Ein unabhängiger Wahlhelfer hätte diese „Karussell"-Manöver sofort aufgedeckt. Ein korrumpierter Wahlhelfer ließ sie hingegen zu. Die Listen und Datenbanken wurden zudem an von der Wahlkommission ernannte Wahlhelfer in den Wahllokalen weitergegeben, sie wussten folglich, wer unter falschem Namen wählen würde. Das Verfahren fiel dennoch in einigen Fällen auf – diese sind dokumentiert.

OSTEUROPA: *Wie wurde noch manipuliert?*

Andronikashvili: Verfälschend wirkte ebenso, dass Funktionären der Regierungspartei und Kleinkriminellen erlaubt wurde, als angebliche Wahlbeobachter zu arbeiten. Sie kooperierten mit Wahlhelfern, um echte Wahlbeobachter an der Aufdeckung von Fälschungen zu hindern. In vielen Fällen kam es zudem bis in die Wahlkabinen zur Kontrolle der Stimmabgabe durch unbefugte Personen. Auch Bedrohungen von Wählern in der Nähe der Wahllokale durch Kleinkriminelle wurden registriert. Direkte Wählerbestechung trug ebenfalls zur Wahlfälschung bei. Bei einer Befragung des Fernsehsenders *Mtavari* im Bezirk Akhalkalaki gaben Wähler etwa freimütig zu, für die Wahlen Geld angenommen zu haben. Ein weiteres Mittel der Wahlmanipulation waren die sogenannten Koordinationszentren. Sie sollten den Prozess in jedem Wahllokal überwachen und gewissermaßen als Vermittler zwischen Wahllokal und Partei fungieren. So konnten sie der Partei in Echtzeit Informationen übermitteln und bei Bedarf die Ergebnisse im gewünschten Sinne anpassen. Auf diese Weise wurden vermutlich 300 000 Stimmen manipuliert. Die Zentrale Wahlkommission verstieß so – mindestens durch Fahrlässigkeit – massiv gegen das Prinzip der geheimen Wahl. Auch außerhalb Georgiens fand Unterdrückung der Wählerschaft statt. Die Regierung eröffnete im Ausland schlicht zu wenige Wahllokale. So wurden viele stimmberechtigte Auslandsgeorgier von den Wahlen abgehalten. Wie man das richtig macht, zeigte Moldova. Bei den Präsidentschaftswahlen hatte Moldova 228 Wahllokale im Ausland eingerichtet, Georgien nur 60 Wahllokale – und das bei einer größeren Wählerschaft. Letztlich gaben die Auslandsmoldauer den Ausschlag für den Wahlsieg der proeuropäischen Präsidentin Maia Sandu.

OSTEUROPA: *Und diese Kombination der unterschiedlichen Manipulationen ist dann für die kritischen 15 Prozent der Stimmen verantwortlich?*

Zaal Andronikashvili: Der Politikwissenschaftler Hans Gutbrod hat die Folgen unterschiedlicher Manipulationen berechnet. Ihre Kombination legt nahe, dass die internationalen Hochrechnungen näher am Willen des georgischen Volkes sind als die Ergebnisse der zentralen Wahlkommission. Ein Teil dieser Vorwürfe findet sich auch in Berichten internationaler Wahlbeobachter. Wenn dies nachgewiesen wird, wäre es die größte Wahlmanipulation in der georgischen Geschichte.

OSTEUROPA: *Der Georgische Traum wäre auch ohne diese Fälschung klar stärkste Kraft. Warum hat die Partei diese zehn bis 15 Prozent unbedingt gebraucht?*

Andronikashvili: Der *Georgische Traum* wäre zwar mit über 40 Prozent der Stimmen die stärkste Kraft im Parlament gewesen, hätte jedoch keine Regierung bilden können. Die oppositionelle Allianz aus vier Parteien beziehungsweise Parteibündnissen hätte die Regierungsbildung übernehmen können. Dies hätte für Ivanishvili einen Machtverlust bedeutet.

OSTEUROPA: *Auf Ersuchen der Zentralen Wahlkommission hatte die Generalstaatsanwaltschaft ein Ermittlungsverfahren wegen Wahlbetrugs eingeleitet. 14 Prozent der Stimmen bzw. fünf Wahllokale wurden daraufhin neu ausgezählt. Wie kann es sein, dass die Neuauszählung ohne Folgen abgeschlossen wurde?*

Andronikashvili: Das ist nicht ganz korrekt. Die Staatsanwaltschaft hat die Stimmen nicht im Zusammenhang mit der Ermittlung der Generalstaatsanwaltschaft neu ausgezählt. Die stichprobenartige Neuauszählung ist eine Routineprozedur, die gesetzlich vorgeschrieben ist. Die Wahlkommission ist verpflichtet, sie durchzuführen. Auch in der entsprechenden Mitteilung der Wahlkommission wird kein Bezug zu dem Ermittlungsverfahren hergestellt, dagegen wird auf die georgische Gesetzgebung verwiesen. Die Neuauszählung hat die Ergebnisse nur minimal korrigiert. Die oben beschriebenen angeprangerten Wahlfälschungen bzw. Wahlmanipulationen hätten durch die Neuauszählung ohnehin nicht bzw. kaum aufgedeckt werden können.

OSTEUROPA: *Acht von zehn Georgiern befürworten Umfragen zufolge den Weg in die Europäische Union. Wie erklären Sie, dass der Georgische Traum, der etwa mit dem „Agentengesetz" – von der Zivilgesellschaft auch als „russisches Gesetz" bezeichnet – eine extreme Polarisierung betrieben hat, trotzdem die meisten Stimmen erhalten hat?*

Andronikashvili: Man muss der Antwort vorausschicken, dass in Georgien kein normaler politischer Wettbewerb stattfindet. Er wurde vom *Georgischen Traum* in jeder Hinsicht dominiert, auch mit den Mitteln, die nicht rechtsstaatlich sind oder sich zumindest in der rechtlichen Grauzone befinden. Der *Georgische Traum* hat den georgischen Staat nahezu vollständig gekapert und nutzt staatliche Ressourcen zur eigenen Machtsicherung. Das Regime kontrolliert Exekutive, Legislative und Judikative sowie große Teile der Wirtschaft und Medien. Ivanishvili vereint mit einem Vermögen, das etwa einem Fünftel der georgischen Wertschöpfung entspricht, wirtschaftliche und politische Macht in Personalunion. Ivanishvili kontrolliert nicht nur 40 Prozent der elektronischen Medien, vor allem das Fernsehen. Das Regime betreibt auch Tausende von Fake-News-Plattformen und Trollfabriken im Land, die Diffamierungskampagnen gegen Oppositionsparteien und die Zivilgesellschaft führen.

Dennoch steht fest, dass diese Partei 40 Prozent der Stimmen erhalten hat. Dafür gibt es mehrere mögliche Erklärungen. Einflussnahme erfolgte etwa über die Nutzung administrativer Ressourcen, etwa Druck auf Staatsbeamte und Angestellte im öffentlichen Dienst sowie deren Familien. Einschüchterung und Stimmenkauf schon vor dem Wahltag waren weitere wichtige Faktoren, die berücksichtigt werden müssen. Ein entscheidender Faktor ist zudem die aggressive Propagandamaschinerie. Die Kriegsangst wurde geschürt und gezielt mit dem Westen in Verbindung gebracht, der angeblich eine zweite Front des Krieges gegen Russland in Georgien eröffnen wolle. Ebenso machte der *Georgische Traum* gegen LGBT mobil, die mit dem Westen assoziiert wird und mit der Behauptung verbunden wurde, dass der Westen traditionelle Familienwerte und Identitäten in Georgien zerstören und die Georgisch-Orthodoxe Kirche angreifen wolle.

OSTEUROPA: *Die Polarisierung der Gesellschaft war bei den Wahlen also ein Vorteil für die Partei der Macht?*

Andronikashvili: Genau, die Stimmen, die der *Georgische Traum* erhielt, bekam er nicht trotz, sondern wegen dieser extremen Polarisierung. Die Opposition und die Zivilgesellschaft wurden dämonisiert, schikaniert und sowohl verbal als auch physisch bedroht. Neben der Propaganda spielen auch wirtschaftliche und machtpolitische Faktoren eine Rolle. In den ländlichen Gegenden genießt der *Georgische Traum* größere Zustimmung als in den Großstädten. Die Bevölkerung dort ist ärmer und stärker den Macht- und Propagandamechanismen ausgesetzt als die Stadtbevölkerung.

Proteste in Tbilisi am 30. November und 1. Dezember. ©*Nikoloz Urushadze/OC Media*

OSTEUROPA: *Wodurch kommt das?*

Andronikashvili: Das hat mehrere Gründe: Der Einfluss der lokalen Administration, der Polizei und der lokalen Wirtschaftsbosse, die am Weiterregieren der regierenden Partei interessiert sind, ist in der ländlichen Bevölkerung viel unmittelbarer als in einer Großstadt. Man kennt sich persönlich, die Druckmittel sind größer. Der Arbeitgeber ist meist der Staat, der seine Mitarbeiter unter Kontrolle hat. Es gibt auch weniger zivilgesellschaftliche Kräfte, die diesen Einfluss abfedern können. Teilweise können nur regierungstreue Sender empfangen werden. Darüber hinaus besteht in Regionen, wo Sprachminderheiten überwiegen, eine Sprachbarriere, die die Menschen von georgisch-oppositionellen Quellen abschneidet. Die Zivilgesellschaft ist dort auch kaum präsent, sodass die Auswirkungen des „Agentengesetzes" nicht unmittelbar spürbar sind. In vielen ländlichen Regionen hat der *Georgische Traum* etwa 80 Prozent der Stimmen erhalten. Zum Vergleich: In den Wahllokalen im Ausland war das Verhältnis umgekehrt, zugunsten der Opposition. Die Unterstützung für den *Georgischen Traum* wird gelegentlich auch mit Wählergruppen in Verbindung gebracht, die zu den Verlierern der postsowjetischen Transformation zählen. Diese Menschen sehen in der Niederlage der prowestlichen liberalen Elite und der aufkommenden Mittelschicht eine Art Revanche. Allerdings müssten sie hierfür eine Allianz eingehen, die ihnen außer einem symbolischen Sieg und kurzzeitigen finanziellen Zuwendungen nichts zu bieten hat und im Gegenteil zu ihrer weiteren Verarmung und Ausbeutung beiträgt.

OSTEUROPA: *Welche waren die größten Fehler und Irrtümer der Oppositionsparteien? Wieso hat etwa die Ende Mai von der Staatspräsidentin Salome Surabishvili verkündete „Georgische Charta" nicht stärker verfangen?*

Andronikashvili: Diese Frage impliziert wiederum eine normale Wahlkampfsituation. Die politische Opposition agierte dagegen in einer Situation des unlauteren Wettbewerbs und wurde von vornherein benachteiligt. In den Umfragen und selbst in den Hochrechnungen lag sie klar vorne. Wenn wir den Ausgang der Wahlen als eine Niederlage der Opposition bezeichnen, impliziert das schon, dass wir die Wahlen als frei und fair anerkennen und gerade das trifft nicht zu. Dennoch kann man durchaus von vielfältigen Fehlern der Opposition sprechen. Ihre hohen Werte waren nicht das Resultat ihrer Beliebtheit oder Zustimmung beim georgischen Wähler. Sie sind primär darauf zurückzuführen, dass viele die Wahl als eine Abstimmung über die europäische Zukunft Georgiens betrachteten. Zwar gelang es der Staatspräsidentin Salome Surabishvili, alle Parteien auf gemeinsame Ziele einzuschwören. Doch es fehlten der Opposition – auch aufgrund von Personalfragen – der Wille zur Kooperation und die Fähigkeit zur Koordination. Nicht zuletzt aufgrund dieser Koordinationsschwierigkeiten hinkte die Opposition der Regierungspartei immer mindestens einen Schritt hinterher. Die Opposition ging kaum auf die Propagandanarrative des *Georgischen Traums* ein. Insbesondere instrumentalisierte der *Georgische Traum* erfolgreich die selbst geschürte Kriegsangst.

OSTEUROPA: *Wieso konnte die Opposition die proeuropäische Stimmung in der georgischen Bevölkerung nicht klarer für sich nutzen?*

Andronikashvili: Die Opposition versäumte es, vielen Wählerinnen und Wählern zu verdeutlichen, dass die EU langfristig den Frieden für Georgien sichern könnte. Es gelang der Opposition nicht, die 80-prozentige Zustimmung zur EU vollständig auszunutzen und in Stimmen gegen das Ivanishvili-Regime umzuwandeln. Sie versäumte es, die latenten Euroskeptiker anzusprechen und ihnen die Vorteile der europäischen Integration zu verdeutlichen. Die Opposition hat es auch nicht hinbekommen, auf die existenziellen und sozialen Sorgen der georgischen Wähler einzugehen. Gerade in sozial schwachen Regionen, in denen der *Georgische Traum* mehr Zustimmung erhielt, konnten die Oppositionsparteien den Menschen keine klare Zukunftsvision jenseits der europäischen Perspektive bieten. Auch in den überwiegend von armenischen und aserbaidschanischen Minderheiten bewohnten Gebieten, die traditionell die amtierende Regierung unterstützen, versäumte es die Opposition, Vertreter dieser Minderheiten aufzustellen. Schließlich entwickelte sie keine Gegenstrategie zur Manipulationsmaschinerie des Regimes. Auch für die Zeit nach den Wahlen scheint die Opposition keinen klaren Plan zu haben, was die Wähler enttäuscht und zum Abebben der Proteste beiträgt.

OSTEUROPA: *Wie hat sich Russland während des Wahlkampfs und in den Tagen nach dem Urnengang verhalten?*

Andronikashvili: Russland hat den Ausgang der Wahlen begrüßt, obwohl zunächst keine offiziellen Glückwünsche aus Moskau kamen. Dennoch gab es inoffiziell viel Lob. In den Wahlkampf mischte sich Russland kaum ein. Das Land verfolgt in Georgien seine eigene Agenda. Während Georgiens Kurs auf Brüssel durch diese Wahl gestoppt zu sein scheint, hat Russland bereits Forderungen formuliert: Dazu gehört die „Grenzberichtigung" zu Abchasien und Südossetien, was einer De-facto-Anerkennung dieser Regionen gleichkäme. Zudem hat Russland den Artikel in der georgischen Verfassung kritisiert, der die EU- und NATO-Integration verankert. Der *Georgische Traum* verfügt jedoch nicht über die erforderliche, ursprünglich angestrebte und angekündigte Zwei-Drittel-Mehrheit, um diesen Artikel zu ändern. Russland beanstandet außerdem den jährlichen Resolutionsantrag, den Georgien bei der UN-Generalversammlung einbringt. Er fordert das Rückkehrrecht aller Binnenvertriebenen, Flüchtlinge und ihrer Nachkommen in ihre georgischen Heimatorte. Diese Resolution ist ein Teil der georgischen Anstrengungen, die Anerkennung der territorialen Integrität international ständig zu bekräftigen.

OSTEUROPA: *Der Georgische Traum hat sich durch Wahlfälschung die absolute Mehrheit gesichert. Welche Schritte plant die Partei nun in den kommenden vier Jahren?*

Andronikashvili: Der *Georgische Traum* ist der verlängerte Arm Ivanishvilis. Ohne ihn hat die Partei keinen Bestand. Was die Partei plant, ist nicht nur mit Ivanishvili abgestimmt, sondern vielmehr sein eigener Plan. Teile dieses Plans wurden angekündigt, andere bereits umgesetzt. Sollten die Gesetze über die „Transparenz ausländischen Einflusses" (Agentengesetz) und über den „Schutz der Familienwerte und Minderjährigen" (Anti-LGBTQ-Gesetz) in Kraft bleiben, eröffnen sie der Regierung die Möglichkeit, dem zivilgesellschaftlichen Sektor den Geldhahn zuzudrehen sowie de facto eine Zensur einzuführen. Darüber hinaus kündigte der *Georgische Traum* ein Verbot oppositioneller

Parteien und juristische Schritte gegen die ehemalige Regierungspartei *Vereinigte Nationale Bewegung* an. Premierminister Irakli Kobakhidze hat im Mai außerdem eine Reform im Bildungswesen angekündigt. Er beschuldigt die Vorgängerregierung, „antinationale" Lehrbücher eingeführt zu haben. Er sprach von einem „düsteren Gesamtbild an der führenden Staatlichen Universität Tiflis". Die Professoren seien nach politischen Kriterien ausgesucht, ihnen fehle die nötige Qualifikation, das gesamte Hochschulsystem breche zusammen, so Kobakhidze. Es ist also mit einem Angriff auf die Universitäten zu rechnen, die sich bisher dem Einfluss des *Georgischen Traums* noch entziehen konnten. Ich rechne mit Säuberungswellen. Die Ilia-Universität – meine Hochschule – hat etwa trotz exzellenter Evaluation nur eine einstweilige Autorisierung für ein Jahr bekommen. Es ist zu befürchten, dass sie gar keine Autorisierung mehr bekommt, stark unter Druck gesetzt oder gar aufgelöst wird.

Zu erwarten sind auch rechtliche Verfolgung von Oppositionellen und der Zivilgesellschaft, Diffamierungs- und Propagandakampagnen, Schikanen und körperliche Gewalt, wie es im Mai 2024 stattgefunden hat. Es wird allerdings auch gemutmaßt, dass Ivanishvili das „Agentengesetz" und das „Anti-LGBTQ-Gesetz" zurücknehmen könnte – als Gegenleistung für eine Anerkennung der Wahl durch die EU-Staaten. Grundsätzlich wird das Regime darauf hinarbeiten, seine Machtbasis weiter zu festigen und alle verbliebenen Freiräume zu besetzen.

OSTEUROPA: *Wie dürfte die Rolle des Schatten-Machthabers Bidzina Ivanishvili in der nächsten Legislatur aussehen?*

Andronikashvili: Ivanishvili selbst hält sich gern im Hintergrund und mischt sich nur in für ihn wichtige Angelegenheiten ein. Wird die Situation für die Partei jedoch kritisch – wie im Wahljahr 2024 –, zeigt er sich vermehrt in der Öffentlichkeit, um zu signalisieren, dass er hinter der Partei steht. Welche Rolle er in den nächsten vier Jahren spielen wird, hängt davon ab, inwieweit die Pläne des Regimes umgesetzt werden können.

Sicherheitskräfte gehen am 29. November 2024 in Tbilisi mit Wasserwerfern gegen in eine Europafahne gehüllte Demonstranten vor © Nikoloz Urushadze/OC Media

OSTEUROPA: *Wie dürfte die Rolle des Schatten-Machthabers Bidzina Ivanishvili in der nächsten Legislatur aussehen?*

Andronikashvili: Ivanishvili selbst hält sich gern im Hintergrund und mischt sich nur in für ihn wichtige Angelegenheiten ein. Wird die Situation für die Partei jedoch kritisch – wie im Wahljahr 2024 –, zeigt er sich vermehrt in der Öffentlichkeit, um zu signalisieren, dass er hinter der Partei steht. Welche Rolle er in den nächsten vier Jahren spielen wird, hängt davon ab, inwieweit die Pläne des Regimes umgesetzt werden können.

OSTEUROPA: *Mitte Mai sagten Sie im Gespräch mit OSTEUROPA, dass es am Ende auch um die Existenz Georgiens als unabhängiger Staat geht. Was meinten Sie damit und inwiefern verschlimmert der Wahlausgang die Situation?*

Andronikashvili: Es sind innen- und außenpolitische Faktoren, die jedoch miteinander verknüpft sind. Einerseits stellt Russland eine existenzielle Bedrohung für Georgien dar. Russland kämpft um das sowjetische Erbe und um den machtpolitischen Status einer Weltmacht mit privilegierten Einflusszonen, zu denen primär die ehemaligen Sowjetrepubliken gehören. Georgien, die Ukraine, Moldova und Armenien sind unterschiedliche Schauplätze dieses Kampfes. Sollte der Begriff „existenzielle Bedrohung" übertrieben erscheinen, genügt ein Blick auf die Ukraine: Dort geht es buchstäblich um das Überleben des ukrainischen Staates und Volkes. Diese Bedrohung besteht auch für Georgien und Moldova. Zudem sind Georgien und Moldova deutlich schwächer als die Ukraine und können nicht den Widerstand leisten, den die Ukraine geleistet hat und weiterhin leistet. Der einzige Schutz Georgiens gegenüber Russland ist die EU- und NATO-Integration. Mit dem Wahlsieg der Partei Ivanishvilis wird der Integrationsprozess ausgesetzt. Das bedeutet, dass Georgien Russland schutzlos gegenübersteht. Sogar wenn Russland nicht militärisch angreift und besetzt, wird es das Land dauerhaft schwächen und international isolieren. Während die EU-Integration für Georgien eine dauerhafte Sicherung der demokratischen Grundordnung und der Rechtsstaatlichkeit bedeutet, wird ein autoritäres Georgien ohne demokratische Institutionen, ohne Zivilgesellschaft und Freiheit in Kunst und Wissenschaft zunehmend verfallen. Es wird sich in eine „Bananenrepublik" verwandeln – eine Gesellschaft mit einer kleinen Gruppe von Superreichen und einer extrem armen, ausgebeuteten Bevölkerung. Das ist nicht die Zukunft, die ich mir für Georgien wünsche.

OSTEUROPA: *Was hat die EU in den vergangenen Monaten versäumt?*

Andronikashvili: Der EU fehlt eine zusammenhängende Vision des geopolitischen Raums im Osten Europas. Die Russlandpolitik und die Östliche Partnerschaft wurden getrennt statt einheitlich betrachtet. Brüssel glaubte, Russlandpolitik über die Köpfe der Länder der Östlichen Partnerschaft hinweg betreiben zu können. Diese Sichtweise hat sich nach Russlands Überfall auf die Ukraine am 24. Februar 2022 geändert. Ein Ergebnis dieses Gesinnungswandels ist die erneute Bereitschaft zur Osterweiterung. Doch auch in den vergangenen Monaten ist deutlich geworden, dass die EU keinen klaren Plan für unterschiedliche Entwicklungsszenarien hat und von Voraussetzungen ausgeht, die heute, im Gegensatz zu vor zehn Jahren, nicht mehr gültig sind.

Osteuropa: *Und konkret in Georgien?*

Andronikashvili: Die EU hat in Georgien so agiert, als setze sie den Beitrittswunsch der georgischen Regierung als selbstverständlich voraus und als führe dies automatisch zu demokratischen Reformen. Lange Zeit war diese Voraussetzung gegeben, doch die EU hat die Transformation des Ivanishvili-Regimes verpasst. Sie ist Deals eingegangen, die der *Georgische Traum* nicht einhielt.[1] Der *Georgische Traum* nutzte diese aus, um seine machtpolitische Position zu festigen, ohne tatsächlich die versprochenen Reformen umzusetzen (wie etwa das von Charles Michel[2] verhandelte Abkommen „A Way Ahead for Georgia"[3]). Die EU hat keine Druckmittel, um diese Reformen durchzusetzen. Der Streit eskalierte und das Ivanishvili-Regime war bemüht, die darauffolgende Entspannung als Zugeständnisse und Fortschritte zu verkaufen. Brüssel konnte nur reagieren. Die EU hätte in Georgien stärker Präsenz zeigen und die gesamte Bandbreite ihrer wirtschafts- und machtpolitischen Instrumente nutzen können, um die proeuropäischen Kräfte zu unterstützen. Stattdessen betrieb sie in Georgien eine schwache, eher symbolische und rhetorische Politik. Es fehlte an hochrangigen Besuchen vor und nach den Wahlen, die deutlich hätten zeigen können, wo die EU Georgien sehen möchte. Stattdessen reiste der ungarische Ministerpräsident Orbán direkt nach der Wahl nach Georgien und gratulierte dem *Georgischen Traum* zum Wahlsieg. Die EU hat sich mit den Erklärungen begnügt, dass Orbán nicht die EU vertrete. Wie der Politikwissenschaftler Thornike Gordadze formuliert: „Wenn Europa seine Werte und seinen Einfluss schützen möchte, muss es als eine Macht auftreten, mit der man rechnen muss."

Osteuropa: *Was bedeutet der Wahlausgang für den Westen, insbesondere für die EU? Welche Anreize bieten Europa und die USA noch und welche Druckmittel bleiben, um der immer stärkeren Hinwendung Georgiens zu Russland und China entgegenzuwirken?*

Andronikashvili: Russland hat mit dem Ivanishvili-Regime seine Ziele erreicht, die es in der Ukraine mit Krieg und in Moldova mit einem hybriden Krieg zu erreichen versucht: langfristig diese Länder von der EU- und vor allem der NATO-Integration abzuschneiden und einen ausschließlichen politischen Einfluss auf sie auszuüben. Sowohl realpolitisch als auch symbolisch ist der Wahlausgang in Georgien ein Sieg für Russland in seinem Machtkampf gegen den Westen. Mit dem Ivanishvili-Regime liegt die EU-Integration Georgiens mittelfristig auf Eis. Georgien ist ein Schlüsselland im Kaukasus. Das bedeutet, dass ein Georgien, das zurück in die russische Einflusssphäre fällt, auch die EU-Orientierung Armeniens erschwert. Die EU-Positionen im südlichen Kaukasus und im Schwarzmeerraum werden dadurch erheblich geschwächt.

Das Gespräch führte Felix Eick am 15.11.2024.

Schlagwörter:
Georgien, Georgischer Traum, Wahlen, Bidzina Ivanishvili, Wahlfälschung

---

[1] Evaluation of fulfillment of the Charles Michel document, <https://csf.ge/en/evaluation-of-fulfillment-of-the-charles-michel-document/>.

[2] Zaal Andronikashvili: Georgischer Alptraum. Über die autoritäre Entwicklung in Tbilisi, in: OE, 9–10/2022, S. 193–200.

[3] Europäischer Auswärtiger Dienst: A Way Ahead for Georgia, <www.eeas.europa.eu/sites/default/files/210418_mediation_way_ahead_for_publication_0.pdf>.

Hans Gutbrod

Verräterische Zahlen

Wie Georgiens Wahl systematisch manipuliert wurde

> Die Regierung hat die Parlamentswahlen in Georgien auf äußerst effiziente Art und Weise gefälscht und beeinflusst. Dies gelang durch Stimmenkauf, Einschüchterung, Mehrfachwahl und Ausweisbetrug. Eine Besonderheit war der systematische Missbrauch privater Daten, sodass die Behörden genau wussten, welche Wähler sie ins Visier nehmen mussten. Es zeigt sich zudem ein großes Gefälle zwischen Stadt und Land bei der Manipulation der Wahl. Gerade auf Bezirksebene lässt sich mithilfe statistischer Analyse erstaunlich genau beziffern, wie viele Stimmen mehr der *Georgische Traum* und wie viele weniger die Opposition aufgrund bestimmter Verstöße erhalten haben.

Es gibt ausreichend Beweise dafür, dass die offiziellen Ergebnisse der georgischen Parlamentswahlen nicht den Willen des georgischen Volkes abbilden. Die Wahlen wurden systematisch manipuliert, um der Regierungspartei *Georgischer Traum* eine überwältigende Mehrheit im nächsten Parlament zu sichern. Die Manipulation beruhte auf Stimmenkauf, erheblicher Einschüchterung und direkter Wahlmanipulation. Ermöglicht wurde dies nicht zuletzt durch die zunehmende Aushöhlung staatlicher Institutionen seit 2021.

In den vergangenen Jahren ist Georgiens „Freedom in the World"-Score der US-amerikanischen Nichtregierungsorganisation Freedom House von 64 auf 58 Punkte auf einer 100-Punkte-Skala gesunken. Der Bertelsmann Transformation Index stellt einen Rückgang des georgischen Demokratiestatus, der auf einer 10-Punkte-Skala gemessen wird, von 6,6 Punkten im Jahr 2020 auf 5,7 im Jahr 2024 und einen Rückgang von Platz 43 auf 54 in der Gesamtbewertung der Transformation fest. In den vergangenen Monaten hat das Gesetz zur „Transparenz über ausländischen Einfluss" („Agentengesetz") den öffentlichen Raum weiter eingeschränkt.

Hans Gutbrod, Ph.D., lehrt an der Staatlichen Universität Ilia in Tbilisi. Er hat an der London School of Economics in Internationalen Beziehungen promoviert und arbeitet seit 1999 in der Kaukasusregion. Dieser Artikel ist eine gekürzte Version des Textes „A Dozen Daggers: How Georgia's 2024 Elections Were Systematically Rigged", <https://civil.ge/wp-content/uploads/2024/11/A-Dozen-Daggers_-How-Georgias-2024-Elections-Were-Rigged_Gutbrod.pdf>.

Abweichung von früheren Ergebnissen und Trendlinien

Die offiziell verkündeten Ergebnisse der Parlamentswahlen in diesem Jahr entbehren jeglicher Plausibilität. Demnach soll der *Georgische Traum* sein Wahlergebnis von 48,2 Prozent im Jahr 2020 auf 53,9 Prozent im Jahr 2024 verbessert haben. Das bedeutet, dass die Partei angeblich 191 942 zusätzliche Wähler mobilisiert hat. Das sind elf Prozent mehr als bei den vorherigen Wahlen. Diese Zahlen übertreffen auch die Ergebnisse des *Georgischen Traums* von 2016.

Tabelle 1: Wahlergebnisse des Georgischen Traums bei den vergangenen drei Wahlen

	2016	**2020**	**2024**
Stimmen für den *Georgischen Traum* in Prozent	48,7	48,2	53,9
Anzahl der Stimmen für den *Georgischen Traum*	856 638	928 004	1 119 946

Quelle: Zentrale Wahlkommission

Alle Indizien deuten darauf hin, dass die Ergebnisse in die entgegengesetzte Richtung hätten gehen müssen. Sogar Bidzina Ivanishvili, der Mann hinter dem *Georgischen Traum,* war der Ansicht, dass die Bevölkerung der Partei überdrüssig geworden sei.[1] Diese Ansicht bestätigten Umfragen, die eine große Unzufriedenheit und nachlassenden Rückhalt für den *Georgischen Traum* im ganzen Land zeigten. Die Unterstützung für die Regierungspartei hätte demnach zurückgehen müssen.

Wahltagsbefragungen internationaler Unternehmen sahen die Oppositionsparteien vorne. Die von der Zentralen Wahlkommission verkündeten Ergebnisse stehen in krassem Widerspruch zu zwei von internationalen Unternehmen durchgeführten Umfragen. Beide Umfragen, eine von Edison Research[2] und die andere von HarrisX[3], sahen den *Georgischen Traum* nur bei einem Ergebnis zwischen 41 und 46 Prozent. Seit 2012 hat Edison Research, dessen Umfrage von der Opposition finanziert wurde, bei allen Parlaments-, Präsidentschafts- und Kommunalwahlen Wahltagsbefragungen durchgeführt. Nie war die Differenz zum offiziellen Wahlergebnis auch nur annähernd so groß wie in diesem Jahr: der *Georgische Traum* erzielte 13 Prozent mehr als prognostiziert. Die Plausibilität der Wahltagsbefragungen von Edison Research und HarrisX wird durch mindestens fünf verschiedene, großteils mehrfach durchgeführte Umfragen im Vorfeld der Wahl unterstrichen. Zusammengenommen zeigen diese Umfragen, dass der *Georgische Traum* auf dem besten Weg war, tatsächlich bei dem von Edison Research vorhergesagten Stimmenanteil von etwa 42 Prozent zu landen.

---

[1] Ivanishvili on Banning Opposition Parties: One Who Is an Enemy of the People Should Be Banned. Georgian News, 22.10.2024.

[2] 13-Percentage Point Difference Between Exit Polls and Official Election Results Suggests Vote Manipulation. Edison Research, 1.11.2024.

[3] HarrisX Releases Final Georgia 2024 Exit Poll Analysis. HarrisX, 31.10.2024.

Ein umfassender Angriff auf freie und faire Wahlen

Die eigentlichen Manipulationen fanden auf kommunaler Ebene statt und es gab unterschiedliche Formen der Einmischung. Der Betrug fußte auf beispielloser Bestechung, massiver Einschüchterung und einigen weiteren Wahlmanipulationen. Es gibt nicht eine einheitliche Methode der Manipulation, da die Verantwortung für ihre Durchführung bei den Koordinatoren auf Bezirks- und Regionalebene lag. Bei Hunderten von gemeldeten und den vielen anderen vermutlich unentdeckt gebliebenen Verstößen zeichnen sich aber bestimmte Muster ab.

Ein wesentliches Merkmal dieser Wahl war der Stimmenkauf in einem noch nie dagewesenen Ausmaß. Glaubwürdige Berichte deuten darauf hin, dass das angebotene Geld, mitunter in Form von Gutscheinen, das Doppelte oder Dreifache dessen betrug, was bei früheren Wahlen angeboten worden war. Auf dem Land war der Stimmenkauf das wichtigste Mittel zur Wählermobilisierung. Die Berichte über Stimmenkauf sind detailliert und konkret. In Oberadscharien wurden bis zu 300 georgische Lari (etwa 100 Euro) für eine Stimme gezahlt. Aus Kvemo Kartli gibt es detaillierte Berichte über das Angebot von Bargeld- und Tankgutscheinen, üblicherweise im Wert von 200 Lari. In den Gebieten mit azerischer und armenischer Minderheit wurden Berichten zufolge in der Regel 100 Lari an die Wähler gezahlt.[4] Wählern der Opposition sollen vielfach 100 Lari angeboten worden sein, wenn sie zu Hause blieben. Ihre Ausweise wurden konfisziert, um sicherzustellen, dass sie sich daran hielten. Insgesamt hat der *Georgische Traum* nach einer groben Schätzung etwa 40 Millionen georgische Lari, also gut 13 Millionen Euro, für die Bezahlung von Wählern ausgegeben.[5]

Einschüchterung war die zweite Säule der Manipulation. Die Regierungspartei schüchterte Wähler, Vertreter der Oppositionsparteien und Beobachterorganisationen ein. In den vergangenen Jahren hat der *Georgische Traum* seine Kontrolle gefestigt und die Autorität mit der Loyalität der Partei verknüpft. Die Einschüchterung begann schon im Zusammenhang mit der Verabschiedung des Gesetzes über die „Transparenz ausländischer Einflussnahme" (sogenanntes Agentengesetz) im April und Mai. Dutzende von Bürgern wurden verprügelt und Hunderte telefonisch belästigt. Über Facebook waren unabhängig denkende Bürger oft leicht zu identifizieren. In den Regionen wurde Beamten, die mit Vertretern der Opposition oder deren Verwandten in Verbindung standen, mit Entlassung gedroht. Gruppen, die in der politischen Bildung tätig sind, berichteten, dass sich Lehrer in den Regionen bedroht fühlten, die etwa versuchten, die EU als Thema in ihren Lehrplan aufzunehmen. Zudem haben Vertreter der Oppositionsparteien darüber berichtet, wie einige ihrer regionalen Büros nur eingeschränkt oder gar nicht arbeiten konnten. Die lokalen Vertreter hatten oft zu viel Angst, eine aktive Kampagne zu führen. Dies war insbesondere in Regionen der Fall, in denen Minderheiten einen großen Bevölkerungsanteil ausmachen. Die Mitglieder der Oppositionsparteien wurden auch unter Druck gesetzt, wobei etwa die Verbreitung kompromittierender Privataufnahmen verschiedener Art zu öffentlichen Abwahlen geführt haben. Auch der georgische Staatssicherheitsdienst

---
[4] „Whoever will pay more, I will observe for him": the Georgian parliamentary elections in Iormughanlo. oc-Media.org, 30.10.2024.
[5] Estimating Georgian Dream Bribery in GVote24. Hans' Occasional Summary, 3.11.2024, <https://hansgutbrod.substack.com/p/estimating-georgian-dream-bribery?triedRedirect=true>.

(SUS) spielte eine wichtige Rolle bei der Einschüchterung vor den Wahlen. Seit 2020 hat der SUS ihre Präsenz in Bildungs- und Kultureinrichtungen stark ausgeweitet. Wie effektiv der SUS Wahlen manipuliert, hat Soso Gogašvili, ehemaliger stellvertretender Leiter des Dienstes, detailliert dargelegt.[6] Am Wahltag selbst wurden die Einschüchterungsversuche meist von Gruppen von Straßenkriminellen durchgeführt. Abgesehen von einigen innerstädtischen Vierteln in Tbilisi war ihre Präsenz im ganzen Land nahezu allgegenwärtig.

Die Abstimmung war größtenteils nicht geheim. In etwa 75 Prozent aller Wahllokale, in denen 89 Prozent der Wähler ihre Stimme angaben, mussten die Stimmzettel in einer offenen Hülle in die elektronischen Auszählungsmaschinen gesteckt werden, anstatt in einem geschlossenen Umschlag, wie es früher üblich war. Auf vielen Fotos ist zu erkennen, dass die Markierung auf dem Stimmzettel mit dem von der Wahlkommission zur Verfügung gestellten schweren Filzstift durchsichtig war. Dies hatte zur Folge, dass das Wahlgeheimnis in mehr als 2000 Lokalen gefährdet war. Nur mit großem Geschick konnten die Wähler ihre Parteiwahl geheim halten.

Schließlich trugen zum vielschichtigen Angriff auf freie und faire Wahlen in bedeutendem Ausmaß die Mehrfachabstimmungen in Verbindung mit Ausweisbetrug bei. Die Wahlkommission förderte dies, indem sie Anfang August 2024 eine wichtige Schutzmaßnahme zur Verhinderung von Mehrfachabstimmungen abschaffte:[7] Sie verfügte, dass die wichtigsten Aufgaben für die Wahlhelfer in den Wahllokalen eine Woche im Voraus ohne Beobachter zugewiesen werden. Jahrzehntelang waren diese Posten erst am Morgen der Wahl ausgelost worden.[8] Diese Änderung ermöglichte es der Regierungspartei, ihre Mitglieder in jedem Wahllokal an den Schlüsselstellen einzusetzen, was die Markierung und Überprüfung der Finger der Wähler ebenso einschloss wie ihre Identifikation und das Aushändigen von Wahlzetteln.[9] Die Vertreter des *Georgischen Traums* waren daher in einer idealen Position, um ihre Unterstützer dazu zu bringen, mehrmals abzustimmen. Diese entscheidende Veränderung passt zu einer anderen wichtigen Entwicklung: Vor dem Wahltag wurden zahlreiche der Opposition nahestehende Wähler eingeschüchtert und/oder dafür bezahlt, ihre Ausweise auszuhändigen.[10] Daran sollen auch öffentliche und private Arbeitgeber beteiligt gewesen sein. Ein Angestellter des Innenministeriums teilte etwa mit, dass er die Ausweise von Familienmitgliedern, die den *Georgischen Traum* nicht unterstützen wollten, habe aushändigen müssen. Ihm sei mit Jobverlust gedroht worden.[11]

Eine entscheidende Komponente war bei dieser Art der Manipulation zudem, dass die Behörden genau wussten, welche Wähler sie ins Visier nehmen mussten. Dies geschah mithilfe eines Schneeballsystems: Insbesondere Beamte wurden aufgefordert, über Personen in ihrem persönlichen Umfeld zu berichten. Da mehr als 320 000 Menschen im öffentlichen Sektor des Landes arbeiten – was etwa 22 Prozent der Beschäftigten des Landes entspricht

---

[6] Watchdogs back ex-security chief's claim of „large-scale electoral fraud". Georgia. Oc-media.org, 21.7.2022.

[7] The main scheme of large-scale election fraud has been unraveled. Wevote.ge, 29.10.2024.

[8] Misuse of Administrative Resources in Parliamentary Elections 2024 – Interim Report. Transparency International Georgia, 21.10.2024.

[9] Vote Buying, Double Voting In Georgian Elections Observer Says. Radio Free Europe/ Radio Liberty, 27.10.2024.

[10] My Vote Speaks of 'Large Scale' Rigging Scheme as Preliminary Results Give Lead to GD. Civil.de, 27.10.2024.

[11] Recurring dream Georgians face risk of a rigged election as the country's ruling party seeks to hold onto power indefinitely. Novaja Gazeta Europe, 24.10.2024.

– konnte mit einigen Runden dieser Schneeballsystem-Datenerhebung eine umfängliche Abdeckung in weiten Teilen Georgiens erreicht werden.[12] Augenscheinlich wurden die Daten systematisch gesammelt. Die Zeitung *Batumelebi* berichtete, dass die Administration des *Georgischen Traums* die persönlichen Informationen von mindestens Zehntausenden von Personen abschöpften.[13] Die von *Batumelebi* eingesehenen Daten enthielten Informationen über den Gesundheitszustand der Wähler, eine mögliche Drogenabhängigkeit, ob sie an früheren Wahlen teilgenommen und wie sie abgestimmt haben sowie die Wahlabsicht. Es ist davon auszugehen, dass ein Teil dieser Daten von den staatlichen Behörden ohne Zustimmung der Bürger zur Verfügung gestellt wurde.

Zwar wurden auch früher schon Schneeballsysteme zur Mobilisierung eingesetzt. Doch scheint die Kampagne „Überzeugen Sie zehn Personen oder identifizieren Sie sie" ein besonders wichtiges Element der Mobilisierung bei dieser Wahl gewesen zu sein. Die Hauptadressaten dieses Schneeballsystems waren Beschäftigte des öffentlichen Dienstes (320 000), Sozialhilfeempfänger (415 000), Wähler aus Regionen, in denen die Mehrheit der Bevölkerung von einer ethnischen Minderheit gestellt wird (340 000), Gefangene (9800) und Menschen mit Bewährungsstrafe (22 000).

Es scheint ausgeschlossen, dass jedes Mitglied dieser Gruppen kontaktiert worden ist. Dennoch scheinen diese Kategorien für die Koordinatoren der Partei der Macht vorrangige Ziele gewesen zu sein. Hinzu kommen noch mit der Regierung verbundene Unternehmen aus dem privaten Sektor. Mit diesem Schneeballsystem als Hauptmerkmal ist somit die angenommene Mobilisierung von Zehntausenden zusätzlichen Wählern erklärbar. Gleichwohl ist die Verteilung auf die Zielgruppen noch ungeklärt.

Zudem gibt es Hinweise auf einen regelrechten Betrug: Konfiszierte Ausweise scheinen verwendet worden zu sein, um mehr Stimmen für die Regierungspartei zu beschaffen. Außerdem scheint man versucht zu haben, herauszufinden, welche Wähler sich im Ausland aufhielten und nicht in einem Konsulat zur Wahl registriert waren. Allein zwischen 2021 und 2023 verließen 158 806 Bürger Georgien. Da das Außenministerium die Öffnung von Wahllokalen im Ausland eingeschränkt hatte, konnten viele dieser Auswanderer nicht an den Wahlen teilnehmen. Einigen Berichten zufolge wurden die Ausweisnummern von emigrierten Wählern auf Papierzetteln vermerkt, die von Menschen im Inland in ihren Pässen ins Wahllokal mitgeführt wurden. So konnten diese Personen die Ausweisnummer eines nicht an der Wahl teilnehmenden Stimmberechtigten zur Stimmabgabe nutzen. Das Muster der Mehrfachabstimmung ist zwar bekannt, aber das Ausmaß noch nicht.[14] Die Mitglieder der Zentralen Wahlkommissionen in den Bezirken spielten beim System der Mehrfachwahl offenbar häufig mit. In Oberadscharien wurde einer Wählerin die Stimmabgabe verweigert, weil ihr Ausweis bereits verwendet worden war. Sie wurde gefragt: „Vielleicht hat Ihre Schwester mit Ihrem Ausweis gewählt?". Die Wählerin antwortete: „Würden Sie das zulassen, selbst wenn jemand den Ausweis gestohlen und versucht hätte, ihn zu benutzen?".[15] Der *Georgische Traum* nahm die schwächsten Bevölkerungsgruppen ins Visier.[16] Verschiedene Druckmittel wurden

---

[12] IDFI: Record High Bonuses and Supplements, Number of Civil Servants in 2023. Civil.de, 13.6.2024.
[13] Parulad mop'ovebuli pailebi „otsnebis" opisidan. Batumelebi.netgazeti, 15.10.2024.
[14] Summary Statement on Georgia's Parliamentary Election on October 26, 2024. Isfed.ge, 27.10.2024.
[15] X-Post der Zeitung Batumelebi, 28.10.2024.
[16] vin da rat'om artmevs amomrchevlebs p'iradobis mots'mobebs. netgazeti.ge, 19.10.2024.

angewendet: Menschen, deren Familienmitglieder im Gefängnis sitzen oder zu einer Bewährungsstrafe verurteilt worden waren, wurden etwa aufgefordert, zehn Wähler zu werben, um im Gegenzug Erleichterungen zu erhalten.

Statistische Analyse vs. offizielle Ergebnisse

Eine statistische Analyse von *The Insider* zeigt, dass mit steigender Wahlbeteiligung der Anteil der Stimmen zunahm, die an den *Georgischen Traum* gingen.[17] Dieses Muster passt zu Stimmenkauf, Einschüchterung, Transport von Wählern mit Bussen ins Wahllokal, Mehrfachwahlen und/oder anderen Bemühungen, die zu anomal hohen Stimmenanteilen in bestimmten Wahllokalen führen. Auf dem Land, das heißt in allen Kreisen außer Tbilisi, Rustavi, Kutaisi, Poti und Batumi, kam es so zu einem „dreckigen Sieg" der Regierung. In den Städten hingegen wurde Wahlbeeinflussung nach diesem Muster kaum beobachtet, der Sieg hier kann als tendenziell sauber bezeichnet werden. Es wurden keine glaubwürdigen Beweise dafür vorgelegt, dass diese Ergebnisse in erster Linie durch legitime Taktiken wie etwa eine Blockwahl zustande gekommen sein könnten. Zwei allgemeine Trends zeigen sich: Der beispiellose Stimmenkauf und die massenhafte Einschüchterung brachten mancherorts viele zusätzliche Wähler für den *Georgischen Traum*. In anderen Fällen wechselten die Wähler plötzlich massiv von den Oppositionsparteien zum *Georgischen Traum,* wie der Vergleich zur Wahl von 2020 nach Regionen veranschaulicht, etwa in Kvemo-Kartli, Imereti, Kachetien, Mtskheta-Mtianeti oder Swanetien.

Das Narrativ, dass die höhere Wahlbeteiligung zu einem besseren Ergebnis für den *Georgischen Traum* geführt hat, trifft allerdings längst nicht überall zu. In einigen Regionen ging die Wahlbeteiligung zurück.[18] In weiten Teilen Kachetiens, wo der Hauptkoordinator des *Georgischen Traums* ein gefürchteter ehemaliger Sicherheitsbeamter war, sank die Wahlbeteiligung, wohingegen die Unterstützung für die Partei der Macht gleichzeitig zunahm, was auf eine Unterdrückung der Wahlbeteiligung der Oppositionsparteien schließen lässt. In anderen Gebieten stieg die Wahlbeteiligung deutlich, etwa in Tbilisi, wo vor allem die Oppositionsparteien unterstützt wurden. Auch in einigen entlegeneren Gebieten gingen mehr Menschen an die Urne, allerdings mit überwältigender Mehrheit für den *Georgischen Traum*. Es gibt also keine einheitliche Erklärung, wie sich die Stimmen bei einer Änderung der Wahlbeteiligung auf den *Georgischen Traum* verlagert haben. Vielmehr bestätigt sich, dass die Wahlen auf lokaler Ebene und auf Bezirksebene in recht unterschiedlicher Weise manipuliert wurden.

---

[17] Georgian parliamentary election voting charts indicate large-scale fraud, experts say. The Insider, 29.10.2024.
[18] Siehe Einschub: Veränderung der Wahlbeteiligung im Vergleich zur georgischen Parlamentswahl 2020 nach Wahlbezirken

Fingerabdrücke einer manipulierten Wahl

Die sogenannte Wahlforensik zeigt unterschiedliche verdächtige Muster auf. Bei der Wahlforensik prüft man mit statistischen Tests, ob die Resultate von statistischen Normalverteilungen abweichen. Solche Abweichungen sind vergleichbar mit Fingerabdrücken, die an einem Tatort hinterlassen werden.

Die Tests, über die in diesem Abschnitt speziell berichtet wird, umfassen diese statistischen Tests: Der *Mittelwert der zweiten Ziffer*: Anhand des sogenannten Benford'schen Gesetzes, das die Häufigkeit von Zahlen untersucht, prüft man die zweite Ziffer der spezifischen Wahlresultate in einem Bezirk. Dieses Instrument wird häufig in der Steuerbuchhaltung verwendet, um Betrug aufzudecken. Zahlen, die unter normalen Umständen auftreten, folgen in der Regel einem bestimmten Muster, während diejenigen, die manipuliert wurden, abweichen. Ein zweiter statistischer Indikator ist die *Schiefe* (skew). Sie misst die Symmetrie der Verteilung der Wahlbeteiligung. Ist die Verteilung nicht symmetrisch, kann dies auf verschiedene Arten von unrechtmäßigen Wahlstrategien hindeuten. Bei ordnungsgemäß durchgeführten Wahlen neigt die Verteilung der Wahlbeteiligung dazu, sich einer Glockenkurve (oder Normalverteilung) anzunähern. Die *Wölbung* (Kurtosis) hingegen misst, wie ausschlagend oder flach eine Verteilung ist. Angewendet auf eine Wahl bedeutet das: Ist die Zahl deutlich höher als erwartet, deutet dies auf ein verdächtig hohes Level von Wahlkreisen mit hoher Wahlbeteiligung hin. Der sogenannte *Diptest* wiederum prüft, ob die Verteilung der Wahlbeteiligung mehr als eine Spitze aufweist. Wenn dies der Fall ist, indiziert dies, dass die Wahlbeteiligung in einer Reihe von Wahlkreisen künstlich hoch war. Ein weiteres Instrument, um Wahlbetrug aufzuspüren, ist das *zero-five percent mean*. Das Verfahren ähnelt dem Test für den Mittelwert der zweiten Ziffer, sucht jedoch explizit nach einem Überschuss an Nullen und Fünfen, auf die besonders häufig aufgerundet wird oder die die Parteikoordinatoren als Ziel ausgeben (etwa 100 Wähler oder ein Stimmenanteil von 70 Prozent). Dieser Test kann sowohl auf die Stimmenanzahl als auch die Prozentanteile in einem Wahlkreis angewendet werden.

Drei Tests der Wahlbeteiligungsdaten zeigen ein statistisch auffälliges Muster, die auf eine manipulierte Wahl schließen lassen. Die Ergebnisse für den Stimmenanteil des *Georgischen Traums* zeigen ähnlich auffällige Muster. Insgesamt wurden sechs Tests zur Wahlbeteiligung auf nationaler Ebene, zu den Stimmenanteilen des *Georgischen Traums* und zu jeder einzelnen Oppositionspartei und/oder jedem -kandidaten für die Wahlen seit 2020 durchgeführt. Dies führt zu insgesamt 24 Tests für die Parlamentswahlen 2020 und 24 Tests für die Parlamentswahlen 2024 und zeigt, dass die Wahlen 2020 zwar ihre Probleme hatten, die Wahl im Jahr 2024 aber noch wesentlich schlimmer war. Die Tests zu den Oppositionsstimmen deuten darauf hin, dass ihr Stimmenanteil durchweg unrechtmäßig nach unten gedrückt wurde. Die Tests auf Bezirksebene für die Parlamentswahlen 2024 bekräftigen den vielfach geäußerten Verdacht auf eine geographisch konzentrierte Wahlmanipulation. Ein Blick auf die Karte zeigt die Gesamtzahl der statistischen Anomalien, die bei Wahlbeteiligung und Auszählung der Parteistimmen registriert wurden.[19]

---

[19] Siehe Einschub: Wo die Wahl gefälscht wurde.

Die Wahlbezirke in den südlichen Regionen Kvemo Kartli und Samtskhe-Javakheti weisen zehn oder mehr anomale Ergebnisse auf, ebenso wie Sagarejo, Stepantsminda und Batumi. Dmanisi in der Region Kvemo Kartli sticht mit 15 Abweichungen vom normalen statistischen Verhalten besonders heraus. Mit den gleichen Techniken können auch frühere Wahlen in Georgien analysiert werden. Sie zeigen durchaus auch negative Muster in einigen Wahlen während der Regierungszeit der *Vereinten Nationalen Bewegung* (UNM) auf, wobei die Parlamentswahlen im Jahr 2024 besonders dramatisch auffallen.

Erhebliche Auswirkungen auf Bezirksebene

Über die bisherige Analyse hinausgehend zeigen weitere statistische Untersuchungen, dass allein am Wahltag Verstöße Zehntausende oder Hunderttausende von Stimmen beeinflusst haben könnten. Diese Schlussfolgerung ergibt sich, wenn man ähnliche Orte miteinander vergleicht. In dieser Methode des *Matching* vergleicht man ähnliche Wahllokale. *Matching*, zu Deutsch paarweise Zuordnung, ermöglicht eine Schätzung der Mindestauswirkungen auf die Stimmenzahl des *Georgischen Traums* und der Opposition durch bestimmte Formen von Wahlvergehen wie Gewalt und Einschüchterung, Verstöße gegen das Wahlgeheimnis und Behinderung von Wählern am Wahltag auf Bezirksebene. Für diese Analyse wurden Daten der Zentralen Wahlkommission, der georgischen Nationalen Statistikbehörde *Geostat*, Geodaten und *WeVote*-Beobachterberichten über Wahlverstöße verwendet. So wurden statistisch vergleichbare Orte ermittelt, für die es Beobachterberichte über Probleme am Wahltag gab und diese wurden dann mit ähnlichen Orten verglichen. Mithilfe des statistischen Verfahrens der Regression, das den Zusammenhang zwischen einer abhängigen und einer oder mehreren unabhängigen Variablen analysiert, haben wir die Auswirkungen auf Bezirksebene geschätzt. Das *Matching* wurde für Bezirke durchgeführt, für die Wahlbeobachter von *WeVote* einen Verstoß festgestellt hatten. Anschließend wurde eine Analyse der einzelnen Verstoßarten durchgeführt.
In Wahlbezirken, in denen Beobachter von körperlicher Gewalt und Einschüchterung berichteten, gewann der *Georgische Traum* zusätzliche 30 Stimmen, während die vier wichtigsten Oppositionsparteien 41 Stimmen verloren. Das heißt ganz eindeutig: Gewalt hat funktioniert. In Wahlbezirken, in denen sie eingesetzt wurde, hat der *Georgische Traum* im Durchschnitt 71 Stimmen gewonnen. Da nicht an jedem Ort Beobachter anwesend waren, lässt sich nicht genau feststellen, wie groß der Einfluss der Angst am Wahltag insgesamt war. Aber man bekommt dennoch einen Einblick in die Dimensionen: Wenn in 100 Wahlbezirken Einschüchterung und eine glaubwürdige Androhung von Gewalt stattgefunden haben sollte, hätte der *Georgische Traum* dadurch demnach 7100 Stimmen erhalten. Hochgerechnet auf 500 Wahlbezirke wären es schon 35 500 zusätzliche Stimmen. Wichtig ist zudem, dass diese Zahl nur als Untergrenze betrachtet werden sollte. Denn Einschüchterung war in Georgien schon vor dem Wahltag weit verbreitet und diese Zahl berücksichtigt nur die Angst am Wahltag.
Beobachter berichteten auch über zahlreiche Verstöße gegen die Geheimhaltung der Wahl. In Wahlbezirken, in denen dies beobachtet wurde, verlor die Opposition aufgrund dieser Praxis weitere 53 Stimmen. Wenn diese Praxis, wie von Beobachtern des Büros für Demokratische Institutionen und Menschenrechte (ODIHR) berichtet, in 24 Prozent der

Wahlbezirke ein Problem darstellte, verschaffte die mangelnde Geheimhaltung dem *Georgischen Traum* so einen Vorteil von 39 538 Stimmen. Wenn dieses Problem in mehr als 2200 Wahllokalen mit elektronischen Geräten zur Stimmenauszählung auftrat, könnte diese Zahl bei 116 600 Stimmen liegen. Das bei der OSZE angesiedelte ODIHR berichtete,[20] dass es in mehr als der Hälfte der Wahllokale Schwierigkeiten beim Einlesen der Stimmzettel in die Geräte zur Stimmenauszählung gegeben habe. In Wahlbezirken mit eingeschränkten Beobachterrechten gewann der *Georgische Traum* 20 zusätzliche Stimmen, während die Opposition 24 verlor. Wenn dies in etwa zehn Prozent der Wahllokale der Fall war, würde dies 13 640 Stimmen entsprechen; bei 30 Prozent wären es 40 920. Zusätzlich zu diesen Ergebnissen offenbarte die Untersuchung, dass der *Georgische Traum* durch die folgenden Praktiken unrechtmäßig Stimmen hinzugewonnen hat:

- Verstöße im Zusammenhang mit der mobilen Wahlurne brachten dem *Georgischen Traum* 50 Stimmen pro Bezirk ein.
- Fälschung oder unsachgemäße Korrektur des endgültigen Protokolls führten dazu, dass der *Georgische Traum* durchschnittlich 329 Stimmen mehr erhielt. Dieser Verstoß kam selten vor. Die recht hohe Stimmenzahl zeigt aber auf, wie hoch die Einwirkung war, wenn er tatsächlich festgestellt wurde.

Andererseits haben die vier wichtigsten Oppositionsparteien in Wahlbezirken Stimmen verloren, in denen die folgenden Verstöße auftraten:

- Wahlkampf im Wahllokal: Diese Praxis grenzte in vielen Fällen an Einschüchterung. Ihr Effekt wird mit 57 Stimmen weniger pro Bezirk beziffert.
- Die Nicht-Überprüfung des Wählerausweises oder Schutzmaßnahmen werden mit 49 Stimmen weniger pro Bezirk in Verbindung gebracht.
- Nicht autorisierte Personen im Wahllokal führten dazu, dass es in jedem Bezirk, in dem dies stattfand, im Durchschnitt 42 Stimmen weniger für die vier wichtigsten Oppositionsparteien gab.
- Die Wahl mit unzulässigen Dokumenten ist für 32 weniger Stimmen für die Opposition pro Bezirk verantwortlich.

Wenngleich diese Ergebnisse auf soliden statistischen Berechnungen basieren, wird die Auswirkung der verschiedenen Formen von Wahlbetrug, die am Wahltag beobachtet wurden, eher noch unterschätzt. So blieb etwa der Stimmenkauf unberücksichtigt, den Beobachter in mehr als zehn Prozent der Wahlbezirke feststellten, obwohl diese Praxis illegal ist und daher normalerweise im Verborgenen geschieht. Hier werden nur statistisch signifikante Auswirkungen dargestellt; im Allgemeinen deuten die meisten Verstöße auf Vorteile für den *Georgischen Traum* und Nachteile für die vier wichtigsten Oppositionsparteien hin. Hätte man die nicht signifikanten Resultate angegeben, wäre das Ausmaß noch wesentlich größer gewesen. Letztlich kann diese Untersuchung nur Praktiken am Wahltag selbst erklären. Einschüchterung und Stimmenkauf vor dem Wahltag sind neben anderen Praktiken für viele Stimmen des *Georgischen Traums* und ein Minus an Stimmen für die Opposition verantwortlich.

---

[20] Georgia's elections marred by an uneven playing field, pressure and tension, but voters were offered a wide choice: international observers. Osce.org, 27.10.2024, <https://www.osce.org/odihr/elections/georgia/579376>.

Der Irrtum von den „unwiderlegbaren Beweisen"

Die Beweise dafür, dass diese Wahlen durch einen konzertierten Angriff manipuliert wurden, sind solide. Dennoch haben einige Beobachter – vor allem solche, die der Präsidentin Salome Surabishvili und den proeuropäischen Oppositionsparteien kritisch gegenüberstehen – „unwiderlegbare Beweise" gefordert, um diese Anschuldigung zu untermauern. Doch diese Forderung beruht auf einem fundamentalen Missverständnis und führt die eigentliche Funktion einer Wahl ab absurdum. Die georgische Regierung hat mit ihrer Reaktion nur ihre insgesamt autoritären Absichten und Praktiken unterstrichen. Umgekehrt gibt es keine substanziellen Beweise dafür, dass diese Wahlen wirklich frei und fair durchgeführt wurden. In den vergangenen Jahren und Monaten haben die Behörden des *Georgischen Traums* die demokratischen Institutionen untergraben, die Gerichte unter ihre Kontrolle gebracht, die Zivilgesellschaft und die Medien eingeschränkt, Oppositionsparteien mit Strafverfolgung bedroht und sich an beispiellosen Bestechungen und Masseneinschüchterungen beteiligt. Hinzu kommen die Beweise für rückläufige Unterstützerzahlen, die schwachen Umfragewerte für den *Georgischen Traum* vor den Wahlen und Wahltagsumfragen, die unerklärliche Diskrepanzen offenbaren. Kernprinzipien freier und fairer Wahlen wurden untergraben, wie das Wahlgeheimnis und das Installieren von loyalem Personal in den Wahlbüros. Die statistischen Anomalien in den offiziellen Daten der Zentralen Wahlkommission deuten klar auf Wahlbetrug hin. Diese Probleme werden durch eine selektive Neuauszählung nicht behoben. Eine Regierung, die nichts zu verbergen hat, sollte bei der Aufklärung solcher Anomalien nicht zögern. Wenn sie demonstrieren wollte, dass sie Wahlmanipulationen nicht duldet, wäre Strafverfolgung dafür der überzeugendste Weg. Zunächst haben die Staatsanwälte allerdings vor allem Personen vorgeladen, die auf Mängel bei den Wahlen hingewiesen haben, und nicht diejenigen, die für Bestechung, Einschüchterung und Betrug verantwortlich sind.

Aus dem Englischen von Felix Eick, Berlin

Schlagwörter:
Georgien, Wahlen, Wahlmanipulation, Korruption, Georgischer Traum

Anna Guminska

Sandu gewählt, Spaltung zementiert

Präsidentschaftswahlen in Moldova

In Moldova hat die amtierende Präsidentin Maia Sandu die Präsidentschaftswahlen gewonnen. Ein gleichzeitig durchgeführtes Referendum über den EU-Beitritt als Verfassungsziel endete ebenfalls mit einem Sieg der EU-Verfechter. Beide Entscheidungen fielen knapp aus. Das ist Ausdruck der gesellschaftlichen, ökonomischen und politischen Spaltung des Landes.

Moldova hat gewählt. Am 3. November 2024 sicherte sich die Präsidentin Maia Sandu mit ihrer Partei *Aktion und Solidarität* (Partidul Acțiune și Solidaritate, PAS) eine zweite Amtszeit. Im zweiten Wahlgang setzte sie sich mit 55,3 Prozent der Stimmen gegen ihren Kontrahenten Alexandr Stoianoglu durch.[1] Der polarisierende Wahlkampf und das knappe Ergebnis zeigen einmal mehr die gesellschaftlichen Gräben, die die ehemalige Sowjetrepublik seit ihrer Unabhängigkeit im Jahr 1991 durchziehen.[2]
Das Land ist geprägt von prekären sozioökonomischen Verhältnissen, Armut und massiver Abwanderung der arbeitsfähigen Bevölkerung: Etwa ein Drittel der Moldauer lebt im Ausland. Diese Abwanderung verschärft die wirtschaftliche Schwäche. Der ungelöste ethnoterritoriale Konflikt um den Status der selbstproklamierten „Republik Transnistrien" verstärkt die Spaltung und schwächt die Handlungsfähigkeit der Zentralregierung in der Hauptstadt Chișinău. Diese Fragmentierung beeinflusst nicht nur das gesellschaftliche Gefüge und die Innenpolitik, sondern hat auch Folgen für die außenpolitische Orientierung zwischen Brüssel und Moskau.
Im Präsidentschaftswahlkampf trat der aus der Autonomen Republik Gagausien im Süden Molodovas stammende ehemalige Generalstaatsanwalt Alexandr Stoianoglu (*1967) als parteiloser Herausforderer gegen die seit 2020 amtierende Präsidentin Maia Sandu (*1972) auf, die als Verfechterin einer Integration Moldovas in die EU gilt. Stoianoglu erhielt die Unterstützung der moskaunahen *Partei der Sozialisten der Republik Moldova* (Partidul Socialiștilor din Republica Moldova, PSRM). Igor Dodon,

---

Anna Guminska (2001), Masterstudentin der Geschichtswissenschaft an der Freien Universität Berlin, Absolventin des Osteuropa-Förderprogramms
[1] Ergebnis der Präsidentschaftswahlen, Zentrale Wahlkommission der Republik Moldova, 4.11.2024, <https://pv.cec.md/cec-presidential-results-tour2.html>.
[2] Zur Unabhängigkeit und der frühen Nationsbildung: Claus Neukirch: Die Republik Moldau zwischen Unionismus, Moldovanismus und Staatsbürgernationalismus, in: Egbert Jahn (Hg.): Nationalismus im spät- und postkommunistischen Europa. Baden-Baden 2009, S. 150–175.

der ehemalige Präsident und PSRM-Chef, verzichtete auf eine eigene Kandidatur.[3] Diese enge Verbindung zur PSRM ließ Stoianoglu für viele Beobachter als Vertreter russländischer Interessen erscheinen, obwohl er angab, ein „apolitischer, unparteiischer Präsident und ein treuer Diener der Verfassung" sein zu wollen.[4] Unterstützer feierten ihn als pragmatischen Vermittler, Kritiker warfen ihm Opportunismus und Unklarheit vor. Insbesondere seine Zurückhaltung, zum Ukraine-Krieg eine eindeutige Position zu beziehen, nährte den Verdacht, er könne unter dem Deckmantel der Neutralität die Interessen Russlands fördern. Auch in der EU-Frage zeigte sich Stoianoglu ambivalent: Einerseits sprach er sich für eine Annäherung an die Europäische Union aus, andererseits kritisierte er den Kurs der Regierung Sandu, den er als sozial ungerecht bezeichnete, da dieser sozial schwache, wirtschaftlich benachteiligte sowie die russischsprachigen Teile der Bevölkerung ausgrenze. Damit sprach er insbesondere unzufriedene Wähler an.

In seinem Wahlprogramm setzte Stoianoglu auf gesellschaftliche und wirtschaftliche Reformen.[5] Er kündigte einen entschlossenen Kampf gegen Korruption an und plante die Gründung einer staatlichen Investitionsbank. Außerdem versprach er soziale Programme, um die Geburtenrate zu erhöhen, Arbeitsmigranten Anreize zur Rückkehr in ihre Heimat zu geben und um das Gesundheitssystem zu verbessern. Außenpolitisch propagierte Stoianoglu, Moldova solle Neutralität anstreben und „konstruktive Beziehungen" zur EU, zu Russland, China, den USA sowie den Nachbarn Rumänien und Ukraine pflegen.[6] Zum eingefrorenen ethnoterritorialen Konflikt um Transnistrien[7] plädierte er für Dialog und Besuche vor Ort. Die Statusfrage ließ er unberührt. Auch vermied er es, Russlands Aggression gegen die Ukraine anzusprechen.[8]

Die Ökonomin und Ex-Mitarbeiterin der Weltbank Maia Sandu ist seit dem 15. November 2020 die Präsidentin Moldovas. Sie hat bereits damals keinen Zweifel daran gelassen, dass sie für harte Wirtschaftsreformen und die Bekämpfung der endemischen Korruption eintritt und die Zukunft des Landes in der Europäischen Union sieht. Dafür hatten ihr 58 Prozent der Wählerinnen und Wähler das Vertrauen ausgesprochen. Ihre Wahl galt als klares Signal für den Wunsch der Bevölkerung nach politischem Wandel. Ihre Amtszeit begann unter schwierigen Bedingungen. Sandu erbte ein Land mit tiefgrei-

---

[3] Political Newbie Stoianoglu Adds Intrigue to Moldovan Elections. Carnegie Politika, 18.7.2024, <https://carnegieendowment.org/russia-eurasia/politika/2024/07/moldova-opposition-stoianoglo-sandu?lang=en>.

[4] Aleksandr Stojanoglu: Ja budu apolitičnym, bespristrastnym prezidentom i vernym slugoj konstitucii. Ipn Press Agency, 1.11.2024, <www.ipn.md/index.php/ru/aleksandr-stoyanogloya-budu-apolitichnym-bespristrastnym-prezidentom-i-vernym-s-8013_1108618.html>.

[5] Moldova's pro-Western Sandu claims election win after meddling allegations. Reuters, 4.11.2024.

[6] Sandu ili Stojanoglo. Što obechajut kandidaty v prezidenty? Ziarul de Gardă, 2.11.2024, <www.zdg.md/ru/?p=160782>.

[7] Transnistrien ist ein Gebiet in der Republik Moldova, das sich nach einer bewaffneten Auseinandersetzung zwischen Moldova und prorussländischen Separatisten, im Jahr 1992 für unabhängig erklärte und eine Republik proklamierte. Bis heute ist dort ein Kontingent der russländischen Armee stationiert. International bleibt die selbstproklamierte Republik als Teil Moldovas anerkannt, wird jedoch wirtschaftlich, militärisch und politisch stark von Russland gestützt. Die Beziehung zwischen Moldova und dem De-facto-Staat ist seit über drei Jahrzehnten von Spannungen geprägt. Stefan Troebst: Staatlichkeitskult im Pseudostaat. Nationales Identitätsmanagement durch Geschichtspolitik in Transnistrien, in: OSTEUROPA 7/2003, S. 963–983.

[8] Sandu ili Stojanoglo, Ziarul de Gardă [Fn. 6].

fenden wirtschaftlichen und sozialen Problemen, dessen politische Strukturen von jahrelanger Misswirtschaft und Machtkämpfen geschwächt waren. Zunächst sah sie sich einer oppositionellen Mehrheit im Parlament gegenüber, die viele ihrer Reformvorhaben blockierte. Erst mit dem Wahlsieg ihrer Partei PAS bei den Parlamentswahlen 2021 gewann sie die politische Mehrheit, wodurch es nun leichter wurde, ihr Programm zu umzusetzen. Die Regierung brachte Reformen in Justiz und Verwaltung zur Korruptionsbekämpfung in Gang, doch der Fortschritt blieb schleppend. Insbesondere die Justizreform stieß auf Widerstände und zeigte nur begrenzte Ergebnisse. Kritiker warfen der Regierung vor, soziale Themen wie der Armutsbekämpfung und der Rentenreform nicht ausreichend Aufmerksamkeit zu schenken. Dadurch verloren Sandu und die Regierung in sozial schwachen Schichten an Unterstützung.[9]

Wirtschaftlich blieb die Lage prekär. Moldova, das eine Bevölkerung von 2,48 Millionen hat, zählt zu den ärmsten Ländern Europas. Das Bruttoinlandsprodukt pro Kopf lag 2023 bei lediglich 3690 US-Dollar[10] und damit weit unter dem EU-Durchschnitt von 34 200 US-Dollar.[11] Zum Vergleich: Das Bruttoinlandsprodukt im Nachbarland Rumänien liegt bei 12 400 US-Dollar[12] und in Deutschland bei 42 900 US-Dollar[13]. Neben der niedrigen wirtschaftlichen Leistungsfähigkeit leidet das Land unter massiver Abwanderung von Arbeitskräften: Rund 59 000 Menschen verlassen das Land jährlich, was nicht nur die demografische Entwicklung belastet, sondern auch den Fachkräftemangel verstärkt.[14] Die ländlichen Gebiete kämpfen mit massiven Infrastrukturdefiziten: 80 Prozent der Dörfer verfügen über kein fließendes Wasser.[15] Die Corona-Pandemie und Russlands Invasion in die Ukraine verschärften die wirtschaftlichen Probleme zusätzlich. Die Inflation stieg zeitweise auf 25 Prozent, während die Energiekrise – ausgelöst durch Moldovas vollständige Abhängigkeit von Gas aus Russland und die zeitweilige Lieferunterbrechung nach Beginn der russländischen Invasion in die Ukraine – das Land zusätzlich schwer belastete.[16]

Der Krieg in der Ukraine setzte die Republik Moldau auch sicherheitspolitisch unter erheblichen Druck. Präsidentin Maia Sandu bezog eindeutig Stellung gegen Moskau, schränkte die diplomatischen Beziehungen zu Russland deutlich ein, unterstützte die Ukraine und leitete eine klare Hinwendung zum Westen ein. Wenige Tage nach dem russländischen Truppeneinmarsch in der Ukraine stellte Moldova im März 2022 einen Antrag auf EU-Mitgliedschaft. Im Juni 2024 erhielt Moldova den Status eines EU-Beitrittskandidaten. Sandu betonte, dass die Integration in die Europäische Union nicht

---

[9] Republik Moldau: Sieg für Präsidentin Sandu – und für Europa. Deutsche Welle, 4.11.2024.
[10] Moldova GDP per capita, Trading Economics, <https://tradingeconomics.com/moldova/gdp-per-capita >.
[11] European Union GDP per capita, Trading Economics, <https://tradingeconomics.com/european-union/gdp-per-capita>.
[12] Romania GDP per capita, Trading Economics, <https://tradingeconomics.com/romania/gdp-per-capita>.
[13] Germany GDP per capita, Trading Economics, <https://tradingeconomics.com/germany/gdp-per-capita>.
[14] Brigitta Triebel: Wählt Moldau Optimismus? Die Republik Moldau vor der Präsidentschaftswahl und dem EU-Referendum. Konrad-Adenauer-Stiftung Länderbericht, Okt. 2024, S. 4.
[15] Wie das ärmste Land Europas 120'000 Ukrainer:innen integriert. SWI swissinfo.ch, 25.11.2024.
[16] Moldau zwischen EU-Kurs und russischer Einflussnahme. Deutschlandfunk, 4.11.2024.

nur eine strategische, sondern eine existenzielle Entscheidung für Moldovas Unabhängigkeit und Stabilität sei.

Die Bedrohung durch Russland zeigt sich in politischen Einmischungen. Sandu beschuldigte Moskau wiederholt, Moldova durch unterschiedliche Aktivitäten zu destabilisieren. Im Jahr 2023 enttarnte die Polizei ein von Russland gesteuertes Netzwerk, das auf die Untergrabung der moldauischen Regierung abzielte.[17] Im selben Jahr enthüllte Chișinău Pläne des Kreml, die Regierung durch Subversion zu schwächen und wies 45 russländische Diplomaten aus.[18]

Im Präsidentschaftswahlkampf 2024 stellte Sandu die Fortsetzung der EU-Integration ins Zentrum ihrer Kampagne. Sie versprach, Moldova bis spätestens 2030[19] in die Europäische Union zu führen und bezeichnete die anstehende Wahl als „wichtigste Entscheidung seit der Unabhängigkeit Moldovas".[20] Sie argumentierte, dass die EU-Perspektive die Antwort auf Moldovas innere Schwierigkeiten sei und versprach umfassende Reformen, die soziale Gerechtigkeit und wirtschaftliche Entwicklung fördern sollen. Als Hauptziele nannte sie die weitere Bekämpfung von Korruption, die Verbesserung der sozialen Sicherheit sowie die Bekämpfung der Armut. Zu ihren ehrgeizigen Zielen gehörten die Erhöhung des Mindestlohns von aktuell 4000 MDL auf 10 000 MDL[21], Investitionen in Infrastrukturprojekte und eine Modernisierung des Bildungs- und Gesundheitssystems.[22]

Sandu propagierte die EU-Integration als den einzigen Weg für Reformen und Stabilität. Dagegen stellte sich Stoianoglu als Verfechter einer Neutralität dar. Die Wahl 2024 war damit auch eine gesellschafts- und außenpolitische Richtungsentscheidung.

Die Präsidentschaftswahlen und das EU-Referendum

Im ersten Wahlgang traten elf Kandidaten an. Maia Sandu und Alexandr Stoianoglu galten von Anfang an als Hauptkonkurrenten. Zu den weiteren Kandidaten zählten Renato Usatîi von *Unsere Partei* (Partidul Nostrut) und Irina Vlah, die Gouverneurin der autonomen Region Gagausien, die beide als russlandnah gelten. Auch Ex-Premierminister Vasile Tarlev, Vorsitzender der *Partei für die Zukunft Moldovas* (Partidul pentru Viitorul Moldovei), nahm teil.

Diese Präsidentschaftswahl war die dritte Direktwahl seit ihrer Einführung 2016. Gleichzeitig fand ein Referendum statt, bei dem die Bürger über die Verankerung des EU-Beitritts in Moldovas Verfassung abstimmen sollten. Für die Abstimmungen wurden rund 2,8 Millionen Stimmzettel in sechs Sprachen ausgegeben – neben Rumänisch auch in Russisch, Gagausisch, Bulgarisch, Romani und Ukrainisch. Für die abtrünnigen Region Transnistrien wurden 90 000 Stimmzettel bereitgestellt, je zur Hälfte in

---

[17] Ebd.
[18] Moldova expels 45 Russian diplomats, embassy staff over 'unfriendly actions'. The Kyiv Independent, 26.7.2023.
[19] Maia Sandu: We will prepare country for EU accession by 2030. Ipn Press Agency, 7.10.2024.
[20] Čto obechajut kandidaty v prezidenty Moldovy: Obzor program – čast' pervaja. eSP.md, 9.10.2024.
[21] Das entspricht zum Wechselkurs vom 16.12.2024 520 Euro.
[22] Čto obechajut kandidaty v prezidenty Moldovy [Fn. 17].

Rumänisch und Russisch.[23] Im Ausland wurden 234 Wahlstationen eingerichtet, darunter 60 in Italien, wo mit etwa 113 580 Moldauern die größte Diaspora lebt.[24] In Russland wurden zwei Wahllokale eröffnet – beide in Moskau –, an die jeweils 5000 Stimmzettel gesendet wurden.[25]

Nur etwas mehr als die Hälfte der Wahlberechtigten, 51,7 Prozent, nahmen an der Wahl teil. Mit 42,49 Prozent der abgegebenen Stimmen erreichte die Amtsinhaberin Sandu den ersten Platz, Stoianoglu mit 25,95 Prozent den zweiten. Renato Usatîi erhielt 13,69 Prozent. Die übrigen Kandidaten blieben unter sechs Prozent. Da keiner der Kandidaten die absolute Mehrheit von 50 Prozent erreichte, wurde eine Stichwahl zwischen den beiden Erstplatzierten erforderlich.

Tabelle 1: Erste Runde der Präsidentschaftswahlen in Moldova 2024: Stimmverteilung nach Kandidaten und Parteien

Kandidat	Partei	Stimmen	Stimmanteil in %
Maia Sandu	Partidul Acțiune și Solidaritate (PAS)	656 852	42,49
Alexandr Stoianoglo	Partidul Socialiștilor din Republica Moldova (PSRM)	401 215	25,95
Renato Usatîi	Partidul Nostru	213 169	13,69
Irina Vlah	unabhängig	83 193	5,38
Victoria Furtună	unabhängig	68 778	4,45
Vasile Tarlev	Partidul pentru Viitorul Moldovei	49 316	3,19
Sonstige	–	73 408	4,75
Gültige Stimmen		1 546 031	100

Quelle: Zentrale Wahlkommission der Republik Moldova

Maia Sandu erzielte ihre besten Ergebnisse in der Hauptstadt Chișinău und in anderen Städten sowie in der Diaspora, während Stoianoglo in ländlichen Gebieten sowie in der Autonomen Republik Gagausien und in Transnistrien besonders stark abschnitt. Während der drittplatzierte Kandidat Usatîi keine Wahlempfehlung abgab, empfahlen die anderen Kandidaten ihren Wählern, in der Stichwahl Stoianoglo zu unterstützen.[26]

---

[23] Premieră la prezidențiale și referendumul din Republica Moldova: buletine de vot în șase limbi. Adevarul.ro, 20.10.2024, <https://adevarul.ro/stiri-externe/republica-moldova/premiera-la-prezidentiale-si-referendumul-din-2395915.html>.
[24] The Moldovan community in Italy. Migrant population annual reporty, Ministerium für Arbeit und Sozialpolitik Italien, <https://integrazionemigranti.gov.it/AnteprimaPDF.aspx?id=6173>.
[25] PSRM insists on opening three more polling stations in Russia. Ipn Press Agency, 25.10.2024, <www.ipn.md/en/psrm-insists-on-opening-three-more-polling-stations-in-russia-8013_1108421.html>.
[26] Moldova's pro-EU leader in tight run-off as Russia accused of meddling. BBC, 3.11.2024.

Russlands Eingriff in die Wahl

Die Wahl war von massiven Eingriffen Russlands überschattet, Desinformationskampagnen, Stimmenkäufen und finanzieller Einflussnahme. Diese Kampagnen, die insbesondere in den sozialen Medien verbreitet wurden, zielten darauf, den EU-Beitritt als Bedrohung für Moldovas nationale Souveränität und die kulturelle Identität des Landes darzustellen. Gleichzeitig sollten sie Ängste schüren, dass eine Annäherung an die EU unweigerlich zu einer Verwicklung Moldovas in den Ukraine-Krieg führen könnte.[27] Um diesen gezielten Einflussversuchen entgegenzuwirken, blockierten die Behörden verschiedene Internetseiten, wie den Fernsehsender *Moldova24* und die Suchmaschine *Yandex*, die aktiv an der Verbreitung solcher Desinformationskampagnen beteiligt waren.[28] Trotz dieser Maßnahmen blieb die Wirkung solcher Kampagnen erheblich. Sandu hatte bereits Monate vor der Wahl vor russländischen Versuchen gewarnt, die Demokratie in Moldova zu untergraben. Diese Warnungen erhielten durch einige Vorfälle neue Nahrung. Bei Kontrollen am Flughafen in Chișinău entdeckte und beschlagnahmte die moldauische Polizei in Gepäckstücken aus Russland etwa 1,5 Millionen US-Dollar, die mutmaßlich zum Stimmenkauf eingesetzt werden sollten.[29] Ein Netzwerk flog auf, das über eine speziell entwickelte App auf Gelder der *Promsvyazbank* zugreifen konnte. Diese Bank ist eine ehemalige Privatbank, die unter Zwangsverwaltung der Staatsbank gestellt wurde und die für die Abwicklung von Groß- und Rüstungsaufträgen zuständig ist. Diese App sollte nicht nur der Auszahlung, sondern auch der Kontrolle der Nutzer dienen. Diese waren verpflichtet, Fotos ihrer ausgefüllten Stimmzettel hochzuladen, um die gewünschte Wahlentscheidung zu dokumentieren und dadurch die Zahlung zu legitimieren.[30]

Eine zentrale Figur bei diesen Manipulationsversuchen war der moldauisch-israelische Geschäftsmann und Oligarch Ilan Șor, der sich in Moskau aufhält und per Interpol-Haftbefehl gesucht wird. Șor spielte eine Schlüsselrolle bei der Organisation und Durchführung dieser illegalen Aktivitäten. Der Oligarch, der im April 2023 von einem moldauischen Gericht wegen Geldwäsche und Betrugs zu 15 Jahren Haft verurteilt wurde, nutzte sein weitreichendes Netzwerk, um russlandfreundliche Kandidaten gezielt zu unterstützen. Dabei beschränkte er sich nicht auf direkten Stimmenkauf, sondern ließ auch moldauische Staatsbürger aus Russland nach Aserbaidschan, Belarus und in die Türkei bringen, um dort die Wahlergebnisse zugunsten prorussischer Kandidaten zu beeinflussen.[31] Zusätzlich zu diesen direkten Eingriffen kam es zu einer Reihe weiterer Störaktionen, die den Wahlprozess erheblich belasteten. So wurden Bombendrohungen gegen Wahllokale im Ausland, darunter in Deutschland und England,[32]

---

[27] Anastasia Pociumban: Moldova's Presidential Elections and EU Referendum: A Critical Moment, DGAP Memo 21, Berlin 2024, S. 2.
[28] Moldova takes action against Russian propaganda ahead of upcoming elections, EU referendum. Espreso.tv, 8.1.2024, <https://global.espreso.tv/disinformation-moldova-takes-action-against-russian-propaganda-ahead-of-upcoming-elections-eu-referendum>.
[29] Russian cash-for-votes flows into Moldova as nation heads to polls. BBC, 20.10.2024.
[30] Republik Moldau: So funktionierte der russische Wahlbetrug. Deutsche Welle, 29.10.2024.
[31] Pro-westliche Präsidentin Sandu siegt in Moldau. Deutsche Welle, 4.11.2024.
[32] Bomb scares at four polling stations. Ipn Press Agency, 3.11.2024, <https://ipn.md/en/bomb-scares-at-four-polling-stations-abroad-8013_1108698.html>.

gemeldet, offenbar mit dem Ziel, die Teilnahme von Angehörigen der Diaspora an den Wahlen zu erschweren. Auch Cyberangriffe auf die Server der Zentralen Wahlkommission wurden registriert, was die Integrität und Sicherheit der Wahlauswertung gefährdete. Insgesamt dokumentierte die Zentrale Wahlkommission 126 Verstöße, darunter 18 Fälle von Stimmenkauf und zwölf organisierte Wählertransporte.[33] Die Eingriffe zeigen dreierlei: erstens den strategischen Stellenwert, den Russland Moldova beimisst, zweitens die Bedeutung, die Wahlen auch in einem vermeintlich „kleinen" Staat haben, denn sie sind Weichenstellungen für die künftige gesellschafts- und außenpolitische Ausrichtung des Landes und drittens die Verletzlichkeit Moldovas für externe Manipulation. Maia Sandu und ihre Regierung werteten diese Manipulationsversuche als integralen Bestandteil einer Strategie zur Destabilisierung des Landes und machten Russland direkt für die Wahlmanipulationen verantwortlich.

EU-Referendum

Mit dem ersten Wahlgang der Präsidentschaftswahlen fand auch ein Referendum statt. Die Bürger sollten darüber abstimmen, ob der Wunsch nach einem EU-Beitritt in die Verfassung aufgenommen wird. Die politische Bedeutung dieses Referendums war immens: Es bot die Möglichkeit, den proeuropäischen Kurs des Landes institutionell abzusichern und gleichzeitig den wachsenden Einfluss Russlands zurückzudrängen. Vor dem Referendum herrschte unter der Regierung und EU-Befürwortern große Zuversicht, dass die Mehrheit der moldauischen Gesellschaft die europäische Perspektive unterstützt. Diese Hoffnung basierte auf Ereignissen wie der Großdemonstration im Mai 2023, als über 80 000 Teilnehmer für Moldovas Zukunft in der EU auf die Straße gegangen waren.[34] Doch das Ergebnis des Referendums zeigte, wie gespalten die Gesellschaft in dieser Frage ist. Nur 50,39 Prozent der Wähler (750 238 Stimmen) stimmten für die vorgeschlagene Verfassungsänderung, 49,61 Prozent (738 636 Stimmen) dagegen. Diese hauchdünne Mehrheit verdankte sich dem eindeutigen Votum der Diaspora. 76,96 Prozent der Moldauer im Ausland votierten dafür, die EU-Mitgliedschaft in der Verfassung zu verankern.[35]
Das Ergebnis des Referendums spiegelt die geographische und sozioökonomische Spaltung des Landes wider. In der Hauptstadt Chișinău und im Grenzgebiet zu Rumänien, insbesondere in den Regionen Ialoveni und Nisporeni, überwog die Zustimmung zur EU-Integration. In Ialoveni stimmten 67,7 Prozent und in Nisporeni 60 Prozent für die EU-Perspektive.[36] In Transnistrien stimmten 31 Prozent der Wähler mit „Ja", während in Gagausien gar nur 5,16 Prozent zustimmten – die niedrigste Zustimmungsrate zur

---

[33] Maia Sandu wins second term in pivotal Moldovan presidential election run-off. Novaya Gazeta, 4.11.2024. – International election observation mission. Republic of Moldova – Presidential Election and Constitutional Referendum, 20 October 2024, Organisation für Sicherheit und Zusammenarbeit in Europa, 20.10.2024, <www.oscepa.org/en/documents/ election-observation/election-observation-statements/moldova/statements-16/5094-2024-presidential-2/file>.
[34] Moldau: „Raus aus dem russischen Würgegriff". Deutsche Welle, 22.5.2023.
[35] Ergebnisse des EU-Referendums, Zentrale Wahlkommission der Republik Moldova, 20.10.2024, <https://pvt12024.cec.md/cec-template-referendum-results.html>.
[36] Ebd.

EU-Mitgliedschaft in ganz Moldova.[37] Am 31. Oktober 2024 erklärte der Verfassungsgerichtshof das Referendum für gültig und gab damit den Weg zur verfassungsrechtlichen Verankerung des EU-Beitritts als strategisches Ziel des Landes frei.[38] Doch die gesellschaftliche und politische Polarisierung in Moldova bleibt bestehen.

Zweiter Wahlgang

An der Stichwahl zwischen Sandu und Stoianoglu am 3. November 2024 nahmen 54 Prozent der Wahlberechtigten und damit 2,3 Prozent mehr als im ersten Wahlgang teil. Maia Sandu gewann sie mit 55,3 Prozent. Alexandr Stoianoglu erhielt 44,7 Prozent der Stimmen.[39]

Tabelle 2: Stichwahl um Präsidentschaft 2024: Stimmen und Stimmanteil in Prozent

Kandidat	Partei	Stimmen	Stimmanteil in %
Maia Sandu	Partidul Acțiune și Solidaritate (PAS)	930 139	55,3
Alexandr Stoianoglo	Partidul Socialiștilor din Republica Moldova (PSRM)	401 215	44,7
Gültige Stimmen		1 680 596	100

Quelle: Zentrale Wahlkommission der Republik Moldova

Das Ergebnis der Wahl illustriert die Spaltung zwischen Stadt und Land. In Chișinău, wo Sandu 57 Prozent der Stimmen erzielte, war ihre Unterstützung besonders stark. Die entscheidende Rolle spielte die Diaspora, deren Wahlbeteiligung höher denn je war. Das war das Ergebnis einer systematischen Mobilisierung durch Sandus Team.[40] Mit Erfolg: Von den 326 000 abgegebenen Stimmen der Diaspora gingen 270 000 an Sandu. Diese fast 20 Prozent der Gesamtwählerschaft brachten ihr den Sieg.[41] Im Inland lag Stoianoglu mit 51 Prozent knapp vorne. Besonders stark schnitt er in den nordöstlichen Regionen sowie in Transnistrien ab. In Transnistrien erhielt Stoianoglu 79,4 Prozent, in Gagausien gar 97 Prozent aller Stimmen.[42]

---

[37] Siehe dazu die Karte „Referendum über Aufnahme des EU-Beitritts in die Verfassung 2024", im Einschub.

[38] Constitutional Court confirms result of republican constitutional referendum on Molodva's accession to EU. Moldpres, 31.10.2024.

[39] Ergebnis des zweiten Wahlgangs der Präsidentschaftswahlen, Zentrale Wahlkommission der Republik Moldova, 4.11.2024, <https://pv.cec.md/cec-presidential-results-tour2.html>.

[40] Moldovan president beats 'Russian Trojan horse' in country's election. The Telegraph, 4.11.2024.

[41] How Moldovans bravely fought off Russian election meddling – and stood up for democracy. The Guardian, 5.11.2024.

[42] Siehe dazu die Karte: „Stichwahl um die Präsidentschaft 2024: Maia Sandu gegen Alexandr Stoianoglu", im Einschub.

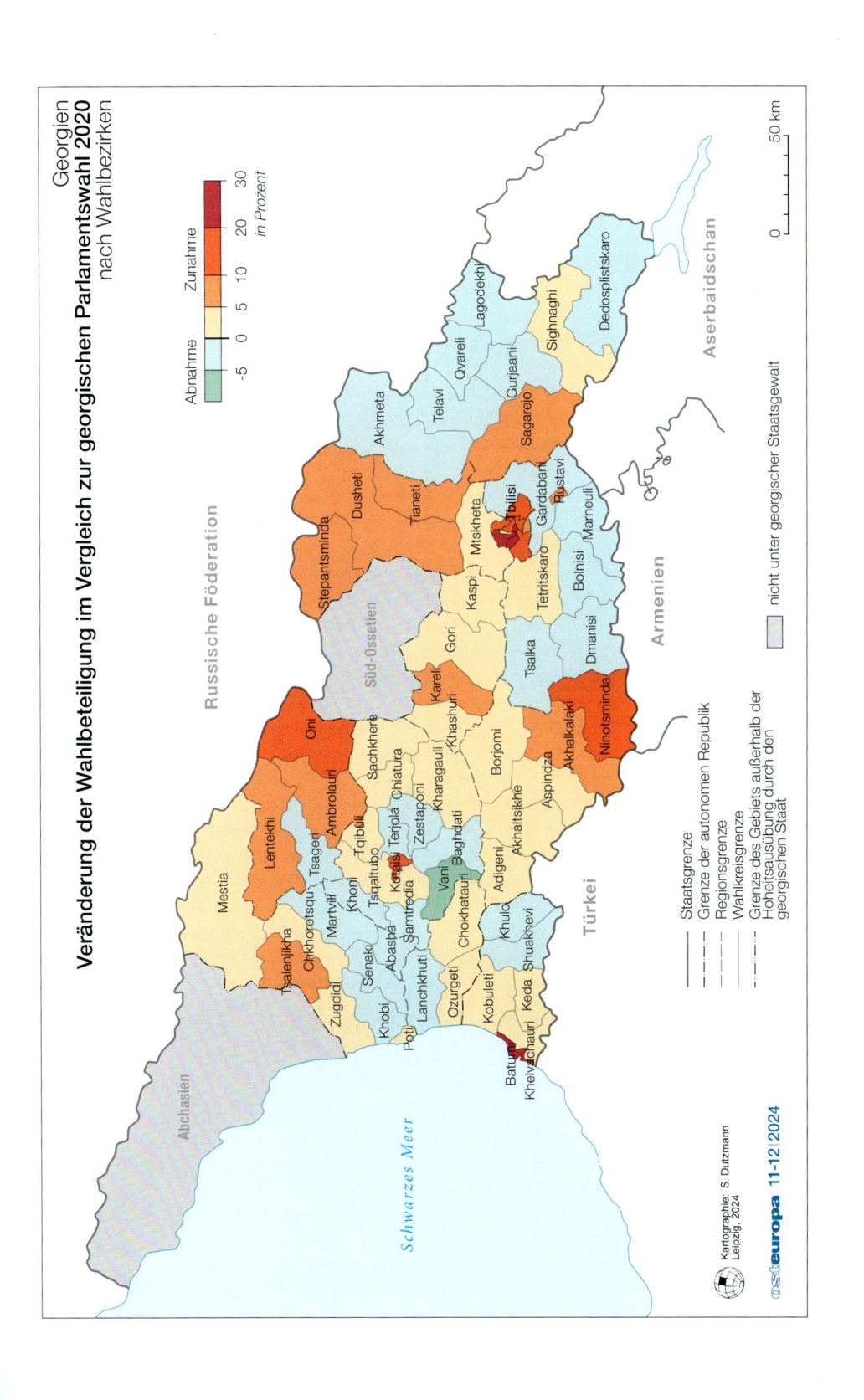

Georgien
Veränderung der Wahlbeteiligung im Vergleich zur georgischen Parlamentswahl 2020 nach Wahlbezirken

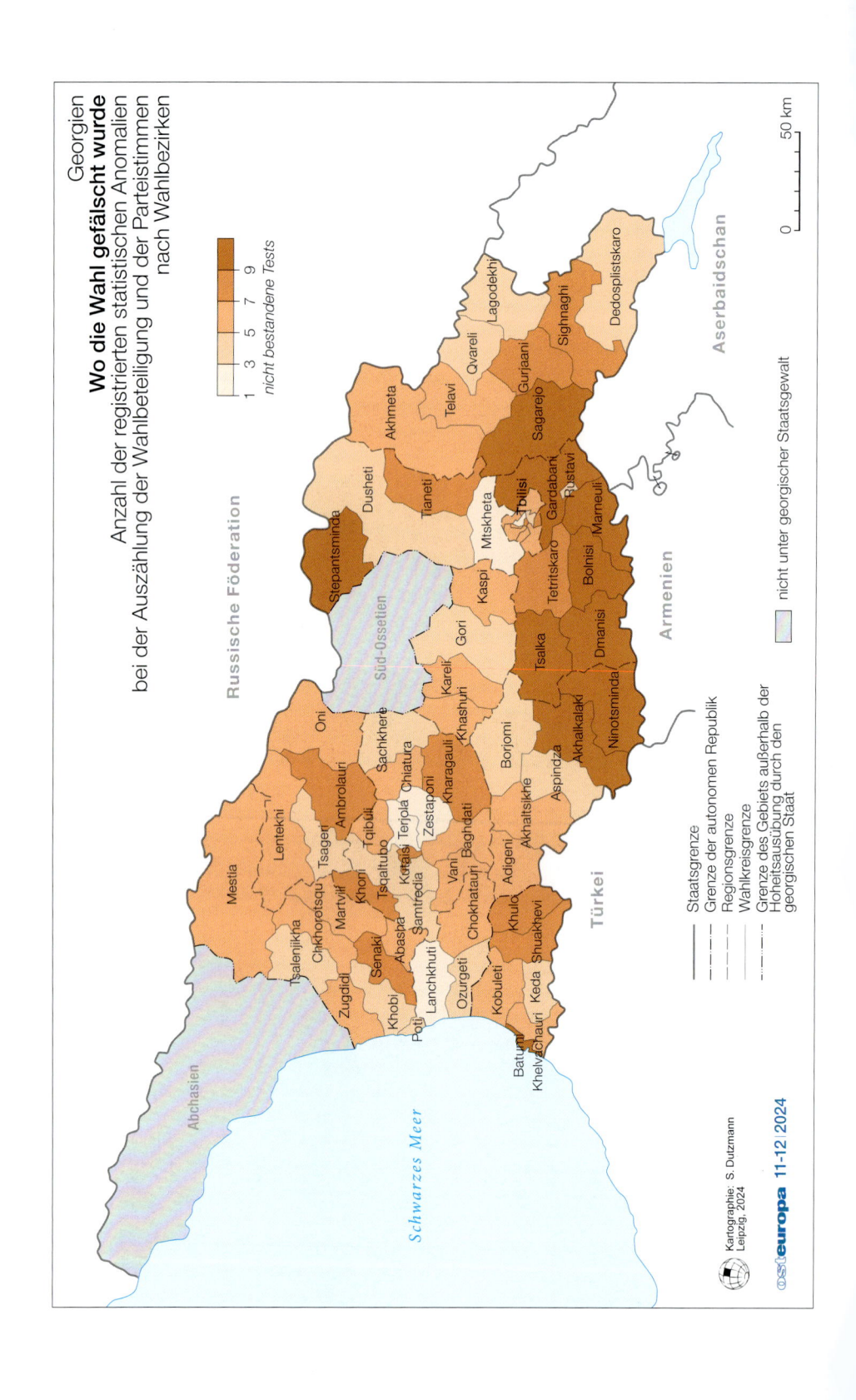

Georgien
Wo die Wahl gefälscht wurde
Anzahl der registrierten statistischen Anomalien bei der Auszählung der Wahlbeteiligung und der Parteistimmen nach Wahlbezirken

Moldova
Stichwahl um die Präsidentschaft 2024: Maia Sandu gegen Alexander Stoianoglu
nach Kreisen und Bezirken der Hauptstadt

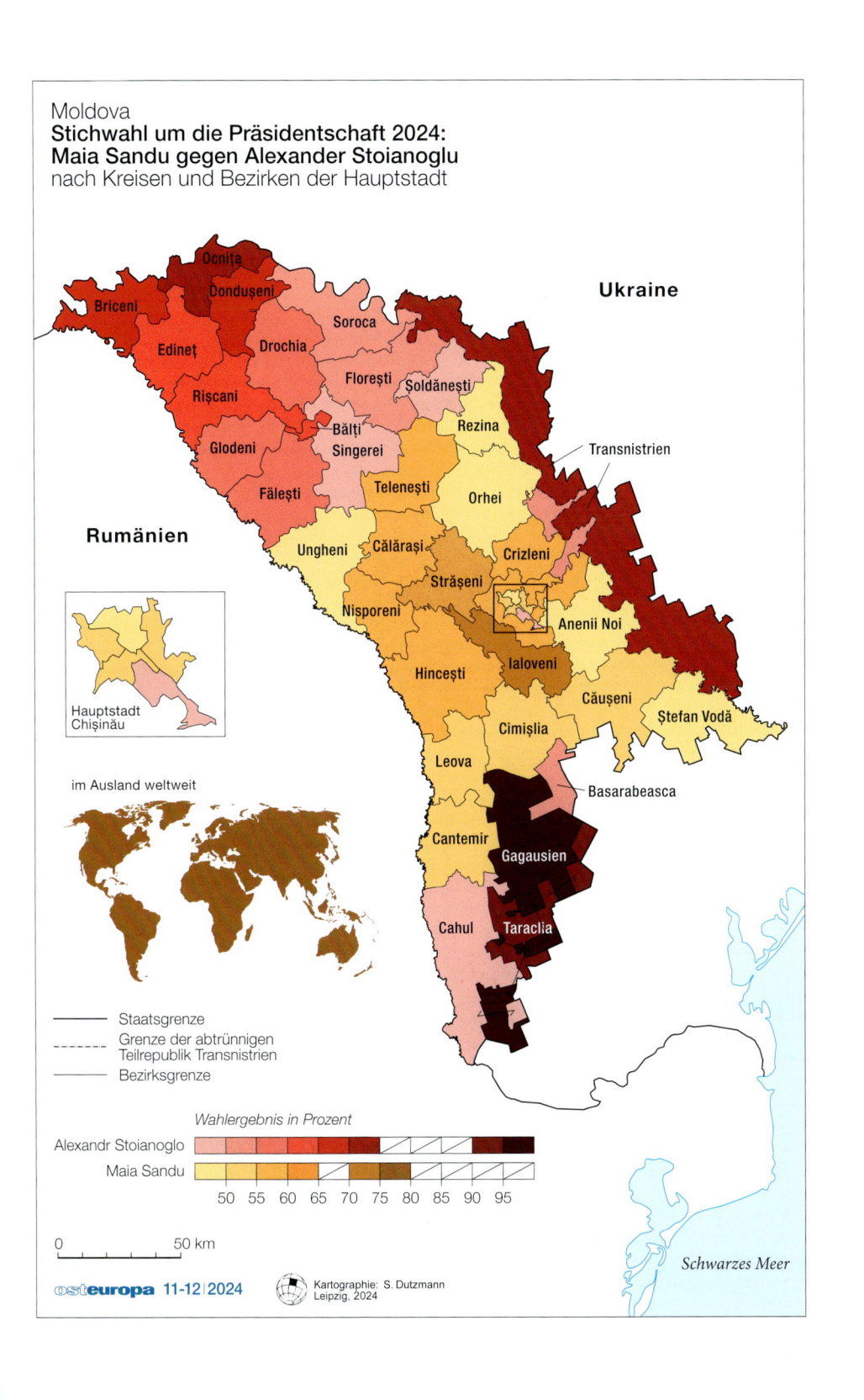

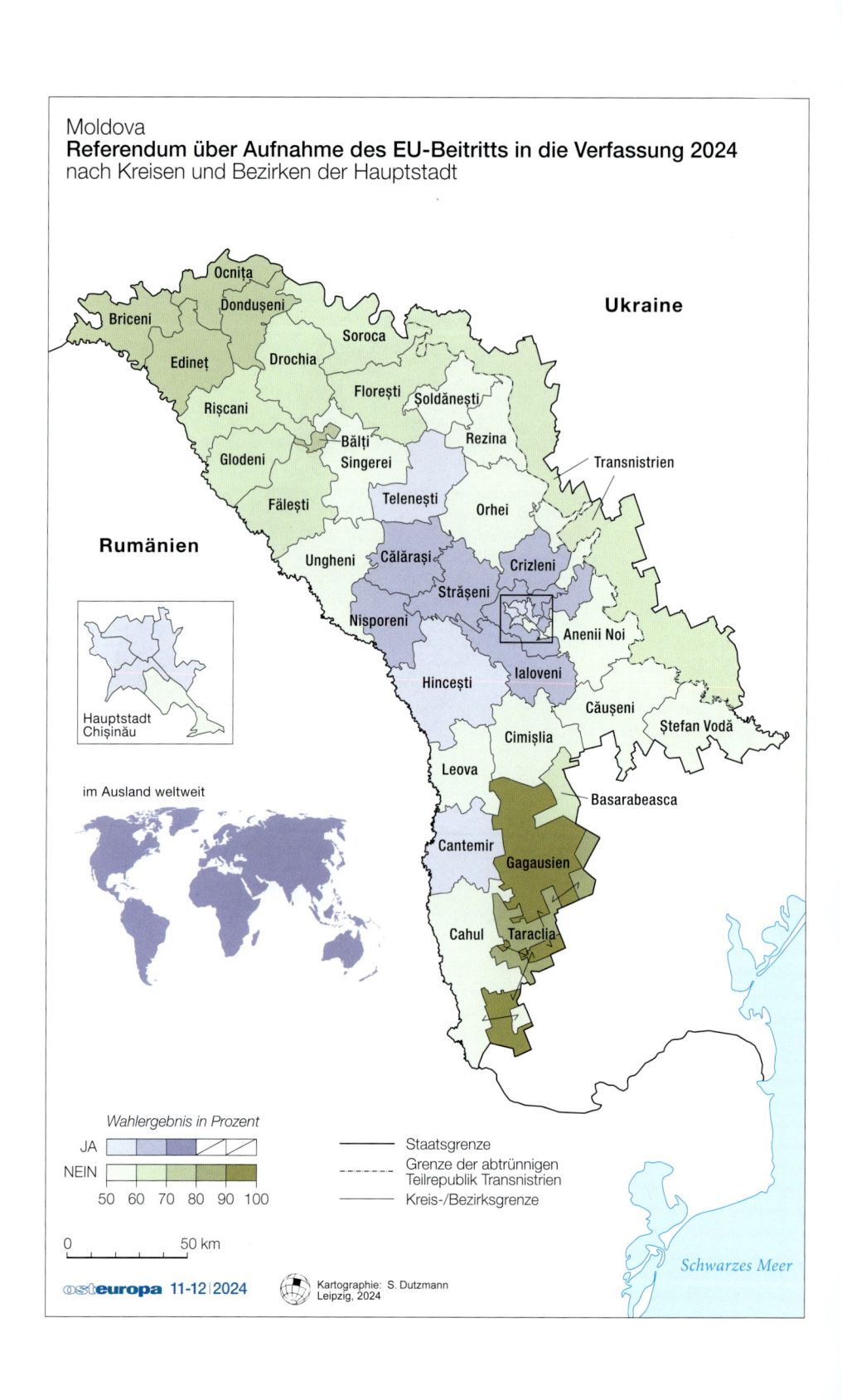

Moldova
Referendum über Aufnahme des EU-Beitritts in die Verfassung 2024
nach Kreisen und Bezirken der Hauptstadt

Ihre Siegesrede hielt Sandu auf Rumänisch und Russisch. Sie bezeichnete den Wahlsieg als „eine Lektion in Demokratie, die in die Geschichtsbücher eingehen sollte" und dankte der Diaspora mit den Worten: „Ihr habt unser Land gerettet." Sandu nutzte die Gelegenheit, um auf die Einmischungsversuche während des Wahlprozesses hinzuweisen. Allerdings verzichtete sie darauf, Russland explizit zu nennen:

> Die Republik Moldova war einem in der Geschichte Europas beispiellosen Angriff ausgesetzt. Schmutziges Geld, illegaler Stimmenkauf und Einmischung in den Wahlprozess durch feindliche Kräfte außerhalb des Landes und kriminelle Gruppen, die Lügen, Hass und Angst in unsere Gesellschaft säen.[43]

Russland wies jeden Vorwurf zurück. Kremlsprecher Dmitrij Peskov kritisierte das Wahlergebnis und bezeichnete es als „undemokratisch und unfair". Er bemängelte, dass Hunderttausende Moldauer, die in Russland leben, im Gegensatz zu den Moldauern im Westen, keine Möglichkeit gehabt hätten, ihre Stimmen abzugeben. Der Kreml erkannte das Wahlergebnis nicht an und bezeichnete Sandu als „illegitime Präsidentin".[44] International sorgten die Destabilisierungsversuche und Russlands Einmischung für scharfe Kritik.

Fazit

Die Präsidentschaftswahlen in Moldova 2024 sind ein Spiegelbild der gesellschaftlichen Spaltung des Landes. Diese ist hausgemacht: Die Armut, das niedrige Bildungsniveau, die weitverbreitete Ernüchterung über die politische Elite können Menschen empfänglich für Propaganda, Desinformation und kurzfristige materielle Anreize machen. Diese Schwäche erhöht die Anfälligkeit des Landes für externe Einflussnahme und untergräbt Moldovas Widerstandsfähigkeit. Die Gesellschaft ist mehrfach gespalten: zwischen Stadt und Land, zwischen EU-Verfechtern und Russland-Protagonisten, zwischen den Interessen der heimischen Bevölkerung und der Diaspora. Verbreitete Begriffe wie „proeuropäisch" und „prorussisch" greifen zu kurz, da sie die vielschichtigen Realitäten Moldovas nur unzureichend abbilden.

Die nächste wichtige Wegmarke für Moldovas Zukunft sind die Parlamentswahlen im Sommer 2025. Sandus Reformkurs, der auf die Bekämpfung von Korruption, den Ausbau demokratischer Institutionen und die Verbesserung sozialer Sicherheit abzielt, bedarf der gesellschaftlichen und parlamentarischen Rückendeckung. Die oppositionelle Sozialistische Partei ist in vielen Regionen fest verankert und hat starken Rückhalt. Sandu muss mit erheblichem Widerstand rechnen. Den wird die wiedergewählte Präsidentin nur überwinden können, wenn es gelingt, die prekäre sozioökonomische Lage in Moldova zu verbessern, Arbeitsplätze zu schaffen, in Infrastruktur, den Bildungs- und Sozialsektor zu investieren und die politischen und wirtschaftlichen Verbindungen mit Rumänien und der EU zu festigen.

Schlagwörter:
Moldova, Wahlen, Europäische Union, Referendum, Maia Sandu, Russland

---

[43] Republik Moldau, Deutsche Welle [Fn. 9].
[44] Germany accuses Russia of „massive" effort to stop Moldovans abroad voting. The Guardian, 4.11.2024.

osteuropa

Rasterfahndung
Karten, Konstrukte, Konsequenzen

224 Seiten, 11 Karten, 24,00 Euro. Bestellen unter www.zeitschrift-osteuropa.de

Martin Schulze Wessel

Weltbilder im Widerstreit
Debatten über Nachrüstung und Russlands Krieg

Was bedeutet die „Zeitenwende" für die Zeitgeschichte? Unmittelbar nach Russlands Invasion in die Ukraine erschienen Studien, die minutiös die Russland-Verstrickungen der deutschen Politik rekonstruierten. Sie zeigten auf, dass die deutsche Politik die innenpolitische Entwicklung in Russland und deren Folgen für die Außenpolitik lange ignoriert hat. Diese Wirklichkeitsverleugnung reicht bis in die späten 1970er Jahre zurück. Als Reaktion auf den NATO-Doppelbeschluss von 1979 bildete sich die Friedensbewegung. In der Debatte über Frieden und Wehrhaftigkeit konkurrierten zwei Weltbilder und politische Strategien: Containment oder Appeasement. Diese Weltbilder haben das Handeln der Akteure in den 1980er Jahren geprägt und bestimmen sie noch. Die eine Seite verlangt Wachsamkeit und Wehrhaftigkeit, die andere Seite Zurückhaltung. In einer Zeit, die durch Russlands Kriegspolitik und Hegemonialstreben gekennzeichnet ist, sind das Weltbild der Pazifisten der 1980er Jahre und die Tugend der Bedachtsamkeit schlechte Ratgeber.

Dreihundert Zuhörer hatten sich an einem Sonntagmorgen in einem Hörsaal in Leningrad eingefunden, um den Vortrag eines Historikers zu hören, der im Zyklus „Die Welt heute" im Parteiauftrag über Fragen der internationalen Sicherheit sprach. Es war der 22. Januar 1984, im Kreml herrschte noch der sieche Generalsekretär Jurij Andropov. Nur zwei Monate zuvor hatte der Deutsche Bundestag in Bonn der Aufstellung von amerikanischen Mittelstreckenraketen zugestimmt, was eine erbitterte Auseinandersetzung zwischen Pazifisten und Befürwortern der „Nachrüstung" in der deutschen Öffentlichkeit beendete. „Wir haben sehr, sehr gehofft, dass die Friedensbewegung erfolgreich sein wird", bekannte der Redner in Leningrad. Doch sei die Raketenstationierung in der Bundesrepublik nicht als Niederlage für die Sowjetunion zu betrachten. Immerhin hätten mehr als zweihundert Abgeordnete im Bundestag gegen die Aufstellung der amerikanischen Mittelstreckenwaffen gestimmt und die Sozialdemokraten auf ihrem jüngsten Parteitag

---

Martin Schulze Wessel (1962), Prof. Dr., Osteuropahistoriker an der Ludwig-Maximilians-Universität München
Von Martin Schulze Wessel erschien in OSTEUROPA: Die Tschechoslowakei. Grundprobleme eines Staates (1918–1992), in: OE, 4–6/2021, S. 7–32. – Religion, Dynastie und Erster Weltkrieg. Russländisches Reich und Habsburgermonarchie, in: OE, 2–4/2014, S. 247–262.
Der vorliegende Text erschien unter dem Titel „Falsches Bewusstsein" zuerst in der Frankfurter Allgemeinen Zeitung am 17.11.2024. Der Text wurde überarbeitet und um Fußnoten ergänzt.

für Friedenspolitik votiert. Der Redner schloss mit den Worten: „Die erste Schlacht haben wir verloren, aber die Hauptschlacht liegt noch vor uns."[1]
Kurzfristig lag er mit seiner Prognose falsch, dass Moskau gegen den Westen doch obsiegen würde. Für die Falken in der Sowjetunion kam es noch schlimmer. Bald starb Andropov, als langgedienter KGB-Chef der Inbegriff geheimdienstlicher Propaganda im antiwestlichen Informationskrieg. Nachdem Michail Gorbačev das Amt des Generalsekretärs übernommen hatte, setzte sich sogar die Einsicht durch, dass die Sowjetunion nicht über die Ressourcen verfügte, um gegen die doppelte Herausforderung zu bestehen: einerseits den Rüstungswettlauf mit den USA, andererseits die gewerkschaftlichen und national-demokratischen Protestbewegungen der Polen, Balten und Ukrainer. Gorbačev wollte das Imperium bewahren, aber er setzte auf einen radikalen Systemwechsel in der internationalen Politik, der die Verträge zur Rüstungsbegrenzung und Abrüstung und die Vereinigung Deutschlands ermöglichte. Für die Deutschen überschlugen sich in dieser Zeit die positiven Nachrichten. Viele betrachteten die märchenhafte Wendung als Ergebnis der deutschen Ostpolitik. Indem diese die Grenzen in Europa de facto anerkannt hatte, leistete sie tatsächlich einen Beitrag dazu, die Blockkonfrontation zu mindern. Unverstanden blieb in großen Teilen der deutschen Öffentlichkeit hingegen, dass die westliche Nachrüstungspolitik eine Voraussetzung für die plötzliche sowjetische Bereitschaft zur Abrüstung darstellte. Noch weniger begriff man, dass es auch des Drucks der Polen, Balten und Ukrainer bedurft hatte, um das Imperium zum Nachgeben zu zwingen und die Tür zur Wiedervereinigung aufzustoßen.
2004, zwei Jahrzehnte nachdem der Parteiredner in Leningrad von der „verlorenen Schlacht" gesprochen hatte, traten die ostmitteleuropäischen und die baltischen Staaten der Europäischen Union bei. Niemand rechnete noch mit einer „Hauptschlacht", die der Kreml gewinnen könnte. Heute, abermals zwanzig Jahre später, ist die Hegemonie Russlands in Osteuropa und Ostmitteleuropa eine reale Gefahr.[2] Wie die Abrüstungspolitik der 1980er Jahre nicht ohne Gorbačev denkbar war, erweist sich auch in der imperialistischen Wende Russlands die Bedeutung der Persönlichkeit in der Geschichte, diesmal in der Gestalt Vladimir Putins. Abermals spielt das Thema „Frieden" in der deutschen Öffentlichkeit eine Schlüsselrolle. Wie im Streit um die NATO-Nachrüstung in den 1980er Jahren erleben wir auch heute eine erhitzte Diskussion über Krieg und Frieden. Wie im Bundestagswahlkampf 1982 werden sicherheitspolitische Fragen auch den bevorstehenden Wahlkampf prägen. Wiederholt sich die Geschichte? Tatsächlich gibt es markante Differenzen, aber auch Parallelen und Verbindungslinien, die von der pazifistischen Bewegung der 1980er Jahre in die Gegenwart führen.
Strategisch weitsichtige Politik der westeuropäischen Regierungen hatte zum NATO-Doppelbeschluss geführt. Unterstützt vom britischen Premierminister James Callaghan und dem französischen Präsidenten Valéry Giscard d'Estaing drängte Bundeskanzler Helmut Schmidt die amerikanische Regierung, ein europäisches Sicherheitsproblem, nämlich die einseitige Aufstellung von Mittelstreckenraketen durch die Sowjetunion, in

---

[1] Bericht des Generalkonsulats der Bundesrepublik Deutschland an das Auswärtige Amt vom 24.1.1984 über die Znanie-Vorlesung in Leningrad vom 22.1.1984, in: Politisches Archiv des Auswärtigen Amts, Sign. 133171. AZ 213-320.10 SOW.
[2] Unter der umfassenden Literatur zur zeitgeschichtlichen Entwicklung, die in Russlands Krieg gegen die Ukraine führte, siehe vor allem: Michael Kimmage: Collisions. The Origins of the War in Ukraine and the New Global instability. Oxford 2024.

die amerikanisch-sowjetischen Verhandlungen über Rüstungsbegrenzungen aufzunehmen. Erst der Druck der westeuropäischen Regierungen brachte Washington dazu, auf die Herausforderung durch die sowjetischen SS 20 zu reagieren.[3]

Dies führte zum umstrittenen Doppelbeschluss der NATO vom 12. Dezember 1979, der aus zwei Teilen bestand: der geplanten Aufstellung von 198 neuen, mit Atomsprengköpfen bestückten Mittelstreckenraketen vom Typ *Pershing II* und 464 Marschflugkörpern *Cruise Missiles* in Westeuropa sowie einem Verhandlungsangebot über die Begrenzung der atomaren Mittelstreckenraketen der Supermächte in Europa. Die NATO antwortete so auf die Aufrüstung, die die Sowjetunion gerade in der Phase einer relativen Entspannung in den 1970er Jahren betrieben hatte. Das Jahr 1980 führte den westlichen Gesellschaften plastisch vor Augen, dass von Moskau eine reale Bedrohung ausging: Ende Dezember 1979 hatte die Sowjetunion in Afghanistan interveniert und nahm nun Polen politisch in die Zange, als das kommunistische Regime in Warschau unter den Druck der Gewerkschaftsbewegung *Solidarność* geriet. In beiden Fällen verfolgte Moskau eine imperiale Agenda, die sich gegen den Selbstbehauptungswillen von unterdrückten Völkern richtete. In Polen wahrte der Kreml den Bestand seines Herrschaftsbereichs, den er schon bei der Unterdrückung des ungarischen Aufstands von 1956 und des Prager Frühlings 1968 abgesichert hatte, ohne auf eine westliche militärische Reaktion zu stoßen. Die Besetzung Afghanistans war hingegen eine Expansion über den sowjetischen Machtbereich hinaus. In den Vergleichen, die zwischen der Sowjetunion im Kalten Krieg und Russland heute gezogen werden, heißt es oft, anders als Russland sei die Sowjetunion ein saturierter Staat ohne imperiale Ambitionen gewesen. Heute mag dies so erscheinen, doch 1980 konnte man sich hinsichtlich der Absichten des Kremls nicht so sicher sein. Immerhin bedeutete die sowjetische Invasion in Afghanistan potenziell eine Bedrohung des globalen Gleichgewichts und speziell eine Gefährdung der Ölvorkommen des Nahen und Mittleren Ostens, zumal nahezu gleichzeitig in Persien die Islamische Revolution zum Sturz des Schahs geführt hatte.

Der Kreml verband die imperiale expansive Außenpolitik mit einer langfristig geplanten Informationsstrategie, mit der die politische Meinungsbildung in Westeuropa beeinflusst und zersetzt werden sollte. Bereits 1969 war auf einer Konferenz der kommunistischen Parteien ein Konzept für den Kampf in den westlichen Ländern beschlossen worden.[4] Mit dem NATO-Doppelbeschluss trat diese Strategie in ihre akute Phase: Jetzt galt es, der Hochrüstung des Westens und der Gefahr nuklearer Vernichtung vorzubeugen, so die Moskauer Parole. Nach der Öffnung der DDR-Archive konnte detailliert gezeigt werden, dass die Sowjetführung nicht nur eine ideologische Linie formulierte, sondern konkrete Anweisungen für den politischen Kampf vorgab. Als sich in Reaktion auf den Doppelbeschluss eine breite Friedensbewegung in Deutschland formierte, ergriff der Kreml die Gelegenheit für den aktiven Informationskrieg. Zwar beherrschte die sowjetische Politik nicht die Friedensbewegung, konnte aber bei wichtigen Entscheidungen vor allem über die DKP und ihre Vorfeldorganisationen maßgeblichen Einfluss ausüben. Es gelang ihnen, innerhalb der Friedensbewegung einen Kurs durchzusetzen, der die vielfältigen Gruppierungen auf einen grundsätzlichen Konsens verpflichtete. Missliebige

---

[3] Zum Kontext: Heinrich August Winkler: Der lange Weg nach Westen, Bd. 2: Deutsche Geschichte vom „Dritten Reich" bis zur Wiedervereinigung. München 2000, S. 315–488.
[4] Michael Ploetz, Hans Peter Müller: Ferngelenkte Friedensbewegung? DDR und UdSSR im Kampf gegen den NATO-Doppelbeschluss. Münster 2004, S. 46.

Entwicklungen konnten auf diese Weise verhindert werden. So richtete sich die gesamte Friedensbewegung einseitig gegen die NATO, ein Erfolg des sowjetischen Einwirkens. Mit besonderem Interesse beförderte der Kreml die allmähliche Demontage Helmut Schmidts, der den Rückhalt seiner Partei verlor und 1982 – was dem Moskauer Kalkül jedoch zuwiderlief – einer von Helmut Kohl geführten Bundesregierung weichen musste.[5] „Wohin treibt die SPD?" fragten nach dem Machtwechsel Jürgen Mahrun und Manfred Wilke in „Wende oder Kontinuität in der sozialdemokratischen Sicherheitspolitik". Tatsächlich verliefen die Konfliktlinien durch die Partei des ehemaligen Kanzlers, der nicht zuletzt über sicherheitspolitische Fragen gestolpert war.[6] Mit großem Konformitätsdruck setzte sich in der SPD eine Stimmung durch, die sich von der Regierungslinie Schmidts entfernte. Der Parteivorsitzende Willy Brandt bekannte, er sei im Grunde immer gegen die Nachrüstung gewesen, und Oskar Lafontaine, damals Oberbürgermeister von Saarbrücken und Mitglied des Parteivorstands, brachte viel Verständnis für die Forderung auf, Deutschland solle aus der NATO austreten. „Raketenzählerei" wurde zu einer Invektive auch gegen die verbliebenen innerparteilichen Gegner.[7]

Diese waren zwar in der Minderheit, äußerten sich aber durchaus wortgewandt im Streit um die Nachrüstung. Karl Kaiser hielt den „schrecklichen Vereinfachern, die Freiheit und Frieden apokalyptisch zum Gegensatz machen" entgegen, dass „beides, Freiheit und Frieden, nötig und möglich sind".[8] Im neuen Mehrheitskurs der Partei werde „die im Zeichen der Freiheit angetretene deutsche Sozialdemokratie ... de facto zu einem der wirksamsten Instrumente sowjetischer Hegemonialpolitik gemacht", formulierte Gesine Schwan.[9] Helmut Schmidt warnte auf dem sogenannten „Raketenparteitag" der SPD im November 1983: „Wer den Frieden als absolut höchsten Wert setzen sollte, der könnte bei der Aufopferung der Freiheit enden." In der sowjetischen Politik erkannte er den „nachhaltigen psycho-politischen Versuch zur Vereinzelung der Bundesrepublik".[10] Die Worte verhallten, die Parteitagsdelegierten distanzierten sich von seiner Sicherheitspolitik. Gegenüber den ostmitteleuropäischen Nachbarn begaben sich viele Entspannungspolitiker allerdings ganz ohne sowjetische Beeinflussung auf den Weg der Vereinzelung. Die polnische *Solidarność* wurde als Störung der Politik der kleinen Schritte im Verhältnis zwischen Bonn und Moskau bzw. Ost-Berlin wahrgenommen, wenn nicht sogar, wie von

---

[5] Ebd., S. 277–353.
[6] Friedhelm Boll, Jan Hansen: Doppelbeschluss und Nachrüstung als innerparteiliches Problem der SPD, in: Philipp Gassert, Tim Geiger, Hermann Wentker (Hrsg.): Zweiter Kalter Krieg und Friedensbewegung. Der NATO-Doppelbeschluss in deutsch-deutscher und internationaler Perspektive. München 2011, S. 203–228. – Klaus Moseleit: Die „Zweite" Phase der Entspannungspolitik der SPD 1983–1989. Eine Analyse ihrer Entstehungsgeschichte, Entwicklung und konzeptionellen Ansätze. Frankfurt/Main 1991. – Anton Notz: Die SPD und der NATO-Doppelbeschluss. Abkehr von einer Sicherheitspolitik der Vernunft. Baden-Baden 1990. – Thomas Risse-Kappen, Die Krise der Sicherheitspolitik. Neuorientierungen und Entscheidungsprozesse im politischen System der Bundesrepublik Deutschland 1977–1984. Mainz, München 1988.
[7] Jürgen Maruhn, Manfred Wilke (Hg.): Wohin treibt die SPD? Wende oder Kontinuität sozialdemokratischer Sicherheitspolitik. München 1984.
[8] Karl Kaiser: Prioritäten sozialdemokratischer Außen- und Sicherheitspolitik, in: Maruhn, , Wohin treibt die SPD [Fn. 7], S. 9–27, hier S. 19.
[9] Gesine Schwan: Die SPD und die westliche Freiheit, in: Maruhn, Wohin treibt die SPD? [Fn. 7], S. 38–53, hier S. 51.
[10] Helmut Schmidt: Zur Lage der Sicherheitspolitik, in: Maruhn, Wohin treibt die SPD? [Fn. 7], S. 129–164, hier S. 132.

Egon Bahr, als „Gefahr für den Weltfrieden".[11] Nur einzelne Stimmen wie Gesine Schwan und Heinrich August Winkler kritisierten die Beflissenheit, mit der sich die deutsche Politik und nicht zuletzt die SPD von oppositionellen Bewegungen im Ostblock distanzierten, um die Regierungsbeziehungen nicht zu gefährden. Die Dissidenten in Ostmitteleuropa, nicht die kommunistischen Regierungen, so Schwan, böten „das Unterpfand für den friedlichen Weg in ein zukünftiges geeintes Europa und ein einiges Deutschland".[12]

Dass auch die Ukraine einen eigenen Platz in einem zukünftigen Europa einnehmen würde, war im deutschen Diskurs der 1980er Jahre noch nicht erkennbar. Allein der tschechische Romancier Milan Kundera dachte 1983, Jahre vor ihrer Unabhängigkeit, an die Ukraine, als er seinen einflussreichen Essay „Die Tragödie Mitteleuropas" veröffentlichte:

> Die Ukraine, eine der großen europäischen Nationen, ist im Begriff, langsam zu verschwinden. Und dieser ungeheuerliche, nahezu unglaubliche Vorgang vollzieht sich, ohne dass die Welt es bemerkt.[13]

Für Kundera gehörte die Ukraine schon damals zu Mitteleuropa, das von Russland existenziell bedroht war. In der deutschen Debatte waren solche Sätze kaum vorstellbar. Selbst diejenigen, die vor den hegemonialen Bestrebungen der Sowjetunion warnten, waren um eine Sprache bemüht, die den Kreml nicht provozierte, speziell wenn es um die Ukraine ging. Auf dem erwähnten Raketenparteitag der SPD erinnerte Helmut Schmidt an zwanzig Millionen Opfer des Zweiten Weltkriegs, die die Sowjetunion zu beklagen hatte, „an aller erster Stelle die russischen Stämme".[14] Mit den „russischen Stämmen" waren zweifellos neben den Russen auch die Belarussen und Ukrainer gemeint. Es war Schmidt offenbar wichtig, eine untrennbare Verwandtschaft von Russen, Ukrainern und Belarussen zu betonen – ausgerechnet mit dem Begriff der „Stämme", der von linken Parteien sonst nicht verwendet wurde und für sie anrüchig klang. Der imperiale Status quo in der Sowjetunion war auf keinen Fall, nicht einmal gedanklich, anzurühren. So blieb die Ukraine als „russischer Stamm" unsichtbar.

Der Konflikt um die Nachrüstung bündelte sich in der SPD wie unter einem Brennglas, aber die Trennlinien der Debatte spalteten die gesamte Gesellschaft. Der NATO-Doppelbeschluss mobilisierte eine breite Koalition, die neben Sozialdemokraten auch evangelische und katholische Christen und radikale Linke mobilisierte. Die Grünen nahmen den Pazifismus in ihre Gründungsprogrammatik auf. Quer durch die Parteien war der Protest häufig religiös unterlegt, nicht von den kirchlichen Institutionen, sondern von

---

[11] Daran erinnerte der Schriftsteller Marko Martin am 7. November 2024 in einer Rede im Schloss Bellevue. Adam Soboczynski: Ein seltener und kostbarer Augenblick. Zeitonline, 20.11.2024. Allerdings hatte Bahr seine Äußerung im Jahr 2001 zurückgenommen, als er selbstkritisch bemerkte: „Die [Solidarność] habe auch ich unterschätzt in ihrem Augenmaß, die Sehne nicht zu überspannen...". Egon Bahr: Ostpolitik aus der Mitte Europas – damals und heute, in: WeltTrends, 30/2001, S. 101–110, hier S. 104.

[12] Gesine Schwan, Wenn die Freiheit von der Tagesordnung gestrichen wird, in: Rheinischer Merkur, 20. Juli 1985, S. 3.

[13] Milan Kundera: Un occident kidnappé oder die Tragödie Zentraleuropas. 1983, in: Themenportal Europäische Geschichte, 2007, <www.europa.clio-online.de/quelle/id/q63-28311>. – Dazu: Thomas Schmid: Der vergessene Raum hinter dem Eisernen Vorhang. Gegen den russischen Imperialismus. Milan Kunderas Essay von 1983 über Mitteleuropa ist heute aktueller denn je. Die Zeit, 53/2023, <www.zeit.de/2023/53/der-entfuehrte-westen-milan-kundera-essay>.

[14] Schmidt, Zur Lage der Sicherheitspolitik [Fn. 10], S. 133.

frei flottierenden Deutungsmustern, die in den 1980er Jahren noch abrufbar waren. Der evangelische Pfarrer Martin Niemöller, im Kaiserreich Marineoffizier, in der Zeit des Nationalsozialismus Begründer der Bekennenden Kirche und langjähriger KZ-Häftling, wurde nach 1945 zum Pazifisten und Vordenker der religiös imprägnierten Friedensbewegung.[15] In der Breite war die Nachrüstungsdebatte von chiliastisch anmutenden Endzeiterwartungen geprägt, die heute befremden.[16] Hans Apel, letzter Verteidigungsminister der sozialliberalen Koalition und bekennender Christ, schildert anschaulich, wie Friedensdebatten im christlichen Raum verlaufen konnten. Im November 1981 lud ihn die Hamburger Jacobi-Kirche zu einem Vortrag über die Bergpredigt ein. In seinen Memoiren „Der Abstieg" erinnert sich Apel:

> Diesmal komme ich erst gar nicht zum Reden. Die Kirche ist voller Transparente: „Apel, Genscher, Helmut Schmidt, wir machen Euern Krieg nicht mit" oder „Heute will er predigen, morgen uns erledigen." Den Rest erledigen die vielen Trillerpfeifen. . . . Wir singen einen Choral, und die Veranstaltung ist beendet. Der Hass ist groß.[17]

Religiöse Semantiken waren ein Hauptfaktor der politischen Polarisierung. Der populäre Fernsehjournalist Franz Alt pries Jesus als „Heiler des Atomzeitalters" und reduzierte die Problematik des Doppelbeschlusses auf die Frage: „Gott oder die Bombe?".[18] Unversöhnlichkeit wurde damals religiös formuliert. Daneben wurden von Unterstützern der Friedensbewegung auch rationale Argumente geltend gemacht. Carl Friedrich von Weizsäcker, der einen radikalen, christlich begründeten Pazifismus vertrat, wies auf die Gefahr hin, dass die Sowjetunion versuchen könnte, ihren Rüstungsvorsprung durch einen Präventivangriff zu „amortisieren", wenn sie der überlegenen westlichen Rüstungsdynamik nichts mehr entgegensetzen könnte.[19]

Die wichtigste Trennlinie in den Nachrüstungsdebatten verlief aber zwischen zwei politischen Weltbildern. Für die Vertreter des NATO-Doppelbeschlusses waren die Erfahrungen des totalitären Zeitalters prägend, der Gegensatz von Freiheit und Unterdrückung, von Demokratie und Diktatur. Zu diesem antitotalitären Weltbild gehörten die Tugenden der Wachsamkeit und Wehrhaftigkeit. Seit den 1960er Jahren verblasste diese Überzeugung, und die Gegensätze zwischen Kapitalismus und Sozialismus, zwischen kolonialer und kolonisierter Welt traten in den Vordergrund. Im nuklearen Zeitalter erschien die Konfrontation der Supermächte als die eigentliche Gefahr, auch die Möglichkeit eines unabsichtlich ausgelösten Krieges. Die zu diesem Weltbild gehörende Tugend war die Bedächtigkeit. Nicht mehr der Gegner, sondern die Gegnerschaft erschien als Problem.

In der Nachrüstungsdebatte standen sich diese Weltbilder weitgehend hermetisch gegenüber. Ihre Geschlossenheit gewannen sie auch daraus, dass sie sich auf unterschiedliche

---

[15] Benjamin Ziemann: Martin Niemöller. Ein Leben in Opposition. München 2019, S. 447–474.
[16] Zur religiösen Dimension der Friedensbewegung: Frank Bösch: Zeitenwende 1979. Als die Welt von heute begann. München ³2024.
[17] Hans Apel: Der Abstieg. Politisches Tagebuch eines Jahrzehnts. München 1991, S. 181f.
[18] Franz Alt: Liebe ist möglich. Die Bergpredigt im Atomzeitalter. München ³1985, S. 31f.
[19] Carl Friedrich von Weizsäcker: Der bedrohte Friede. Politische Aufsätze 1945–1981. München 1981. – Zu diesem Argument: Herfried Münkler: Welt in Aufruhr. Die Ordnung der Mächte im 21. Jahrhundert. Berlin ⁸2024, S. 45f.

historische Erfahrungen bezogen. Die Verteidiger des NATO-Doppelbeschlusses dachten an den Zweiten Weltkrieg, in dem die Demokratie in Europa zunächst durch Appeasement gegenüber einer expansionistischen Diktatur gefährdet und dann unter enormen Opfern wiedergewonnen worden war. Die Gegner des NATO-Doppelbeschlusses standen unter dem Eindruck des Ersten Weltkriegs, der aus ihrer Sicht durch „Säbelrasseln" provoziert worden war. Die Nachrüstung stellte eine Geste der Stärke dar und als solche tat sie ihre Wirkung, indem sie dem Kreml aufzeigte, dass seine Hegemonial- und Zersetzungsstrategie gegenüber dem freien Westen nicht aufging. Aus der Nachrüstungsdebatte gingen die Befürworter eines wachsamen Containments der Sowjetunion als politische Sieger hervor. Dies bedeutete aber keineswegs einen dauerhaften Sieg ihres Weltbilds. Die Zeit der Nachrüstungsdebatte scheint heute weit entfernt, und die Verhältnisse waren in vieler Hinsicht anders: Der Einfluss der Sozialdemokratie war auch nach Verlust des Kanzleramts noch beachtlich, und die Kirchen spielten im politischen Diskurs eine prägende Rolle. Aber Russlands Krieg gegen die Ukraine entspringt derselben expansionistischen, auf Hegemonie zielenden Politik, wie sie die Sowjetunion vor einem halben Jahrhundert pflegte. Anders als in den 1980er Jahren geht der Kreml jetzt aufs Ganze, ist risikobereiter, verschärft den Krieg beständig, zuletzt durch den Einsatz nordkoreanischer Truppen. Dabei geht es nicht nur um Annexion und die Einsetzung eines Marionettenregimes, das Ziel des Kreml ist die dauerhafte Ausschaltung der Ukraine als politische Nation. Dieser Vernichtungskrieg wird durch einen Informationskrieg gegen den Westen begleitet. Auch darin liegt eine Parallele zur sowjetischen Strategie der 1970er und 1980er Jahre. Wie damals ist Deutschland das Hauptziel der Moskauer Kampagne, weil es als Schlüssel gilt für die Einwirkung auf ganz Europa und zugleich als leichtes Ziel der Beeinflussung. Seit 2022 stehen nicht mehr die etablierten Parteien im Mittelpunkt der Strategie, sondern die rechtsextreme AfD und neuerdings das BSW. Funktionäre der AfD pflegen enge Kontakte nach Moskau, dort wurde für die Partei 2022 sogar eine detaillierte Propagandastrategie entworfen, ein Beleg für die Steuerung durch eine fremde Macht, die durchaus an die Lenkung der DKP in den 1980er Jahren erinnert. Moskau ist heute nicht mehr die Vormacht der Arbeiter und Bauern, sondern der Ausländerfeinde, Misogynen und Homophoben, möglicherweise bald eingeholt und überholt von den USA. Das eigentliche Ziel Russlands ist aber, das Vertrauen in die demokratischen Institutionen Deutschlands zu zerstören. Die neuen digitalen Plattformen und Netzwerke schaffen dafür ideale Voraussetzungen. Wie Arndt Freytag von Loringhoven und Leon Erlenhorst in ihrem Buch *Putins Angriff auf Deutschland* beschreiben, nutzt der Kreml diese Mittel virtuos und mit erheblichem Einsatz von Mitteln, die die Ressourcen der deutschen und europäischen Abwehr bei weitem übersteigen.[20]

Die hegemonialen Bestrebungen und die Informationsstrategie des Kreml sind in den 1980er Jahren und heute grundsätzlich ähnlich, aber beides hat sich intensiviert. Wie steht es mit dem Umgang der deutschen Politik mit dieser Herausforderung? Dass sich Berlin auch nach 2014 noch rohstoffpolitisch von Moskau abhängig machte und Warnungen aus Warschau und Kiew in den Wind schlug, liegt in der Tradition der Politik der 1980er Jahre. Es war ein geopolitisches Versagen, das zum gegenwärtigen Krieg beigetragen hat. Von Bundeskanzler Scholz wurde Russlands Invasion in die Ukraine nur am Anfang,

---

[20] Arndt Freytag von Loringhoven, Leon Erlenhorst: Putins Angriff auf Deutschland. Desinformation, Propaganda, Cyberattacken. Berlin 2024.

als er das Wort von der „Zeitenwende" prägte, als fundamentale Gefährdung der europäischen Sicherheit begriffen.[21] Danach behandelte die Regierung sie eher wie einen Regionalkonflikt und wollte ein Patt zwischen beiden Seiten erwirken, in dem Russland nicht gewinnt und die Ukraine nicht verliert, eine Politik, die im Ansatz verfehlt war, weil sie zum Ausbluten der Ukraine führen musste.

Der tiefere Grund für das Versagen liegt im Weltbild der Nachrüstungsgegner der 1980er Jahre. Von Kritikern wurde der Irrweg der SPD immer wieder mit Gerhard Schröder verbunden, der als Bundeskanzler im Gasgeschäft mit Moskau sicherheitspolitisch hochproblematische Vereinbarungen traf, von denen er später persönlich profitierte.[22] Darüber kann man sich empören. Viel erhellender ist es, auf Politiker zu schauen, die reflektiert und integer agieren, auf den Vorsitzenden der SPD-Fraktion im Deutschen Bundestag Rolf Mützenich zum Beispiel. Eine an sich unbedeutende, aber aufschlussreiche Episode ist es, dass er wenige Wochen vor der Invasion, als Russland eine riesige Armada an der ukrainischen Grenze in Stellung brachte, die Kriegsgefahr weniger in Russlands Streitmacht sah als in ukrainischen und russischen Freischärlern, die den Krieg, vom Kreml unbeabsichtigt, auslösen könnten.[23] Diese Gruppierungen gab es nicht, und es gab auch keine Anzeichen dafür, dass solche Gruppen sich formierten. Mützenich stützte seine Einschätzung auf ein fiktives Szenario, das zu seinen weltanschaulichen Vorannahmen passte. Die Kriegsgefahr lag in seiner Sichtweise auf beiden Seiten, die Wahrheit irgendwo in der Mitte. Das friedensbewegte Weltbild diktierte die Analyse. Diese Linie zieht sich in den Krieg hinein. Die von Bundespräsident Frank-Walter Steinmeier verwendete und später zurückgenommene Vokabel der „Kaliberexperten", mit der er deutsche Befürworter einer stärkeren militärischen Unterstützung der Ukraine belegte, klingt wie ein spätes Echo auf die Invektive der „Raketenzähler", die die Befürworter der Nachrüstung diskreditieren sollte.[24] Auch die Warnung vor „Säbelrasseln und Kriegsgeheul" kam von ihm, als er noch das Amt des Außenministers bekleidete.[25] Aus solcher Rhetorik schlagen die politischen Ränder, die AfD und das BSW, ihr Kapital. Wie in den 1980er Jahren verläuft die Trennlinie quer durch die SPD. Während Bundeskanzler Scholz die Tugend der Bedächtigkeit für sich in Anspruch nimmt und damit Wahlkampf führen will, steht sein Verteidigungsminister Boris Pistorius für die Tugend der Wehrhaftigkeit und Kriegstüchtigkeit. Kriegstüchtigkeit zumindest im nationalstaatlichen Rahmen zu überwinden, hatte der Vordenker der Entspannungspolitik Egon Bahr als erstrebenswert bezeichnet, während der Verteidigungsminister der sozialliberalen Koalition Georg Leber wie auch sein Vorgänger Helmut Schmidt die Idee einer wehrhaften, einsatzbereiten Armee vertraten.[26]

---

[21] Bastian Matteo Scianna: Sonderzug nach Moskau. Geschichte der deutschen Russlandpolitik seit 1990. München 2024.
[22] Reinhard Bingener, Markus Wehner: Die Moskau-Connection. Das Schröder-Netzwerk und Deutschlands Weg in die Abhängigkeit. München 2023. – Sabine Adler: Die Ukraine und wir. Deutschlands Versagen und die Lehren für die Zukunft. Berlin 2022.
[23] „Die Nato bietet keine Garantie". SPD-Fraktionschef Rolf Mützenich warnt vor einem Konfrontationskurs mit Russland – und träumt von Allianzen ohne Militär. taz, 12.1.2022, <https://taz.de/SPD-Fraktionschef-ueber-russische-Aengste/!5825219/>.
[24] Steinmeier geißelt „verantwortungslosen und hemmungslosen Populismus". FAZ, 26.4.2024.
[25] Severin Weiland: Warum Steinmeier irritiert. Der Spiegel, 20.6.2016.
[26] „Die Mitte Europas ist nicht mehr allein kriegsführungsfähig", so formulierte Bahr ein Ergebnis der deutschen Ostpolitik. Bahr, Ostpolitik [Fn. 11], S. 110.

Tragisch ist, dass die Gefahrenwahrnehmung im Rahmen des friedensbewegten Weltbilds grundsätzlich ihre Berechtigung hat. Kriege können durch eine Eigendynamik der Mächtekonfrontation entstehen. Aber solche Einsichten gelten nicht unabhängig von Raum und Zeit, sondern sind an bestimmte Situationen gebunden. In der heutigen Situation, die durch Russlands Kriegspolitik und Hegemonialstreben gekennzeichnet ist, sind das Weltbild der Pazifisten der 1980er Jahre und die mit ihm verknüpfte Tugend der Bedächtigkeit schlechte Ratgeber. Diesen weltanschaulich-moralischen Komplex hinter sich zu lassen, ist weitaus schwieriger als ein neues Sondervermögen für die Bundeswehr zu beschließen.

Schlagwörter:
Ukrainekrieg, deutsche Politik, Zeitgeschichte, Nachrüstung, NATO-Doppelbeschluss, Appeasement

osteuropa

Fließbild
Politik und Gesellschaft in Zentralasien

412 Seiten, 36 Abbildungen, 18 Karten, 28 Euro. Bestellen auf zeitschrift-osteuropa.de

Benno Ennker

Das süße Gift Appeasement

Russlands Krieg und deutsches Lavieren

Die britische Außenpolitik der 1930er Jahre, die als „Appeasement" in die Geschichte einging, verfolgte das Ziel, Hitlers revisionistischen Kurs zu stoppen. Sie führte in ein Desaster. Heute betreibt Russland eine aggressive und revisionistische Politik. Obwohl sich niemand explizit zu einer Politik des Appeasements bekennt, läuft das Lavieren relevanter Kreise der deutschen Politik in der Frage, ob die Ukraine in ihrem Verteidigungskampf rückhaltlos militärisch unterstützt werden soll, de facto auf ein Appeasement hinaus. Erforderlich wäre ein Kurswechsel: Deutschland sollte bereit sein, Russland, dem Aggressor, durch Abschreckung und Verteidigung entgegenzutreten.

Der Begriff „Appeasement" begleitet die öffentliche Debatte über Russlands Krieg gegen die Ukraine von Beginn an. Publizisten, Historiker und Politiker haben vielfach betont, dass dieses politische Konzept für sie nicht infrage komme. Zugleich verbreitet sich unter den politischen Eliten und in Teilen der Bevölkerung Deutschlands, Europas und der USA eine Haltung zum Krieg, die zuweilen als „Ukraine-Fatigue" bezeichnet wird. Forderungen wie „Waffenstillstand jetzt!",[1] „Diplomatie statt Waffenlieferungen",[2] „Einfrieren des Konflikts"[3] oder schlicht „Frieden statt Krieg" werden laut.[4] Ende März 2024 wiesen 39 Nobelpreisträger ausdrücklich auf die historischen Erfahrungen der Appeasement-Politik hin und warnten vor einer Neuauflage von „München 1938".[5] Gewiss bekennt sich heute niemand explizit zu einer Politik des Appeasements. Dieses Konzept, mit dem die britische Außenpolitik den revisionistischen Kurs Hitlers stoppen und den Zweiten Weltkrieg verhindern wollte, führte – darüber herrscht in der internationalen Geschichtsschreibung Konsens – in ein Desaster. Die britische Historiographie hat

---

Benno Ennker (1944), Dr. phil., Osteuropahistoriker und Sozialwissenschaftler, München
Von Benno Ennker erschien in OSTEUROPA zuletzt: Russlands außenpolitische Wende. Innere Voraussetzungen 2011–2013, in: OE, 9–10/2017, S. 89–108. – Putin und seine Freunde. Die Elite und die Bruchstellen der Macht, in: OE, 6–8/2012, S. 125–144.

[1] Richard David Precht: Waffenstillstand jetzt. Die Zeit, 29.6.2022.
[2] Stoppt den Krieg in der Ukraine. Diplomatie statt Waffenlieferungen, <www.friedenskooperative.de/termine/stoppt-den-krieg-in-der-ukraine-diplomatie-statt>.
[3] Der SPD-Fraktionsvorsitzende im Bundestag Mützenich regt Debatte über „Einfrieren" des Ukraine-Kriegs an – deutliche Kritik aus der Union. Deutschlandfunk, 14.3.2024,
[4] Frieden statt Krieg! Wagenknecht-Partei will nur unter bestimmten Bedingungen regieren. Tag24, 29.7.2024.
[5] Offener Brief zum Ukrainekrieg: Nobelpreisträger warnen vor „Beschwichtigung des Aggressors". Tagesspiegel, 27.3.2024. – Ähnlich: Historiker Karl Schlögel: „Wir befinden uns in einer Vorkriegssituation". Rheinische Post, 10.11.24.

dazu eine ausufernde Literatur hervorgebracht.[6] Von entscheidender Bedeutung ist darin die Frage, welches Bild die britische Politik von Hitler und dem NS-Regime hatte und aus welchen Motiven sich der Appeasement-Kurs speiste.[7] Einige Historiker betonen, dass die britische Regierung an die Friedensabsichten Hitlers glaubte, seine territorialen Forderungen für begrenzt hielt und die Aggressivität und den imperialistischen Charakter des NS-Regimes völlig falsch einschätzte. Die Verharmlosung des Nationalsozialismus sei Grundlage der Appeasement-Politik gewesen.[8]

Dass die Appeasement-Politik im Begriff war zu scheitern, wurde den Zeitgenossen 1938 zunehmend klar, nachdem der britische Premierminister Neville Chamberlain das Münchner Abkommen mit Hitler geschlossen hatte und dies mit den Worten „Frieden für unsere Zeit" als Weg zum „general settlement" in Europa pries. Weniger als ein halbes Jahr später, nachdem die Tschechoslowakei infolge des Münchner Abkommens zerstückelt worden war, marschierte die Wehrmacht auf Hitlers Befehl in Prag ein; weitere sechs Monate später setzte das Deutsche Reich zum Angriff auf Polen an und löste den Zweiten Weltkrieg aus.

Die Briten hatten den „Weg nach München" nicht erst unter Chamberlain, sondern bereits in der Amtszeit von Premierminister Stanley Baldwin (11/1935–5/1937) und dem Chef der Nationalen Regierung James Ramsay MacDonald (1931–1935) eingeschlagen.[9] Dieser Weg begann damit, dass Großbritannien nach Hitlers Machtübernahme die massive deutsche Aufrüstung, darunter den Aufbau der Luftwaffe, akzeptierte, das deutsch-britische „Flottenabkommen" unterzeichnete[10] und die militärische Besetzung

---

[6] Die traditionelle Interpretation folgt weitgehend der negativen Bewertung, die Winston Churchill vorgab. Winston S. Churchill: The Second World War, Vol. 1: The Gathering Storm. Boston 1948. Eine „revisionistische Schule", die in der Appeasement-Politik – unter den gegebenen strategischen Zwängen trotz ihrer Erfolglosigkeit – doch eine rationale Strategie sehen möchte, hat ihren Repräsentanten in Allan John P. Taylor: The Origins of the Second World War. New York 1961. Vertreter dieser „Schule" verteidigen vehement Neville Chamberlains Außenpolitik: Donald Cameron Watt: How War Came: The Immediate Origins of the Second World War, 1938–39. London 1989. – Kritisch zur Appeasement-Politik: Robert Alexander C. Parker: Chamberlain and Appeasement: British Policy and the Coming of the Second World War. New York 1993. – John Charmley: Chamberlain and the Lost Peace. Chicago 1989. – Frank McDonough: Hitler, Chamberlain and Appeasement. Cambridge 2002. – Die zeitgenössische Polemik „Guilty men" macht einzelne Personen für das Appeasement-Konzept verantwortlich: Cato [= Michael Foot, Frank Owen, Peter Howard]: Guilty Men. London 1940. – Ian Kershaw: Hitlers Freunde in England. München 2005. – Norman Rose: The Cliveden Set. Portrait of an Exclusive Fraternity. London 2000. – Die ältere These, dass die britische Elite die nationalsozialistische Gefahr unterschätzt habe, weil sie vor allem Angst vor der bolschewistischen Revolution hatte, vertritt: Jonathan Haslam. The Spectre of War: International Communism and the Origins of World War II. Princeton 2021. – Die inneren sozial- und wirtschaftspolitischen Motive betonen: Peter Trubowitz, Peter Harris: When States Appease: British Appeasement the 1930s, in: Review of International Studies, 2/2015, S. 289–311. – Aus der deutschen Historiographie ist wegen des seltenen Fokus auf Ostmitteleuropa hervorzuheben: Jürgen Zarusky, Martin Zückert (Hg.): Das Münchener Abkommen von 1938 in europäischer Perspektive. München 2013.
[7] Benjamin Carter Hett: The Nazi Menace. Hitler, Churchill, Roosevelt, Stalin, and the Road to War. New York 2020. Hier zitiert nach der deutschen Ausgabe: Benjamin Carter Hett: Eskalationen. Wie Hitler die Welt in den Krieg zwang. Ditzingen 2021.
[8] Tim Bouverie: Appeasing Hitler: Chamberlain, Churchill and the Road to War. London 2019.
[9] Bouverie, Appeasing Hitler [Fn. 8], S. 22–119.
[10] Hines H. Hall III: The Foreign Policy Making Process in Britain, 1934–1935, and the Origins of the Anglo-German Naval Agreement, in: The Historical Journal, 2/1976, S. 477–499, hier v.a. S. 486–489.

des Rheinlandes akzeptierte. wollte die britische Regierung den „Friedensversicherungen" des deutschen Diktators Glauben schenken, dass es sich bei jedem neuen Schritt seiner Expansionspolitik nur um die „letzte territoriale Forderung"[11] seines Regimes handele. Aufgrund dieser Fehler begann Großbritannien erst zwischen 1936 und 1939 – und damit mit großer Verspätung – gegen die nationalsozialistische Bedrohung aufzurüsten. Militärisch fühlten sich die Briten im September 1938 durch das nationalsozialistische Deutschland erpressbar.[12] Winston Churchill hatte seit 1933 vor einer totalitären Aggression Hitler-Deutschlands gewarnt. Bereits drei Monate nach Hitlers „Machtergreifung" hatte die Regierung ein Memorandum ihres Boschafters in Berlin, Sir Horace Rumbold, erhalten, in dem er Hitlers *Mein Kampf* analysierte und die aggressive Außenpolitik NS-Deutschlands prognostizierte. Kurz darauf wurde der Botschafter abberufen.[13] Frappierend ist, dass es in der britischen Führung nicht an Informationen über das nationalsozialistische Deutschland mangelte, sich das Foreign Office aber mit seiner Expertise beim Premierminister kein Gehör verschaffen konnte. Der beamtete Staatssekretär im Außenamt, Robert Vansittart, wurde im Januar 1938 kaltgestellt. Und Außenminister Anthony Eden, ein erklärter Gegner jedes Appeasements, wurde im Februar 1938 aus dem Amt gedrängt. An dessen Stelle setzte Chamberlain nicht nur auf den ihm loyalen Lord Halifax, sondern auch auf seine persönlichen Treffen und Verhandlungen mit Hitler, die von informellen Emissären vorbereitet waren. Wie vielfach bezeugt, waren diese Treffen von der Suche nach einem „Deal" in Business-Manier bestimmt. Chamberlain ging davon aus, es in Hitler mit einem rationalen und vertrauenswürdigen Partner zu tun zu haben. Er sei zwar hart und rücksichtslos, aber ein Mann, „auf dessen Wort man sich verlassen kann".[14] Anthony Eden konstatierte im Jahr 1940 resigniert:

> Einige unserer Staatsmänner haben [...] versucht, mit „Diktatoren" so umzugehen, als wären sie „Geschäftsleute". Die Ergebnisse liegen auf der Hand.[15]

In der Tat hatten innenpolitische, wirtschaftliche und soziale Interessen und das Ziel eines ausgeglichenen Staatshaushalts Priorität vor Ausgaben für das Militär, um sich gegen den drohenden Krieg zu rüsten.[16] Chamberlain erklärte:

> Wenn wir unseren Handel zugunsten der Waffenherstellung opferten, würden wir ihm einen solchen Schaden zufügen, dass es Generationen dauern würde, bis er sich davon erholt. Wir würden das Vertrauen zerstören, das jetzt glücklicherweise besteht, und unsere Steuereinnahmen zum Versiegen bringen.[17]

Diese Art der Außenpolitik entsprach der Stimmung, einer Öffentlichkeit, in der die Bereitschaft, den potenziellen Gegner durch Investitionen in Militär und Rüstung abzuschrecken, äußerst gering war. In Großbritannien gab es damals relevante Kräfte in

---

[11] So Adolf Hitler im Berliner Sportpalast, 26.09.1938. NS-Archiv. Dokumente zum Nationalsozialismus: <www.ns-archiv.de/krieg/1938/tschechoslowakei/wollen-keine-tschechen.php>.
[12] Bouverie, Appeasing Hitler [Fn. 8], S. 415, zieht diese in der Literatur verbreitete Einschätzung nachdrücklich in Zweifel. – So auch Ian Kershaw: Höllensturz. Europa 1914 bis 1949. München 2015, S. 454.
[13] Bouverie, Appeasing Hitler [Fn. 8], S. 15f.
[14] Kershaw, Höllensturz [Fn. 12], S. 451. – Hett, Eskalationen [Fn. 7], S. 234, 240.
[15] Zitiert nach Haslam, The Spectre of War [Fn. 6], S. 261.
[16] Dazu ausführlich Trubowitz, Harris: When States Appease [Fn. 6].
[17] Zitiert nach Hett, Eskalationen [Fn. 7], S. 81. Hett schreibt: „Chamberlain war der kühle Realist, der meinte, ökonomische Rationalität mache einen Krieg undenkbar." S. 97.

Politik und Öffentlichkeit, die jegliche Anstrengung, Widerstand gegen Hitlers aggressiven Revisionismus zu leisten, mit dem Hinweis unterminierten, dass Deutschland in Versailles unfair behandelt worden sei und nun ein Ausgleich mit Berlin gesucht werden müsse. Ab 1933 war in Großbritannien das Gefühl von *mea culpa* weit verbreitet, und an der Lage schuldig zu sein.[18] Diese „Empathie mit dem Aggressor" ging einher mit einem Bild von Hitler-Deutschland, in dem die NS-Politik als Wiederherstellung von Sicherheit und Ordnung sowie als Grundlage der Regeneration des Landes und nicht als Weg zur totalitären Diktatur und zum antisemitischen Terror angesehen wurde. Und dieses Bild war keineswegs nur in konservativen Kreisen verbreitet.[19]

Diese öffentliche Wahrnehmung beruhte auf einer politischen Kultur, die mit dem Trauma des Ersten Weltkrieges radikal brechen wollte. An die Stelle des Militarismus und Bellizismus aus dem „Great War" rückte der Pazifismus, an die Stelle von Notstand der Wohlstand und an die Stelle von allem Militärischen rückte Abrüstung um jeden Preis. Mit Blick auf die nach der Weltwirtschaftskrise mühsam erreichte wirtschaftliche Prosperität und die erst neu gewonnene Wählerschaft herrschte unter der regierenden Oberschicht Großbritanniens ein politisches Unbehagen und eine extreme Statusverunsicherung.[20]

Empathie mit dem Aggressor?

Vor diesem historischen Hintergrund drängt sich die Frage auf, ob es in Deutschland eine ähnliche Konstellation in Bezug auf Russlands Krieg gegen die Ukraine gibt. Die über Jahrzehnte betriebene Russlandpolitik, die immer von dem kategorischen Imperativ geleitet war, einen politischen, ökonomischen und moralischen Beitrag zur Wiedergutmachung der Verbrechen aus dem deutschen Vernichtungskrieg gegen die Sowjetunion von 1941 bis 1945 leisten zu wollen, beeinflusst bis heute die deutsche Haltung zu Russlands Krieg gegen die Ukraine. Vladimir Putin weiß, warum er immer wieder auf diese empfindliche Stelle der Deutschen verweist:

> Man droht uns wieder mit deutschen Panzern, den „Leopard-Panzern", die mit Eisernen Kreuzen versehen sind. Und man will erneut gegen Russland auf ukrainischem Boden kämpfen ...[21]

Die „moralische Seite" der deutschen Beziehung zu Russland war über Jahrzehnte untrennbar mit den energiewirtschaftlichen Interessen an Russland verbunden, was keiner in seinem Zynismus besser personifiziert als der Ex-Kanzler Gerhard Schröder.[22] In der bislang umfassendsten Analyse der deutschen Russland-Politik bringt der Potsdamer Zeithistoriker Bastian Matteo Scianna das Prinzip aller Bundesregierungen auf die Formel „Verflechtung ohne Rückversicherung", womit er auf die wirtschaftliche Verflechtung

---

[18] Bouverie, Appeasing Hitler [Fn. 8], S. 23, 45–47.
[19] Zum Bild von NS-Deutschland in der britischen Oberschicht: Bouverie, Appeasing Hitler [Fn. 8], S. 19–21, 103, 219f.
[20] Hall, The Foreign Policy Making Process [Fn. 10], S. 479. – Bouverie, Appeasing Hitler [Fn. 8].
[21] Tagesschau, 2.2.2023.
[22] Reinhard Bingener, Markus Wehner: Die Moskau-Connection: Das Schröder-Netzwerk und Deutschlands Weg in die Abhängigkeit. München 2023.

Deutschlands mit Russland bei gleichzeitiger Vernachlässigung des eigenen Militärpotentials zur Abschreckung Russlands anspielt.[23]

Ein Argument, das darauf abzielt, dass Russlands Führung aus gutem Grund sich brüskiert fühle, besagt, dass der Westen bei der Erweiterung der NATO um die ostmitteleuropäischen Staaten Russlands Interessen nicht hinreichend berücksichtigt habe, ja sogar sein Versprechen gebrochen habe, das Bündnis nicht nach Osten auszuweiten. Das ist auf der Basis der zugänglichen Dokumente seit Jahren widerlegt.[24]

Dass sich die Legende vom NATO-Wortbruch in Deutschland so erfolgreich hält, hat nicht nur damit zu tun, dass sie von Gabriele Krone-Schmalz, Hubert Seipel und „Putin-Verstehern" ähnlicher Couleur verbreitet wird, sondern beruht offenbar auch darauf, dass „Empathie mit dem Aggressor" weit verbreitet ist. Mitgefühl und Solidarität mit dem Opfer der imperialistischen Aggression Russlands erscheinen zweitrangig. Erinnerungspolitisch ist dies umso erklärungsbedürftiger, als die Wucht des deutschen Überfalls auf die Sowjetunion im Juni 1941 gerade die Ukraine und Belarus traf.

Putins Imperium und der Krieg

Russland ist ein Imperium, das als zaristische, kommunistische und postsowjetische Macht das deutsche Bild von Osteuropa bestimmt hat. Obwohl stets erkennbar war, dass imperiales Denken tief in Russlands politischer Elite und Öffentlichkeit verankert ist,[25] wurden die damit einhergehenden Herrschaftsansprüche in relevanten deutschen Kreisen über die Nachfolgestaaten der Sowjetunion als „verständlich" und „ordnungstiftend" anerkannt. Aus diesem Geist speisen sich Überlegungen, der Ukraine zuzumuten, fast 20 Prozent ihres Territoriums dem Aggressor Russland zu überlassen, so wie es der Fraktionsvorsitzende der SPD im Bundestag, Rolf Mützenich, am 14. März 2024 vorschlug, angeblich um den Konflikt „einzufrieren".[26] Die jahrhundertelange, immer wieder neu variierte Sonderbeziehung Deutschlands mit dem russländischen oder sowjetischen Imperium verführt dazu, „die tief verwurzelte Idee der politischen Marginalität des ‚Zwischenraums' zwischen Russland und Deutschland" weiterzutragen und in dieser imperialen Optik die von Russland Beherrschten als „Akteure zweiter Ordnung" zu sehen.[27]

Russlands Armee führt seit Februar 2022 einen Krieg, der nicht nur in Mariupol' oder Buča genozidale Züge aufweist.[28] Sie begeht durch ihre systematischen Angriffe auf zivile Einrichtungen wie Krankenhäuser, Kraftwerke und Umspannwerke kontinuierlich Kriegsverbrechen. Zehntausende ukrainische Kinder wurden entführt und nach Russland gebracht, um sie dort zu russifizieren. Tausende Frauen und Männer werden gefoltert

---

[23] Bastian Matteo Scianna: Sonderzug nach Moskau. Geschichte der deutschen Russlandpolitik seit 1990. München 2024, S. 566.

[24] Mary E. Sarotte: Nicht einen Schritt weiter nach Osten: Amerika, Russland und die wahre Geschichte der Nato-Osterweiterung. München 2023. – Stefan Creuzberger: Die Legende vom Wortbruch. Russland, der Westen und die NATO-Osterweiterung in: OSTEUROPA, 3/2015, S. 95–108.

[25] Benno Ennker: Russische nationale Identität und imperiale Ambition als Elemente postsowjetischer Außenpolitik, in: Bianka Pietrow-Ennker (Hg.): Nationsbildung und Außenpolitik im Osten Europas. Osnabrück 2022, S. 533–571.

[26] Aufregung über Mützenich-Rede. „Rückfall in die alte Russlandpolitik". Tagesschau, 15.3.2024.

[27] Martin Schulze Wessel: Der Fluch des Imperiums. Die Ukraine, Polen und der Irrweg in der russischen Geschichte. München 2023, S. 303.

[28] Otto Luchterhandt: Völkermord in Mariupol': Russlands Kriegsführung in der Ukraine, in: OSTEUROPA, 1–3/2022, S. 65–86.

und vergewaltigt.[29] Mit diesen Kriegsverbrechen, der Plünderung der eroberten Gebiete, der Tötung ukrainischer Zivilisten, den gezielten Angriffen auf die ukrainische Kultur und die zivile Infrastruktur in den Städten straft Russlands Führung, die für all das die Verantwortung trägt, selbst ihre Kriegsbegründung Lügen, in der Ukraine einen Kampf gegen den „Nazismus" zu führen. Aber nennen deutsche Politiker diese Form der Kriegsführung beim Namen? Das lässt sich kaum behaupten. Ebenso wenig wird der deutschen Öffentlichkeit die Bedrohung der Europäischen Union durch den imperialistischen Aggressor in der notwendigen Klarheit vermittelt.

Irrweg der Russland-Politik

Es hatte Methode, bei der Pflege der Beziehungen Deutschlands mit Russland darüber hinwegzusehen, dass Putin den Aufstieg zur Macht seiner terroristischen Kriegsführung im Zweiten Tschetschenienkrieg verdankte. Repräsentanten aus Wirtschaft und Politik ignorierten bereitwillig die repressiven Praktiken des Putin-Regimes. Das erleichterte es, Russlands Führung immer wieder aufs Neue entgegenzukommen. Weder die Verschärfung der Repressionen nach 2012, noch die systematische Ausschaltung der Zivilgesellschaft und der politischen Opposition, noch die Ermordung prominenter Politiker und Journalisten gaben den Verantwortlichen in Deutschland und anderen EU-Staaten Anlass, sich Rechenschaft über den autoritären und skrupellosen Charakter des Putin-Regimes und seiner gefährlichen Folgen für Russlands Außen- und Sicherheitspolitik abzulegen.
Selbst nach der Annexion der Krim im März 2014 und der militärischen Intervention im Donbass,[30] die den Beginn des Krieges gegen die Ukraine darstellten, dauerte es Monate, ehe der Westen erste – höchst begrenzte – Sanktionen gegen Russland verhängte. Noch 2018, als Russland in der Ostukraine für jeden interessierten Beobachter erkennbar einen Krieg führte, verlangten prominente Politiker von Matthias Platzeck über Peter Gauweiler bis zu Wolfgang Kubicki und Sigmar Gabriel ein Ende der Sanktionen.[31]
Die Bemühungen um „Normalisierung" der Beziehungen mit dem Aggressor gegen die Ukraine und die europäische Friedensordnung reichten bis zu den sogenannten Vermittlungsinitiativen in Minsk. Insbesondere das Übereinkommen „Minsk II", das unter Führung Angela Merkels und des damaligen französischen Präsidenten François Hollande der Ukraine aufgezwungen wurde, gefährdete und polarisierte die Ukraine, während

---

[29] Andreas Umland: Russlands Kinderraub. Ukrainische Opfer, internationale Reaktionen, in: OSTEUROPA, 6–7/2024, S. 35–49. – ODIR: Report on Violations and Abuses of International Humanitarian and Human Rights Law, War Crimes and Crimes Against Humanity, related to the Forcible Transfer and/or Deportation of Ukrainian Children to the Russian Federation Moscow Mechanism: „Report on Violations and Abuses of International Humanitarian and Human Rights Law, War Crimes and Crimes Against Humanity, related to the Forcible Transfer and/or Deportation of Ukrainian Children to the Russian Federation", ODIHR.GAL/37/23/Rev.1/Corr.1*, Warsaw, 4.5.2023, <www.osce.org/files/f/documents/7/7/542751_1.pdf>. – In Russland und der Ukraine. Experten schlüsseln russische Folterverbrechen auf. NTV, 1.11.2024.
[30] Nikolay Mitrokhin: Infiltration, Instruktion, Invasion. Russlands Krieg in der Ukraine, in: OSTEUROPA, 8/2014, S. 3–16.
[31] Adelheid Bahr (Hg.): Warum wir Frieden mit Russland brauchen. Ein Aufruf an alle von Matthias Platzeck, Peter Gauweiler, Antje Vollmer, Peter Brandt, Oskar Lafontaine, Daniela Dahn und vielen anderen. Frankfurt/Main 2018. – In der SPD-nahen Zeitschrift Neue Gesellschaft/Frankfurter Hefte, 7+8/2019, brachte der Rezensent Christian Wipperfürth große Zustimmung zu diesem Band zum Ausdruck. – Auf der Münchner Sicherheitskonferenz im Februar 2018 hatte sich Außenminister Sigmar Gabriel für einen schrittweisen Abbau der Sanktionen ausgesprochen.

Russland aus der Rolle als Kriegspartei entlassen wurde.[32] Die Hintergründe dieser Politik sind von den damaligen Regierungsparteien nie aufgearbeitet worden. John McCain (1936–2018), US-Senator und einer der erfahrensten Außenpolitiker, kritisierte Angela Merkels Rede auf der Münchner Sicherheitskonferenz 2015, in der sie für eine derartige Verhandlungslösung warb, als „Torheit" und verglich Merkels Ablehnung von Waffenlieferungen an die Ukraine mit der britischen Appeasement-Politik.[33]

Zeitenwende oder „Appeasement redivivus"?

Russlands Generalangriff auf die Ukraine führte zwar dazu, dass Kanzler Olaf Scholz von einer „Zeitenwende" sprach, doch die politischen Schlüsse, die er und die Bundesregierung daraus zogen, waren von Anfang an zögerlich und begrenzt. Jeder Schritt zur Unterstützung der Ukraine wurde mit ängstlichem Blick auf vermeintliche „rote Linien" Russlands beschlossen, ganz so, als sei Russland in einer Verteidigungsposition, die es zu berücksichtigen gelte. Stattdessen wäre es angemessen gewesen, Russland von Anfang an als eine aggressive imperialistische Macht zu kennzeichnen, deren Krieg nicht bloß „völkerrechtswidrig" ist, sondern die explizit auf Vernichtung der Ukraine als politische Nation zielt.

Kann man heute von einer Wiederkehr des Appeasements sprechen? Oder ist die „Zeitenwende" in der Außen- und Verteidigungspolitik Realität? Man kann nicht sagen, dass die politischen Verantwortlichen in Deutschland ein klares Bild von der strategischen Bedrohung der Ukraine und der EU durch Russland zeichnen würden. Die Bedrohung richtet sich nicht abstrakt gegen die „Europäische Friedensordnung" oder die „regelbasierte Weltordnung". Russlands Führung spricht seit Jahren konkrete Drohungen gegen die Ukraine und die Mitgliedstaaten der Europäischen Union aus. Dies geschah bereits im ersten Kriegsjahr, als Putin ausdrücklich mit dem Einsatz von Atomwaffen drohte, um die Unterstützer der Ukraine einzuschüchtern.[34] Seit 2016 hat Russland in der russländischen Exklave Kaliningrad Mittelstreckenraketen stationiert, die auf Deutschland gerichtet sind und bis 2018 die erforderliche Infrastruktur für die nuklearen Gefechtsköpfe modernisiert.[35] Über diese Militarisierung und reale nukleare Bedrohung schlug weder die damalige Noch-Linke Sahra Wagenknecht und ihr Gefolge noch die AfD Alarm, die sich heute als Parteien für den Frieden gibt.

---

[32] Hugo von Essen, Andreas Umland: Russlands diktierter Nicht-Frieden im Donbas 2014–2022: Warum die Minsker Abkommen von Anbeginn zum Scheitern verurteilt waren, in: Sirius, 3/2022, S. 282–292.
[33] John McCain wirft Merkel Appeasement-Politik vor. ZEIT Online, 6.2.2015.
[34] Liviu Horovitz, Lydia Wachs: Russlands nukleare Drohgebärden im Krieg gegen die Ukraine. Folgen für die internationale Ordnung, die Nato und Deutschland. SWP-Aktuell 28/2022, <www.swp-berlin.org/10.18449/2022A28/>. – Russland droht: „Europäische Hauptstädte potenzielle Opfer". BR24, 13.7.2024.
[35] Timothy Wright, Douglas Barrie: Über die Rückkehr der US-Mittelstreckenraketen nach Europa. IISS, 20.8.2024. – Militärexperte: AfD und BSW schüren unnötig Angst. evangelisch.de, 17.7.2024.

52 Benno Ennker

Zu lange an einem Tisch: Die ehemalige Bundeskanzlerin Angela Merkel, Russlands Präsident Vladimir Putin und der ehemalige französische Präsident François Hollande (v.l.) am 6. Februar 2015, sechs Tage vor Unterzeichnung von „Minsk II". © Wikimedia

Russland als Bedrohung

Höchste Amtsträger des Putin-Regimes, allen voran der stv. Vorsitzende des Sicherheitsrates, Dmitrij Medvedev, drohen fast täglich, mit Raketen und Atomwaffen die Hauptstädte der westlichen Staaten zu vernichten, die sich der Unterstützung der Ukraine „schuldig" machen.[36] So äußerte Medvedev etwa:

> Stellen wir uns für einen Moment vor, dass Russland verloren hat und „die Ukraine mit ihren Verbündeten" gewonnen hat . . . Versuche, Russland an die Grenzen von 1991 zurückzubringen, werden nur zu einem führen. Auf dem Weg zu einem globalen Krieg mit westlichen Ländern unter Einsatz des gesamten strategischen Arsenals unseres Staates. In Kiew, Berlin, London, Washington. An alle anderen schönen historischen Orte, die längst zu den Flugzielen unserer Atomtriade gehören. Werden wir den Mut dazu haben, wenn der Untergang eines tausend Jahre alten Landes, unseres großen Vaterlandes, auf dem Spiel steht und die Opfer, die das russische Volk im Laufe der Jahrhunderte gebracht hat, umsonst sein werden? Die Antwort liegt auf der Hand.[37]

---

[36] Russians told to mobilise to inflict „maximum harm" on West in response to sanctions. Reuters 13.6.2024. – Medwedew bringt Droh-Liste gegen Unterstützer der Ukraine heraus. Frankfurter Rundschau, 12.10.2024.
[37] Dmitrij Medvedev. Telegram 18.2.24, <t.me/medvedev_telegram/448>.

Vor allem predigt Medvedev immer wieder die Vernichtung der ukrainischen Bevölkerung, wenn sie sich nicht russifizieren lassen wolle, er fordert die Liquidierung des ukrainischen Staates, der Nation und ihrer Kultur.[38] Es ist nicht nur Rhetorik, es sind nicht nur tägliche Hassreden der Repräsentanten und Propagandisten des Regimes, die uns bedrohen. Im Zentrum Moskaus ließ sich Putin anlässlich der im März 2024 abgehaltenen Schein-Wahlen auf dem überdimensionalen Plakat mit seinem Konterfei und dem Motto abbilden: „Russlands Grenzen enden nirgendwo!"[39]

Diese imperialistischen Drohgebärden haben die deutsche Öffentlichkeit bisher nicht aufgerüttelt. Ein hybrider Krieg gegen Europa wird längst geführt: Hackergruppen, die Russlands Militärgeheimdienst GRU unterstehen, attackieren systematisch deutsche Unternehmen im Logistik- und Rüstungssektor, in der Luft- und Raumfahrt, IT-Dienstleister, Einrichtungen des Gesundheitswesens, Stiftungen, Verbände und Parteien.[40] Diese Art der Kriegsführung ist Teil von Russlands Militärstrategie und zielt auf die Unterhöhlung und Verunsicherung der freiheitlichen Gesellschaft ab.[41]

Leider spricht kaum ein deutscher Politiker deutlich aus, was ein Sieg Russlands über die Ukraine für Europa bedeuten würde: Millionen weiterer Flüchtlinge, die nach Westen strömen, einen blutigen Partisanenkampf in Osteuropa, die direkte Bedrohung der Anrainer Polen, Litauen, Lettland, Estland, Finnland und Rumänien. Die „graue Eminenz" unter den außenpolitischen Vordenkern des Kremls, Sergej Karaganov, erklärte kurz nach Russlands massivem Angriff auf die Ukraine, er halte einen Zusammenstoß Russlands mit der NATO durchaus für wahrscheinlich und betonte, dass der berühmte Artikel 5 des NATO-Vertrags („Die Parteien vereinbaren, dass ein bewaffneter Angriff gegen eine oder mehrere von ihnen in Europa oder Nordamerika als ein Angriff gegen sie alle angesehen werden wird.") in Wirklichkeit „wertlos" sei. Kein Mitgliedstaat der NATO werde bereit sein, für andere zu kämpfen.[42] Damit ist das strategische

---

[38] Es sei Russlands „historische Mission" beim Krieg gegen die Ukraine, die „braune Pest" zu besiegen und „endgültig zu vernichten", führt er aus. Wenn „nötig" müssten „gefährliche Zentren chirurgisch beseitigt" werden. Kölner Stadtanzeiger, 14.5.2024.

[39] Steve Rosenberg (BBC) auf X (Twitter), 15.1.2024 mit Bild.

[40] Arndt Freytag von Loringhoven, Leon Erlenhorst: Putins Angriff auf Deutschland: Desinformation, Propaganda, Cyberattacken. Fake News aus Moskau: wie Russland unsere Demokratie angreift. Econ, Berlin 2024. – Putins Schattenkrieg. Angriff auf Europa. Welt am Sonntag, 17.11.2024, S. 13–15.

[41] Nico Lange: Cyberangriffe, Sabotage, Morde – Russlands hybride Kriegsführung: Wie sicher ist Deutschland? Interview in SRF News, 1.11.2024.

[42] Wörtlich heißt es in Artikel 5 des Nordatlantikvertrags vom 4. April 1949: „Die Parteien vereinbaren, dass ein bewaffneter Angriff gegen eine oder mehrere in Europa oder Nordamerika als ein Angriff gegen sie alle angesehen werden wird; sie vereinbaren daher, dass im Falle eines solchen bewaffneten Angriffs jede von ihnen in Ausübung des in Artikel 51 der Satzung der Vereinten Nationen anerkannten Rechts der individuellen oder kollektiven Selbstverteidigung der Partei oder den Parteien, die angegriffen werden, Beistand leistet, indem jede von ihnen unverzüglich für sich und im Zusammenwirken mit den anderen Parteien die Maßnahmen, einschließlich der Anwendung von Waffengewalt, trifft, die sie für erforderlich erachtet, um die Sicherheit des nordatlantischen Gebiets wiederherzustellen und zu erhalten. Vor jedem bewaffneten Angriff und allen daraufhin getroffenen Gegenmaßnahmen ist unverzüglich dem Sicherheitsrat Mitteilung zu machen. Die Maßnahmen sind einzustellen, sobald der Sicherheitsrat diejenigen Schritte unternommen hat, die notwendig sind, um den internationalen Frieden und die internationale Sicherheit wiederherzustellen und zu erhalten. <www.nato.int/cps/en/natohq/official_texts_17120.htm?selectedLocale=de>.
Russia cannot afford to lose, so we need a kind of a victory: Sergey Karaganov on what Putin wants. New Statesman-Interview, 11.4.2022.

Kalkül angedeutet: Der siegreiche Aggressor könnte versucht sein, das NATO-Bündnis zu testen: „Für Riga, Tallin, Vilnius, Warschau sterben?" Die Geschichte der Appeasement-Politik wird in Russland auf eigene Weise verarbeitet. Chamberlain hatte 1938 mit Blick auf die Mobilisierung der Wehrmacht gegen die Tschechoslowakei vor dem Münchner Vertrag geäußert:

> Wie entsetzlich, irreal, unvorstellbar ist es, dass wir Schützengräben ausheben und Gasmasken anprobieren sollen, weil es in einem fernen Land zu einem Streit zwischen Menschen gekommen ist, von denen wir nichts wissen.[43]

Weniger als ein halbes Jahr später lautete die Frage in Frankreich mit Blick auf Hitlers Aggressionsdrohung gegen Polen: „Mourir pour Dantzig?".[44]
Angesichts dieser historischen Erfahrung verwundert es nicht, dass die Form und die Inhalte der Fernseh-Berichterstattung über den Krieg in der Ukraine in jenen Staaten, die in den 1930er Jahren Opfer des Appeasement geworden waren, namentlich in Tschechien und Polen, heute grundlegend anders sind als die in Deutschland. In Polen ist die Brutalität der russländische Kriegsführung in allen Details im Fernsehen und den anderen Medien allgegenwärtig; in Deutschland dagegen ist das Thema weitgehend aus dem Zentrum der Aufmerksamkeit gerückt. Die Ukraine scheint wieder an den Rand Europas verbannt zu werden.

Der innere Wille zum Sieg über den Aggressor

In Großbritannien der 1930er Jahre trugen Individualismus, Konsumverhalten und das geschwundene sicherheitspolitische Bewusstsein dazu bei, dass die Appeasement-Politik Unterstützung in der Gesellschaft fand.[45] Die westlichen Gesellschaften von heute sind von diesen Haltungen und Tendenzen in noch viel stärkerem Maße als damals geprägt. Mehr noch: Nach dem Zweiten Weltkrieg, der bis zur totalen Niederlage durchgekämpft wurde, hat sich in Deutschland eine postheroische politische Kultur durchgesetzt, die nach der Überwindung der deutschen Teilung und des Ost-West-Konflikts noch verstärkt wurde. Überall gedieh die Hoffnung, nun von der „Friedens-Dividende" profitieren zu können. Individualismus ist heute die Norm und überbietet sich selbst „Singularität" ist zum Erkennungszeichen der Subjekte geworden: Zu beobachten ist die Erosion einer allgemeinen Öffentlichkeit bei gleichzeitiger Partikularisierung der Öffentlichkeit.[46]
Einerseits scheinen sich bedenkliche Parallelen zwischen heute und der historischen Situation in Großbritannien der 1930er Jahre zu zeigen. Andererseits gehören all diese Phänomene zur freiheitlichen Gesellschaft, die es zu verteidigen gilt. Winston Churchill brach 1940 den lähmenden Bann des Appeasements mit seiner „Blut-Schweiß-und-Tränen-Rede".[47] Niemand kann sich eine ähnliche Notsituation wünschen, die diesen Appell erzwang.

---

[43] Zit. nach Hett, Eskalationen [Fn. 7], S. 253f.
[44] So der Titel eines Leitartikels von Marcel Déat, in: L'Œuvre, 4. Mai 1939.
[45] Hett, Eskalationen [Fn. 7], S. 158f.
[46] Andreas Reckwitz: Die Gesellschaft der Singularitäten. Zum Strukturwandel der Moderne. Berlin 2017ff., hier besonders. S. 225–271.
[47] Winston Churchill: Blut, Schweiß und Tränen. Antrittsrede im Unterhaus nach der Ernennung zum Premierminister am 13. Mai 1940. Mit einem Essay von Herfried Münkler. Hamburg 1995.

Um aber einer politischen Kultur des „Appeasements" in der Gegenwart den Boden zu entziehen, bedarf es erheblicher Anstrengungen der Aufklärung: Aufklärung über die Tatsachen des Krieges und seine drohenden Weiterungen. Der Bundeskanzler sorgt nicht für solche Aufklärung, obwohl er zu Beginn seiner Regierungszeit die Beziehungen Deutschlands mit Russland zu seiner Prärogative erklärte und den Einfluss des Auswärtigen Amtes mit seiner Expertise zurückdrängte.[48] Diese Kanzler-Prärogative bietet nicht nur Raum für das „letzte Wort" im Entscheidungsprozess, ob Waffen an die Ukraine geliefert oder ihr verweigert werden, was jeweils ein eindeutiges Signal an Putin ist. Scholz nutzt sie zu jener Art persönlicher Politik gegenüber dem Aggressor, wie sie Chamberlain gegenüber Hitler praktizierte – mit dem bekannten, fatalen Ergebnis. So laviert er seit Jahren zwischen den ukrainischen Bitten um Beistand, den Neigungen der SPD-Fraktion im Bundestag, den Forderungen der ehemaligen Koalitionspartner, dem Kurs der US-Administration und der vielfachen Kritik von Experten – offensichtlich immer mit Blick auf demoskopische Umfragen: Ob er nicht doch die Rolle des „Friedenskanzlers" spielen sollte, nach dem sich die SPD seit Willy Brandt so sehr sehnt? Doch Adressat des Bundeskanzlers sollte nicht zuerst seine Partei, sondern die Bevölkerung sein, die eine klare Einschätzung der Gefahrenlage und eine Vorstellung von der einzuschlagenden Strategie verlangen kann. Seit Kriegsbeginn lässt der Kanzler im Ungefähren, was das strategische Ziel der Unterstützung der Ukraine ist. Die Aussage, die Ukraine erhalte Unterstützung „solange wie erforderlich", lässt offen, ob der Aggressor besiegt oder nur „gemäßigt" werden soll. Dabei wäre es notwendig, gemeinsam mit der Ukraine das Ziel zu definieren. Eckpfeiler wären die Beendigung des Krieges durch Russland, die Räumung der besetzten Gebiete und die bedingungslose Anerkennung der Integrität und Souveränität des ukrainischen Staates.

Welches Bild haben der Westen und die Bundesregierung unter Kanzler Scholz vom Aggressor-Staat, wenn es darum geht, den Krieg zu beenden? Glauben sie wie seinerzeit Chamberlain an ein „Gentlemen's Agreement" mit Putin, an eine ökonomische Rationalität, nach der Russlands Führung handelt und nach der ihr politisches und militärisches Handeln zu beeinflussen wäre? Blickt man zurück auf zweieinhalb Jahrzehnte Putin-Herrschaft, spricht nichts dafür, dass ein solches ökonomisches Kosten-Nutzen-Kalkül handlungsleitend wäre. In Geschichte und Gegenwart Russlands gründete sein Imperium auf dem Primat der Politik und der Gewalt. Wer dies zur Kenntnis nimmt, muss Russland militärisch gewappnet entgegentreten.

Kräfte zur Verteidigung der Ukraine und Europas?

Nicht wenige Osteuropa-Experten und Spezialisten für Sicherheitspolitik haben sich mit Appellen und Offenen Briefen an den Bundeskanzler gewandt, um ihn zu einer rückhaltlosen Unterstützung der Ukraine etwa durch die Lieferung von mehr Flugabwehrraketensystemen oder den Marschflugkörper Taurus zu bewegen. Sozialdemokratische Historiker – unter ihnen Heinrich August Winkler und Jan C. Behrends – wandten sich Ende März 2024 mit einem Brief an den Vorstand der SPD und forderten, sich von der „Tradition der Bahrschen Außenpolitik" gegenüber Russland zu verabschieden, kritisierten, dass die Bedrohung Europas durch Russland nicht unzweideutig benannt

---

[48] So hieß es gleich nach der Regierungsbildung: SPD-Fraktionschef Rolf Mützenich habe [. . .] im Deutschlandfunk erklärt, die deutsche Außenpolitik werde „insbesondere im Kanzleramt" gesteuert. DW, 9.12.2021. – Daniel Goffart: Scholz kocht – und Baerbock muss das Ergebnis servieren, in: Wirtschaftswoche, 10.1.2022. – Günter Bannas: Wem gehört die Welt, in: Politik & Kommunikation, 20.6.2023.

würde und der Bundeskanzler eher erklärte, was Deutschland nicht tue, statt Putin rote Linien aufzuzeigen, womit die deutsche Sicherheitspolitik geschwächt würde.[49]
Vergeblich wartet man auf eine Aufarbeitung der Ära harmonisierender Russlandpolitik und der sie begleitenden Energiepolitik, die spätestens nach 2014 gegen die Interessen der Ukraine und anderer ostmitteleuropäischer Staaten betrieben wurde. Dies vertieft die verbreitete Orientierungslosigkeit in der Bevölkerung, wie mit einer der wichtigsten internationalen Krisen umgegangen werden soll. Allerdings ist Deutschlands politische Klasse trotz vorgegebener Selbstgewissheit selbst verunsichert nach der Desavouierung ihrer Jahrzehnte lang betriebenen Russland-Politik und der weitgehenden Entwertung der bisherigen Koordinaten der strategischen Kultur des Landes.

„Deutschlands neue Rolle erfordert eine neue strategische Kultur", schrieb der Bundeskanzler in *Foreign Affairs* am 5. Dezember 2022, und weiter: „Jetzt wird man sich an der Frage orientieren, welchen Bedrohungen wir und unsere Verbündeten gegenüberstehen, in erster Linie ausgehend von Russland." Zwei Jahre später „ist von dieser neuen strategischen Kultur wenig zu spüren. Versteht man „strategische Kultur" als „weithin geteilte gesellschaftliche Werte, Normen und Überzeugungen, die Einfluss auf sicherheitspolitische Präferenzen und Entscheidungen nehmen", so war die strategische Kultur Deutschlands jahrzehntelang vom Rollenverständnis als „Handelsmacht" bestimmt.[50] Das hieß dann „Wandel durch Handel" oder „Dialog trotz Differenzen in den Interessen und Werten". Die moralisch überhöhte Selbstcharakterisierung als „Zivilmacht",[51] die auch auf die Europäische Union übertragen wurde, erleichterte es, ungeachtet der deutlichen Signale der Gefahr und der Bedrohung, die Russland mit dem Fünf-Tage Krieg gegen Georgien im Sommer 2008 und der Annexion der Krim im Frühjahr 2014 sandte, die Augen vor den erforderlichen Konsequenzen zu schließen.

Die Außenpolitik-Expertin Constanze Stelzenmüller kritisierte jüngst die unter Politikern verbreitete Vorstellung, Deutschland könne die Krisenlage in Europa regeln, wenn man nur freundlich genug sei und entsprechende Angebote mache. Das hält sie für eine nahezu parteiübergreifende Mentalität in Deutschland. Stattdessen bedarf es eines grundlegenden Wandels der deutschen Bereitschaft zu Abschreckung und Verteidigung.[52]

Manuskript abgeschlossen am 16.12.2024

Schlagwörter:
Appeasement, Russland, Deutschland, Ukraine, Hitler-Deutschland

---

[49] Historiker-Brandbrief: „Der Kanzler schwächt die deutsche Sicherheitspolitik nachhaltig." DNEWS24.

[50] Heiko Biehl: Zwischen Bündnistreue und militärischer Zurückhaltung, in: Ines-Jacqueline Werkner, Michael Haspel (Hg.): Bündnissolidarität und ihre friedensethischen Kontroversen. Gerechter Frieden. Wiesbaden 2019, S. 37–58, hier S. 40. – Colin S. Gray: Strategic Culture as Contest, in: Ders.: Modern Strategy. Oxford 1999, S. 129–151, hier 131.

[51] Christian Hacke: Deutschland in der Weltpolitik: Zivilmacht ohne Zivilcourage? In: Reinhard Meier-Walser, Alexander Wolf (Hg.): Die Außenpolitik der Bundesrepublik Deutschland Anspruch, Realität, Perspektiven. München 2012, S. 87–99, hier: S. 97.

[52] US-Wahl 2024: Der Kampf ums Weiße Haus, Interview mit Constanze Stelzenmüller, Fokus-Magazin, 1.11.2024, <www.youtube.com/watch?v=Hocq2GwcK-k>.

V. Handl, K. Řežábková, Z. Zavadilová

Prager Zeitenwende

Tschechien, Russland und der Ukrainekrieg

Tschechien unterhielt lange Zeit gute Beziehungen zu Russland. Im April 2021 kam es zu einer Zeitenwende, als der tschechische Geheimdienst den Nachweis führte, dass Russlands Militärgeheimdienst GRU Anschläge auf ein tschechisches Munitionsdepot verübt hatte. Nach Russlands Überfall auf die Ukraine vertiefte sich die Entfremdung zwischen Prag und Moskau. Mit breiter parlamentarischer Rückendeckung unterstützt Tschechien seit dem 24. Februar 2022 die Ukraine finanziell, politisch und militärisch. Allerdings macht die stärkste Oppositionspartei ANO unter dem Ex-Ministerpräsidenten Andrej Babiš gegen diese Unterstützung mobil. Auch die Kommunisten und die Rechtsradikalen unter Tomio Okamura versuchen mit der Parole „Das ist nicht unser Krieg" aus der Kriegsmüdigkeit der Menschen politisches Kapital zu schlagen.

Die Haltung der tschechischen Gesellschaft zu Russland war nie homogen. Vor Russlands Invasion in die Ukraine am 24. Februar 2022 waren die einen für Russland, die anderen gegen Russland. Pragmatiker bewegten sich zwischen diesen beiden Polen. Die russlandfreundliche Strömung war schwächer, aber einflussreich. Sie speiste sich aus der tiefen historischen Verbundenheit der Tschechen mit Russland. Diese Verbundenheit mit der slawischen Welt und Russland war immer auch ein Ausdruck der tschechischen Entfremdung vom Westen gewesen. Wer heute für Russland Position bezieht, vertritt in der Regel kulturell zutiefst konservative Positionen und tendiert zu Nationalismus, Sexismus und einer autokratischen Staatsform. Die Nähe zu Moskau kam in einer emotionalen und moralisierenden Hinwendung zu Russland zum Ausdruck.[1] So stand die Kommunistische Partei Böhmens und Mährens (Komunistická strana Čech a Moravy; KSČM) fest an der Seite Moskaus und forderte auch nach der Annexion der Krim im März 2014 und der Verhängung erster Sanktionen gegen Russland die Wiederherstellung

---

Vladimír Handl (1957), JUDr., CSc, wissenschaftlicher Mitarbeiter am Institut für Internationale Studien (IMS) an der Fakultät für Sozialwissenschaften der Karls-Universität, Prag
Von Vladimír Handl ist in OSTEUROPA u.a. erschienen: Vertraute Fremde. Die tschechisch-deutschen Beziehungen, 1989–2021, in: OE, 4–6/2021, S. 183–203. – Entfremdung und Kooperation. Paradigmenwechsel in der deutschen Russlandpolitik? In: OE, 1–2/2019, S. 53–66. – Sicherheitsverband. Deutschland und die ostmitteleuropäischen Staaten, in: OE, 2/2012, S. 53–70.
Kateřina Řežábková (1994), Mgr., Absolventin des Instituts für Internationale Studien (IMS) an der Fakultät für Sozialwissenschaften der Karlsuniversität, Prag
Zuzana Zavadilová (1998), Mgr., Analytikerin bei der Assoziation für Internationale Fragen (AMO) in Prag

[1] Ondřej Ditrych: Große Mächte, kleine Welt, in: OSTEUROPA, 4–6/2021, S. 219–234.

umfassender Beziehungen zu Moskau und den Austritt aus der NATO.[2] Ähnlich äußerten sich auch oppositionelle radikale Rechtspopulisten wie Tomio Okamuras Partei der direkten Demokratie (Strana přímé demokracie) oder die Bewegung D.O.S.T. (Důvěra, Objektivita, Svoboda, Tradice). Seine eigene Position vertrat der von 2013 bis 2023 amtierende Staatspräsident Miloš Zeman. Er interpretierte Russlands Intervention im Donbass als „Bürgerkrieg", betrachtete die Krim als Teil Russlands und lehnte Sanktionen ab.[3]

Die entgegengesetzte Position bezogen die Russlandkritiker, die allmählich die Mehrheit bildeten. Dazu gehören die Mitte-Rechts-Parteien TOP 09, die Demokratische Bürgerpartei ODS und KDU-ČSL sowie die Mitte-Links-Partei der Piraten und bis zu einem gewissen Grad auch die Tschechischen Sozialdemokraten (ČSSD).[4] Diese Strömung sah in Russland eine Bedrohung, befürwortete Sanktionen und unterstützte mit der Zeit auch Waffenlieferungen an die Ukraine. Die wachsende Kritik an Russland fand jedoch nur langsam Niederschlag im offiziellen außen- und sicherheitspolitischen Denken und in Dokumenten der Tschechischen Republik. In der Sicherheitsstrategie von 2015 wurde zwar bereits erwähnt, dass „einige Staaten versuchen, die bestehende internationale Ordnung zu revidieren", doch Russland wurde nicht explizit genannt.[5] In der Außenpolitischen Konzeption der Tschechischen Republik, ebenfalls aus dem Jahr 2015, wurde Russland zwar kritisiert, doch gleichzeitig die Notwendigkeit einer Zusammenarbeit unterstrichen. Von der Ukraine war nur im Zusammenhang mit der Östlichen Partnerschaft die Rede.[6]

Wegen der bestehenden Differenzen war der kleinste gemeinsame Nenner der tschechischen Russlandpolitik bis 2021 ihre wirtschaftliche Ausrichtung. Für diesen standen Pragmatiker aus der Regierungspartei ANO[7], die aber auch in den Parteien der rechten und linken Mitte vertreten waren. Die Tschechische Republik versprach sich von dem umstrittenen *Nord-Stream*-2-Projekt eigene Vorteile und schloss sich nicht dem Protest Polens oder der baltischen Staaten gegen den Bau der zweiten Gas-Pipeline durch die Ostsee an. Trotz der wirtschaftlichen Ausrichtung der Beziehungen sank Russlands Anteil am tschechischen Außenhandel von 4,2 Prozent im Jahr 2011 auf 2,4 Prozent im Jahr 2019.[8] Russland fiel damit von der Position des fünftwichtigsten Handelspartners bis 2021 auf die zehnte Position zurück. Tschechien erwarb vor allem Rohstoffe für den

---

[2] Šance na nový začátek. Volební program KSČM. Praha 2021, S. 2.
[3] Sankce by se měly zrušit a Krym patří Rusku, prohlásil Zeman po setkání s Putinem. iRozhlas.cz, 21.11.2017.
[4] TOP 09 ist eine liberale Mitte-Rechts-Partei, die Občanská demokratická strana (ODS) eine liberalkonservative, die Křesťanská a demokratická unie – Československá strana lidová, (KDU-ČSL) eine christdemokratische Mitte-Rechts-Partei.
[5] Bezpečnostní strategie České republiky 2015. MZV ČR. Praha 2015, S. 11.
[6] Koncepce zahraniční politiky ČR 2015, MZV ČR. Praha 2015, S. 15.
[7] Die ANO-Bewegung, die auf dem persönlichen Branding ihres Gründers und Vorsitzenden Andrej Babiš basiert, funktioniert wie ein professionell gelenktes Unternehmen, das auf Umfragen und Marketing setzt. Lubomír Kopeček et al.: Já platím, já rozhoduji! Političtí podnikatelé a jejich strany. Brno 2018, S. 101. – Ders.: „I'am Paying, So I Decide": Czech ANO as an Extreme Form of a Business-Firm Party, in: East European Politics and Societies and Cultures, 4/2016, S. 725–749.
[8] Zahraniční obchod České republiky v roce 2011. CzechTrade. Praha 2012, S. 92. – Teritoriální struktura zahraničního obchodu ČR za leden-listopad 2019. Ministerstvo průmyslu a obchodu, 2019.

Energiesektor und die Schwerindustrie.[9] Im Gegensatz dazu hat sich das Handelsvolumen mit der Ukraine im gleichen Zeitraum mehr als verdoppelt, auch wenn es im Vergleich zu dem mit Russland sehr gering war. Die Beziehungen zu Moskau wurden durch die politisierte Debatte über die Vergangenheit, insbesondere den Streit um das Denkmal für Marschall Konev und die tschechische symbolische Unterstützung für Russlands demokratische Opposition belastet.[10]

Trotz aller Probleme bemühte sich die Politik um eine Verbesserung der Beziehungen. Im Juli 2020 schuf die Regierung sogar die Stelle eines Russland-Beauftragten. Rudolf Jindrák, der dieses Amt innehatte, erklärte später, dass Russland zu keinem Zeitpunkt ein wirkliches Interesse an Konsultationen gezeigt habe.[11]

Zur tschechischen Zeitenwende in der Beziehung zu Russland wurde der April 2021. Der tschechische Geheimdienst veröffentlichte den Nachweis, dass hinter den zwei Explosionen in einem Munitionsdepot im südmährischen Vrbětice im Jahr 2014 Russlands Militärgeheimdienst GRU stand. Tschechien wies 18 russländische Geheimdienstler aus, die offiziell als Diplomaten akkreditiert waren. Beide Seiten reduzierten ihr diplomatisches Personal in der Botschaft auf jeweils sieben Vertreter. Moskau erklärte die Tschechische Republik zum „unfreundlichen Staat", damals noch dem einzigen neben den USA. Der 24. Februar 2022 markierte also in Tschechien – anders als in Deutschland – keine Zäsur und keinen Paradigmenwechsel, sondern verstärkte nur noch die ideelle und politische Entfremdung von Russland.

Unterstützung der Ukraine: Erfolg der Regierung Petr Fiala

Am 24. Februar 2022 gab es eine Premiere. Zum ersten Mal in der Geschichte des tschechischen Parlaments erklang dort die Nationalhymne eines anderen Landes: die Hymne der Ukraine. Ihre Töne eröffneten eine außerordentliche Sitzung des Unterhauses, die unmittelbar nach Bekanntwerden des russländischen Einmarschs in der Ukraine einberufen worden war. An diesem Tag herrschte eine beispiellose Einigkeit zwischen den Mitgliedern der Regierungsparteien und der Opposition. Die Abgeordneten begrüßten den Botschafter der Ukraine, Jevhen Perebyjnis, im Plenarsaal mit stehenden Ovationen. Anschließend verabschiedeten sie einstimmig eine Erklärung, mit der sie Russlands Aggression verurteilten und dazu aufriefen, maximale Anstrengungen zu unternehmen, um Sanktionen gegen Russland zu verhängen und die Ukraine zu unterstützen.[12] Das Tschechische Parlament zeigte sich überzeugt, dass die sich verteidigende Ukraine siegen

---

9 Miluše Kavěnová: Jak jsme obchodovali s Ruskem a s Ukrajinou, in: Statistika a My, 21.4.2022.
10 Der Platz vor der russländischen Botschaft wurde auf Veranlassung des Prager Bürgermeisters im Februar 2020 nach dem ermordeten russländischen Oppositionspolitiker Boris Nemcov benannt. Und im April 2020 wurde nach mehrjähriger Debatte das Denkmal für den Sowjetmarschall Ivan Konev demontiert und in ein Museum transportiert. Es ehrte seit dem 9. Mai 1980 Konev, der den einen als „Befreier Prags" aus dem Jahr 1945 gilt, dem die anderen aber eine bedeutende Rolle beim Einmarsch der Truppen des Warschauer Pakts in der Tschechoslowakei 1968 zuschreiben.
11 Funkce zmocněnce pro česko-ruské konzultace ve čtvrtek zanikne, schválila vláda, in: České noviny, 26. 6. 2022.
12 Sněmovna na mimořádné schůzi odsoudila agresi Ruska proti Ukrajině. Archiv Poslanecké sněmovny Parlamentu ČR, 24.2.2022.

müsse und Mitglied der NATO werden solle. Diese breite parlamentarische Rückendeckung ermöglichte es der Regierung, klare Positionen zu beziehen und bei der militärischen und politischen Unterstützung Tempo aufzunehmen, das sie selbst dann noch aufrechterhielt, als der anfängliche Konsens erodierte.

Selbst Präsident Zeman bekundete für viele überraschend am 24. Februar 2022 seine unmissverständliche Unterstützung für die Ukraine und bezeichnete seinen früheren Freund Putin als „Wahnsinnigen"[13]. Dabei hatte sich Zeman nicht nur lange mit seiner Freundschaft zu Putin gebrüstet, sondern sogar noch eine Woche vor der Invasion ein derartiges Szenario für ausgeschlossen gehalten und es als eine Blamage für die CIA bezeichnet, die öffentlich vor einem massiven Einmarsch gewarnt hatte.[14] Zu einer wirklich vertrauensvollen Zusammenarbeit zwischen der Regierung und dem Präsidenten bei der Unterstützung der Ukraine kam es jedoch erst ein Jahr später, als der General a.D. und Ex-Vorsitzende des NATO-Militärausschusses Petr Pavel im März 2023 das Amt des Präsidenten übernahm.

In der relativ schwerfälligen und in vielerlei Hinsicht uneinigen Koalition aus fünf (bzw. seit Oktober 2024 vier) Regierungsparteien war die Unterstützung für die Ukraine eines der wenigen Themen, über das zumindest nach außen zweieinhalb Jahre ein unerschütterlicher Konsens bestand. Dem Duo aus zwei scheinbar ungleichen politischen Persönlichkeiten, dem Professor für Politikwissenschaften und Premierminister Petr Fiala und der forschen Verteidigungsministerin Jana Černochová (beide ODS), gelang es, mit seiner Handlungsfähigkeit bei der Unterstützung Kiews die Wähler und die Verbündeten zu beeindrucken.

Neben diesen beiden sorgten Arbeits- und Sozialminister Marian Jurečka (KDU-ČSL) und Gesundheitsminister Vlastimil Válek (TOP 09) dafür, dass der tschechische Bildungs- und Gesundheitssektor ohne größere Probleme ungefähr eine halbe Million Flüchtlinge aus der Ukraine absorbieren konnte. Gemessen an der Einwohnerzahl Tschechiens war das der höchste Wert in der gesamten EU.[15] Die Geflüchteten erhielten Anspruch auf humanitäre Leistungen und finanzielle Unterstützung für ihre Unterbringung sowie Zugang zur staatlichen Krankenversicherung. Ukrainischen Schülern wurden übergangsweise pädagogische Assistenten zur Verfügung gestellt.[16] Diese Investitionen haben sich gelohnt. Nach Angaben des Arbeits- und Sozialministeriums vom Februar 2024 trugen ukrainische Geflüchtete nach zwei Jahren durch ihre Tätigkeit auf dem Arbeitsmarkt bereits doppelt so viele Mittel zum tschechischen Sozialsystem bei, wie der Staat für ihre Unterstützung aufgebracht hatte.[17]

---

[13] Projev prezidenta republiky Miloše Zemana k vývoji na Ukrajině, in: Česká televize, 24.2.2022.

[14] Zeman: Válka nebude. Informace o ruské invazi na Ukrajinu jsou opět blamáž tajných služeb USA, in: iRozhlas.cz, 17.2.2022.

[15] Česko má ze zemí Unie největší podíl uprchlíků z Ukrajiny s dočasnou ochranou, ukazují data Eurostatu, in: iRozhlas.cz, 24.2.2023.

[16] Česká republika už dva roky pomáhá ukrajinským dětem. Archiv tiskových zpráv MŠMT, 23.2.2024.

[17] Dva roky pomoci ukrajinským uprchlíkům v datech MPSV: do rozpočtu přispěli dvojnásobek toho, kolik stála humanitární dávka. Archiv tiskových zpráv MPSV, 23.2.2024.

Reise nach Kiew im März 2022: Sloweniens Ministerpräsident Janez Janša, der polnische Premierminister Mateusz Morawiecki, Jarosław Kaczyński und der tschechische Premierminister Petr Fiala (v.l.). Quelle: Tschechische Regierung

Große internationale Aufmerksamkeit erregte die Reise des tschechischen Premierministers Fiala nach Kiew nur drei Wochen nach Beginn der Invasion. Gemeinsam mit dem polnischen Premierminister Mateusz Morawiecki und Sloweniens Ministerpräsident Janez Janša gehörte Petr Fiala zu den ersten westlichen Regierungschefs, die persönlich in das unter Beschuss liegende Kiew reisten, um dem ukrainischen Präsidenten zu versichern, dass die Ukrainer „nicht allein seien".[18]

Die Regierung, das Verteidigungsministerium und andere Staatsorgane arbeiten mit einer Reihe von tschechischen zivilgesellschaftlichen Initiativen bei der Bewaffnung der Ukraine zusammen. Die Regierung beschloss, dass Spenden zur Unterstützung der ukrainischen Armee steuerlich absetzbar wurden. Dem war eine entsprechende Initiative der ukrainischen Botschaft in Prag vorausgegangen. In den ersten sechs Monaten nach dem Überfall spendeten die Tschechen mehr als eine Milliarde tschechische Kronen (CZK), das entspricht etwa 40 Millionen Euro.[19] Die größte internationale

---

[18] Ukraine war: European leaders risk train ride to meet Zelensky. BBC.com, 16.3.2022.
[19] Sbírka velvyslanectví na podporu ukrajinské armády, in: Velvyslanectví Ukrajiny v ČR, 8.11.2022.

Aufmerksamkeit jedoch erregte die tschechische Munitionsinitiative, ein Projekt, das tschechische Rüstungsbetriebe, Sicherheitsexperten, die Geheimdienste, das Verteidigungsministerium und die Regierung miteinander verband. Diese Initiative war eine Reaktion auf den wachsenden Mangel an großkalibriger Munition in den Depots der europäischen Armee. Sie zielte darauf, Länder dafür zu gewinnen, Munitionskäufe zu finanzieren. Den größten Beitrag leistete Deutschland; die tschechische Regierung stellte mehr als 867 Millionen CZK für die Käufe bereit.[20] Dem Team des ukrainischen Präsidenten Volodymyr Zelens'kyj zufolge trugen gerade die Hunderttausenden im Sommer 2024 gelieferten Artilleriegranaten erheblich dazu bei, den akuten Munitionsmangel zu lindern.[21] Insgesamt stellte die tschechische Regierung der Ukraine von Februar 2022 bis August 2024 1,2 Milliarden Euro an Militärhilfe und 50 Millionen Euro an humanitärer Hilfe zur Verfügung.[22]

Die tschechische EU-Ratspräsidentschaft im zweiten Halbjahr 2022 erklärte die Unterstützung der Ukraine zur höchsten Priorität, koordinierte die Verabschiedung des siebten, achten und neunten Sanktionspakets gegen Russland, brachte das fünfte und sechste Unterstützungspaket für die Ukraine im Rahmen der Europäischen Friedensfazilität (European Peace Facility, EPF) durch und setzte in Verhandlungen die Aufstockung der EPF-Mittel um zwei Milliarden EUR im Jahr 2023 und bei Bedarf um 5,5 Milliarden Euro bis 2027 aus.[23] Prag unterstützte im Juni 2024 auch die Aufnahme von EU-Beitrittsgesprächen mit der Ukraine, allerdings unter der Voraussetzung, dass die Ukraine die Voraussetzungen für die Aufnahme erfüllen muss und die Funktionsfähigkeit der EU erhalten bleibt. In der Sicherheitsstrategie der Tschechischen Republik 2023 wird Russland erstmals explizit als „die größte unmittelbare und langfristige direkte Bedrohung für die europäische Sicherheit und die regelbasierte internationale Ordnung" bezeichnet.[24]

Russlands Krieg und die Opposition

Der Opportunismus der ANO-Bewegung

Zu Beginn des Krieges stand die größte Oppositionspartei ANO wie alle anderen fest hinter der Ukraine. Andrej Babiš, Ministerpräsident von 2017 bis 2021 und einer der reichsten Tschechen, begann jedoch bald, sein Fähnchen nach dem Wind zu richten, als sich die Stimmung angesichts der Wirtschafts- und Energiesituation veränderte. Er kritisierte nun nicht mehr nur die tschechische Regierung, die gerade den Zustrom ukrainischer Flüchtlinge regulieren musste, sondern er änderte auch seine Position zum Krieg. Das politische Marketing des populistischen Parteivorsitzenden fand während der Präsidentschaftswahlen 2022 einen Höhepunkt, als Babiš sich als Friedensstifter stilisierte. Er bezichtigte seinen Gegenkandidaten Petr Pavel als Kriegstreiber, der

---

[20] První zásilka muniční iniciativy je na Ukrajině, Česká republika do ní přispěje téměř 866 miliony korun. Archiv tiskových zpráv Velvyslanectví ČR v Kyjevě, 28.6.2024.
[21] Mychajl Podoljak v rozhovoru s Ondřejem Kundrou: Pokračování v boji je otázka našeho přežití. I vašeho, in: Respekt 43/2024, ročník XXXV, S. 55.
[22] Ukraine Support Tracker. Kiel Institut für Weltwirtschaft, 2.11.2024. Siehe: Tabellen „Internationale Unterstützung für die Ukraine" S. 6870
[23] Naplňování priorit předsednictví České republiky v Radě EU. Úřad vlády ČR, 2022, S. 6.
[24] Bezpečnostní strategie České republiky 2023. Praha 2023, S. 12.

Tschechien in den Krieg hineinziehen würde. Vor der zweiten Runde der Präsidentschaftswahlen war auf Werbetafeln im ganzen Land zu lesen: „Ich ziehe Sie nicht in einen Krieg hinein, ich bin Diplomat, kein Soldat" oder „Der General glaubt nicht an den Frieden, wählen Sie den Frieden, wählen Sie Babiš."

Nach den Präsidentschaftswahlen wurde Babišs Behauptung, dass die Regierung von Petr Fiala mehr „eine ukrainische als eine tschechische Regierung" sei, zu seinem wichtigsten Narrativ. Babiš grenzte sich auch von der Munitionsinitiative ab und kritisierte massiv die Regierung.

> Ein normaler Mensch will keinen Krieg, ein normaler Mensch will Frieden. Aber die Regierung Fiala kennt nichts anderes, nur Krieg und Munition, von morgens bis abends.[25]

Genau wie der ungarische Ministerpräsident Viktor Orbán behauptete auch Andrej Babiš, dass ein Sieg von Donald Trump bei den Präsidentschaftswahlen in den USA den Frieden sichern würde. Kein Wunder, dass Babiš sich für Trump starkmachte. Geht man von den aktuellen Meinungsumfragen aus, so könnte ein Wahlsieg von ANO und die Rückkehr von Babiš in das Amt des Ministerpräsidenten dazu führen, dass die tschechische Hilfe für die Ukraine nachlassen könnte. Das legen auch seine Äußerungen nahe, wonach er hoffe, dass die Ukraine niemals Mitglied der EU werden wird.

Für Aufsehen sorgte Andrej Babiš mit einem bizarren Video, das er in den sozialen Medien teilte und ihn mit einem Hahn zeigt. Dieser verachte ukrainisches Getreide, weil es kontaminiert sei und die tschechische Landwirtschaft kaputt mache. Der ukrainische Boden, Babiš, würde multinationalen Konzernen und Oligarchen gehören und könne die europäische Landwirtschaft zugrunde richten.[26] Babiš, der „tschechische Trump", machte sein Vermögen seit den 1990er Jahren mit dem Aufbau eines Imperiums in der Agrar-, Lebensmittel- und Chemieindustrie.

In der EU vertraten die Abgeordneten von ANO klassische liberale Positionen, und das auch zum Krieg gegen die Ukraine. Nach den erratischen Äußerungen ihres Vorsitzenden Babiš verließen einige führende Gesichter von ANO die Partei, so die ehemalige Vizepräsidentin des Europäischen Parlaments, Dita Charanzová, die sich nicht in der Lage sah, ihren Kollegen im Europäischen Parlament zu erklären, wie Babiš einen Präsidentschaftswahlkampf führen konnte, in dem er verkündete, die Unterstützung für die von Russland angegriffene Ukraine ein schränken zu wollen.[27] ANO, die in der Wahlperiode des Europaparlaments von 2019 bis 2024 noch der „Allianz der Liberalen und Demokraten für Europa (ALDE)" angehört hatte, trat nun der von Viktor Orbán initiierten Fraktion „Patrioten für Europa" bei, der auch die Abgeordneten der FPÖ, der italienischen Lega und des ungarischen *Fidesz* angehören. Die „Patrioten für Europa" unterstützten weder den Entschließungsantrag, in dem die Zustimmung zum Einsatz westlicher Waffen gegen Ziele im russländischen Hinterland gefordert wurde, noch unterstützten sie die Resolution,

---

[25] Andrej Babiš, Facebook, 29.4.2024.
[26] Andrej Babiš, Facebook, 3.3.2024.
[27] Tuto politiku já zastávat nebudu. Charanzová nebude kandidovat do Evropského parlamentu za ANO. ceskatelevize.cz, 20.6.2023.

mit der das Parlament die Notwendigkeit betonte, die Hilfe für die von Russland angegriffene Ukraine fortzusetzen.[28]

„Das ist nicht unser Krieg"

Seit Beginn des Konflikts nahm die rechtsextreme Partei *Freiheit und direkte Demokratie* (Svoboda a přímá demokracie, SPD) die extremste Position im tschechischen Parlament ein. Ihr Vorsitzender Tomio Okamura verband den Krieg meist mit Kritik an der Regierung, er machte sie für den vermeintlichen wirtschaftlichen Niedergang verantwortlich, kritisierte die Unterstützung der ukrainischen Flüchtlinge und bezichtigte die westlichen Staaten, als Drahtzieher hinter dem Krieg zu stehen. Okamura beklagte die eingeschränkte Souveränität der Tschechischen Republik und unterstrich die Notwendigkeit, dass Tschechien neue Verbündete in der Welt finden müsse.[29]

Vertreter der SPD traten bei Demonstrationen häufig gegen die Unterstützung der Ukraine und die angebliche Beteiligung Tschechiens am Krieg auf. „Das ist nicht unser Krieg. Wir wollen nicht in den Krieg. Wir wollen in Frieden und in Freundschaft mit allen leben",[30] sagte etwa der SPD-Abgeordnete im Tschechischen Parlament Jaroslav Foldyna. Dieser Zungenschlag erinnert deutlich an die Rhetorik von Sahra Wagenknecht.

„Internationalismus" immer an Moskaus Seite

Auch die seit 2021 amtierende Vorsitzende der *Kommunistischen Partei Böhmens und Mährens* (KSČM), Kateřina Konečná, verfolgt in der Innen- und Außenpolitik eine ähnliche Strategie wie Sahra Wagenknecht in Deutschland. Mit diesem Kurs hat sie die Partei de facto gerettet. Gekonnt nutzt sie das Thema „Krieg und Frieden" für ihre politischen Kampagnen. Sie ist Gründerin und Leiterin der konservativ-national-sozialistischen Vereinigung STAČILO! (Es reicht!), mit der es ihr gelingt, das problematische Image der Kommunistischen Partei der Tschechischen Republik zu verschleiern und gleichzeitig ihr Programm zu verbreiten. Die KSČM charakterisiert Russlands Angriffskrieg als „Militäroperation" und macht vor allem den Westen und die Ukraine für ihn verantwortlich.[31] Im Programm von STAČILO! zu den Europawahlen wurde Russlands Krieg mit keiner Silbe erwähnt, im Gegenteil, beklagt wurde das „konfrontative Vorgehen" der NATO und der EU. Die Wiederaufnahme der Zusammenarbeit mit Russland sei notwendig.[32] Die KSČM bleibt politisch und mental Moskau verbunden, ruft nach Frieden „um jeden Preis", strebt faktisch die Kapitulation der Ukraine an und hat sich Russlands Lesart des Kriegs vollständig zu eigen gemacht. Sie lehnt Waffenlieferungen ab, und im Europäischen Parlament stimmte Konečná gegen Finanzhilfen für die Ukraine.

---

[28] Katin Jachecova: Putin's Central European vanguard threatens to expand into Czechia. Politico, 28.10.2024.
[29] David Zelenka, Zahraničněpolitický diskurs Tomia Okamury s důrazem na rusko-ukrajinskou válku: <https://is.muni.cz/th/iprk5/DP_FINAL_ZELENKA.pdf>, hier S. 50–51.
[30] „My chceme mír" i „demisi". Účastníci protivládní demonstrace zaplnili čtvrtinu Václavského náměstí. iRozhlas.cz, 23.3.2024.
[31] KSČM prosazuje mírové řešení situace na Ukrajině. Stanoviska KSČM, 25.2.2022.
[32] Program koalice STAČILO! pro funkční období Evropského parlamentu 2024–2029.

Der Krieg und die tschechische Wirtschaft

Als Reaktion auf den russländischen Angriffskrieg verhängte die Europäische Union umfangreiche Sanktionen gegen Russland. Dadurch brachen im Jahr 2022 die tschechischen Exporte nach Russland um 60 Prozent ein, die nach Belarus um 49 Prozent.[33] Zunächst ging infolge des Krieges auch der Handel mit der Ukraine zurück. Allerdings bemühte sich die tschechische Regierung sofort, den Handel mit der Ukraine zu unterstützen. Sie richtete einen staatlichen Ukraine-Fonds ein, der tschechischen Unternehmen Exportkreditgarantien gewährte. Die Förderung des tschechisch-ukrainischen Handels betrachtete die Regierung explizit auch als Hilfe für die Ukraine und als ein Teil der Vorbereitung auf den Wiederaufbau des Landes nach dem Krieg. Premierminister Fiala drückte es so aus:

> Der überwiegende Teil dessen, was die Regierung fördert, wird von tschechischen Unternehmen umgesetzt. Das ist ein doppelter Vorteil: Wir helfen der Ukraine und gleichzeitig hilft das Geld unseren Unternehmen beim Wachstum.[34]

Im Februar 2023 initiierte das Ministerium für Industrie und Handel die Gründung eines Business Club Ukraine (BKU), einer Plattform zur Koordinierung der Beteiligung tschechischer Unternehmen am Wiederaufbau der Ukraine. Dem BKU gehören derzeit 185 tschechische Unternehmen an, die ersten Projekte wurden bereits verwirklicht.[35] Die Konferenzserie *Invest in Bravery* wurde ins Leben gerufen, um ukrainische Technologie-Start-ups mit tschechischen Investoren zusammenzubringen. Im Rahmen dieser Konferenzen fanden bereits Veranstaltungen in Kiew, Prag, Dresden und Berlin statt.[36]
Auch tschechische Rüstungsunternehmen nutzten die Chancen auf dem ukrainischen Markt. So verzehnfachte die STV-Group, der einzige tschechische Hersteller von 155-mm-Munition, seine Produktion in den vergangenen zwei Jahren und liefert den größten Teil seiner Produktion in die Ukraine.[37] Seit Kriegsbeginn arbeiten die Rüstungsunternehmen eng mit den tschechischen und ukrainischen Verteidigungsministerien sowie zivilen Initiativen zusammen, die aus öffentlichen Spendensammlungen Munitionskäufe für die ukrainische Armee finanzieren. Es entstand beispielsweise das tschechisch-ukrainische Unternehmen U&C UAS, das Drohnen produziert. Im Rahmen der ukrainisch-tschechischen Regierungskonsultationen im Juli 2024 unterzeichnete der tschechische Waffenhersteller *Sellier & Bellot*, der zur Holding des Rüstungs- und Industriekonzerns Colt CZ gehört, eine Vereinbarung zur Errichtung einer neuen Munitionsfabrik in der Ukraine sowie zur Lieferung der erforderlichen Technologie.[38]

---

[33] Český export v roce 2022 rekordně vzrostl, in: Svaz průmyslu a dopravy ČR, 6.2.2023.
[34] Brífink premiéra Petra Fialy k zapojení českých firem do obnovy Ukrajiny. Česká televize, 1.7.2024.
[35] Webpräsenz des Business klub Ukrajina, 2.11.2024.
[36] Konference Invest in Bravery na podporu ukrajinských startupů. Archiv tiskových zpráv MZV ČR, 1.3.2024.
[37] Přepočítali jsme se. Stále je tu reálná hrozba obyčejné konvenční války, říká zbrojař Hác. iRozhlas.cz, 12.3.2024.
[38] Spolupráce s Ukrajinou je oboustranně výhodná, shrnul Fiala vládní konzultace. ČTK, 16.7.2024.

Öffentliche Unterstützung für die Ukraine

Dass die Tschechen in Krisenzeiten ungewohnt zusammenhalten und Bedürftigen helfen können, hatte sich bereits während der Corona-Pandemie gezeigt. Eine ähnliche Welle der Empathie regte sich in der Öffentlichkeit auch, als der Krieg in der Ukraine begann. Es gab zahllose Angebote von Unterkünften für ukrainische Flüchtlinge, von psychologischer und materieller Hilfe sowie von Unterstützung beim Dolmetschen. Nicht nur bei der finanziellen Hilfe engagierten sich viele Tschechen, sondern auch in Freiwilligeninitiativen. Gerade an sie wandten sich täglich Hunderte ukrainischer Flüchtlinge. Die Freiwilligen versorgten sie mit den wichtigsten Informationen.[39] Besonders populär wurde die Initiative „Ein Geschenk für Putin", die Geld für militärische Ausrüstung und humanitäre Hilfe in der Ukraine sammelte.[40] Zwei Monate nach Kriegsbeginn billigten zwei Drittel der tschechischen Gesellschaft die Aufnahme und Unterstützung ukrainischer Flüchtlinge. Drei Viertel der Befragten sahen in Russland den Schuldigen am Krieg. Infolge des Krieges im Osten Europas stieg in der tschechischen Gesellschaft auch das Ansehen der NATO.[41] Die anfängliche Sympathie und Hilfsbereitschaft ließen unter dem Druck der wirtschaftlichen Krise und hohen Inflation jedoch allmählich nach. Obwohl Russland in den Augen der Tschechen nach wie vor eindeutig der Kriegsschuldige bleibt, ist die Unterstützung für die Ukraine zurückgegangen. Das Gros der Öffentlichkeit wünscht sich, dass sich Tschechien für ein möglichst baldiges Ende des Krieges einsetzt.[42] Die ukrainischen Flüchtlinge in Tschechien sind zu einem Thema geworden, das spaltet: Während ein Teil der Gesellschaft sie als Chance für das Land sieht, betrachtet ein großer Teil der Bevölkerung sie als Bedrohung und unterstützt deshalb ein Friedensabkommen mit dem Aggressor Russland – in der Annahme, dass dann die Flüchtlinge in die Ukraine zurückkehren würden.[43] Dieses Thema lässt sich leicht von populistischen Parteien ausnutzen. Der Teil der tschechischen Gesellschaft, der mit den Oppositionsparteien sympathisiert, hält die Öffentlich-Rechtlichen Sender und die Qualitätsmedien für manipulativ. Zu Beginn des Krieges blockierte der Staat vorübergehend mehr als zwei Dutzend Server, denen „Desinformation" über die Hintergründe und Folgen des Krieges vorgeworfen wurde. Dieser Schritt löste eine starke Kontroverse aus, da es Zweifel an der Rechtmäßigkeit dieses Vorgehens gab.[44] Mit Kriegsbeginn nahm die Verbreitung von Desinformationen stark zu. So wurde etwa die Nachricht verbreitet, dass ukrainische Flüchtlinge in den Genuss höherer Sozialhilfesätze kämen als tschechische Bürger oder dass die Regierung und die Leitmedien über die Zahl der Ukrainer in Tschechien lügen und sie als zu niedrig ansetzen würden.[45]

---

[39] Češi Ukrajincům pomáhají, mají ale problém se zkoordinovat. Seznamzpravy.cz, 3.3.2022.
[40] Dárček pre Putina. Zbraně pro Ukrajinu, 16.11.2024.
[41] Ruská agrese proti Ukrajině: analýza nálad české veřejnosti. stem.cz, 19.4.2022.
[42] Česká společnost je rozpolcená na tématu podpory ukrajinských uprchlíků. Vnímání Ruska jako hlavního viníka války neklesá. stem.cz, 10.10.2023.
[43] Česká veřejnost je v otázkách podpory Ukrajiny rozdělená, ukázalo mezinárodní srovnání. stem.cz, 28.2.2024.
[44] Nezákonné vypnutí webů? Za svými kroky si stojíme, říkají vláda i tajná služba. Seznamzpravy.cz, 13.3.2024.
[45] 40 tisíc měsíčně pro Ukrajinku? Dávky pro jednotlivce jsou mnohem nižší, vyvrací ministerstvo. iRozhlas.cz, 8.9.2024. – Média uměle snižují počet Ukrajinců u nás? Údaje v nich jsou v souladu s čísly ministerstva. iRozhlas.cz, 27.10.2024.

Sternstunde versus „brace for impact" des tschechischen Orbánismus

Lange Zeit nahm die tschechische Gesellschaft gegenüber dem Putin-Regime eine ambivalente Haltung ein, die sich aus wirtschaftlichem Pragmatismus und der Koexistenz aus Strömungen für Russland und gegen Russland speiste. Wie in Deutschland war es Putins aggressive Politik, die die „tschechische Zeitenwende" auslöste und eine radikale Abkopplung von Russland erzwang. Anders als in Deutschland setzte sie jedoch bereits im April 2021 ein. Seit Februar 2022 besteht über die Unterstützung für die Ukraine ein einmaliger Konsens zwischen der Mehrheit beider Parlamentskammern, der Regierung und dem Staatspräsidenten. Dank dieser Ausnahmesituation erlebte die tschechische Außenpolitik eine „Sternstunde". Tschechien gewann an Relevanz und ist zu einem geschätzten Partner geworden.

Ein erheblicher Teil der tschechischen Gesellschaft teilt mit der ukrainischen die Sensibilität mit dem Schlagwort „München". Daraus ist ein besonderes Gefühl der Verbundenheit entstanden. Das historische Trauma von München 1938 hat angesichts der Gefahr, dass sich der „Verrat durch den Westen" nun im Falle der Ukraine wiederholen könnte, zu einer gewissen Sturheit unter den Tschechen geführt. Diese äußert sich zum einen darin, dass die Unterstützung für den Kampf der Ukraine um ihre Freiheit und Selbstbestimmung auch im dritten Jahr des Krieges nahezu ungebrochen anhält, zum anderen darin, dass viele Tschechen diesen Kampf als persönliche Aufgabe verstehen.

Auch die Wirtschafts- und Handelsbeziehungen der tschechischen und ukrainischen Industrie haben ein außergewöhnlich hohes Niveau erreicht. Tschechische Rüstungsunternehmen und zivile Firmen haben das beträchtliche Potenzial des ukrainischen Marktes erkannt und investieren auch im Vorgriff auf die Möglichkeiten, die sich aus dem Wiederaufbau nach dem Krieg ergeben.

Nichtsdestotrotz steht zu erwarten, dass sich Tschechiens Politik spätestens nach den Wahlen im September 2025 verändern wird: Umfragen lassen kaum Chancen für eine Fortsetzung der Regierungskoalition erkennen. Wahrscheinlich wird die ANO-Bewegung von Andrej Babiš eine wichtige Rolle in der nächsten Regierung spielen. Noch schlägt sich das zwar nicht in einer offen antiukrainischen und prorussländischen Haltung nieder. Doch angesichts der zu beobachtenden raschen „Orbánisierung" von ANO und Andrej Babiš' Bewunderung für Donald Trump ist davon auszugehen, dass die Unterstützung der Ukraine eine geringere Priorität haben wird und innenpolitische Themen an Bedeutung gewinnen werden. Auf eine Periode der engen tschechisch-deutschen Zusammenarbeit könnte eine Phase der Entfremdung zwischen Tschechien und Deutschland in den Werten und der Politik folgen.

Aus dem Tschechischen von Christina Frankenberg, Berlin

Schlagwörter:
Tschechien, Ukraine, Russland, Krieg, Polen, Slowakei, Ungarn

Internationale Unterstützung für die Ukraine

Ranking der Ukrainehilfen nach Ländern, finanzielle, militärische und humanitäre Zuweisungen, gesamte allokierte Zuweisung, zugesicherte Verpflichtungen (Zusagen) sowie von der OECD geschätzte Kosten für die Aufnahme ukrainischer Flüchtlinge, in Mrd. Euro, Zeitraum 24. Januar 2022 bis 31. Oktober 2024

Geberländer	Finanziell	Militär	Humanitär	Zusagen	Flüchtlinge	Gesamt
USA	25,00	3,42	59,92	30,65	0,00	118,99
EU (Kommission/Rat)	42,18	2,50	0,00	70,96	0,00	115,64
Deutschland	1,41	3,24	11,04	9,83	32,96	58,48
Polen	**0,89**	**0,40**	**3,23**	**0,00**	**27,97**	**32,49**
Vereinigtes Königreich	3,84	0,85	10,06	8,88	3,28	26,91
Norwegen	0,87	0,55	1,76	9,90	2,56	15,64
Japan	7,93	1,27	0,06	6,25	0,00	15,51
Niederlande	0,72	0,76	5,89	3,53	2,92	13,82
Kanada	5,16	0,48	2,24	4,44	0,00	12,32
Frankreich	0,80	0,60	3,48	2,61	4,11	11,60
Schweden	0,35	0,36	4,47	4,92	1,16	11,26
Dänemark	0,12	0,38	6,97	2,00	10,54	10,54
Spanien	0,57	0,10	0,79	0,87	7,63	9,96
Tschechische Republik	**0,00**	**0,05**	**1,27**	**-0,01**	**7,50**	**8,81**
Schweiz	0,22	0,68	0,00	1,65	3,26	5,81
Italien	0,41	0,47	1,40	0,00	3,34	5,62
Belgien	0,20	0,24	1,58	0,20	3,01	5,23
Rumänien	0,00	0,12	0,99	0,00	3,70	4,81
Finnland	0,15	0,14	2,31	0,03	1,07	3,70
Slowakei	**0,01**	**0,01**	**0,69**	**0,00**	**2,77**	**3,48**
Österreich	0,71	0,08	0,00	0,05	2,46	3,30
Südkorea	0,47	0,30	0,01	2,26	0,00	3,04
Irland	0,04	0,13	0,01	0,02	2,65	2,85
Bulgarien	0,00	0,00	0,24	0,00	2,40	2,64
Ungarn	**0,00**	**0,05**	**0,00**	**0,00**	**2,57**	**2,62**
Türkei	0,00	0,00	0,07	0,00	2,12	2,19
Estland	**0,01**	**0,06**	**0,69**	**0,38**	**0,70**	**1,84**
Litauen	**0,04**	**0,15**	**0,84**	**-0,03**	**0,79**	**1,79**
Lettland	**0,05**	**0,02**	**0,50**	**0,00**	**0,91**	**1,48**
Portugal	0,00	0,00	0,18	0,03	0,83	1,04
Australien	0,00	0,11	0,88	-0,03	0,00	0,96
Kroatien	0,01	0,09	0,25	0,01	0,47	0,83

Griechenland	0,00	0,00	0,14	0,00	0,52	0,66
Luxemburg	0,00	0,03	0,16	0,03	0,20	0,42
Slowenien	0,00	0,01	0,07	0,00	0,21	0,29
Zypern	0,00	0,00	0,00	0,00	0,25	0,25
Island	0,01	0,01	0,02	0,01	0,08	0,13
Malta	0,00	0,00	0,00	0,00	0,09	0,09
Taiwan	0,00	0,03	0,00	0,04	0,00	0,07
Neuseeland	0,00	0,03	0,02	0,00	0,00	0,05
Alle	**92,16**	**17,76**	**122,23**	**159,46**	**125,54**	**517,15**

Quelle: IfW/Ukraine Support Tracker

Geschätzte Werte der Zuteilung schwerer Waffen an die Ukraine, ohne Munition jeglicher Art, kleinere Waffen oder Ausrüstung sowie Mittel, die für zukünftige Waffenkäufe vorgesehen sind, Preisschätzung des IfW in Mrd. Euro, Zeitraum 24. Januar 2022 bis 31. Oktober 2024

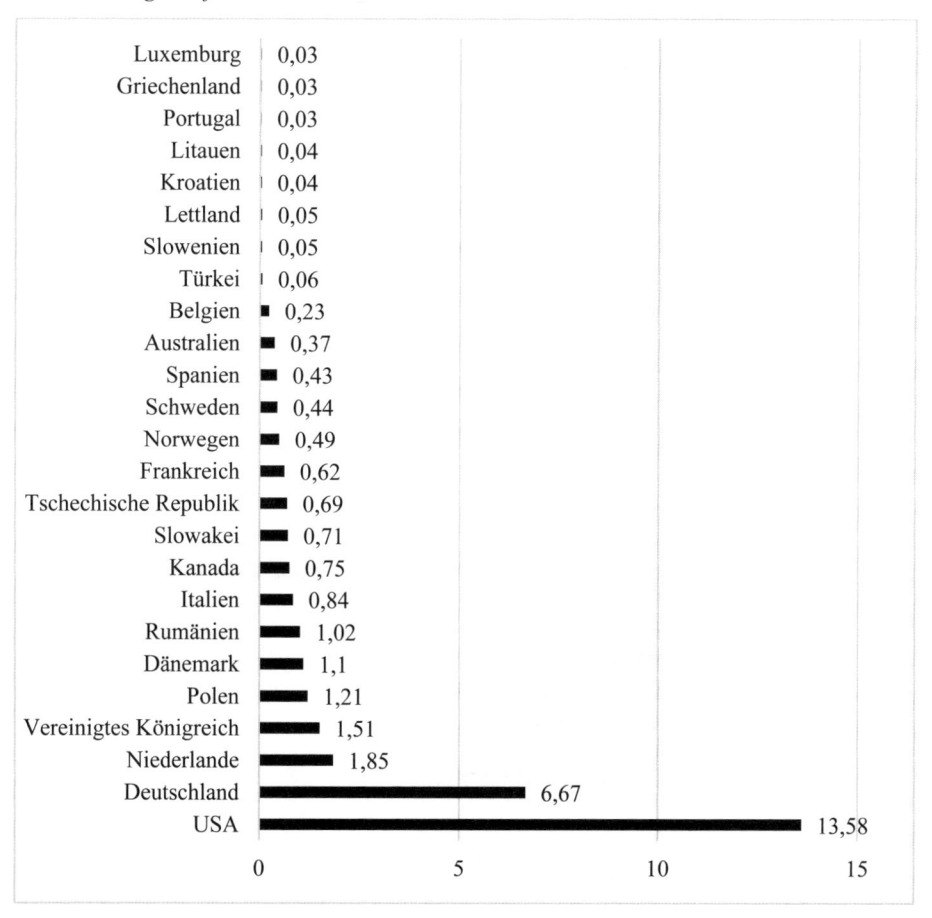

Luxemburg	0,03
Griechenland	0,03
Portugal	0,03
Litauen	0,04
Kroatien	0,04
Lettland	0,05
Slowenien	0,05
Türkei	0,06
Belgien	0,23
Australien	0,37
Spanien	0,43
Schweden	0,44
Norwegen	0,49
Frankreich	0,62
Tschechische Republik	0,69
Slowakei	0,71
Kanada	0,75
Italien	0,84
Rumänien	1,02
Dänemark	1,1
Polen	1,21
Vereinigtes Königreich	1,51
Niederlande	1,85
Deutschland	6,67
USA	13,58

Quelle: IfW/Ukraine Support Tracker

Ranking der Ukrainehilfen nach Ländern in Prozent des Bruttoinlandsproduktes (BIP) und Kosten für Aufnahme von ukrainischen Flüchtlingen in Prozent des BIP, Zeitraum 24. Januar 2022 bis 31. Oktober 2024

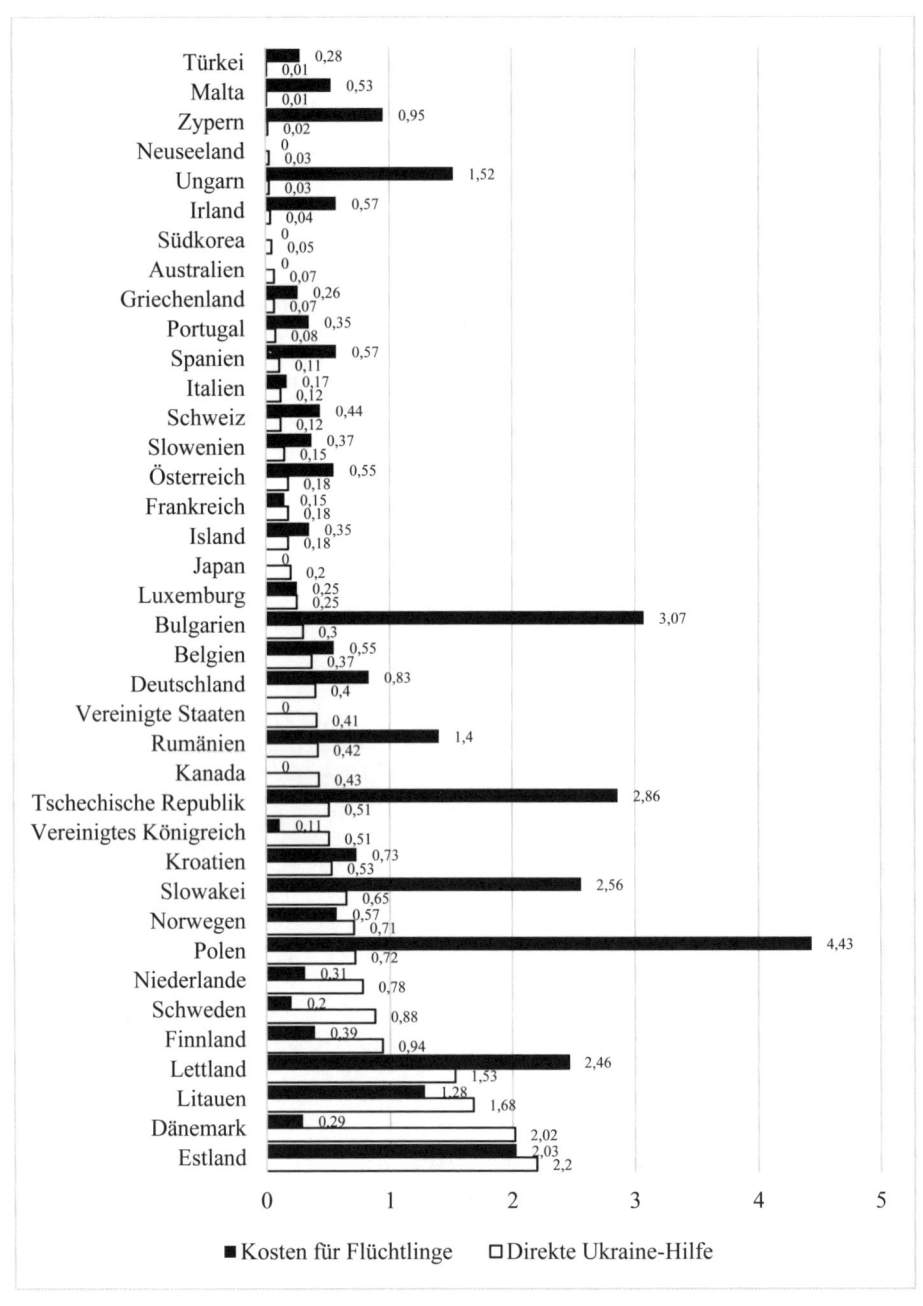

Land	Kosten für Flüchtlinge	Direkte Ukraine-Hilfe
Türkei	0,28	0,01
Malta	0,53	0,01
Zypern	0,95	0,02
Neuseeland	0	0,03
Ungarn	1,52	0,03
Irland	0,57	0,04
Südkorea	0	0,05
Australien	0	0,07
Griechenland	0,26	0,07
Portugal	0,35	0,08
Spanien	0,57	0,11
Italien	0,17	0,12
Schweiz	0,44	0,12
Slowenien	0,37	0,15
Österreich	0,55	0,18
Frankreich	0,15	0,18
Island	0,35	0,18
Japan	0	0,2
Luxemburg	0,25	0,25
Bulgarien	3,07	0,3
Belgien	0,55	0,37
Deutschland	0,83	0,4
Vereinigte Staaten	0	0,41
Rumänien	1,4	0,42
Kanada	0	0,43
Tschechische Republik	2,86	0,51
Vereinigtes Königreich	0,11	0,51
Kroatien	0,73	0,53
Slowakei	2,56	0,65
Norwegen	0,57	0,71
Polen	4,43	0,72
Niederlande	0,31	0,78
Schweden	0,2	0,88
Finnland	0,39	0,94
Lettland	2,46	1,53
Litauen	1,28	1,68
Dänemark	0,29	2,02
Estland	2,03	2,2

Quelle: IfW/Ukraine Support Tracker

Krisztián Ungváry

Die Russlandversteher

Orbán, die Ungarn und der Krieg in der Ukraine

Ungarns Haltung zu Russland und dessen Angriffskrieg gegen die Ukraine irritiert immer wieder. Nicht nur wegen der Erfahrung von 1956 waren Viktor Orbán und seine Wähler einst stramme Antikommunisten und Russlandkritiker. Heute zeigen sie Verständnis für Russland. Fast die Hälfte der *Fidesz*-Wähler ist davon überzeugt, dass Russland „aus Notwehr" handelt. Führende Politiker und Ideologen des *Fidesz* halten die militärische Unterstützung für die Ukraine für falsch. In diesem Milieu machen Spekulationen die Runde, eine Niederlage der Ukraine könnte zu ihrer Auflösung und zum Anschluss der Karpatho-Ukraine an Ungarn führen. Dafür gibt es keinen Anhaltspunkt.

Unter den EU-Staaten nimmt Ungarn gegenüber Russland und dem Krieg in der Ukraine eine besondere Haltung ein. Seit geraumer Zeit gilt Ministerpräsident Viktor Orbán als Russland-Freund – obwohl er diese Bezeichnung vehement ablehnt. Für sein sonderbares Verhalten gibt es zahlreiche Beispiele.[1] Er selbst sieht sich und seine Rolle in der EU als „Sand im Getriebe, Stock zwischen den Speichen, Splitter unter dem Nagel".[2] Ungarische Regierungsvertreter gehen zwar nicht so weit, der Ukraine das Recht auf Selbstverteidigung abzusprechen, ihre Äußerungen lassen sind jedoch so interpretieren, dass sie die militärische Verteidigung der Ukraine für sinnlos halten und jede Unterstützung der Ukraine mit Rüstungsgütern als „kriegsverlängernd" ablehnen.

In Ungarns öffentlicher Meinung hat sich die Beurteilung des Krieges in der Ukraine seit 2022 wesentlich verändert. Im Frühjahr 2022 waren noch 65 Prozent der Befragten der Meinung, dass Russland der Aggressor sei. In den vergangenen drei Jahren ist die Zahl derer, die glauben, Russland habe die Ukraine aus „Notwehr" angegriffen, von 13 auf 22 Prozent gestiegen. Die Zahl jener, welche die Ukraine für den Krieg verantwortlich machen, ist im gleichen Zeitraum von 16 auf 26 Prozent gestiegen. Derselben Umfrage zufolge waren 2024 68 Prozent der Befragten für Ungarns Mitgliedschaft in der EU und

---

Krisztián Ungváry (1969), Dr. phil., Historiker, Budapest
Von Krisztián Ungváry ist in OSTEUROPA erschienen: Rückkehr der Geschichte? Orbán & Horthy: ein Regimevergleich, in: OE, 3–5/2018, 351–368. – Lager und Fahne sind eins, in. OE, 12/2011, S. 281–302.

[1] András Rácz: Krieg, Kurswechsel, Kontinuität. Ungarns Ukraine- und Russlandpolitik, in: OSTEUROPA, 4–5/2022, S. 155–163. – Ders.: Eine „Friedensmission", die der Kapitulation den Weg ebnen soll. Die Ukraine-Politik von Viktor Orbáns Ungarn, in: Ukraine-Analysen, 306/2024, S. 18–21.
[2] Orbán Viktor: Aki eddig belénk harapott, annak belénk is tört a foga. Hirado.hu, 23.10.2021.

78 Prozent für einen Verbleib in der NATO. Die meisten Befragten sahen keinen Nachbarstaat als direkte Bedrohung an, allerdings waren immerhin elf Prozent der Meinung, dass die Ukraine eine Bedrohung für Ungarn sei. Sieben Prozent sehen auch Rumänien als Bedrohung an.[3]
Unter den Wählern des *Fidesz*, der Partei Viktor Orbáns, sieht fast die Hälfte der Befragten, nämlich 44 Prozent, in Russlands Vorgehen „eher Notwehr". Nur 41 Prozent der *Fidesz*-Wähler erkennen darin eine Aggression Russlands. Die Wähler der größten Oppositionspartei *Tisza* kommen zum gegenteiligen Ergebnis: 83 Prozent beurteilen den Krieg als eine Aggression Russlands und nur elf Prozent sehen darin „eher Notwehr".[4]
Diese Werte kommen nicht von ungefähr. Dass die Mehrheit der *Fidesz*-Wähler Russlands Krieg gegen die Ukraine als „Notwehr" bezeichnet, ist das Ergebnis der ganz spezifischen „politischen Aufklärungsarbeit" der Orbán-Regierung in den vergangenen anderthalb Jahrzehnten. Sie hat das Bild stark verändert, denn traditionell war Ungarns öffentliche Meinung – im Gegensatz zu jener Serbiens, Bulgariens oder der Slowakei – nicht gerade russlandfreundlich.

Ungarns Verhältnis zu Russland seit 2010

In der ungarischen Politik spielte die Ukraine bis zum Jahr 2010 eine eher untergeordnete Rolle, allenfalls war sie eine abhängige Variable des Verhältnisses zwischen Ungarn und Russland. Orbán war bis 2008 nicht nur ein vehementer Antikommunist, sondern auch ein starker Russlandkritiker. Sprüche wie „Gas kommt aus dem Osten, Freiheit aber aus dem Westen" oder „Ungarn will keine Kolonie von *Gazprom* sein" gehörten zur Tagesordnung. Nachdem der *Fidesz* im April 2010 die ungarischen Parlamentswahlen gewann und Orbán zum Ministerpräsidenten gewählt wurde,[5] änderte er seine Haltung zu Russland grundlegend. Warum er diesen Positionswechsel vollzog, ist unklar. Einige vermuten dahinter einen taktischen Kurswechsel, andere sprechen von Bestechung oder gar Erpressung.[6]
Orbán erklärte auf einer Pressekonferenz am 6. April 2022, das Jahr 2008 sei für die Neubewertung der Beziehungen zwischen Ungarn und Russland wichtig:

> Bis zu dieser Zeit hatte sich der Westen territorial ausgedehnt. Das ging mit der NATO-Erweiterung einher. Als 2008 auf dem Bukarester Nato-Gipfel der Vorschlag [über die Aufnahme der Ukraine; K.U.] auf dem Tisch lag, hätte man ihn annehmen können. Die Russen waren damals schwach und hätten das akzeptieren müssen. Der Westen entschied jedoch – wir entschieden so –, dass wir sie nicht aufnehmen. Ab diesem Zeitpunkt war mir klar, dass die Kräfteverhältnisse in Europa nun so aussehen werden. Dann habe ich eine neue Russlandpolitik gestartet, nahm 2009 mit Präsident Putin [sic!][7] Kontakt auf und

---

[3] Az Index birtokába jutott a kutatás, amely megmutatja, mit gondolnak a magyarok a háborúról. Index.hu, 17.10.2024.
[4] Ebd.
[5] Quo vadis, Hungaria? Kritik der ungarischen Vernunft. Berlin 2011 [= OSTEUROPA 12/2011].
[6] <https://english.atlatszo.hu/2017/03/08/premier-orban-and-interior-minister-pinter-accused-of-taking-mob-payouts-in-the-1990s/>.
[7] Orbán irrt. 2009 war Dmitrij Medvedev Präsident Russlands, Putin Ministerpräsident.

verstand, dass Russland Teil der europäischen Sicherheitsarchitektur sein wird. Es entstand eine neue Grenze, welche die Welt der NATO von Russland trennt. Zwischen den beiden entstand ein System von Pufferstaaten, im Süden Georgien, im Westen (für uns im Osten) die Ukraine. Das war die neue Lage, danach sollte eine vernünftige Russlandpolitik für alle Parteien gestaltet werden. Und wir verhielten uns entsprechend. Jetzt ist eine Veränderung durch den Krieg da. Ich weiß noch nicht, wie tiefgreifend diese Veränderung sein wird, manche reden von einem neuen Eisernen Vorhang, andere sprechen von noch reparierbaren Schäden. Ich kann das nicht entscheiden. Die Entscheidung liegt in unseren Händen. Hier beginnt etwas Neues. Sobald wir den Umriss dieser neuen Lage sehen, werde ich mit kompetenten Leuten diskutieren und eine neue Russlandpolitik entwickeln. Das alte System haben wir verlassen, das neue kennen wir aber noch nicht. [...] Überhaupt *wissen wir nicht*, ob wir uns das neue europäische Sicherheitssystem mit den Russen oder gegen sie vorstellen sollen, ob die Russen daran teilnehmen oder nicht. Wird die Ukraine ein Pufferstaat, eine entmilitarisierte Zone oder etwas anderes? Das alles *wissen wir noch nicht*. Und ich empfehle, dass *wenn jemand eine Heimat in der Größe von Ungarn hat*, dann soll man zwar im Voraus denken können, aber *es ist auch die Einsicht notwendig, dass diese Fragen andere entscheiden*. Man soll aufpassen, analysieren und sich der Lage anpassen, die kommt. Ansonsten ist unsere Aufgabe, zu retten, was wir retten können.[8]

Für Orbán war die Ukraine ursprünglich ein Pufferstaat – ein Gebilde ohne eigene außen- und sicherheitspolitische Spielräume und eingeschränkte nationale Selbstbestimmung. Orbáns vermeintlich neutrale Haltung ist an und für sich bereits bemerkenswert, denn er verzichtet darauf, sich zur Geltung grundlegender völkerrechtlicher Normen wie der nationalen Souveränität, der territorialen Integrität und des Rechts auf Selbstbestimmung zu bekennen. Auch politisch verzichtet er auf eine Bewertung. Als ob es für die ungarische Sicherheit irrelevant wäre, was in der Ukraine geschieht und ob die Ukraine ein Subjekt ist, das über seine Politik selbst entscheidet, oder nur das Objekt, über das andere entscheiden.

Die höchst bescheiden anmutende Attitüde des ungarischen Ministerpräsidenten, internationale Konflikte wie den Krieg in der Ukraine nicht durch eigene Ratschläge lösen zu sollen, erscheint auf den ersten Blick realistisch. Doch sie entspricht nicht den Tatsachen. Orbán praktiziert genau das Gegenteil: Seit den Ungarneinfällen im 9. und 10. Jahrhundert in Westeuropa hat es keine zweite Periode gegeben, in der Ungarn derart intensiv Einfluss auf die internationale Politik genommen hat wie unter Viktor Orbán. In der Slowakei, in Slowenien, Serbien, Makedonien, Bosnien-Hercegovina und Polen hat die Regierung Orbán entweder direkt oder indirekt durch Mittelmänner politisch Einfluss genommen, Medien aufgekauft, sich persönlich vor Ort in den Wahlkampf eingemischt und Wahlen beeinflusst. Nachweislich zweimal stellten im Jahr 2022 ungarische regierungsnahe Banken den EU-skeptischen rechtsradikalen Parteien *Rassemblement national* unter Marine Le Pen in Frankreich und VOX in Spanien Kredite

---

[8] Pressekonferenz am 6. April 2022. Orbán Viktor nemzetközi sajtótájékoztatója. Youtube, 6.4.2022.

von jeweils mehr als zehn Millionen Euro zur Verfügung.[9] Ungarns Einflussnahme reicht bis in die USA, wo verschiedene Lobbyisten, die aus ungarischen Steuermitteln bezahlt werden, die Errungenschaften des Orbánismus preisen.[10]

Pro Russland + Anti-Ukraine = *Fidesz*

Auch der *Fidesz* und sein Elektorat waren ursprünglich stark antikommunistisch und antirussländisch eingestellt. Seit der *Fidesz* die Regierung stellt und die Schlüsselstellen in Politik, Medien, Justiz und Kultur kontrolliert, ist in regierungsnahen Medien über Russland kaum mehr Kritik zu finden. Die Historikerin, Museumsleiterin und Orbán-Vertraute Mária Schmidt behauptet sogar, dass Wahlen in Russland „offensichtlich frei" seien und eine Demokratisierung Russlands gar nicht notwendig.[11]
Wie die ungarischen Wähler politisch umgezogen werden, lässt sich anhand zweier Werbekampagnen illustrieren. In Budapest waren 2014 Plakate mit einer sehr kurzen und seltsamen Botschaft zu lesen. „Putin ist kein Obama!" Abgebildet waren drei Politiker: Vladimir Putin, Barack Obama und Ferenc Gyurcsány. Letzterer ist Orbáns Vorgänger als Ministerpräsident und damals der prominenteste ungarische Oppositionelle. Die vordergründige Message war eindeutig: Der US-Präsident erschien als Drahtzieher hinter Gyurcsány. Doch tatsächlich ging es um mehr. Obama wurde als Repräsentant des Westens und des ausländischen Einflusses in Szene gesetzt, der die ungarische Opposition instrumentalisiert und die Souveränität Ungarns bedroht – und das in einer Zeit, als Ungarn zunehmend aufgrund seines nationalistischen, antiwestlichen Kurses und des Angriffs auf die Grundlagen der Rechtsstaatlichkeit mit der EU-Kommission in Konflikt geriet.[12] Die Spuren dieser Kampagne sind erstaunlicherweise restlos aus dem Netz getilgt.
Die zweite Plakatkampagne ist besser dokumentiert. 2020 startete das „Zentrum für Grundrechte", das formal als NGO auftritt, real aber von der Regierung finanziert wird, die massive Kampagne „Seid bereit". Die Plakate überall im Stadtbild und auf dem Lande zeigten ungarische Soldaten, die einen Stahlhelm aus dem Ersten Weltkrieg tragen und aus einer Stellung stürmen. Dazu war zu lesen: „Gerechtigkeit, Kraft, Aufstieg. Machen wir gemeinsam das Karpatenbecken wieder groß." Die Kampagne fußte auf der Rede von Viktor Orbán am 6.6.2020 in Sátoraljaújhely, wo er anlässlich des „Friedensdiktats" von Trianon über den „dauernden Verrat des Westens" und Ungarns Schuldlosigkeit sprach. Wörtlich sagte Orbán:

> Letztlich wurde das historische Ungarn von Budapester Verschwörern hinterrücks erdolcht. Seine Armee wurde gelähmt und entmachtet, die einzige zur Rettung des Vaterlands fähige Person [István Tisza; K.U.] ermordet, das Land an unsere Gegner, die Bolschewisten, ausgeliefert. Der Westen vergewaltigte

---

[9] Elismerte a spanyol szélsőjobboldali Vox, hogy 3,6 milliárd forintnyi kölcsönt kapott Mészáros Lőrinc bankjától. Hvg.hu, 1.10.2024.
[10] Közérdekű alapítványon keresztül exportálják Amerikába az orbánizmust. Atlatszo.hu, 14.12.2023.
[11] Schmidt Mária: Oroszországban nyilván szabad választások vannak. 444.hu, 27.11.2024.
[12] Dazu auch: Peter Frank: Dauermobilisierung in Ungarn. Die xenophoben Kampagnen der Regierung Orbán, in: OSTEUROPA, 3–5/2018, S. 33–55 sowie Piotr Buras, Zsuzsanna Vegh: Stop, Brüssel! Polen und Ungarn in der Europäischen Union, in: ebd., S. 99–114.

die Geschichte und die tausendjährigen Grenzen Mitteleuropas. Wir wurden zwischen nicht verteidigungsfähige Grenzen gepresst und unserer Bodenschätze beraubt. Unser Land wurde zu einer Trauerhalle. Ohne jeden Skrupel wurden die Grenzen Mitteleuropas neu gezogen – wie in Afrika und im Nahen Osten. Das werden wir ihnen nie vergessen. Und als wir dachten, dass die hochmütigen Großmächte Frankreich, Großbritannien und die scheinheiligen USA nicht tiefer sinken könnten, kam es noch schlimmer. Nach dem Zweiten Weltkrieg wurden wir bedenkenlos den Kommunisten preisgegeben. Polen, Tschechen und Slowaken bekamen dasselbe als Lohn, was wir als Strafe erhielten. Das soll eine ewige Mahnung für die Völker Mitteleuropas sein.[13]

Orbáns Rede enthielt aber auch eine positive Botschaft: „Unsere politische, geistige, wirtschaftliche und kulturelle Gravitationskraft wächst von Tag zu Tag."[14]
Der martialische Ton mag mit der aktuellen „Friedenspolitik" des *Fidesz* so gar nicht zusammenpassen. Dies gilt umso mehr, als es keine belastbaren wirtschaftlichen Daten gibt, die Orbáns Aussage bestätigen würden, dass die Gravitationskraft Ungarns wächst. Vergleicht man die Entwicklung des Bruttoinlandsprodukts und des Pro-Kopf-Einkommens der vier Visegrád-Staaten Tschechien, Slowakei, Polen und Ungarn, so ist das Gegenteil der Fall. Ungarn fällt in seiner wirtschaftlichen Leistungsfähigkeit zurück. Die Kernaussage dieser Kampagne, für die die Pseudo-NGO *Alapjogokért Központ* (Zentrum für Grundrechte) verantwortlich zeichnet,[15] lautet:

Unser Leidensweg war nicht umsonst, wir konnten mit einem Ziel überleben. Wir müssen einsehen, dass die erwartete Erlösungsarmee wir selbst sind. Es ist unsere Verantwortung, dass wir gemeinsam mit den Völkern, mit denen wir zusammenleben, das Karpatenbecken wieder groß machen, dass wir uns verteidigen und emporsteigen, um die gemeinsame Zukunft und das neue Zeitalter zu gestalten. Wir stehen am Tor des Sieges und die neue Generation hat die Aufgabe, die Entscheidungsschlacht zu kämpfen . . .[16]

Sicherlich lassen sich diese Aussagen unterschiedlich interpretieren. Doch den Interpretationen sind Grenzen gesetzt. Zum einen gibt es keinen Nachbarn, der *gemeinsam* mit Ungarn das Karpatenbecken „wieder groß machen" möchte. Zum anderen sind diese Äußerungen nichts anderes als der Anspruch auf Entscheidungshoheit über ehemals ungarische Gebiete; es ist letztlich revisionistisches Denken. Gegen wen soll sich Ungarn verteidigen? Und in welcher Beziehung sollen all die militärischen Attribute wie „Armee", „Kampf" „Entscheidungsschlacht" und „Sieg" zu Ungarns vermeintlicher „Friedensmission" stehen?

---

[13] Orbán Viktor ünnepi beszéde. miniszterelnok.hu, 6.6.2020. Diese Rede entspricht im Kern der deutschen Dolchstoßlegende nach 1919.
[14] Ebd.
[15] Das *Zentrum für Grundrechte* wird vollständig aus staatlichen Mitteln finanziert und ist für die Verbreitung von *Fidesz*-Propaganda zuständig. Neben der Durchführung von Kampagnen bildet es „Influencer", also politische Aktivisten in den „Sozialen Medien" aus. Zur Finanzierung: Akár 9 milliárd forintnyi támogatás kerülhetett tavaly az Alapjogokért Központhoz. Atlatszo.hu, 2.6.2022.
[16] Együtt tesszük naggyá a Kárpát-medencét! (videó). pestisracok.hu, 25.8.2020.

Die Interpretation, dass diese Stimmungsmache dazu dient, ungarische Wähler für einen Anschluss der Karpatho-Ukraine zu sensibilisieren, liegt umso mehr auf der Hand, als Repräsentanten Russlands seit Beginn des massiven Krieges gegen die Ukraine mehrfach über eine Teilung der Ukraine gesprochen haben.[17] Auch westliche Beobachter haben diese Interpretation übernommen. So schrieb der Publizist Richard Herzinger mit Blick auf Orbáns eigenwillige Mission als selbsternannter „Friedensvermittler":

> Dabei verfolgt Orbán ganz andere Ziele, als Europa den Frieden zu bringen. Wenn er wie kürzlich bei seinem Besuch in Kiew die Ukraine zu einem einseitigen Waffenstillstand auffordert, verlangt er von ihr nichts anderes, als sich wehrlos der Willkür des russischen Terrorstaats auszuliefern. Der Verdacht liegt nahe, dass der ungarische Regierungschef auf eine Niederlage und eine darauf folgende Zerstückelung der Ukraine spekuliert. Könnte Orbán dadurch doch der Verwirklichung seines Traums von der Wiederherstellung Groß-Ungarns ein gutes Stück näher kommen – wenn ihm Putin nämlich die ukrainische Region Transkarpatien zuschlagen sollte, die Ungarn durch den Trianon-Vertrag von 1920 abhandengekommen war.[18]

Ob Ungarns Regierung von Russland über die Pläne zur Aggression gegen die Ukraine informiert wurde, bleibt unklar. Die mindestens 14 persönlichen Unterredungen von Orbán und Putin seit 2009 sprechen jedenfalls nicht dagegen.

Derartige Interpretationen, dass die Aussicht auf den Anschluss der Karpatho-Ukraine an Ungarn Orbáns Handeln erklären könnte, dementiert die ungarische Regierung energisch. Die zweite und dritte Reihe der ungarischen Medien diskutiert diese Perspektive als reale Optionen.[19] Die Partei *Mi Hazánk* (Unsere Heimat), ein neonationalsozialistisches Produkt des *Fidesz*, sieht es als eine Selbstverständlichkeit an, solche Fragen zu diskutieren.[20] Der Parteivorsitzende László Toroczkai sagte offen, dass bei einer Aufteilung der Ukraine die Karpatho-Ukraine selbstverständlich Ungarn angegliedert werden solle.[21]

Offiziell weist der *Fidesz* alle derartigen Vorstellungen als Hirngespinste zurück. Die heutigen Beteuerungen leiden darunter, dass *Fidesz*-Propagandisten wie Kristóf Trombitás in der Parteipresse jede Unterstützung der Ukraine als „Vaterlandsverrat" brandmarken oder wenn ukrainische Staatsbürger ungarischer Nationalität, die freiwillig in der Armee ihres Landes kämpfen, als psychiatrische Fälle dargestellt werden, die „als Bürger zweiter Klasse stolz darauf seien, auf die Schlachtbank geführt zu werden".[22]

---

[17] Medvegyev új térképet mutatott be Ukrajna feldarabolásáról, amely szerinte egyetlen megyére korlátozódna – hazánk kapná Kárpátalját. pestisracok.hu, 4.3.2024.
[18] Richard Herzinger: Friedensschalmeien aus Moskau. Wo der russische Feldzug in der Ukraine immer maroder wird, akzentuiert Russland seinen hybriden Krieg gegen den Westen. NZZ, 26.7.2024.
[19] Van esély Kárpátalja visszaszerzésére? moszkvater.com, 11.9.2023. Kárpátalja visszatérhet Magyarországhoz? - Somkuti Bálint, Stier Gábor, Youtube, 6.1.2024.
[20] Van e Eselyunk Visszaszerezni Karpataljat. magyarjelen.hu,
[21] Territorial revisionism in the wake of the War in Ukraine. A report on radical and far-right discourse. Political Capital. Budapest 2022.
[22] Kárpátaljai magyar katonákat aláz a fideszes influenszer. 444.hu, 10.3.2023.

Angesichts der Tatsache, dass von den etwa zwei Millionen Einwohnern der Karpatho-Ukraine höchstens fünf Prozent ungarischer Nationalität sind – ihre Zahl dürfte durch Abwanderung seit 2022 weiter abgenommen haben –, entbehren jedwede revisionistischen Pläne jeder Realität. Das Ziel dieser revisionistischen Propaganda ist eher die permanente Verunsicherung der ungarischen Bevölkerung. Und das Entfachen antiukrainischer Gefühle spielt Russlands Propaganda in die Karten.

Der Feind meines Feindes ist mein Freund

Regierungssprecher Zoltán Kovács unterstreicht immer wieder, es sei wünschenswert, dass die Ukraine keine Waffenhilfe mehr erhalte, weil Russland militärisch nicht besiegt werden könne. Das sagte er auch Ende 2022 der *Deutschen Welle* in einem Interview.[23] Verbindet man dies mit seiner Aussage, dass „ein Waffenstillstand um jeden Preis herbeigeführt werden muss", bedeutet dies, dass die ungarische Regierung den totalen Sieg Russlands befürwortet. Auf dieser Idee baut auch die ungarische Regierungspropaganda auf: Wer der Ukraine Waffen liefert, ist Kriegspartei, wer das nicht tut, ist Friedenspartei.

Wie eigentümlich die ungarische Regierung Russlands Bedrohung für das westliche Bündnis einschätzt, zeigt der Umgang mit einem Spionagefall von 2022. Damals hatten sich Russlands Geheimdienste Zugang zum Kommunikationssystem des ungarischen Außenministeriums verschafft. Obwohl erdrückende Indizien dafür vorlagen, wies das Außenministerium Hinweise darauf als „Gräuelpropaganda" zurück. Zwei Jahre später veröffentlichte die ungarische Presse eine Stellungnahme der ungarischen Spionageabwehr zu dem Fall. Danach konnte die Regierung den Angriff nicht länger vertuschen. Die Reaktion von Außenminister Péter Szíjjártó, der seinen russländischen Amtskollegen Sergej Lavrov gerne als seinen „väterlichen Freund" bezeichnet, ließ nicht lange auf sich warten. In einem Video am 24. Mai 2024 sagte er:

> Wir sollten nicht naiv sein. Wenn eine Regierung souverän handelt, wird sie aus allen Richtungen angegriffen. Nur ein Umstand ist immer gleich: Die linksliberalen Medien greifen immer am häufigsten und hemmungslosesten in den Wahlkampf ein. *Wir* haben nationale Interessen, *sie* Auftraggeber.[24]

Szíjjártó behauptet also, dass die NATO oder der Bundesnachrichtendienst Ungarn genauso ausspionierten, wie Russland dies tut. Es ist eine systematische Untergrabung des Vertrauens in das westliche Bündnis, ohne dass es für diesen Vorwurf auch nur einen Hauch eines Beleges gäbe. Bereits ein halbes Jahr zuvor hatte Orbán ein ähnlich fragwürdiges Zeichen gesetzt. Am 1. Dezember 2023 äußerte er im ungarischen Rundfunk: „Die EU-Mitgliedschaft der Ukraine ist zur Zeit nicht mit den ungarischen nationalen Interessen vereinbar."[25] Er stritt zwar die Möglichkeit der Unterstützung nicht ab, bestand

---

[23] Zoltan Kovacs on Conflict Zone. dw.com, 10.4.2017.
[24] Szíjjártó Péter: Ne legyünk naivak, ha egy kormány szuverén, akkor azt minden irányból támadják – video. Origo.hu, 16.5.2024.
[25] Ukrajna uniós Tagsága nem esik egybe Magyarország nemzeti érde keivel. kormany.hu, 1.12.2023.

aber darauf, dass diese außerhalb der EU geschehen sollte. Auf den „Siegesplan" des ukrainischen Präsidenten Volodymyr Zelens'kyj reagierte Orbán mit der sarkastischen Äußerung, wenn anstatt der USA die Ukraine für die Verteidigung Europas zuständig wäre, würden „wir Ungarn eines Tages aufwachen und schon wieder wären slawische Soldaten aus dem Osten in Ungarn stationiert."[26] Dieses „schon wieder" soll wohl die Sowjetarmee von 1944 und 1956 mit den ukrainischen Soldaten von heute gleichsetzen. Dieser Vergleich drückt am besten die ungarische Position aus. Und er illustriert auch, dass Propaganda es schafft, unvereinbare Phänomene auf einen Nenner zu bringen.

1956 und die Ukraine – der Störfaktor

Ein weiteres Beispiel dafür, wie erklärungsbedürftig einige heutige Positionen Ungarns sind, zeigte sich bei einer Begegnung Orbáns mit Putin im Oktober 2023: „Ungarn wollte nie gegen Russland auftreten, im Gegenteil: Ungarns Ziel war es immer, beste Beziehungen zu unterhalten und auszubauen. Das ist uns auch gelungen."[27] Diese Aussage steht im diametralen Gegensatz zur ungarischen Erinnerung an das Jahr 1956. Die Regierung Orbán hat alles getan, um jede Parallele zwischen der sowjetischen Invasion in Ungarn im Jahr 1956 und der russländischen Invasion in der Ukraine im Februar 2022 zu verschleiern. *Fidesz*-Medien verbreiteten, dass 1944 in der Sowjetarmee und 1956 unter den Invasoren mehrheitlich Ukrainer waren.[28] Bereits 2021 hatte Außenminister Szíjjártó verbreitet, dass 1956 westliche Medien die ungarischen Revolutionäre aufgehetzt und betrogen hätten. Sie hätten militärische Hilfe versprochen und sie dann nicht geleistet.[29] Im ähnlichen Tenor machten *Fidesz*-Propagandisten seit 2022 die „westlichen Medien" für das „unnötige Blutvergießen" im Jahr 1956 verantwortlich. Dabei ist es historisch belegt, dass es keine derartigen Versprechen gegeben hatte.
Kein Wunder, dass in diesem Umfeld zuerst Balázs Orbán, seit 2021 Staatssekretär und politischer Direktor des Ministerpräsidenten (mit Orbán weder verwandt noch verschwägert), dann auch Bálint Somkuti, Sicherheitsexperte und Berater der 2024 gegründeten „Behörde für den Schutz der Souveränität"[30], die Parallele zwischen 1956 und dem Krieg in der Ukraine so interpretierten, dass gerade die ungarische Erfahrung die Ukraine dazu veranlassen müsste, ihren „sinnlosen Kampf" aufzugeben. Balázs Orbán sagte in einem Interview mit den *Fidesz*-Medien: „Aus dem Jahr 1956 ziehen wir den Schluss, dass wir das, was Präsident Zelens'kyj seit zweieinhalb Jahren macht, nicht

---

[26] Orbán Viktor: Brüsszel bábkormányt akar a nyakunkba ültetni + videó, galéria. magyarnemzet.hu, 23.10.2024
[27] Megvan, miről beszélt Vlagyimir Putyin Orbán Viktorral. portfolio.hu, 17.10.2023.
[28] A fideszes képviselő gyerekként látta, hogy 56-ot 80 százalékban ukránok verték le. 444.hu, 19.5.2023.
[29] Szijjártó: Hatvanöt évvel ezelőtt cserbenhagyták a magyarokat. mandiner.hu, 23.10.2023. Szijjártó Péter: www.facebook.com/szijjarto.peter.official/posts/pfbid02TJEDnxpAqWJY-CubC7pTP6HxJ5Ff3aEFVAsEJR3T32PYwa4zWRfe72pwhyMUsBcwMl>
[30] Die Aufgaben dieser Behörde sind bislang nur vage definiert. Sie soll dafür zuständig sein, politische Beeinflussung aus dem Ausland aufzudecken und zu bekämpfen. Nach der bisherigen Praxis zu urteilen, widmet sie sich vorrangig der Bekämpfung des Einflusses „westlicher Medien". Die Behörde verfügt nicht über die Kompetenzen eines Amtes, ihre Vorlagen haben nur Empfehlungscharakter.

machen würden. Das ist verantwortungslos."[31] Bálint Somkuti postete am 4. November 2024, „jene, die die Übermacht nicht anerkennen, sind keine Helden, sondern Verrückte". Obwohl beide Aussagen integrale Bestandteile der *Fidesz*-Propaganda sind, führten sie zu unterschiedlichen Reaktionen. Balázs Orbáns Aussage vom 26. September 2024 löste einen landesweiten Skandal aus. Der Staatssekretär wies jeden Vorwurf zurück und pochte auf die Singularität des Freiheitskampfes 1956. Somkuti wurde mit sofortiger Wirkung entlassen.

Haltung der ungarischen Elite zum Krieg in der Ukraine

Welches Weltbild heute in Ungarn mehrheitsfähig ist und wie die Regierung auf den Krieg in der Ukraine blickt, verrät deutlicher als jede Analyse die Darstellung des *Fidesz*-Propagandisten Zsolt Jeszenszky:[32]

> Die angebliche Parallele [zwischen 1956 und dem Krieg in der Ukraine; K.U.] ist nicht nur eine Verdrehung, eine fadenscheinige Vermischung, eine Geschichtsklitterung, sondern geradezu eine blasphemische Schändung der Erinnerung an den Helden. 1956 sagten freiheitsliebende Idealisten [...] „Nein" zu Terror und Unterdrückung und erhoben sich gegen fremde Truppen im eigenen Land, gegen eine fremde Macht und ihre hiesigen Repräsentanten, gegen Verräter in der Politik und ihre Henkersknechte. Dass auch anständige oder früher niederträchtige Politiker, die nun ihr Damaskus-Erlebnis hatten,[33] an die Spitze dieser Bewegung kamen, war entweder der historischen Situation oder der Fügung Gottes zu verdanken. Dass die Revolution gerade wegen der Machinationen der Großmächte scheitern musste,[34] ist ein anderes, trauriges Kapitel. Die Reinheit der Revolution, die Ehrlichkeit und Einheit der ungarischen Bevölkerung, der Arbeiter und der Intellektuellen war beispielhaft. Gerade ihre Würde und Erhabenheit wird von jenen besudelt, die eine Parallele zur heutigen Ukraine ziehen.
> Der Krieg in der Ukraine hat drei Ebenen. Die erste ist in der Tat ein Verteidigungskrieg gegen eine Großmacht. Wenn es nur darum ginge, würde die Ukraine ohne Zweifel alle Unterstützung verdienen. Auch eine Parallele mit 1956 wäre nicht unbegründet. Aber daneben gibt es eine lokale Ebene: Das ist der Bürgerkrieg, den der ukrainische Staat seit Jahren gegen einen Teil seiner Bevölkerung, gegen seine Minderheiten austrägt. Primär natürlich gegen die große russischsprachige Minderheit: Gegen diese wird mit Waffen, paramilitärischen Einheiten, Pogromen, Morden und rohester physischer Gewalt vorgegangen. Das ist auch im Falle der anderen Minderheiten, etwa der ungarischen Volksgruppe, so; auch wenn „nur" der

---

[31] Angolnázás, USA, Draghi-jelentés – Stratégiai Részleg. Youtube, 25.9.2024.
[32] Jeszenszky (*1972) verantwortet mehrere Sendungen im Hír-TV und ist in den sozialen Medien sehr aktiv.
[33] Damit sind Ministerpräsident Imre Nagy und seine Mitstreiter, also die reformkommunistisch eingestellte Intelligenz gemeint.
[34] Die Interpretation, dass die UdSSR und die USA gleichermaßen die Verantwortung trügen, ist historisch unhaltbar.

Gebrauch ihrer Sprache eingeschränkt, die Pflege ihrer nationalen Identität unmöglich gemacht und ihr Alltag durch administrative Hürden erschwert wird. Und es gibt eine dritte höhere Ebene: der Stellvertreterkrieg zwischen den USA und Russland. Dazu wird die Armee der Ukraine genutzt, für die eigenen politischen Ziele werden Hunderttausende Menschenleben geopfert. Dafür dass die Weltmachtposition des europäischen Hegemons [der USA; K.U.] nicht durch die Annäherung [sic! K.U.] zwischen Westeuropa und Russland gefährdet wird. Darum zerschlagen [die USA] die Wirtschaftssysteme ihrer europäischen Verbündeten und führen die Ukraine gegen einen benachbarten Staat mit Atomwaffen in den Krieg, gegen Russland. Zuerst organisierten sie eine Revolte gegen eine legitime und demokratisch gewählte Regierung (Majdan 2014), dann stacheln sie durch ständige Besuche ihrer wirtschaftlichen Elite und führender Politiker in Kiew die Armee auf, um Russland zu besiegen.

In Ungarn waren im Jahr 1956 sowjetische Truppen stationiert. In der Ukraine hingegen haben die US-Armee und die NATO verdeckt operiert.[35] Russland war in Zugzwang. Es ist zwar unschön, ein anderes Land anzugreifen. Wir können Russland in dieser Hinsicht nicht aus der Verantwortung lassen. Aber wenn wir es realistisch betrachten, hatte Russland keine andere Wahl. Die diplomatischen Versuche waren gescheitert, der Westen hat ständig alle Vereinbarungen gebrochen. Das hat selbst Angela Merkel zugegeben,[36] sodass die angeblichen Experten auch hierzu den Mund halten sollten. Selbst wenn es nicht gefällt: Russland ist eine Großmacht, nicht nur mit den größten Rohstoffvorkommen, sondern auch mit dem größten Atomarsenal. Deshalb sind die mit ihm lebenden Staaten gezwungen, sich mit ihm zu einigen und irgendwie miteinander zu leben. Das heutige Russland und sein Führer Vladimir Putin sind viel klüger als die Sowjetunion. Putin weiß, dass militärische Abenteuer und im Ausland stationierte Soldaten Unmengen kosten. Viel leichter, billiger und für andere akzeptabler ist es, mit seiner wirtschaftlichen Überlegenheit seine Interessen durchzusetzen.[37]

Das ist das Weltbild des *Fidesz*. Und es erklärt die Haltung der ungarischen politischen Elite zum Krieg in der Ukraine.

Schlagwörter:
Ungarn, Russland, Ukraine-Krieg, Viktor Orbán, Fidesz

---

[35] Es gibt keinen Anhaltspunkt für diese Aussage.
[36] Angela Merkel sagte in einem Interview mit der Wochenzeitung *Die Zeit:* „Das Minsker Abkommen 2014 war der Versuch, der Ukraine Zeit zu geben." Für Merkel und alle anderen Beobachter war eindeutig, dass nicht die Ukraine, sondern Russland internationale Abmachungen brach. „Hatten Sie gedacht, ich komme mit Pferdeschwanz?" Die Zeit, 7.12.2022.
[37] 1956, Ukrajna, Orbán Balázs. pestisracok.hu, 8.10.2024.

Alexander Duleba

Die zwei Gesichter des Robert Fico
Die Slowakei und Russlands Krieg gegen die Ukraine

Zu Beginn des russländischen Angriffskrieges auf die Ukraine gehörte die Slowakei zu den größten Unterstützern der Ukraine. Die Regierung von Eduard Heger lieferte das erste Raketenabwehrsystem und die ersten Kampfflugzeuge. Das Land knüpfte enge politische Bande nach Kiew, gewährte humanitäre Hilfe, nahm Flüchtlinge auf. Im Oktober 2023 übernahm Robert Fico zum vierten Mal das Amt des Ministerpräsidenten. Er änderte die Ukraine-Politik. Bei einer genaueren Betrachtung zeigt sich, dass seine antiwestliche Rhetorik und sein Auftreten für Russland viel schärfer sind als sein tatsächliches politisches Handeln.

Seit dem Beginn der russländischen Militärinvasion in die Ukraine im Februar 2022 hat die Slowakei drei Regierungen erlebt: die von Eduard Heger (April 2021 bis Mai 2023), die interimistische Expertenregierung unter Ľudovít Ódor (Mai bis Oktober 2023) sowie die seit Oktober 2023 amtierende Regierung unter Ministerpräsident Robert Fico. Die Regierungen Heger und Fico haben in Bezug auf Russlands Krieg gegen die Ukraine zwei unterschiedliche Gesichter der slowakischen Politik gezeigt.
Die Politik der Regierung Heger orientierte sich am Ziel: „Die Ukraine muss siegen" und die Souveränität über ihr Territorium in den international anerkannten Grenzen von 1991 wiederherstellen.[1] Demgegenüber agiert die Regierung Fico nach dem Motto „Russland kann militärisch nicht besiegt werden". Deshalb müsse der Krieg sofort beendet und ein Frieden ausgehandelt werden.[2] Während die Slowakei unter Hegers Regierung zu einem der engagiertesten Länder bei der Bereitstellung militärischer Hilfe für die Ukraine wurde,[3] gewann Fico die vorgezogene Parlamentswahl im September 2023 mit der Parole „Keine weitere Patrone für die Ukraine".[4] Die Regierung Heger unterstützte die Bestrebungen der Ukraine, der NATO beizutreten, weil sie Sicherheitsgarantien benötige.[5] Im Gegensatz dazu lehnt Fico die NATO-Mitgliedschaft der Ukraine

---

Alexander Duleba (1966), Professor für Politikwissenschaft, Universität Prešov; Leiter des Forschungsprogramms Osteuropa, Slowakische Gesellschaft für Außenpolitik, Bratislava
Die Arbeit an der vorliegenden Studie wurde von der Agentur für Forschung und Entwicklung, Projekt Nr. APVV-21-0057, gefördert.

[1] Putin nedáva Ukrajine možnosť sadnúť si za rokovací stôl, zhodnotil Heger. Trend, 2.6.2022.
[2] Fico: Rusi nevrátia Ukrajine anektovaný Krym, mier bude drahý. Pravda, 17.4.2024.
[3] The Ukraine Support Tracker: Which countries help Ukraine and how? Kiel Working Paper. Kiel Institute for the World Economy, 2023, S. 36–37.
[4] Ak bude Smer vo vláde, nedovolím už vývoz ani jedného náboja na Ukrajinu, vyhlásil Fico. Štandard, 18.12.2022.
[5] Heger chce pomôcť Ukrajine k jej integrácii do EÚ či NATO. Denník Postoj, 28.5.2021.

entschieden ab, weil sie angeblich zu einem dritten Weltkrieg führe.[6] Nur in der Frage der Integration der Ukraine in die EU scheint zwischen den beiden Regierungen eine gewisse Einigkeit zu herrschen. Ein Blick auf die Entwicklung der slowakischen Ostpolitik seit der Gründung der unabhängigen Slowakei 1993 hilft, die Unterschiede in der Russland- und Ukrainepolitik der Regierungen Heger und Fico zu verstehen.

Die unvollendete Debatte über nationale Interessen

Seit der Unabhängigkeit der Slowakei lassen sich drei Konzepte ihrer Ostpolitik unterscheiden, die von drei Ministerpräsidenten verkörpert wurden: Vladimír Mečiar (1992–1998), Mikuláš Dzurinda (1998–2006) und Robert Fico (2006–2010, 2012–2018, seit 2023). Jedes dieser Konzepte basiert auf einer anderen Wahrnehmung des Interesses der Slowakei an den Beziehungen zu den beiden osteuropäischen Schlüsselstaaten Russland und der Ukraine. In den 1990er Jahren verfolgte Vladimír Mečiar eine auf Russland zentrierte Ostpolitik. Die slowakische Diplomatie während der Mečiar-Ära ging von dem Grundsatz aus: So lange wir uns mit Moskau einigen, wird sich Kiew anpassen. Diese Einstellung brachte Mečiars Stellvertreter Sergej Kozlík auf den Punkt, als er bei einem Staatsbesuch in Kiew im Juni 1995 erklärte: „Die Ukraine stellt für uns das Tor zum russländischen Markt dar".[7] Die Ukraine als direkter Nachbar der Slowakei galt in Bratislava nicht als Partner, der an sich Aufmerksamkeit verdiente. Er war nur Mittel zum Zweck.

Mikuláš Dzurinda, von 1998–2006 slowakischer Premier und Vorreiter einer auf die Ukraine ausgerichteten Ostpolitik. ©Wikimedia

---

[6] Robert Fico: členstvo Ukrajiny v NATO je zárukou tretej svetovej vojny. RTVS, 11.7.2024.
[7] Sergej Kozlík, Interview. Pravda, 16.6.1995.

Es gab sowohl wirtschaftliche als auch politische Gründe, warum Mečiar Russland als strategischen Partner wahrnahm. In erster Linie versuchte er die Rüstungsindustrie, die Anfang der 1990er Jahre etwa 20 Prozent der slowakischen Industrieproduktion ausmachte, zu retten. Sie fertigte schweres Militärgerät vor allem unter sowjetischer und später russländischer Lizenz. Der Transit von Erdgas und Öl aus Russland nach Europa stellte zudem eine wichtige Einnahmequelle des slowakischen Staats dar. Günstigere Preise für die slowakischen Verbraucher (Wirtschaftssubjekte und private Haushalte) waren eine willkommene Begleiterscheinung. Und die Mittel, die durch die Rückzahlung der russländischen Schulden in Höhe von 1,6 Milliarden Dollar frei wurden, nutzte das Mečiar-Regime zur politischen Korruption und der Belohnung regierungstreuer Höflinge. Mitte der 1990er Jahre stellte Mečiars Regierung die Vision vor, dass die Slowakei künftig zur „geoökonomischen Brücke zwischen Ost und West" werden solle, was der Slowakei auch den Weg zur Modernisierung eröffnen werde.[8] Im Unterschied zu den westlichen Partnern der Slowakei kritisierte Russland Mečiar nie wegen seines autokratischen Regierungsstils. Zwar erklärte die Mečiar-Regierung den Beitritt der Slowakei zu NATO und EU zu seinen außenpolitischen Prioritäten, doch in der Abwägung zwischen der Erfüllung der Bedingungen an Rechtsstaatlichkeit und Demokratie für den EU-Beitritt und seinen machtpolitischen Interessen rückte er seine Machtinteressen in den Vordergrund. Aufgrund dieser Defizite gehörte die Slowakei – anders als Tschechien, Polen und Ungarn – nicht zur ersten Staatengruppe, die 1999 der NATO beitrat, und auf dem Luxemburger Gipfel von 1997 eröffnete die EU das Beitrittsverfahren mit sechs Staaten, die ihre Beitrittsfähigkeit vorangetrieben hatten – nicht aber mit der Slowakei.[9] Auf die Kritik aus der EU und den USA reagierte Mečiar mit der denkwürdigen Aussage: „Wenn der Westen uns nicht will, wenden wir uns dem Osten zu". Zugleich begann er, die russische Erzählung zu unterstützen, dass ein gesamteuropäisches Sicherheitssystem besser sei als eine NATO- und EU-Erweiterung.[10]

Mikuláš Dzurinda und seine beiden Regierungen (1998–2002, 2002–2006) vertraten eine absolut entgegengesetzte, auf die Ukraine ausgerichtete Ostpolitik. Dank tiefgreifender Reformen und außerordentlicher diplomatischer Bemühungen brachten sie die Slowakei wieder auf den Weg in Richtung NATO und EU. Alles wurde dem außenpolitischen Ziel der NATO- und EU-Mitgliedschaft untergeordnet und das wirkte sich auch auf die Beziehungen zu Russland aus. Die slowakische Regierung erklärte es zu ihrer außenpolitischen Priorität, die Ukraine und die Staaten des westlichen Balkan auf ihrem Weg in EU und NATO zu unterstützen. Dzurindas Argumentation stützte sich auf zwei Argumente: Die Ukraine und der Westbalkan seien wichtig für die Sicherheit und den Wohlstand des gesamten euro-atlantischen Raums, und die Slowakei habe eigene wesentliche Interessen an den Beziehungen zu diesen Ländern. Seit 2004 sind diese Prioritäten Bestandteil aller strategischen Dokumente der Außen- und Sicherheitspolitik der Slowakischen Republik, einschließlich der von Fico geführten Regierungen seit

---

[8] Alexander Duleba: Slepý pragmatizmus slovenskej východnej politiky. Aktuálna agenda bilaterálnych slovensko-ruských vzťahov. Bratislava 1996.
[9] Alexander Duleba: Democratic Consolidation and the Conflict over Slovakian International Alignment, in: Soňa Szomolányi, John A. Gould (Hg.): Slovakia. Problems of Democratic Consolidation. Bratislava 1997, S. 209–230.
[10] Vladimír Mečiar, Interview. Pravda, 2.11.1995.

2006.[11] Mit Ausnahme der nationalistischen und rechtsextremen Parteien wie der *Slowakischen Nationalpartei* oder *Republik* herrscht im gesamten politischen Spektrum, einschließlich der von Robert Fico geführten Partei *Smer-SD*, ein Konsens, dass es im langfristigen Interesse der Slowakei sei, die Integration der Ukraine in die Europäische Union zu unterstützen. Dies fördere insbesondere die Grenzregionen der Ostslowakei. Die Integration der Ukraine in den EU-Binnenmarkt bietet so einen Ausgleich für das regionale Entwicklungsgefälle in der Slowakei und hat somit oberste Priorität. Die Slowakei kann somit seit Mikuláš Dzurinda durchaus als Verfechterin der europäischen Integration der Ukraine gelten.[12]

Robert Fico, der 2006 zum ersten Mal Ministerpräsident wurde, entwickelte ein drittes Konzept für die slowakische Ostpolitik, das man als „zweigleisig" bezeichnen kann: Es liege im Interesse der Slowakei, mit Russland und der Ukraine gute Beziehungen zu unterhalten. Fico ist davon überzeugt, dass die slowakische Außenpolitik auf „alle vier Himmelsrichtungen" ausgerichtet sein muss. Auch die wirtschaftliche Zusammenarbeit müsse mit allen potenziellen Partnern, nicht nur mit der EU, angestrebt werden.[13] Ficos wirtschaftlicher Pragmatismus fand jedoch immer wieder seine Grenzen an den Konflikten zwischen Russland und dem Westen – etwa wegen der Errichtung eines US-Raketenabwehrsystems in Polen und Rumänien 2007, wegen des Fünf-Tage-Krieges zwischen Russland und Georgien im August 2008 oder dem russländisch-ukrainischen Erdgaskonflikt im Januar 2009. In diesen Konflikten zeigte Fico stets Verständnis für Russlands Sichtweise und die Verantwortung auf Seiten der USA, Georgiens und der Ukraine.[14] Ficos Zweigleisigkeit fand auch darin ihren Niederschlag, dass er sich rhetorisch Mečiars Verständnis von Russland als strategischem Akteur in europäischen Angelegenheiten und als Partner für die Slowakei annäherte. Gleichzeitig ließ er aber seinem langjährigen Außenminister Miroslav Lajčák freie Hand,[15] Dzurindas Version der Ukrainezentrierten Politik fortzusetzen. Es ist vor allem Minister Lajčák zu verdanken, dass die Slowakei während der ersten drei Fico-Regierungen zu den größten Unterstützern der EU-Politik der Östlichen Partnerschaft gehörte, die darauf zielte, die Nachbarstaaten ohne Beitrittsperspektive stärker an die EU anzubinden.[16]

2014 verurteilte Ficos Regierung die Annexion der Krim durch Russland als Verstoß gegen das Völkerrecht. Gleichwohl erklärte Fico, dass die Ukraine und die europäischen Staaten sich damit abfinden müssten. Denn Russland werde die Krim niemals aufgeben. Seiner Interpretation nach habe es sich bei den Ereignissen in der Ukraine seit Februar 2014 weder um einen Konflikt zwischen der EU und Russland noch um einen zwischen der Ukraine und Russland gehandelt, sondern um einen Konflikt zwischen den USA und

---

[11] Vystúpenie predsedu vlády Slovenskej republiky Mikuláša Dzurindu, in: Peter Brezáni (Hg.): Ročenka zahraničnej politiky Slovenskej republiky 2003. Bratislava 2004, S. 11–17.
[12] Alexander Duleba: Slovak Foreign Policy after the EU and NATO Accession, in: Marián Majer et al. (Hg.): Panorama of Global Security Environment. Bratislava 2010, S. 35–48.
[13] Alexander Duleba: Relations with the Eastern Neighbours in 2007, in: Peter Brezáni (Hg.): Yearbook of Slovakia's Foreign Policy 2007. Bratislava 2008, S. 62–78.
[14] Alexander Duleba: Vzťahy Slovenska s východnými susedmi, in: Peter Brezáni (Ed.): Ročenka zahraničnej politiky Slovenskej republiky 2008. Bratislava 2009, S. 103–122.
[15] Miroslav Lajčák war Außenminister in zwei Regierungen von Robert Fico (2009–2010, 2012–2018) sowie in der Regierung von Peter Pellegrini (2018–2020).
[16] Juraj Marušiak: Slovensko a Východné partnerstvo, in: Peter Brezáni (Hg.): Ročenka zahraničnej politiky Slovenskej republiky. Bratislava 2010, S. 125–151.

Russland. Daher solle die EU keine Sanktionen gegen Russland verhängen, da diese unwirksam seien und der Wirtschaft der Mitgliedstaaten schaden würden.[17] Fico hält an dieser Einschätzung bis heute fest. Zugleich unterstützte seine zweite und dritte Regierung (2012–2018) alle gegen Russland beschlossenen EU-Sanktionen. Darüber hinaus hat Ficos Regierung seit September 2014 die Einrichtung von Gaslieferungen aus Europa in die Ukraine über die Slowakei erlaubt. Dadurch ist die Ukraine seit 2015 nicht mehr von Lieferungen aus Russland abhängig. In diesem Zusammenhang erklärte Minister Lajčák, dass kein EU-Land der Ukraine so sehr geholfen habe wie die Slowakei.[18] Bezeichnend für Ficos Ostpolitik, und dies gilt auch für die vierte Fico-Regierung ab Oktober 2023, ist also der mitunter gravierende Unterschied zwischen der öffentlichen prorussischen Rhetorik und den praktischen pro-ukrainischen politischen Maßnahmen. Es zeigt sich immer wieder, dass Fico zwar wie Mečiar redet, in der Praxis jedoch oft Schritte unternimmt, die Dzurinda unternehmen würde.

Einstellung zum Krieg und die Beziehungen zur Ukraine

Europapolitik und bilaterale Kontakte

Die Regierung Heger bezog unmittelbar nach Kriegsbeginn deutlich Position. Sie definierte die Interessen der Slowakei in der Tradition Dzurindas. Demzufolge sei erstens der russländische Überfall wie jede militärische Aggression in Europa für die Slowakei inakzeptabel. Zweitens versuche Russland die Grundpfeiler der Sicherheit und des Wohlstands der Slowakei – nämlich die EU und die NATO – zu untergraben, während die Ukraine diese verteidige. Russlands Interessen unter Vladimir Putin stünden somit im Gegensatz zu den Interessen der Slowakei.[19]

Eduard Heger legte als erster Staatschef der EU auf einem informellen Gipfel in Versailles am 10. und 11. März 2022 einen Fahrplan zur beschleunigten Integration der Ukraine in die EU vor.[20] Zwischen dem Versailler Gipfel im März und dem Gipfeltreffen des Europäischen Rates im Juni, auf dem der Ukraine der Kandidatenstatus zuerkannt wurde, organisierte Heger zwei Runden von Treffen mit den Staats- und Regierungschefs der Mitgliedstaaten, um sie von der Notwendigkeit einer positiven Entscheidung über den Kandidatenstatus zu überzeugen. Diese Bemühungen waren ein Grund, warum Heger von Kommissionspräsidentin Ursula von der Leyen und dem Hohen Vertreter Josep Borrell eingeladen wurde, sie bei ihrem Besuch in Kiew Anfang April 2022 zu begleiten. Während seiner Amtszeit besuchte Heger Kiew im März 2023 ein weiteres Mal. Er baute ein vertrauensvolles Verhältnis zu Präsident Volodymyr Zelens'kyj und zu Ministerpräsident Denys Šmyhal' auf.[21]

---

[17] Fico nesúhlasí s novými sankciami voči Rusku. Chýba mu objektívny obraz o dianí v Ukrajine. Aktuality.sk, 31.8.2014.
[18] Lajčák: Nikto v EÚ nepomohol Ukrajine tak ako Slovensko. Sme, 21.2.2015.
[19] Bezpečnostná stratégia Slovenskej republiky. Ministerstvo obrany Slovenskej republiky, 2021.
[20] Slovakia pushes for „special track' for Ukraine toward joining EU, in: Politico, 27.2.2022, <www.politico.eu/article/slovakia-pushes-for-new-eu-track-for-ukraine/>.
[21] Der Autor des Aufsatzes war Berater von Ministerpräsident Eduard Heger für die Beziehungen mit der Ukraine.

Die Fraktion *Smer-SD* einschließlich ihres Vorsitzenden Fico stimmten für die am 25. Februar 2022 vom Nationalrat der Slowakischen Republik verabschiedete Erklärung, in der die militärische Aggression der Russländischen Föderation gegen die Ukraine verurteilt wurde.[22] Davon wollte die *Smer-SD* in ihrem Wahlkampf vor der Parlamentswahl im September 2023 nichts mehr wissen. Sie forderte die Einstellung der Militärhilfe für die Ukraine und sofortigen Frieden, was de facto die Kapitulation der Ukraine bedeuten würde.[23] Nach dem Wahlsieg blockierte Ficos Regierung, ein militärisches Hilfspaket für die Ukraine im Wert von rund 40 Millionen Euro, das noch von der Regierung von Ľudovít Ódor (Mai bis Oktober 2023) vorbereitet worden war.[24] Dennoch ist Fico seiner zweigleisigen Ostpolitik treu geblieben. Seine Regierung hat die „kommerzielle" Produktion von Waffen (Panzerhaubitze Zuzana 2)[25] und Artilleriemunition (v.a. Geschosse des Kalibers 155 mm) oder die Reparaturen von westlichem Militärgerät, das bei den Kämpfen in der Ukraine beschädigt wurde, nicht eingestellt.[26]

Die Befürchtungen der Ukraine, dass die Slowakei nach den Wahlen 2023 zum zweiten Ungarn und Fico zum zweiten Orbán werden würden, haben sich nicht bestätigt.[27] Ficos Regierung liefert nach wie vor Waffen an die Ukraine, wenn auch nicht aus den Lagerbeständen der slowakischen Streitkräfte. Er unterstützt die europäische Integration von Kiew, blockiert weder Sanktionen gegen Russland noch die Verabschiedung anderer aus ukrainischer Sicht wichtiger Entscheidungen auf EU-Ebene. Nach seinem ersten Treffen mit Fico im Januar 2024 erklärte der ukrainische Ministerpräsident Denys Šmyhal', dass er mit der Slowakei unter Fico Beziehungen im Geiste eines „neuen Pragmatismus" aufbauen wolle.[28] Die Ministerpräsidenten haben sich auf ein bisher einzigartiges Format für bilaterale Kontakte geeinigt: gemeinsame Sitzungen der Regierungen unter dem Vorsitz der Ministerpräsidenten im Abstand von sechs Monaten.

Beim ersten gemeinsamen Regierungstreffen, das im April 2024 in Michalovce stattfand, wurde eine Roadmap für gemeinsame Aktivitäten unterzeichnet, die den politischen Dialog, die Energiesicherheit, wirtschaftliche Zusammenarbeit, Beteiligung der Slowakei am Wiederaufbau der Ukraine, den Aufbau grenzüberschreitender Infrastruktur sowie die humanitäre Zusammenarbeit umfasst. Beide Seiten erklären, dass der politische Dialog auf der Verurteilung der russländischen Aggression gegen die Ukraine, der Achtung der territorialen Integrität der Ukraine und der Unterstützung des Friedensplans von Präsident Zelens'kyj beruhen werde.[29] Das zweite dieser Regierungstreffen im Oktober 2024 in Užhorod brachte bemerkenswerte Ergebnisse: Robert Fico bot an, dass die Slowakei eine Konferenz zur Unterstützung des Friedensplans des ukrainischen Präsidenten zum Thema der nuklearen Sicherheit (einer der zehn Punkte der

---

[22] Parlament odsúdil vojenskú agresiu Ruska proti Ukrajine. Denník N, 25.2.2022.
[23] Karel Janicek: As Slovakia's trust in democracy fades, its election frontrunner campaigns against aid to Ukraine. AP, 18.9.2023.
[24] Henrieta Mihalková: Vláda nepošle na Ukrajinu už ani náboj. Fico: zásielky zbraní a munície zo štátnych skladov sa skončili. Pravda, 8.11.2023.
[25] Národná garda Ukrajiny začala používať slovenské húfnice Zuzana 2. Future Army, 20.11.2024.
[26] Filip Zacher: Fico pred cestou na Ukrajinu podporil zbrojárov: Keď nevyrobíme my, vyrobia iní. Denník N, 6.10.2024.
[27] Vitaliy Portnikov: Orban i Fico: novyy soyuz proty Jevropy ta Ukrayiny? Radio Svoboda, 20.1.2024.
[28] Shmyhal rozpoviv, yak proyshla zustrich iz Fico v Uzhhorodi. Slovo i Dilo, 24.1.2024.
[29] Plán spoločných aktivít medzi Ukrajinou a Slovenskou republikou. Dennik N, 11.4.2024.

„Zelens'kyj-Friedensformel") organisieren werde. Und beide Länder erklärten ihre Bereitschaft, in der Slowakei ein gemeinsames Unternehmen zur Herstellung von Munition zu gründen.[30]

Allerdings hat Fico Kiew seit Oktober 2023 nicht mehr besucht.[31] Ein wesentlicher Unterschied zwischen Fico und Heger besteht darin, dass Fico keinen Kontakt zu Präsident Zelens'kyj hat. Während im parlamentarischen System der Slowakei der Ministerpräsident die wichtigste Person der Exekutive ist, ist das in der Ukraine der Präsident. Unter den Bedingungen des Kriegszustands liegen die wichtigsten Entscheidungsbefugnisse in der Hand des Präsidenten. Ein noch grundlegenderer Unterschied zwischen Heger und Fico besteht darin, dass Fico nicht in der Lage ist, die gemeinsame europäische Politik in dem Maße mitzugestalten, wie es Heger gelang. Fico hat das Vertrauen der meisten europäischen Partner verloren, als er die Inhalte eines von Frankreichs Staatspräsident Emmanuel Macron am 26. Februar 2024 in Paris organisierten Treffens zur Militärhilfe für die Ukraine veröffentlichte, bevor das Treffen stattfand. „Die Themen, die wir am Montag besprechen sollen, jagen mir einen Schauer über den Rücken", teilte Fico vor dem Treffen in den sozialen Medien mit und fügte hinzu, dass „auch die mögliche Entsendung von Truppen aus europäischen Ländern in die Ukraine diskutiert werden soll".[32] Seit diesem Vorfall erhält er ähnlich wie der ungarische Ministerpräsident Viktor Orbán keine Einladungen mehr zu informellen Gesprächen zwischen den europäischen Staats- und Regierungschefs. Während die Slowakei unter Heger ein vertrauenswürdiger Partner in der EU für die gemeinsame Unterstützung der Ukraine war, ist sie unter Fico zu einem passiven Beobachter abgerutscht, der von den meisten europäischen Partnern eher als Teil des Problems gesehen wird – ähnlich wie Ungarn unter Orbán.[33]

Militärische Unterstützung: Spenden und kommerzielle Lieferungen

Die erste Militärhilfe aus der Slowakei traf schon am 28. Februar 2022 in der Ukraine ein. Bis Oktober 2023 hat die Slowakei der Ukraine insgesamt 13 militärische Hilfspakete im Wert von 671 Millionen Euro zur Verfügung gestellt.[34] Dieser Betrag bezieht sich auf militärische Ausrüstung und Munition. Sie werden aus der Europäischen Friedensfazilität erstattet, einem EU-Finanzierungsinstrument im Bereich Sicherheit und Verteidigung. Berücksichtigt man auch die kommerziellen Lieferungen von militärischer Ausrüstung und Munition, die von der ukrainischen Regierung oder anderen europäischen Partnern bezahlt wurden, so beläuft sich der Wert in diesem Zeitraum auf über 700 Millionen Euro. Außerdem haben slowakische Rüstungsunternehmen zehn Panzerhaubitzen des Typs Zuzana 2 im Wert von 60 Millionen Euro und mindestens 70 000 Artilleriegeschosse des Kalibers 155 mm, der NATO-Standard für Haubitzen, im Wert

---

[30] Fico na Ukrajine ponúkol Slovensko na mierovú konferenciu. Nebudeme šetriť zdrojmi, povedal. hnonline.sk, 7.10.2024.
[31] Fico: So Zelenským som sa rozprával asi 15 sekúnd. Jeho plán víťazstva nazval kontroverzným, Ukrajinu v NATO nechce. ta3, 18.10.2024.
[32] Udalosť, pre ktorú zvoláva R. Fico bezpečnostnú radu: Takto o konferencii informuje kancelária E. Macrona. RTVS, 25.2.2024.
[33] Orbán and Fico – A Growing Threat to European Unity, Kyiv Post, 9.10.2024.
[34] Ján Debnár: Slovensko už poslalo na Ukrajinu vojenskú pomoc za vyše 670 miliónov. Pozrite si, koľko čo stálo. Aktuality.sk, 8.11.2023.

von mindestens 231 Millionen Euro an die Ukraine verkauft.[35] In diese 700 Millionen Euro sind noch nicht die Leistungen der beiden slowakischen Unternehmen eingerechnet (bis Oktober 2023), die ab 2022 an der Front beschädigtes schweres militärisches Gerät reparieren.[36] Die Produktionskapazität für 155-mm-Munition in der Slowakei betrug im Jahr 2024 etwa 100 000 Stück und ist mit den Produktionsmengen in Frankreich oder Finnland vergleichbar.[37]

Obwohl Ficos Regierung im November 2023 das 14. Militärhilfepaket im Wert von 40 Millionen Euro strich, setzte sie die Produktion von Panzerhaubitzen des Typs Zuzana 2 (14 Stück im Wert von 84 Mio. Euro), von Artilleriemunition sowie die Reparatur von militärischem Gerät fort. Nach den Recherchen der Tageszeitung *Sme* hat Ficos Regierung zwischen Oktober 2023 und Juni 2024 Waffen und militärisches Material im Wert von mindestens 112 Millionen Euro an die Ukraine exportiert.[38] Ausgehend von öffentlich zugänglichen Daten, ohne die Reparaturkosten einzubeziehen und unter der Annahme, dass die Slowakei im Jahr 2024 nicht weniger Artilleriemunition an die Ukraine geliefert hat als 2023, ist davon auszugehen, dass der Gesamtwert der slowakischen Waffenlieferungen an die Ukraine bis Ende 2024 über eine Milliarde Euro betragen wird.

Bedeutsamer für die Ukraine ist jedoch, dass die Regierung Heger in der Debatte der westlichen Verbündeten über Waffenlieferungen an die Ukraine zweimal ein Tabu brach. Erstens lieferte die Slowakei als erstes Land Anfang April 2022 schweres Kampfgerät in Form des S-300-Raketenabwehrsystems an die Ukraine. Kurz darauf folgten Tschechien und Polen, welche die ersten Panzer lieferten. Das zweite Tabu brach die Regierung Hegers als die Slowakei Anfang 2023 als erstes Land Kampfflugzeuge an die Ukraine lieferte, nämlich 13 MiG-29. Es folgte die Entscheidung der Niederlande, Dänemarks und anderer westlicher Verbündeter, F-16-Kampfflugzeuge bereitzustellen. Die Slowakei hat somit zweimal die Dynamik beim Überschreiten der imaginären roten Linien bei Waffenlieferungen an die Ukraine beschleunigt.[39] Auch deshalb standen Heger und seinen Ministern bei Präsident Zelens'kyj und Ministerpräsident Šmyhal' jederzeit alle Türen offen. Dies ist bei Fico nicht der Fall. Er kann und wird der Ukraine Waffen verkaufen, er hat jedoch auf EU- und NATO-Ebene nicht mehr den Einfluss auf die gemeinsame Ukraine-Politik wie Heger.

---

[35] Die Berechnung des geschätzten Preises für die Lieferungen von Artilleriemunition des Kalibers 155 mm basiert auf dem Mindestpreis von 3300 Euro pro Stück, obwohl der reale Marktpreis im Jahr 2023 über 5000 Euro lag. Robert Barca: Výroba delostreleckej munície v EÚ nerastie tak, ako tvrdí Európska komisia. Na Slovensku zarába český zbrojár. Investigatívne centrum Jána Kuciaka, 8.7.2024.

[36] Michal Katuška: Prečo Fico napriek sľubom vojenskú pomoc Ukrajine úplne nezastaví? in: Sme, 1.11.2023.

[37] Robert Barca: Výroba delostreleckej munície v EÚ nerastie tak, ako tvrdí Európska komisia. Na Slovensku zarába český zbrojár. Investigatívne centrum Jána Kuciaka, 8.7.2024..

[38] Michal Katuška: Ani náboj na Ukrajinu, hovoril. Za Fica IV odišli zbrane za vyše sto miliónov eur. Sme, 29.9.2024.

[39] Myroslav Kastran: Vaša vojenská pomoc výrazne posilnila naše schopnosti. Euractiv.sk, 29.11.2023.

Humanitäre Hilfe

Seit Kriegsbeginn sind mehr als eine Million Menschen über die slowakisch-ukrainische Grenze geflüchtet. Die meisten haben die Slowakei nur durchquert, um in anderen EU-Ländern Zuflucht zu suchen. Laut Eurostat beantragten bis Ende Juni 2024 123 000 ukrainische Staatsbürger vorübergehenden Schutz in der Slowakei. Dies entspricht 2,7 Prozent der 4,31 Millionen ukrainischen Flüchtlinge in den EU-Ländern.[40] Für ihre Versorgung hat die Regierung Heger im Einvernehmen mit der Europäischen Kommission 530 Millionen Euro aus den EU-Fonds zur Verfügung gestellt, die die Slowakei im Finanzrahmen 2014–2020 nicht ausgeschöpft hatte.[41] Diese Mittel wurden für die Sozialleistungen an Geflüchtete, für ihre medizinische Versorgung, die Entschädigung von Menschen, die ihnen eine Unterkunft zur Verfügung gestellt haben sowie für die Unterstützung von Gemeinden, Schulen und Kindergärten verwendet. Nach Angaben des Arbeitsministeriums waren Ende Februar 2024 mehr als 50 000 Ukrainer mit vorübergehendem Aufenthalt in der Slowakei in Arbeit, also gut 40 Prozent der Geflüchteten. Die zunehmende Fähigkeit der ukrainischen Flüchtlinge, eine Beschäftigung zu finden und die Kosten ihres Aufenthalts zu decken, hat dazu beigetragen, dass Ficos Regierung im März 2024 die Sozialleistungen und Zulagen für beschäftigte Flüchtlinge kürzte.[42]

In den Jahren 2022 und 2023 leistete die Regierung Heger über das Programm SlovakAid humanitäre Hilfe in Höhe von 10,8 Millionen Euro für die Ukraine, Es handelte sich vor allem um Medikamente, medizinisches Material, Mittel für den Wiederaufbau medizinischer und sozialer Einrichtungen und Nahrungsmittel. Sie steuerte Generatoren, Heizgeräte, warme Kleidung und ähnliches im Wert von 2,7 Millionen Euro zur Vorbereitung der Ukraine auf den Winter 2022/2023 bei.[43] Die Regierung Fico spendete 500 000 Euro für die Vorbereitung auf den Winter 2024/2025.[44] Slowakische Nichtregierungsorganisationen sammelten im ersten Kriegsjahr zudem 17,1 Millionen Euro für die Ukraine.[45]

Energiesicherheit

Die Slowakei ist ein strategischer Partner der Ukraine auf dem Gebiet der Energiesicherheit. Dank der Inbetriebnahme der Reverse-Flow-Gaspipeline auf dem Gebiet der Slowakei unter der zweiten Regierung Fico ist die Ukraine seit dem Jahr 2015 unabhängig von Erdgaslieferungen aus Russland. Die Slowakei sichert der Ukraine somit etwa 65 Prozent ihrer Gasimporte aus Europa.[46] Seit Beginn des massiven Angriffskriegs Russlands gegen die Ukraine ist die Slowakei nach Polen zum zweitgrößten europäischen

---

[40] V júni 2024 bolo pod dočasnou ochranou v štátoch EÚ 4,3 milióna Ukrajincov, in: Európske noviny, 12.8.2024, <https://europske.noviny.sk/2024/08/12/v-juni-bolo-pod-docasnou-ochranou-v-statoch-eu-43-miliona-ukrajincov/>.

[41] Slovensko poskytne Ukrajine pomoc viac ako 530 miliónov eur zo zdrojov EÚ. Bratislava: Úrad vlády SR, 4.4.2022.

[42] Štát na ubytovaní utečencov z Ukrajiny šetrí, peniaze má zatiaľ len do apríla. Začína sa koniec dotácií? Pravda, 14.3.2024.

[43] Slovenská pomoc Ukrajine v číslach: patríme medzi svetových lídrov. RTVS, 23.2.2023.

[44] Fico sa stretol so Šmyhaľom. Podporuje mierové rokovania aj vstup Ukrajiny do EÚ. Pravda, 7.10.2024.

[45] Splnomocnenec vlády SR pre rozvoj občianskej spoločnosti. Ministerstvo vnútra SR, 2023.

[46] Prime Minister of Ukraine and Prime Minister of Slovakia have discussed the possibility of increasing natural gas supplies to Ukraine. UA Transmission System Operator, 15.11.2021.

Stromlieferanten der Ukraine geworden. Dies betrifft sowohl die Notversorgung als auch die kommerziellen Lieferungen. Der Aktionsplan von Fico und Šmyhal' sieht zudem den Wiederaufbau des grenzüberschreitenden Stromverbunds *Velikiye Kapusany-Mukachevo* vor, der die Übertragungskapazität etwa verdreifachen soll und der bis 2026 fertiggestellt werden soll.[47] Angesichts der systematischen Zerstörung der ukrainischen Energieinfrastruktur durch russländische Raketen- und Drohnenangriffe muss die Ukraine im Krieg ihre Stromimporte aus europäischen Ländern erhöhen. Die Slowakei verfügt nach der Inbetriebnahme des dritten Blocks des Kernkraftwerks Mochovce im Oktober 2023 über einen Stromüberschuss, den sie in die Ukraine exportieren kann.[48]
Ähnlich wie die zweite Regierung Fico (2012–2016) an der Einrichtung der Reverse-Flow-Gaspipeline in die Ukraine mitwirkte, beteiligt sich die vierte Regierung Fico seit Oktober 2023 an der Modernisierung des Stromverbunds mit der Ukraine. Die ukrainische Energiesicherheit unterstützt Fico also ähnlich entschlossen, wie es Dzurinda und Heger taten.

Ein Erklärungsversuch: Ficos merkwürdige Ukraine-Ambivalenz

Ficos politisches Handeln unterscheidet sich deutlich von seiner Rhetorik. Er setzt die Waffenproduktion sowie die Reparatur von militärischem Gerät für die Ukraine fort, leistet strategische Unterstützung bei der Energiesicherheit, befürwortet die Integration des Landes in die EU und blockiert nicht die Sanktionen gegen Russland. Gleichzeitig verkündet Fico öffentlich, dass er die Beziehungen zu Russland nach dem Krieg wieder normalisieren wolle.[49] Er gab Russlands Staatsfernsehen ein Interview, in dem er die EU- und NATO-Partner wegen ihrer Haltung zum Krieg scharf kritisierte[50] und nahm eine persönliche Einladung Putins zu den Feierlichkeiten zum Sieg im Zweiten Weltkrieg an, die im Mai 2025 in Moskau stattfinden werden.[51] Fico hält nach wie vor an seiner zweigleisigen Ostpolitik fest, obwohl es immer schwieriger wird, sie aufrechtzuerhalten. Ex-Verteidigungsminister Jaroslav Naď zufolge erzählte Fico seinen ukrainischen Partnern bei gemeinsamen Sitzungen, sie sollten sich nicht daran stören, dass er zu Hause über sie schimpfe. Dies sei seine innenpolitische Linie und stelle kein Hindernis für die Entwicklung einer pragmatischen Zusammenarbeit dar.[52]
Ficos Rhetorik, die von der Praxis oft völlig abgekoppelt ist, lässt sich nur durch innenpolitische Faktoren erklären. Fico ist der erfolgreichste Politiker in der Geschichte der

---

[47] Ukraine and Slovakia deepen cooperation in energy and infrastructure. Government Portal, 7.10.2024. <www.kmu.gov.ua/en/news/ukraina-ta-slovachchyna-pohlybliuiut-spivpratsiu-u-sferi-enerhetyky-ta-infrastruktury>
[48] Dodávky elektriny zo Slovenska na Ukrajinu tento rok výrazne stúpli. Hnonline.sk, 21.11.2024.
[49] Robert Fico a jeho vízia po vojne na Ukrajine. Premiér si želá obnoviť štandardné vzťahy s Ruskom. Ta3, TASR, 3.10.2024.
[50] VIDEO: Fico vystúpil v ruskej propagandistickej televízii. Kritizoval prístup Európskej únie k Ukrajine. Ta3, 30.10.2024.
[51] Jana Bačová: Fico prijal oficiálnu pozvánku od Putina. V Moskve budú spolu v máji oslavovať. Startitup, 27.11.2024.
[52] Jaroslav Naď: Fico vravel Ukrajincom, aby si nevšímali, že na nich doma nadáva. Denník Postoj, 2.5.2024.

modernen Slowakei. An der Spitze der Partei *Smer-SD* gelang es ihm, vier Parlamentswahlen (2006, 2012, 2016 und 2023) zu gewinnen und jedes Mal eine Regierung zu bilden. Er ist ein hervorragender Technologe der Macht, der die Meinungstrends und Launen der slowakischen Gesellschaft versteht. Im Wahlkampf 2023 grenzte er sich von der Politik der Regierung Heger ab, einschließlich ihrer Haltung zum Ukraine-Krieg. Er profitierte von der wachsenden Kriegsmüdigkeit der Öffentlichkeit sowie der allgemeinen Unzufriedenheit, die durch die negativen Auswirkungen des Krieges, wie geringes Wirtschaftswachstum, Energiekrise und Inflation verursacht wurde.

Zugleich sollte beachtet werden, dass die öffentliche Meinung in der Slowakei auch durch historische nationale Stereotype geprägt wird, die eine überwiegend positive Wahrnehmung Russlands und neutrale Wahrnehmung der Ukraine hervorgebracht haben.[53] Dies spiegelt sich auch in Meinungsumfragen und erklärt Ficos Vorgehen in der Ukraine-Politik: In einer von der slowakischen Nichtregierungsorganisation *Globsec* im März 2023 durchgeführten Meinungsumfrage gaben 40 Prozent der Befragten an, dass Russland die Hauptverantwortung für den Krieg trage. 34 Prozent gaben an, der Westen sei verantwortlich, weil er Russland provoziert habe, 17 Prozent, die Ukraine sei der Hauptschuldige, weil sie die russischsprachige Bevölkerung unterdrückt habe.[54] In einer *Globsec*-Umfrage vom September 2022 sprachen sich 47 Prozent der Befragten dafür aus, dass die Ukraine den Krieg gewinnt, 19 Prozent wünschten das gleiche Russland.[55] In einer anderen Umfrage des Forschungsinstituts *Central European Digital Media Observatory Hub* (CEDMO) vom Juni 2024 gaben nur noch 33 Prozent der Befragten an, dass sie der Ukraine den Sieg wünschten. 14 Prozent wollten Russland als Sieger. Der größte Teil der Befragten (39 Prozent) wollte hingegen, dass der Krieg in einem vorübergehenden Frieden ende, ohne dass eine der beiden Parteien gewinnt.[56] Laut einer Umfrage des Marktforschungsinstituts AKO vom Juli 2023 sprachen sich 51,5 Prozent der Befragten dafür aus, dass die nächste Regierung keine Militärhilfe mehr für die Ukraine gewähre.[57] Für Fico war die Beobachtung am wichtigsten, dass 55 Prozent der Wähler von *Smer-SD* ein Ende des Krieges durch einen Waffenstillstand wünschten. Diesen Wunsch äußerten auch die meisten Wähler der derzeitigen Regierungsparteien: 64 Prozent der Wähler der Slowakischen Nationalpartei und 52 Prozent der Wähler der *Hlas-SD*.[58]

Aus diesen Umfragedaten lässt sich Ficos rhetorische Formel ableiten, die auf seine Wählerschaft genau zugeschnitten ist: „Frieden stiften + Waffenlieferungen stoppen + Verständnis für Russlands Narrativ schaffen + die westlichen Verbündeten und die Ukraine infrage stellen". Ficos Rücktritt vom Posten des Ministerpräsidenten im Jahr

---

[53] Alexander Duleba: Slovakia. Russia and Ukraine as Eastern neighbours, in: Iris Kempe, Wim van Meurs, Barbara von Ow (Hg.): Die EU-Beitrittsstaaten und ihre östlichen Nachbarn. Gütersloh 1999, S. 226–253.
[54] Milan Špak: Prieskum: Kto je zodpovedný za vojnu na Ukrajine? Slováci majú v porovnaní s okolitými štátmi odlišný postoj. tvnoviny.sk, 26.5.2023.
[55] Dominika Hajdu: Nový prieskum: Obyvatelia Slovenska chcú vo vojne častejšie výhru Ukrajiny, nie Ruska. Globsec, 4.10.2022.
[56] Miro Kern, Juraj Koník: Prieskum: Pri napadnutí by Slovensko bránila len štvrtina obyvateľov. Najmenej voliči SNS. Denník N, 1.7.2024.
[57] Viac ako polovica ľudí si myslí, že budúca vláda by nemala pokračovať v pomoci Ukrajine. Sme, 2.8.2023.
[58] Kern, Prieskum: Pri napadnutí [Fn. 56].

2018 nach Massenprotesten wegen der Ermordung des Journalisten Ján Kuciak und seiner Freundin, sowie die Gründung der Partei *Hlas-SD*, die sich von der *Smer-SD* abgespalten hatte, führten dazu, dass Fico einen erheblichen Teil seiner Wählerschaft verlor. Um an die Macht zurückzukommen, bediente er sich einer radikaleren populistischen und nationalistischen Rhetorik. Die Parlamentswahl 2023 gewann er vor allem, weil es ihm gelang, die Gesellschaft in der Frage des Krieges zu polarisieren und die Wähler der extremen nationalistischen Rechten für sich zu gewinnen. Für den slowakischen Nationalismus ist eine prorussländische und antiwestliche Weltanschauung kennzeichnend, die sich nun auch in Ficos Rhetorik spiegelt.[59]

Für Fico stellt die Außenpolitik nur eine Fortsetzung des innenpolitischen Machtkampfes dar, der für ihn absolute Priorität hat. In einer ähnlichen Situation befand sich die Slowakei nach 1995 unter Vladimír Mečiar. Mečiar stellte sein eigenes Interesse, nämlich das Land zu regieren, über die Landesinteressen – die Teilnahme an der ersten Runde der NATO- und der EU-Erweiterung. Fico muss einen Konflikt mit den westlichen Partnern zumindest in den Augen der nationalistischen Wählerschaft herbeiführen, weil es ihm hilft, an der Macht zu bleiben. Dies ist auch einer der Gründe, warum Ficos Ostpolitik zwischen Mečiars auf Russland zentrierter und Dzurindas auf die Ukraine zentrierter Ostpolitik oszilliert. Das Problem der slowakischen Ost- und Außenpolitik liegt schließlich nicht daran, was Fico sagt – zumindest bisher –, sondern daran, warum es seine Wähler, die einen erheblichen Teil der slowakischen Bevölkerung ausmachen, hören wollen.

Aus dem Slowakischen von Hana Antal, Bratislava

Schlagwörter:
Slowakei, Ukraine-Krieg, Robert Fico, Russland, Europäische Union, NATO, Waffenlieferungen

---

[59] Henk Dekker, Darina Malová, Remko Theulings: What Makes a Slovak a Nationalist? in: Russel F. Farnen u.a. (Hg.): Democracy, Socialization and Conflicting Loyalties in East and West. London 1996, S. 139–164.

Sergej Kučerov

Öl gegen Leichen

Die Allianz Nordkorea-Russland

Russlands Präsident Vladimir Putin und Nordkoreas Diktator Kim Jong-un haben einen unmenschlichen Pakt geschlossen. Nordkorea schickt nicht mehr nur Munition, sondern auch Soldaten, um Russland bei seinem Überfall auf die Ukraine zu unterstützen. Pjöngjang erhält dafür Öl, harte Währung, Lebensmittel und – wenn es schlecht läuft – auch Unterstützung bei seinem Wunsch, eine starke Atommacht zu werden, sowie beim Raketenbau. Putins Kalkül geht indes möglicherweise nicht auf, da nun auch Südkorea, wenngleich indirekt, die Ukraine mit Waffen versorgt.

Die Entsendung mehrerer tausend nordkoreanischer Soldaten in die Russländische Föderation markiert faktisch den Eintritt Nordkoreas in Russlands Angriffskrieg gegen die Ukraine. Sie erinnert an die „internationale Hilfe" aus der Zeit des Kalten Krieges. Denkbar ist zunächst ein konservatives Szenario: Moskau würde für nordkoreanische Munition und Soldaten vor allem mit ökonomischer Unterstützung für Pjöngjang bezahlen. Große Lieferungen von Lebensmitteln und russischem Öl könnten zu einer raschen Verbesserung der wirtschaftlichen Lage Nordkoreas führen. Dies ist für den nordkoreanischen Diktator Kim Jong-un von entscheidender Bedeutung. Ein für die globale Stabilität noch bedenklicheres Szenario wäre eine strategische Zusammenarbeit zwischen Russland und Nordkorea im Nuklearbereich und beim Raketenbau. Selbst eine begrenzte technologische Unterstützung durch Russland könnte die nuklearen Fähigkeiten Nordkoreas erheblich verbessern sowie seine militärische und politische Position merklich stärken. Sollte sich Nordkorea zu einer vollwertigen Atommacht entwickeln, würde dies das regionale Kräfteverhältnis grundlegend verändern. Obwohl dieses Szenario Risiken für China und sogar für Russland birgt, ist es nicht völlig auszuschließen.

Gleichzeitig könnte ein solches Engagement Nordkoreas im Ukraine-Konflikt zu einer verstärkten indirekten militärischen Unterstützung der Ukraine durch Südkorea führen. Seoul zählt zu den zehn größten Waffenexporteuren der Welt. Mehr noch: Sollte sich Südkorea damit jenem Bündnis anschließen, das die Ukraine mit Waffen unterstützt, könnte dies den Zustrom militärischer Lieferungen aus den westlichen Ländern nach Kiew insgesamt verbessern. In diesem Szenario könnte Russlands Nordkorea-Deal dazu führen, dass die Ukraine mindestens genauso viel Unterstützung erhält wie Russland von Nordkorea.

Pseudonym, diesen Text verfasste ein Autorenkollektiv von Re:Russia unter dem Titel Will Russia Benefit From The Korean Deal: Oil in exchange for corpses, strategic threats and the South's asymmetric response?, 28.10.2024. <https://re-russia.net/en/review/782/>

Das konservative Szenario

Dass nordkoreanische Soldaten offenbar in Russland ausgebildet werden, um sie ins Frontgebiet zu schicken, stellt eine erhebliche Eskalation des Konflikts in Bezug auf die internationalen Beziehungen dar. Die Situation erinnert an die Zeit des Kalten Krieges. Damals war es allerdings die Sowjetunion, die ihren Verbündeten „internationale Hilfe" in Form von „begrenzten Kontingenten" zukommen ließ.
Putin führt einen Zermürbungskrieg in der Ukraine. Viele Beobachter gehen davon aus, dass Russlands Vorteile bei Waffen und Personal[1] irgendwann unausweichlich zu einem Sieg führen werden. Um voranzukommen, muss Russland diese klaren Vorteile allerdings aufrechterhalten. Tatsächlich mangelt es Russland jedoch an beidem, und Nordkorea hilft aus. Dem südkoreanischen Nationalen Geheimdienst zufolge hat Pjöngjang seit August 2023 mehr als 13 000 Container mit Munition, Raketen und anderen Waffen in die Russländische Föderation geschickt.[2] Nun wurden auch die Soldaten knapp. Bei den Truppen, die aus Nordkorea nach Russland verlegt wurden, handelt es sich nach Einschätzung des südkoreanischen Militärgeheimdienstes um hochqualifizierte Spezialeinheiten.[3] Die Verlegung – wahrscheinlich in die Region Kursk – geschieht im Zuge des umfassenden strategischen Partnerschaftsabkommens zwischen Russland und Nordkorea,[4] das im Juni 2024 unterzeichnet und mittlerweile auch von Duma und Föderationsrat ratifiziert wurde. Der zentrale Punkt des Abkommens ist, dass jede Partei die andere bei der Abwehr bewaffneter Angriffe auf ihrem Territorium unterstützt. Dies erlaubt es Moskau, Durchbrüche ukrainischer Streitkräfte zu verhindern und sich auf die wichtigsten russischen Offensiven zu konzentrieren, die bisher nur begrenzten Erfolg hatten. Pjöngjang trifft währenddessen Vorbereitungen für den möglichen Verlust von Elitetruppen. Der südkoreanische Geheimdienst berichtete, dass die Familien der nach Russland entsandten Soldaten von den Behörden isoliert wurden.[5]
Was hat das nordkoreanische Regime von dieser Unterstützung? Erhebliche Dividenden in den Bereichen Wirtschaft, Politik und Militär, so Rachel Lee, Senior Fellow im Korea-Programm des Stimson Center.[6] Im Austausch für Waffen und Soldaten versorgt Russland Nordkorea mit Öl und Lebensmitteln, darunter Tausende Tonnen Mais und Weizen.[7]
Wie Reuters berichtete, hatten die russischen Öllieferungen nach Nordkorea bereits im Mai die vom UN-Sicherheitsrat festgelegte Jahresgrenze von 500 000 Barrel überschritten.[8] Satellitenaufnahmen, die von britischen Open Source Centre und der BBC ausgewertet

---

[1] Siehe Beitrag in diesem Heft: Mitrokhin, Nikolay: Russlands Krieg gegen die Ukraine, S. 99172.
[2] Lawmakers: South Korea's spy chief says North Korea has sent another, 1,500 troops to Russia. The Asahi Shimbun, 23.10.2024.
[3] Why North Korea's Deployment of Troops to Russia Really Matters. Why North Korea's Deployment of Troops to Russia Really Matters. Foreign Policy, 23.10.2024.
[4] Russia, North Korea and the East Asian Security Order. Orfonline.org, 8.7.2024.
[5] National Intelligence Service: „3,000 North Korean troops moving to Russia . . . Each person in the dispatched force earns around $2,000 per month". yna.co.kr, 23.10.2024.
[6] Rachel Minyoung Lee: US-Rok Policy Brief Contemplating Pyongyang-Moscow Relations: How North Korea got here, and what we might expect. <https://ipus.snu.ac.kr/wp-content/uploads/2024/10/ROK-US-POLICY-BRIEF_2024-OCT.-ISSUE2.pdf>.
[7] Russia exports 2K tons of flour and corn to North Korea amid signs of shortages. Russia exports 2K tons of flour and corn to North Korea amid signs of shorages. NK-News, 7.5.2024.
[8] Exclusive: Russia is shipping oil to North Korea above UN mandated levels – US official. Reuters, 7.5.2024.

worden sind, sollen zeigen, dass Russland allein in den ersten acht Monaten des Jahres 2024 mehr als eine Million Barrel Öl an Pjöngjang geliefert haben soll.[9] Rüdiger Frank, Ostasien-Experte an der Universität Wien, erklärte, dass Nordkorea jahrzehntelang bis in die 1990er Jahre von sowjetischen Ölimporten abhängig war. Würden die Ölimporte auf das Vor-Sanktions-Niveau angehoben, würde allein dies zu einem Wirtschaftsboom in Nordkorea führen.[10] Zudem benötigt Pjöngjang dringend harte Währung, auch hier kann Russland helfen, meint Robert Peters, Experte am Ellison Centre for National Security.[11] Eine Studie der Friedrich-Naumann-Stiftung schätzte den Wert der Waffenlieferungen Nordkoreas an Russland auf 1,7 bis 5,5 Milliarden US-Dollar.[12] Dies ist ein Geldsegen für Nordkorea: Sein gesamtes BIP im Jahr 2023 betrug nach südkoreanischen Schätzungen etwa 40 Milliarden US-Dollar. Die Entsendung von Truppen in die Ukraine bietet der nordkoreanischen Führung zudem die Möglichkeit, Erfahrungen mit moderner Kriegstechnologie zu sammeln.[13] Die nordkoreanische Armee zählt zwar etwa 1,2 Millionen Soldaten. Sie hat aber seit dem Koreakrieg vor mehr als 70 Jahren nicht mehr an einem größeren militärischen Konflikt teilgenommen.

Russland könnte Nordkorea auch bei der Modernisierung seiner Rüstungsindustrie unterstützen: Seit August 2023 hat Kim Jong-un wiederholt Munitionsfabriken und andere Rüstungseinrichtungen besucht. Dies könnte auf den Start von Programmen zur Modernisierung der Rüstung in Nordkorea hindeuten. Politisch gesehen stärkt ein Bündnis mit Moskau Nordkoreas diplomatischen Einfluss als Teil einer antiwestlichen Front. Zudem könnten Russland und Nordkorea einen gegenseitigen Verteidigungsvertrag unterzeichnen, der die Grundlage für ein echtes Militärbündnis bildet. Dies könnte auch gemeinsame Militärübungen auf koreanischem Territorium umfassen.[14]

Das Szenario einer tieferen strategischen Partnerschaft

Die größten Bedenken Südkoreas und der Vereinigten Staaten, wenn es um das Bündnis geht, betreffen die mögliche Beteiligung Russlands an der Entwicklung des nordkoreanischen Raketen- und Nuklearprogramms. Nordkoreas wichtigstes strategisches Bedürfnis besteht derzeit in der Entwicklung manövrierfähiger Marschflugkörper, die in der Lage sind, die Raketenabwehrsysteme der USA und Südkoreas zu überwinden.[15] Im Jahr 2023 testete Nordkorea seine landgestützten Hwasal-2-Marschflugkörper, die taktische Nuklearsprengköpfe (Hwasal-31) tragen können. Russland könnte Nordkorea helfen, die Hwasal-Raketenfamilie zu verbessern. Dazu müssten Reichweite, Geschwindigkeit, Genauigkeit und Manövrierfähigkeit erhöht werden. Bei diesen Fähigkeiten könnte etwa die Technologie der von Russland im Ukraine-Krieg eingesetzten Kalibr-Rakete Abhilfe schaffen. Alternativ könnte Moskau Technologien für die bodengestützten Marschflugkörper vom Typ Novator 9M729 an Pjöngjang weitergeben. Diese Entwicklungen würden

---

[9] Satellite imagery indicates North Korea oil imports from Russia top U.N. limits, report says. Reuters, 22.11.2024.
[10] North Korea as a Beneficiary of the Russian Invasion of Ukraine, 25.11.2024.
[11] Robert Peters: The Potential for Russia to Supercharge North Korea's Nuclear and Missile Program. The Heritage Foundation, 22.10.2024.
[12] New ties between North Korea and Russia. Friedrich Naumann Foundation, 28.10.2024.
[13] Rachel Minyoung Lee, US-Rok Policy Brief [Fn. 5].
[14] Peters, The Potential for Russia [Fn. 10].
[15] Ebd.

Nordkorea in die Lage versetzen, kombinierte Angriffe mit verschiedenen Raketentypen zu organisieren, was den Einsatz der Raketenabwehrsysteme der USA und Südkoreas erschweren würde, die in der Region stationiert sind.

Ein zweiter entscheidender militärischer Bedarf Pjöngjangs ist die Verkleinerung von Atomsprengköpfen, damit diese auf ballistischen oder Marschflugkörpern montiert werden können, analysiert Robert Peters. Trotz zahlreicher Tests in den vergangenen Jahren gibt es noch keine verlässlichen Beweise dafür, dass Nordkorea die technischen Herausforderungen der Miniaturisierung von Atomsprengköpfen lösen kann. Russland hingegen verfügt über solche Technologien und hat sogar in den vergangenen Jahren erheblich in die Fertigung von Miniatur-Sprengköpfen investiert. Peters Analyse kommt zu dem Schluss, dass ein Transfer dieser Technologien nach Pjöngjang das Land in die Lage versetzen würde, Atomschläge gegen beliebige Ziele anzudrohen. Die USA und Südkorea würde dies dazu zwingen, ihre Abschreckungspolitik gegenüber Nordkorea zu verschärfen. Aus Abschreckung durch Verbot mittels Raketenabwehr würde Abschreckung durch Bestrafung mittels Offensivwaffen, die in der Lage sind, in Nordkorea weitreichende Zerstörung anzurichten.

Nordkorea könnte darüber hinaus von Russlands Erfahrung bei der Entwicklung von Interkontinentalraketen (ICBM) und von U-Boot-gestützten ballistischen Raketen (SLBM) profitieren und Hilfe in Anspruch nehmen. Im Jahr 2017 hat Pjöngjang bereits demonstriert, dass seine Interkontinentalraketen Hwasong-14 und Hwasong-15 die kontinentalen Vereinigten Staaten erreichen können. Im Jahr 2020 präsentierte die Diktatur die Hwasong-17-Rakete, die bis zu vier nukleare Sprengköpfe tragen kann. Drei Jahre später stellte sie die Interkontinentalrakete Hwasong-18 mit Feststoffantrieb vor. Sie kann mehrere Sprengköpfe tragen kann, die unabhängig voneinander Ziele angreifen können. US-Geheimdienste sind zudem besorgt, dass Putin seinem nordkoreanischen Amtskollegen Kim Jong-un als Gegenleistung für Waffen und Soldaten Knowhow und Technik für den Bau von Atom-U-Booten und den Einsatz ballistischer Raketen mit nuklearen Sprengköpfen zur Verfügung stellen könnte.[16]

Siegfried Hecker, der sich in einem Buch mit dem nordkoreanischen Atomprogramm beschäftigt hat, schätzt, dass Pjöngjang derzeit nur etwa sechs Kilogramm Plutonium pro Jahr produzieren kann. Umgerechnet genügt dies für einen Sprengkopf. Die Urananreicherungskapazität Nordkoreas wird auf etwa 150 Kilogramm pro Jahr geschätzt, was für sechs Bomben ausreicht. Allerdings ist Plutonium weitaus besser für Miniatur-Sprengköpfe geeignet, mit denen Interkontinentalraketen bestückt werden können. In der Theorie könnte Russland Nordkorea außerdem beim Betrieb eines experimentellen Leichtwasserreaktors in Nyŏngbyŏn unterstützen sowie Kernbrennstoff liefern, der zur Herstellung von Plutonium verwendet werden kann. Möglich wäre auch, dass Russland Nordkorea direkt mit Plutonium beliefert. Moskau hat bereits bekannt gegeben, über einen Überschuss von 35 000 Tonnen Plutonium zu verfügen. Darüber hinaus hat Russland riesige Reserven an Tritium, das für den Bau von Wasserstoffbomben benötigt wird. Nordkorea behauptet, im September 2017 eine Wasserstoffbombe getestet zu haben.[17] Hecker erinnert daran, dass Moskau Pjöngjang seit der Sowjetzeit bei der Raketentechnik unterstützt: Die ersten nordkoreanischen Kurz- und Mittelstreckenraketen vom Typ Scud

---

[16] Kim Jong Un and Putin sign mutual defense pact as Russian leader visits North Korea. NBC News, 19.6.2024.
[17] Siegfried Hecker on the New Russia-DPRK Relationship and Nuclear Cooperation. 38North.org, 21.9.2023.

und Nodong waren Kopien sowjetischer Raketen. Das Tempo der jüngsten Raketentests in Nordkorea auf einen raschen technologischen Fortschritt hindeutet und legt nahe, dass Nordkorea bereits technische Unterstützung aus Russland erhalten hat.[18] Die Stärkung Nordkoreas als Atommacht ist nicht nur für Südkorea und die USA von Belang, sondern auch für China und langfristig auch für Russland. Dennoch hat das Putin-Regime wiederholt seine Gleichgültigkeit demonstriert, wenn es um strategischen Schaden geht, solange der taktische Erfolg eintritt.

Wird Russland vom „koreanischen Deal" profitieren?

Allerdings sind die taktischen Vorteile, die Moskau aus dem Nordkorea-Deal zieht, auch nicht ganz so eindeutig. Denn die Entsendung nordkoreanischer Soldaten nach Russland, so schätzte es das südkoreanische Präsidialamt ein, stellt eine „ernsthafte Sicherheitsbedrohung ... für die internationale Gemeinschaft" dar.[19] Und entsprechend erklärte der südkoreanische Präsident Yoon Suk-yeol, Seoul könnte der Ukraine direkte militärische Unterstützung zukommen lassen. Sollte ein solches Szenario auch nur teilweise eintreten, wird Russland wohl durch seinen „Nordkorea-Deal" keinen Vorteil haben. Dem Stockholm International Peace Research Institute (SIPRI) zufolge befindet sich Südkorea unter den zehn größten Waffenexporteuren der Welt. Das Land lieferte in den vergangenen Jahren auch in immer mehr NATO-Länder.[20] Im Jahr 2022, nach Beginn des russischen Angriffskrieges, unterzeichneten Südkorea und Polen ein Rahmenabkommen im Wert von etwa 22 Milliarden US-Dollar für die Lieferung von Militärausrüstung. Das Abkommen umfasst K2-Panzer, K9-Haubitzen, leichte FA-50-Angriffsflugzeuge und K239-Chunmoo-Mehrfachraketenwerfer.[21] Der Umfang der westlichen Militärhilfe Kiew ist zurzeit zum Teil dadurch limitiert, dass Europa nicht über ausreichende Produktionskapazitäten verfügt. Bei den USA sieht es nur wenig besser aus. Der Beitritt Südkoreas in das Bündnis der Waffenlieferanten für die Ukraine könnte die Situation erheblich verbessern.

Bisher hat sich Südkorea auf humanitäre Hilfe für Kiew fokussiert: Im September 2023 versprach Seoul 2,3 Milliarden US-Dollar für den Wiederaufbau des Landes sowie humanitäre Projekte.[22] Die südkoreanische Gesetzgebung verbietet direkte Militärlieferungen in aktive Kampfgebiete, daher sind auch keine Lieferungen in die Ukraine möglich. Diese Einschränkung hindert Seoul jedoch nicht daran, Kiew indirekt zu unterstützen. Im Jahr 2023 lieferte Südkorea 300 000 155-mm-Artilleriegeschosse an die USA, um ähnliche Munition auszugleichen, die die USA an die Ukraine lieferten.[23]

Es ist unwahrscheinlich, dass Südkorea den Ausstoß dieser Munition wird steigern können: Das Land produziert aktuell etwa 200 000 155-mm-Artilleriegeschosse pro Jahr. Diese Menge genügt der Ukraine für einen Monat intensiver Kämpfe. Stattdessen könnte Seoul

---

[18] Robert Peters: The Potential for Russia to Supercharge North Korea's Nuclear and Missile Program [Fn. 10].
[19] North Korean troops in Russia readying for combat in Ukraine war, South Korea says. Reuters, 19.10.2024.
[20] Pieter Wezeman, Katarina Djokic, Mathew George, Zain Hussain, Siemon Wezeman: SIPRI Fact Sheet Trends in International Arms Transfers. 2023, <https://www.sipri.org/sites/default/files/2024-03/fs_2403_at_2023.pdf>.
[21] South Korea's Yoon, Poland's Duda condemn N.Korea troop dispatch to Russia. Reuters, 24.10.2024.
[22] Yoon pledges US$2.3 bln in additional aid for Ukraine. En.yna.co.kr, 10.9.2023.
[23] Mark F. Cancian, Chris H. Park: Can South Korean 105-Millimeter Ammunition Rescue Ukraine? Csis.org, 22.3.2024.

ein Drittland mit 105-mm-Geschossen versorgen, von denen Südkorea etwa 3,4 Millionen Stück auf Lager hat. Der Drittstaat könnte in seinem Arsenal befindliche Geschosse an die Ukraine liefern. Derzeit verwenden nur noch 30 Prozent der südkoreanischen Haubitzen dieses Kaliber, da die Armee auf 155-mm-Geschosse umstellt. Kiews Streitkräfte setzen mindestens 100 Artilleriegeschütze mit 155-mm-Kaliber, die die Verbündeten aufgrund des Mangels an 155-mm-Geschossen an Kiew geliefert haben.[24] Obwohl diese Haubitzen eine geringere Reichweite haben und weniger Schaden anrichten, sind sie viel manövrierfähiger und würden es der ukrainischen Armee ermöglichen, schnelle Angriffe in schwierigem Gelände durchzuführen und schnell zu anderen Positionen zu wechseln.[25]

Dafür benötigt Südkorea möglicherweise die Genehmigungen der USA und Deutschlands. Von ihnen hergestellte Komponenten werden in der K9-Haubitze[26] und im Mehrfachraketenwerfer-System K239[27] verwendet, das in etwa die Fähigkeiten des amerikanischen HIMARS-Systems hat. Südkorea stellt auch verschiedene Arten von Marschflugkörpern und ballistischen Raketen her, ihr Einsatz würde aber die Zustimmung Seouls erfordern, Ziele in Russland treffen zu dürfen. Unter Berücksichtigung all dieser Faktoren ist Vann Van Diepen. Ehemaliger Mitarbeiter des US-Außenministers, der Ansicht, dass das wahrscheinlichste Szenario für eine Unterstützung der Ukraine durch Südkorea die Substituierung von Munitionslieferungen ist.[28] In jedem Fall könnte eine Ausweitung der südkoreanischen Lieferungen die Auswirkungen der nordkoreanischen Munition und Soldaten wohl ausgleichen. Moskau wird versuchen, dies zu verhindern, und die Zusammenarbeit mit Nordkorea im Nuklear- und Raketenbereich vertiefen, um die USA und Südkorea zu erpressen. Schon eine begrenzte russische Unterstützung in diesen Bereichen droht das Verhalten Pjöngjangs auf der internationalen Bühne viel aggressiver zu machen, warnt Robert Peters.[29] Ausgerüstet mit Interkontinentalraketen, die mit nuklearen Sprengköpfen bestückt sind, könnte Pjöngjang den Schluss ziehen, dass es ungestraft provozieren und aggressiv handeln kann, da Washington und Seoul aus Angst vor einem nuklearen Gegenschlag von Vergeltungsmaßnahmen absehen würden. Pjöngjang könnte gewissermaßen Putins Taktik in der Ukraine übernehmen: militärische Provokationen unter einem nuklearen Schutzschild.

Aus dem Englischen von Felix Eick, Berlin

Schlagwörter:
Nordkorea, Südkorea, Russland, Ukraine, Waffen, Atomprogramm, Soldaten

---

[24] Mark F. Cancian, Chris H. Park: Expanding Equipment Options for Ukraine: The Case of Artillery. Csis, 23.1.2023.
[25] Mark F. Cancian und Chris. H. Park: [Fn. 22].
[26] 155mm tracked self-propelled armored howitzer – South Korea. Armyrecognition, 29.10.2024.
[27] K239 Chunmoo. Armyrecognition, 8.9.2024.
[28] South Korea supplying weapons to Ukraine directly unlikely given legal hurdles, experts say. Kyiv Independent, 23.10.2024.
[29] Peters, The Potential for Russia [Fn. 10].

Nikolay Mitrokhin

Russlands Krieg gegen die Ukraine
Wochenberichte Herbst 2024

Seit Ende August hat sich die Lage an der Front stark verändert. Die wichtigsten Ereignisse waren der Fall von Vuhledar und Selydove, Bidens grundsätzliche Freigabe von Raketen mit größerer Reichweite, die auch Ziele im Landesinneren Russlands treffen können, die bisher noch wenig sichtbare Verlegung nordkoreanischen Soldaten nach Russland und Putins Einsatz einer rätselhaften Interkontinentalrakete. Gekämpft wird vor allem um Pokrovs'k, Kurachove, Kupjans'k und im Gebiet Kursk. Russland ist es gelungen, die Waffenproduktion auszuweiten, aber auch Kiew stellt neue eigene Waffen her. Die Ukraine kann Gegenstöße organisieren, Durchbrüche verhindern oder russländische Munitionslager und Rüstungsfabriken treffen. Insgesamt verlor Kiew aber im Herbst so viel Gelände wie lange nicht. Ein wichtiger Grund sind Mobilisierungsprobleme. Neue Einkreisungen wichtiger ukrainischer Ortschaften und Durchbrüche drohen.

Ausdehnung ohne Entlastung: die 130. Kriegswoche

Russlands Armee setzt ihren Vormarsch an den beiden wichtigsten Angriffsachsen im Donbass ungeachtet des ukrainischen Vorstoßes auf russländisches Territorium unvermindert fort. Mit Pokrovs'k und Konstantynovka stehen zwei große ukrainische Städte in der Region vor dem Fall. Im Gebiet Kursk hat sich die Front weitgehend stabilisiert. Offen ist, ob die Ukraine mit neuen Angriffen an anderen Orten für Entlastung im Donbass sorgen kann. Im mit großer Härte geführten Luftkrieg zerstören beide Seiten weiter wichtige Infrastruktur des Gegners.

Die Front im Gebiet Kursk hat sich in der 130. Kriegswoche weiter stabilisiert. Die ukrainische Armee rückte zwar an einigen Stellen weiter vor und weitete insbesondere im Westen ihres Vorstoßraums das besetzte Gebiet aus. Große Erfolge konnte sie jedoch nicht mehr erzielen. Auch Kriegsgefangene machte sie kaum noch.

Nikolay Mitrokhin (1972), Dr. phil., Forschungsstelle Osteuropa, Universität Bremen
Von Nikolay Mitrokhin ist in OSTEUROPA u.a. erschienen: Russlands Krieg gegen die Ukraine. Wochenberichte Sommer 2024, in: OE, 6–7/2024, S. 135–168. – Wochenberichte Frühjahr 2024, in: OE, 5/2024, S. 39–62. – Der Krieg in der Ukraine 2023. Bilanz eines schrecklichen Jahres, in: OE, 12/2023, S. 17–34.
Die Texte sind im Fokus „Russlands Krieg gegen die Ukraine" auf <zeitschrift-osteuropa.de> erschienen und werden dort fortgeführt.

Im Westen des Vormarschgebiets sind die ukrainischen Streitkräfte in den vergangenen Tagen rund zwei Kilometer vorgerückt und haben einige weitere Dörfer unter ihre Kontrolle gebracht. Der erwartete entscheidende Vorstoß entlang des Flusses Sejm zu der Flussquerung nördlich von Gluškovo sowie die Einnahme von Befestigungsanlagen entlang der Staatsgrenze sind jedoch ausgeblieben.

Russland konnte sogar mindestens eine der drei zerstörten Behelfsbrücken wieder errichten und versorgt jetzt über diesen Übergang in der Nähe der Siedlung Karyž die Truppen im Landkreis Gluškovo. Sollte es der Ukraine gelingen, die Pontonbrücke erneut zu zerstören, so kann Russlands Armee angesichts der Stabilisierung der Front ihre rund 3000 Mann südlich des Flusses mittlerweile unter Einsatz von Amphibienfahrzeugen, Motorbooten oder schweren Drohnen versorgen. Ob es dieser Truppe dort allerdings gelungen ist, Befestigungsanlagen zu errichten, ist unklar.

Im Norden des Vormarschgebiets greifen die ukrainischen Einheiten weiter die Kreisstadt Korenevo an. Von dort gibt es keinerlei Videomaterial. Einige tagesaktuelle Karten, die von ukrainischer und teils auch von russländischer Seite verbreitet wurden, zeigten aber einen Verlauf der Frontlinie mitten durch die Siedlung, während die Kämpfe vor einer Woche noch am östlichen Rand der Kleinstadt stattfanden. Auch haben die ukrainischen Truppen die russländischen Verteidigungslinien im Osten von Korenevo umgangen und dabei mindestens zwei Dörfer eingenommen. Doch zu einem Angriff auf die Kreisstadt von Nordosten ist es bislang nicht gekommen.

Im nordöstlichen Bereich des Vormarschgebiets haben die ukrainischen Einheiten nach einer Woche schwerer Kämpfe die Siedlung Malaja Lochnja eingenommen, wo sich ein Straflager für rund 200 Frauen befand. Die dort stationierte 810. Marineinfanteriebrigade der russländischen Armee wurde eingekreist, erlitt schwere Verluste, bevor ihr dann doch ein Rückzug samt Evakuierung aller Verletzten gelang. Im Osten des Vorstoßraums konnten die ukrainischen Truppen nach heftigen Kämpfen nahe der Siedlung Russkaja Konopel'ka leicht vorrücken. Südlich davon ist es der russländischen Armee gelungen, die ukrainischen Einheiten um einige Kilometer zurückzudrängen.

Insgesamt hat die Ukraine somit leichte Geländegewinne erzielt. Da jedoch zuvor eine weitere Brigade in diesen Raum verlegt worden war, hatte Kiew sicher mit größeren Erfolgen gerechnet. Die Aussichten auf eine Einnahme des gesamten Landkreises Gluškovo sind eher geschwunden, da die ukrainischen Kräfte sich über einen großen Raum verteilen müssen und Russland Verstärkung in das Gebiet Kursk nachführt.

Putin persönlich hat verkündet, dass das 56. Luftlande-Sturmregiment von der Krim in das Gebiet Kursk verlegt wird, dazu die 11. Luftlande-Sturmbrigade aus Ulan-Udė, die im Frühjahr 2022 in der Ukraine schwere Verluste erlitten hatte, als auch mehrere Kommandeure der Einheit getötet oder verletzt wurden. Darüber hinaus setzt das Regime auf höhere Anreize für Freiwillige. Der Sold wurde erhöht und weitere Vergünstigungen versprochen. Zudem sollen in den Gebieten Kursk und Belgorod Selbstverteidigungskräfte aufgestellt werden.

Indirekt soll der Verbesserung der Moral auch ein Gefangenenaustausch dienen, der ungewöhnlich rasch zustande kam. Auf dem Weg über Belarus wurden 115 Wehrpflichtige, die Anfang August beim ukrainischen Vorstoß in das Gebiet Kursk in Kriegsgefangenschaft geraten waren, gegen 115 ukrainische Soldaten ausgetauscht, bei denen es sich überwiegend um Mitglieder der Nationalgarde und der Grenztruppen handelte, die sich in den ersten Tagen nach dem Überfall Russlands Ende Februar 2022 ergeben hatten.

Der Kreml wollte mit der Bereitschaft zu diesem Austausch signalisieren, dass „die Heimat" sich um die Wehrpflichtigen kümmert, die im Gebiet Kursk eingesetzt werden. Aus den nördlich von Moskau gelegenen Gebieten Ivanovo und Kostroma wurde bekannt, dass gerade eingezogene junge Männer nach nur einem Monat Grundausbildung nach Kursk gebracht werden.[1]

Die Lage im Donbass

Augenscheinlich bringt Russland auch Truppen von der im Osten der Ukraine verlaufenden Front in das Gebiet Kursk. Diese werden jedoch aus jenen Abschnitten verlegt, denen die Moskauer Armeeführung keine Priorität zuweist. Bei Časiv Jar und nördlich von Charkiv hat Russland die Angriffe eingestellt. Genauere Informationen über Truppenverlegungen gibt es jedoch bislang keine.
Was diese Frontabschnitte betrifft, erfüllt der Vorstoß der ukrainischen Armee sein Ziel, Russlands Offensivpotential in der Ukraine zu schwächen. Dies gilt jedoch nicht für die beiden Abschnitte, in denen Russland die größten Aussichten auf bedeutende Erfolge hat: die Agglomeration von Torec'k und das Vorstoßgebiet bei Pokrovs'k. Es gibt sogar Hinweise darauf, dass anderswo abgezogene Truppen nicht nur ins Gebiet Kursk verlegt worden sind, sondern auch an diese beiden Frontabschnitte.
Östlich von Pokrovs'k ist die Moskauer Besatzungsarmee seit Mitte August durch die von Siedlungen, Bergwerken und Abraumhalden geprägte Landschaft in Richtung der letzten beiden größeren Orte vor Pokrovs'k vorgerückt: die Siedlung Hrodivka, wo vor dem Krieg rund 3500 Menschen lebten, sowie die Kleinstadt Novohrodivka mit einst 15 000, die angrenzenden Dörfer eingeschlossen sogar 22 000 Einwohnern. Hier hat es die ukrainische Armee offenbar nicht mehr geschafft, Verteidigungsstellungen zu errichten und verschanzt sich nur noch in Industrieanlagen und Wohnblöcken. Die dort stationierten Brigaden bestehen überwiegend aus wenig erfahrenen Soldaten, viele sind erst seit kurzem bei der Armee. Dies ist ein wichtiger Grund, warum die ukrainischen Truppen sich in den vergangenen Wochen aus der grundsätzlich für eine Verteidigung gut geeigneten Industrieregion so rasch zurückziehen mussten. Ukrainische Soldaten beklagen in den sozialen Medien, dass die Okkupationstruppen die Hälfte von Novohrodivka einnehmen konnten, ohne dass sie unter größeren Beschuss genommen wurden. Bestätigt sich dies, würde die Kleinstadt zum ersten Ort, den Russland in den vergangenen anderthalb Jahren einnehmen konnte, ohne dass er zuvor vollständig zerstört wurde. Nun droht drei Städten die baldige Besetzung durch die russländischen Truppen: Myrnohrad, Selydove und Pokrovs'k. In allen dreien läuft unter ständigem Artilleriebeschuss die Evakuierung. Die örtlichen Behörden, die Post, die Banken und die Geschäfte sind dabei, ihre Arbeit einzustellen.
Ebenfalls prekär ist die Lage in der Agglomeration von Torec'k. Die ukrainische Armee hat die Siedlung N'ju-Jork sowie die Kleinstadt Zalizne aufgegeben und muss sich in Torec'k selbst langsam zurückziehen. Wenngleich es hier in der letzten Augustwoche kaum Veränderungen gab, ist den ukrainischen Behörden klar, dass dies nicht so bleiben wird. Am 26. August wurde die Zwangsevakuierung aller Familien mit Kindern aus 26 Siedlungen angekündigt, darunter aus Konstantynovka, wo vor dem Februar 2022 rund 90 000 Menschen lebten und Anfang 2024 immer noch ca. 30 000.

---

[1] <https://t.me/slova1000/6136>.

Nicht wenige Beobachter, darunter solche aus dem Westen, zweifeln, ob es die richtige Entscheidung der ukrainischen Armeeführung war, kampferfahrene und gut ausgerüstete Truppen für den Vorstoß in das Gebiet Kursk einzusetzen und damit die Verteidigung im westlichen Donbass zu schwächen. Der ukrainische Präsident Zelens'kyj erklärte dazu auf einer großen Pressekonferenz am 25. August, der Vorstoß auf Sudža im Gebiet Kursk sei einem russländischen Angriff auf das ukrainische Gebiet Sumy zuvorgekommen.

Ein weiterer ukrainischer Vorstoß?

Für eine Einschätzung der tatsächlichen Ziele, des Erfolgs und des Preises der ukrainischen Operation im Gebiet Kursk ist es jedoch zu früh. Dies gilt insbesondere deswegen, weil – nach Befürchtungen mehrerer russländischer Militärkanäle – weitere ukrainische Vorstöße auf russländisches Territorium bevorstehen könnten. Eine der Stellen, an der ein Angriff befürchtet wird, ist der Abschnitt zwischen den Orten Suzemka und Sevsk im westlich von Kursk gelegenen Gebiet Brjansk. In dieser Gegend könnten ukrainische Einheiten bis zu den Flüssen Nerussa und Sev vorstoßen, um dort Verteidigungslinien zu errichten. Tatsächlich haben ukrainische Truppen am 21. August nahe der Siedlung Zabrama im Landkreis Klimovo des Gebiets Brjansk die Stärke der russländischen Verteidigung getestet. Der mit drei gepanzerten Transportern vorrückende Trupp war jedoch von den Grenzern früh entdeckt und anschließend unter Artilleriefeuer genommen worden.

Ein ukrainischer Vorstoß wird von russländischen Militärkanälen auch an einem der Frontabschnitte in der Ukraine befürchtet. Konkret geht es um einen Angriff auf Tokmak im Gebiet Zaporižžja, der für einen Vorstoß entweder in Richtung des besetzten AKW Zaporižžja oder in Richtung der auf die Krim führenden Landbrücke genutzt werden könnte. Sorgenvoll wird schließlich eine mögliche Landung ukrainischer Spezialtruppen auf der Kinburg-Halbinsel und auf der Tendra-Nehrung südwestlich von Cherson diskutiert. Die zwischen Mykolajiv und der Krim gelegene Gegend ist von großer strategischer Bedeutung. Sogar eine Landung im Westen der Krim wird für möglich gehalten. Davon zeugen russländische Luftangriffe auf die Schlangen-Insel und die sogenannten Bojko-Türme, die von ukrainischen Spezialkräften in der Vergangenheit für die Vorbereitung von Operationen auf der Krim verwendet wurden.

Der Luftkrieg

Russland hat am 26. August bei einem massiven Luftangriff Umspannstationen in der gesamten Ukraine attackiert. Nach ukrainischen Angaben wurden 127 Raketen und 109 Kampfdrohnen eingesetzt, 102 Raketen und 99 Drohnen seien abgeschossen worden. Der ukrainische Katastrophenschutz meldete 22 Löscheinsätze, was die Zahl der nicht abgefangenen Raketen und Drohnen ungefähr bestätigt. Es handelte sich um einen der massivsten Angriffe Russlands seit dem Überfall auf die Ukraine im Februar 2022, sieben Menschen starben, 47 weitere wurden verletzt.

Obwohl es vergleichsweise wenige direkte Treffer gab, kam es zu massiven Stromausfällen. Selbst in den am rechten Ufer des Dnipro gelegenen Stadtteilen von Kiew fiel der Strom aus. In mindestens fünf Gebietshauptstädten war für mehrere Stunden die Wasserversorgung unterbrochen. Grund waren Raketen- und Drohneneinschläge in den

Umspannwerken im Zentrum des rechts des Dnipro gelegenen Landesteils. Die Umspannwerke in Vinnycja, Chmel'nyc'kyj und Luc'k sorgen für die Verteilung des Stroms, der vor allem in den der Ukraine verbliebenen AKW produziert wird.
Russland nutzte die Tatsache, dass die Ukraine die vorhandene Luftabwehr vor allem zum Schutz der Großstädte und der wichtigsten Militärflugplätze nutzt. Um sämtliche Gebietshauptstädte und zudem die zahlreichen großen Umspannwerke zu schützen, die sich nicht im unmittelbaren Umkreis von Großstädten befinden, bräuchte die Ukraine viel mehr Flugabwehrsysteme. Russländischen Militärkanälen zufolge seien im Gebiet Vinnycja das östlich der Gebietshauptstadt gelegene Umspannwerk Vinnycja-750 getroffen worden sowie die im Westen des Gebiets gelegene Anlage Bar-330. Auch in den Gebieten Chmel'nyc'kyj, Odessa, Mykolajiv und Dnipropetrovs'k wurden offenbar Umspannanlagen zerstört. Eine Rakete traf das nördlich von Kiew bei Vyšhorod am Dnipro gelegene Wasserkraftwerk Kyjivs'ka HES, dessen Staumauer das Kiewer Meer zurückhält, einen Stausee von der Fläche des Bodensees. Möglicherweise wurde hier eine Turbine zerstört. Über die Schäden im Gebiet Luc'k ist außer dem Einschlag einer Drohne in einem mehrstöckigen Wohnhaus wenig bekannt. Wichtige Infrastruktur wurde in den Gebieten Žytomyr, Poltava und L'viv beschädigt oder zerstört, auch das bislang von Luftangriffen weitgehend verschont gebliebene Gebiet Zakarpats'ke wurde attackiert, der Flugkörper aber offenbar abgefangen. Eine Rakete durchflog nach polnischen Angaben auf einer Entfernung von 40 Kilometern polnischen Luftraum, wurde jedoch von der Luftabwehr nur erfasst, nicht aber abgeschossen.
Unklar ist, welchen Anteil der seit dem letzten Großangriff auf das ukrainische Stromnetz vor knapp zwei Monaten angehäuften Raketen Russland verschossen hat und wie viele die Armee in Reserve gehalten hat, um, wie bei früheren Angriffen geschehen, noch „nachzulegen".

Ukrainische Luftangriffe

Auch die Ukraine hat in der 130. Kriegswoche erneut zahlreiche Ziele in Russland angegriffen. Legt man die Zahl der in dieser Woche jeweils eingesetzten Drohnen zugrunde, so produziert die Ukraine gegenwärtig die dreifache Anzahl an schweren Kampfdrohnen wie Russland. Außerdem ist es der ukrainischen Rüstungsindustrie gelungen, die Reichweite der Drohnen zu vergrößern. Die im „Schwarm" anfliegenden unbemannten Fluggeräte überwinden immer häufiger die russländische Luftabwehr. Aber auch das ukrainische Raketenprogramm macht Fortschritte. Russland steht vor großen Unannehmlichkeiten.
Exemplarisch zeigt dies der Angriff auf das Treibstofflager „Kavkaz" des staatlichen Ölbevorratungsamts *Rosrezerv* bei Proletarsk im Gebiet Rostov. Dieser fand am 18. August statt. Zehn Tage später ist der Großbrand immer noch nicht gelöscht. Ursprünglich waren zwei der 56, über vier Sektoren verteilte Großzisternen in Flammen aufgegangen. Die Gefahr, dass der Brand auf benachbarte Tanks übergreift, ist groß. Am 23. August erfolgte ein weiterer Angriff auf das Treibstofflager, bei dem zusätzlich zu den mittlerweile drei oder vier brennenden Zisternen weitere zwei in Flammen gesetzt wurden. Die Löscharbeiten, bei denen bereits 50 Feuerwehrleute verletzt worden waren, wurden noch gefährlicher und aussichtsloser. Zudem muss die Feuerwehr die benachbarte Stadt Proletarsk schützen, auf die der Brand überzugreifen droht, nachdem er

bereits einige Schuppen, Garagen und Wohnhäuser in der Nähe des Lagers erfasst hat. Die Luftverschmutzung durch die Rauchwolken des Großbrands ist noch in einer Entfernung von 150 Kilometern zu bemerken und betrifft auch Großstädte wie die Gebietshauptstadt Rostov am Don. Doch die russländischen Behörden versuchen beharrlich, das Ausmaß und die Ursachen der riesigen Umweltkatastrophe zu verschweigen.

Die Folgen anderer ukrainischer Angriffe in der 130. Kriegswoche, die nicht zuletzt dem für strategische Bomber genutzten Flugplatz Olen'ja im Gebiet Murmansk sowie weiteren Luftwaffenstützpunkten im Gebiet Rostov und nahe Moskau galten, sind nicht bekannt. Gleiches gilt für den russländischen Drohnenangriff auf Ziele in den ukrainischen Gebieten Kiew, Čerkasy, Poltava, Mykolajiv und Odessa am 22. August. Der Ukraine gelang es am gleichen Tag, auf dem Flugplatz Marinovka bei Kalač-na-Donu im Gebiet Rostov, wo Aufklärungsflugzeuge vom Typ Su-24MP stationiert sind. Zum Zeitpunkt des Angriffs haben sich dort offenbar rund 30 Flugzeuge befunden, die teils unter freiem Himmel, teils in leichten Metallhangars geparkt waren. Zahlreiche Videos zeigen, dass mindestens zehn Drohnen eingeschlagen sind und Brände auf einem Streifen von einem Kilometer Länge verursacht haben.

Mit Raketen hat die Ukraine im Hafen von Kerč eine mit Eisenbahn-Öltanks beladene Fähre zerstört. Der Brand des auslaufenden Schweröls beschädigte Hafenanlagen und zerstörte zwei vor Anker liegende kleine Lotsenschiffe.

Am 24. August hat die Ukraine zudem einen äußerst erfolgreichen Angriff auf ein großes und gut verstecktes Munitionsdepot des russländischen Heers nahe der Stadt Ostrogorsk südlich von Voronež geführt. Mindestens ein Dutzend Lagerhallen wurden zerstört.[2] Aufgrund der heftigen Explosionen mussten die Einwohner mehrerer nahegelegener Siedlungen evakuiert werden.[3] Zwei Tage später schlugen zwei ukrainische Drohnen in zwei mehrstöckige Wohnhäuser in Saratov und der am gegenüberliegenden Ufer der Wolga liegenden Stadt Ėngel's ein. Ihr Ziel war wahrscheinlich entweder der Luftwaffenstützpunkt Ėngel's oder ein im Rüstungssektor tätiges Maschinenbauunternehmen in Saratov. Offenbar verfügte die Ukraine über veraltete Karten. Beide Hochhäuser, in die die Drohnen stürzten, sind erst jüngst errichtet worden.

Aus dem Russischen von Volker Weichsel, 27.8.2024

Katastrophale Lage bei Pokrovs'k: die 131. Kriegswoche

Die ukrainische Armee ist im Donbass in massiven Schwierigkeiten. Russland hat Truppen bei Pokrovs'k zusammengezogen und stößt dort an zahlreichen Stellen vor. Die Ukraine muss unerfahrene Soldaten in kaum zur Verteidigung vorbereitetem Gelände einsetzen. Große gesicherte Frontabschnitte südwestlich des Durchbruchs sind in Gefahr. Beide Kriegsparteien haben den Luftkrieg mit Angriffen sowohl auf Infrastruktur als auch auf Wohngebiete in Charkiv und Belgorod massiv ausgeweitet.

---

[2] <https://t.me/uniannet/143074>.
[3] Rossijskij gorod atakovali drony: SMI soobščili o ČP na sklade boepripasov. Unian, 24.8.2024.

Die ukrainische Armee hat in der letzten Augustwoche im Donbass die schwerste Niederlage der vergangenen zwei Jahre erlitten. Die russländische Okkupationsarmee hat Kräfte zusammengezogen, um am schwächsten Abschnitt der ukrainischen Verteidigung vorzustoßen. Die Truppen rücken auf breiter Front zwischen Myrnohrad, Pokrovs'k und dem 15 Kilometer südlich gelegenen Selydove vor. Es droht eine gleichzeitige Einnahme aller drei Städte und ein Zusammenbruch des gesamten südlichen Frontabschnitts im Gebiet Donec'k, wo die ukrainische Armee massive Verteidigungsanlagen errichtet hat, aus denen heraus sie teils seit einigen Monaten, teils bereits seit zwei Jahren ein Vordringen des Gegners verhindert. Auch zwei weitere große Frontabschnitte sind in unmittelbarer Gefahr: der Bereich zwischen Karlivka und Vuhledar, den dortigen ukrainischen Truppen könnten die bei Pokrovs'k durchgebrochenen von Norden und Westen in den Rücken fallen; der Abschnitt zwischen Vuhledar und Velyka Novosilka, diesen könnten die Besatzungstruppen aus dem vormals sicheren rückwärtigen Raum unter Beschuss nehmen, wenn es ihnen gelingt, nach einer Einnahme von Selydove in Richtung Süden zu der Straßenkreuzung bei Bahatyr vorzustoßen.

Bislang ist nicht zu erkennen, wie der Vormarsch gestoppt werden könnte. Zahlreiche Berichte aus dem Raum Pokrovs'k sprechen davon, dass eilig hierher verlegte Reserveeinheiten, die überwiegend aus neu mobilisierten Soldaten ohne Kampferfahrung bestehen, bei den ersten Einschlägen die Flucht ergreifen. Und dies nicht ohne Grund: Auf offenem Feld gibt es an dieser Stelle keine Verteidigungsanlagen mehr und auch die Siedlungen sind nicht für den Schutz vor Artillerieangriffen vorbereitet. So wurde die Stadt Novohrodivka mit einst 20 000 Einwohnern praktisch kampflos aufgegeben, was den raschen Vormarsch der russländischen Truppen bis zum Stadtrand von Selydove ermöglichte. Bei Pokrovs'k und Myrhorod stehen die Besatzungstruppen nur noch fünf Kilometer vom Stadtrand entfernt und könnten ihn in wenigen Tagen erreichen. Der Oberkommandierende der ukrainischen Armee Aleksandr Syrs'kyj ist bereits seit einer Woche vor Ort, um die Verteidigung zu koordinieren. In Pokrovs'k verharren derweil weiter rund 30 000 Menschen, die sich weder vor der drohenden Einnahme zu fürchten scheinen, noch von dem Druck, den die ukrainischen Behörden nicht zuletzt mit der Verhängung einer 20 Stunden pro Tag geltenden Ausgangssperre ausüben, zum Verlassen der Stadt bringen lassen.

Die Befürchtungen gehen sogar noch weiter. Gelingt es der Ukraine nicht, eine zuverlässige Verteidigung entlang der Linie Pokrovs'k–Velyka Novosilka aufzubauen, dann droht im Jahr 2025 ein Vormarsch der Besatzungsarmee in Richtung der beiden Großstädte Dnipro und Zaporižžja.

Die Lage im Gebiet Kursk

Im Gebiet Kursk haben unterdessen die dort eingesetzten, gut ausgebildeten ukrainischen Brigaden einige taktische Erfolge erzielt. Sie haben einige „Keile" beseitigt, die in das von ihnen gehaltene Gebiet hineinragten. So ist es ihnen in der letzten Augustwoche gelungen, die russländischen Einheiten einige Kilometer vom östlichen Stadtrand der Kreisstadt Sudža wegzutreiben. Die Front verläuft nun entlang einer Linie zwischen der grenznahen Siedlung Borki und der nördlich davon gelegenen Ortschaft Martynovka an der Fernstraße nach Kursk. Auch haben mittlerweile auch die offiziellen russländischen Stellen zugegeben, dass die seit Anfang August umkämpfte, nördlich

von Sudža gelegene Siedlung Malaja Loknja in ukrainischer Hand ist. Auch hier haben die ukrainischen Truppen eine Frontausbuchtung begradigt.
Weiter nördlich wurden die ukrainischen Einheiten allerdings aus dem südöstlichen, am linken Ufer des Krepna gelegenen Teil der Kreisstadt Korenevo verdrängt. Ihr wichtigstes Ziel haben die ukrainischen Truppen damit auch vier Wochen nach Beginn ihrer Offensive auf russländisches Territorium nicht erreicht: Die Einnahme von Korenevo und die Schaffung einer Verteidigungslinie zwischen dem Ort und dem einige Kilometer westlich gelegenen Fluss Sejm, was die Abwehr möglicher Attacken aus Richtung Ryl'sk erleichtert hätte. Im Landkreis Glušovskij im Westen des von ihr besetzten Raums hat die ukrainische Armee in der letzten Augustwoche keine ernsthaften Anstrengungen zu einem Vormarsch unternommen. Vielmehr hat sie die Übergänge über den Sejm unter Beschuss genommen. Russland hat zwar zahlreiche Fahrzeuge verloren. Ein auf einem Waldweg nahe der Ortschaft Zvannoe aufgenommenes Video zeigt sechs, mit Teilen für Pontonbrücken beladene russländische Lastwagen, die am 28. August bei einem ukrainischen Angriff zerstört wurden.
Die russländischen Militärkanäle berichten ihrerseits von Verlusten, die dem Gegner im Gebiet Kursk sowie im angrenzenden ukrainischen Gebiet zugefügt worden seien. Klares Bildmaterial gibt es nicht, was die Behauptungen äußerst zweifelhaft macht. Gerade erst ist eine gezielte Falschmeldung aufgeflogen. Eine Reihe von Kanälen hatte ein Video veröffentlicht, das angeblich einen Angriff im Gebiet Sumy auf eine ukrainische Militärkolonne aus mehreren LKW und PKW zeigte. Die Kolonne wurde mit zwei Iskander-Raketen und Grad-Raketen beschossen. 300 Soldaten des Gegners seien ums Leben gekommen. Kurz darauf verbreiteten ukrainische Kanäle glaubwürdige Fotos der angegriffenen Kolonne. Es handelte sich um Mähdrescher, von denen einer tatsächlich zerstört und einige weitere beschädigt waren. Nach ukrainischen Angaben wurden vier Fahrer der Landmaschinen getötet und einige weitere Personen verletzt.
Ähnlich verhält es sich mit den Berichten der russländischen Militärkanäle über zerstörte Mehrfachraketenwerfer vom Typ Himars und andere Raketenwerfer. Glaubwürdig sind diese Berichte nicht, selbst wenn Drohnenaufnahmen die Explosion beim Einschlag und unmittelbar danach die Detonation der Raketen belegen sollen. Denn die Ukraine setzt vielfach Attrappen ein, um den Gegner dazu zu verleiten, mit teuren Raketen wertvolle Ziele anzugreifen. Daher bedarf es mindestens am Boden entstandener geolokalisierter Aufnahmen zerstörter Fahrzeuge, damit ein Bericht dieser Art als vertrauenswürdig betrachtet werden kann.

Die Front im Gebiet Cherson

Für den Angriff bei Pokrovs'k hat Russland offenbar auch Reserveeinheiten aus Frontabschnitten abgezogen, an denen die Ukraine im Juli und in der ersten Augusthälfte massiv unter Druck gestanden hatte. Zumindest hat das Ausmaß der Kämpfe bei Časiv Jar und in der Agglomeration von Torec'k in der zweiten Augusthälfte stark nachgelassen. Vor diesem Hintergrund ist es besonders auffällig, dass die russländischen Truppen vom Raum Pokrovs'k abgesehen ihre Angriffe an einer Stelle massiv erhöht haben: auf den Inseln im Delta des Dnipro. Auch die nahe Cherson gelegenen Inseln sind erneut unter Kontrolle der Besatzungsarmee. Die Lage in der Stadt hat sich dadurch stark verschlechtert. Sie liegt unter ständiger Luftbeobachtung, die Zahl der Artillerieangriffe und Attacken mit FPV-Drohnen ist massiv gestiegen. Diese starten russländische Truppen mittlerweile von den Inseln oder aus dem Uferbereich links des Dnipro. Bis vor einiger Zeit wurden sie von starken ukrainischen Drohnentrupps bekämpft, doch diese wurden in das Gebiet Charkiv verlegt und befinden sich möglicherweise heute auf russländischem Territorium im Gebiet Kursk.

Mit einer solchen Verlegung könnte auch zusammenhängen, dass der ukrainische Präsident Zelens'kyj das Ziel einer Rückeroberung des 20 Kilometer östlich des Gebiets Cherson im angrenzenden Gebiet Zaporižžja gelegenen AKW Zaporižžja zurückgestellt hat. Nach der Zerstörung des Kachovka-Staudamms und dem Verschwinden des einstigen Stausees war dieses Vorhaben realistischer geworden. Nun hat Zelens'kyj erklärt, das Ziel sei in nächster Zeit nicht zu erreichen. Möglicherweise wurden Reservekräfte, die für eine solche Operation bereitgehalten worden waren, nach Pokrovs'k verlegt.

Der Luftkrieg

Beide Kriegsparteien haben in der 131. Kriegswoche den Luftkrieg stark ausgeweitet. Waren im Juni und Juli die wechselseitigen Attacken etwas seltener geworden, so finden nun fast täglich massive Angriffe statt. Bei einer der massiven russländischen Attacken am 26. August stürzte einer der an die Ukraine gelieferten F-16-Kampfjets ab, der zur Abwehr anfliegender Raketen eingesetzt worden war. Der in der Ukraine sehr bekannte Pilot, der als einer der ersten an diesem Flugzeug ausgebildet worden war, kam ums Leben. Die genaue Ursache das Absturzes ist unklar und soll von einer Untersuchungskommission geklärt werden. Die Rede ist unter anderem von einem Abschuss durch eine eigene Patriot-Abfangrakete. Fest steht, dass Präsident Zelens'kyj den Oberkommandierenden der Luftstreitkräfte Mykola Oleščuk entlassen hat. Ob aus diesem Grund oder wegen der Zunahme von Angriffen auf ukrainische Flugzeuge, die zur Wartung auf unzureichend geschützten Flugplätzen im Osten des Landes zwischenlanden, ist unklar. Der durch zwei Drohnenangriffe Mitte August ausgelöste Großbrand im Treibstofflager „Kavkaz" des staatlichen Ölbevorratungsamts *Rosrezerv* im Gebiet Rostov ist nach 16 Tagen gelöscht. Nach Satellitenaufnahmen zu urteilen sind mehr als 30 der 56 Tanks in Flammen aufgegangen. Ebenfalls zu einem Großbrand führte ein ukrainischer Drohnenangriff in der Nacht vom 27. auf den 28. August auf das Treibstofflager Atlas nördlich von Kamensk-Šachtinskij im Norden des Gebiets Rostov, das ebenfalls von *Rosrezerv* betrieben wird.

In der Nacht vom 29. auf den 30. August griff Russland mit 40 Kampfdrohnen Ziele in knapp einem Dutzend ukrainischer Regionen an. In der gleichen Nacht fielen fünf von russländischen Kampfjets gestartete schwere Gleitbomben auf ein Areal mit großen mehrstöckigen Wohnblöcken in Charkiv. Sechs Menschen starben, darunter ein 14-jähriges Kind und eine 18-Jährige, rund 100 Menschen wurden verletzt, mindestens ein Wohnblock zerstört. Bei einem ukrainischen Angriff in der gleichen Nacht auf Belgorod wurden rund 40 Menschen verletzt. In der gleichen Nacht wurde in Sumy im Norden der Ukraine eine Industrieanlage getroffen. Am 1. September griff Russland erneut Charkiv an – nun mit rund zehn ballistischen Raketen, 40 Menschen wurden verletzt, darunter mehrere Kinder, u.a. wurden ein Postgebäude, ein Einkaufszentrum und eine Sporthalle beschädigt.

In der Nacht auf den 2. September schoss die ukrainische Luftabwehr nach eigenen Angaben neun ballistische Raketen, 13 Marschflugkörper und 20 Drohnen ab, die alle in Richtung Kiew flogen. Nach offiziellen Angaben wurde dennoch ein Schulgebäude zerstört. Auch in dieser Nacht reagierte die Ukraine mit dem Beschuss von Wohngebieten in Belgorod. Bei einem russländischen Angriff mit zwei Raketen auf Poltava am 3. September starben 50 Menschen, mehr als 200 wurden verletzt.

In den frühen Morgenstunden des 1. September führte die Ukraine den bisher größten Drohnenangriff seit Beginn des Krieges. Nach Angaben des Moskauer Verteidigungsministeriums wurden 158 unbemannte Fluggeräte abgefangen, weitere mindestens zehn erreichten ihre Ziele. Getroffen wurde: eine Raffinerie von *Gazpromneft'* im Südosten von Moskau, wo eine Primärverarbeitungsanlage teilweise zerstört wurde und die Produktionskapazität bis auf weiteres halbiert ist; ein Gaskondensationskraftwerk bei Konakovo im Gebiet Tver', das achtgrößte Wärmekraftwerke Russlands. Dort wurde die Gasverteilungsanlage sowie die Umspannstation zerstört, möglicherweise ist die Stromproduktion dort bis auf weiteres lahmgelegt; ein weiteres Gaskondensationskraftwerk bei Kašira im Gebiet Moskau, Folgen unbekannt; eine Raffinerie im Gebiet Jaroslavl', hier entstand offenbar kein größerer Schaden.

Die Zerstörung des Gaskondensationskraftwerks Konakovo ist der massivste Schlag, der der Ukraine gegen das russländische Energieversorgungssystem gelungen ist. Er zeigt, dass die Ukraine in den kommenden Monaten in Russland die gleichen Schäden anrichten könnte, wie Russland dies in den vergangenen zwei Jahren in der Ukraine getan hat. Der gesamte europäische Teil Russlands liegt mittlerweile in der Reichweite ukrainischer Drohnen. An den Knotenpunkten des Pipelinenetzes sowie in der Nähe der großen Kraftwerke, die in den vergangenen 40 Jahren auf Erdgas umgestellt wurden, befinden sich rund 100 Verteilerstationen. Nach dem Angriff auf das Kraftwerk bei Konakovo werden sie sicher mit Netzen gegen Drohnen geschützt werden. Gelingt es der Ukraine dennoch, solche Anlagen zu zerstören, hat das massive Auswirkungen auf die Strom- und Gasversorgung sowohl der Industrie als auch der Bevölkerung. Mit den bisherigen Angriffen auf Raffinerien ist es der Ukraine gelungen, die Produktion von Benzin und Kerosin um gut fünf Prozent zu senken, was die Regierung in Moskau Ende Februar zu einem zunächst halbjährigen und nun verlängerten Exportverbot für die beiden Treibstoffarten veranlasst hat. Doch im Vergleich zu den möglichen Folgen weiterer Angriffe auf das Erdgasnetz waren dies „Peanuts".

Aus dem Russischen von Volker Weichsel, 3.9.2024

Gefahr nicht gebannt: die 132. Kriegswoche

Die Ukraine hat den Vorstoß der Okkupationstruppen bei Pokrovs'k aufgehalten. In großer Bedrängnis ist sie nun allerdings im Raum Vuhledar. Dort droht auf einem größeren Frontabschnitt die Einkreisung von Verteidigungsanlagen. Im Gebiet Kursk sind die Kämpfe abgeflaut, die neue Frontlinie stabilisiert sich. Russland setzt seine massiven Luftangriffe fort.

Der Ukraine ist es in der ersten Septemberwoche gelungen, den Vormarsch der russländischen Truppen im Donbass aufzuhalten. Sie setzt alle verfügbaren Reserven ein, um die Lage bei Pokrovs'k zu stabilisieren. Allerdings wachsen die Probleme weiter südlich, insbesondere im Raum Vuhledar. Dort zeichnet sich ab, dass die Besatzungsarmee versucht, die ukrainischen Truppen im Frontabschnitt zwischen Selydovo und Prečystivka einzukreisen. Im Gebiet Kursk sind die Kämpfe abgeflaut, weil es der Ukraine für eine Ausweitung des von ihr gehaltenen Gebiets an Artillerieunterstützung mangelt und keine neuen Reserven herangeführt werden.

Die Stabilisierung der Lage östlich von Pokrovs'k ist der Ukraine vor allem dank Gegenangriffen der dorthin verlegten Einheiten gelungen: der Brigade „Kara-Dag" der Nationalgarde, der 12. Azov-Brigade und der 93. Mechanisierten Sonderbrigade. Ihnen ist es bis zum 5. September gelungen, östlich von Pokrovs'k und Myrnohrad eine stabile Verteidigungslinie zu errichten. Der Schwerpunkt der Kämpfe verlagerte sich daraufhin auf das südöstlich von Pokrovs'k gelegene Selydovo. Nachdem die russländischen Truppen die nahezu unbeschädigte Kleinstadt Novohrodivka mit einst 19 000 Einwohnern hatten einnehmen können, drangen sie in den Nordteil von Selydovo ein. In Novohrodivka ist die Lage jedoch instabil, die Zahl der russländischen Soldaten ist gering, ukrainische Drohnen hängen weiter über der Stadt. Die örtliche Bevölkerung, die sich einer Evakuierung durch die ukrainischen Behörden entzogen hat, wird nun wohl nach Donec'k gebracht. In Selydovo wird gekämpft, ebenso weiter südlich, wo die russländischen Truppen versuchen, die recht gut ausgebauten ukrainischen Verteidigungsanlagen im Raum um Pervomajs'ke und Karlivka einzunehmen und sie zugleich von Südosten einzukreisen. Eine kritische Gefahr besteht hier für die Ukraine allerdings bislang nicht.

Anders ist dies noch weiter südlich in dem Bereich, in dem der Frontabschnitt im Gebiet Donec'k auf jenen im Gebiet Zaporižžja trifft. Dort sind die russländischen Truppen östlich von Vuhledar in den vergangenen drei Wochen kontinuierlich vorgerückt und haben Verteidigungsanlagen eingenommen, die die Ukraine über zwei Jahre lang gehalten hatte. Am 5. September fiel die große Siedlung Prečystivka in die Hand der russländischen Truppen, nachdem diese zuvor die ukrainischen Stellungen mit schweren Flammenwerfern angegriffen hatten und anschließend mit einer Panzerkolonne vorgerückt waren. Warum dieser Vorstoß anders als zahlreiche frühere Versuche nicht mit Panzerabwehrraketen und Artillerie gestoppt werden konnte, ist unklar.

Die Einnahme von Prečystivka bestätigt, dass die russländische Armee sich nicht bei der Einnahme Dutzender kleiner Dörfer in der Gegend zerreiben lassen will, sondern die ukrainischen Truppen einkesseln oder sie zumindest in eine unhaltbare Lage bringen und so zu einem Abzug zwingen will. Die Zangenbewegung verläuft zwischen Selydovo im Norden und dem Luftlinie gut vierzig Kilometer entfernten Velyka Novosilka im Süden (oder das knapp 20 Kilometer östlich davon gelegene Prečystivka). Um dies zu erreichen, versuchen die russländischen Truppen, die Kiews Einheiten mit Angriffen an verschiedenen Stellen auseinanderzuziehen. Genau in der Mitte dieses Abschnitts verläuft die wichtige Straße von Zaporižžja in Richtung Donec'k. Die Gefahr, dass es den russländischen Truppen gelingt, zumindest so nahe an diese Straße heranzurücken, dass sie sie permanent unter Beschuss nehmen können, scheint gering. Andererseits lag auch Pokrovs'k noch im Mai in sicherem ukrainischem Hinterland und ist heute unmittelbare Frontstadt. Im dortigen Landkreis ebenso wie im benachbarten Kreis Kramators'k haben sich die ukrainischen Behörden zu einer Zwangsevakuierung aller Kinder entschlossen. Diese wurde am 4. September angeordnet, nachdem sich trotz zahlreicher Aufrufe Anfang September immer noch 26 000 Menschen in Pokrovs'k aufhielten, darunter mehr als 1000 Minderjährige.

Vor diesem allgemeinen Hintergrund gibt es einige kleinere gute Nachrichten für die Ukraine. Die Kämpfe in der Agglomeration Torec'k sind abgeflaut, Teile des Siedlung Nju-Jork konnten zurückerobert und Soldaten aus einer Einkesselung befreit werden. Im Gebiet Luhans'k, wo die Kämpfe seit dem Vordringen der ukrainischen Truppen in das Gebiet Kursk vollkommen zum Erliegen gekommen waren, ist es der Ukraine gelungen, vier moderne Panzer des Typs T-80BPM zu zerstören oder schwer zu beschädigen. All dies ändert jedoch nichts an der Gesamtlage an der Front im Osten des Landes.

Die Situation im Gebiet Kursk

Im Gebiet Kursk gibt es kaum noch ukrainische Geländegewinne, die Truppen konzentrieren sich darauf, den eingenommenen Bereich von günstigen Positionen aus zu verteidigen. Russland unternimmt kleinere Versuche, das ukrainisch besetzte Sudža einzunehmen, ukrainische Einheiten haben weiter die Kreisstadt Korenevo im Visier, doch die Intensität der Kämpfe hat deutlich nachgelassen. Beide Seite befürchten jedoch, dass der Gegner an Stellen vorstoßen könnte, die bislang noch kein Kampfgebiet sind und evakuieren teilweise von dort die Bevölkerung. Die ukrainischen Behörden haben angekündigt, die nordwestlich des Vorstoßraums an der Staatsgrenze gelegene Stadt Hluchiv im Gebiet Sumy zu evakuieren. Dort lebten vor dem Februar 2022 rund 30 000 Menschen. Auf russländischer Seite rufen die Behörden die Menschen aus dem Landkreis Ryl'sk, die im August ihre Häuser verlassen haben, dazu auf, nicht zurückzukehren, weil die Lage nicht vollkommen unter Kontrolle sei.

Der Luftkrieg

Russland hat seine mit Drohnen und Raketen geführten massiven Luftangriffe auf die Ukraine in der 132. Kriegswoche fortgesetzt. Die Ukraine hat ihre Angriffe hingegen stark reduziert, eine Attacke auf ein Waffenlager im Gebiet Voronež löste allerdings einen Brand aus, nach ukrainischen Angaben wurden ballistische Raketen zerstört, die Russland aus Nordkorea bezogen hatte.
Bei einem russländischen Angriff mit zwei ballistischen Raketen auf eine Ausbildungsstätte der ukrainischen Fernmeldetruppen wurden 58 Menschen getötet, 325 wurden verletzt. Dort hatte in Zusammenhang mit dem Beginn des Ausbildungsjahrs 2024/25 eine Veranstaltung stattgefunden, die ukrainische Staatsanwaltschaft ermittelt, ob die Leitung der Einrichtung vorgeschriebene Sicherheitsmaßnahmen vernachlässigt hat.
Am Morgen des 4. September flogen russländische Raketen und Drohnen in Richtung von Wohnvierteln in Kryvij Rih und Lemberg. Sieben von 13 Raketen und 22 von 29 Drohnen seien nach ukrainischen Angaben abgefangen worden. Im Lemberg waren Eisenbahnanlagen und ein sportmedizinisches Zentrum, wo mutmaßlich Soldaten zur Rehabilitation untergebracht waren, Ziel der Angriffe. Unter den sieben Todesopfern sind drei Schwestern im Alter von 7, 18 und 21 Jahren sowie ihre Mutter. Sie starben im Treppenaufgang eines Hauses, der Vater, der sich bei dem Raketeneinschlag noch in der Wohnung befand, überlebte verletzt. In Kryvyj Rih wurden fünf Menschen verletzt, ein Dutzend mehrstöckiger Wohnhäuser sowie eine Schule und andere Einrichtungen beschädigt.
Auch in den folgenden Tagen griff Russland zahlreiche Städte in verschiedenen Landesteilen der Ukraine an. In Pavlodar im Gebiet Dnipropetrovs'k wurden bei einem Angriff

mit drei Iskander-Raketen auf Industrieanlagen 82 Menschen verletzt. Wohnhäuser, ein Kindergarten und Geschäfte wurden beschädigt. In der Nacht auf den 7. September fielen in Kiew Trümmer einer abgeschossenen russländischen Drohne in unmittelbarer Nähe des Parlaments zu Boden.

Ein Ziel der massiven Angriffe ist es, die Abfangraketen der ukrainischen Luftabwehr zur Neige gehen zu lassen. Den westlichen Partnern der Ukraine ist grundsätzlich klar, dass das Land mehr Luftabwehr benötigt. Bundeskanzler Scholz hat Anfang September erklärt, Deutschland werde bei der Industrie 17 weitere IRIS-T-Systeme für die Ukraine bestellen, acht mit mittlerer (SLM) und neun mit kurzer Reichweite (SLS). Sieben Systeme sind bereits in der Ukraine im Einsatz und haben nach verschiedenen Angaben eine sehr hohe Trefferquote.

Eine andere Methode zur Bekämpfung von Drohnen ist, diese mit Quadrokoptern anzugreifen. Dies ist allerdings nur bei den langsam fliegenden Überwachungsdrohnen möglich. Die Ukraine vermeldete in der ersten Septemberwoche, es sei ihr auf diese Weise gelungen, eine in 3600 Meter Höhe fliegende russländische Drohne vom Himmel zu holen.

Zugleich geht der Rüstungswettlauf auch auf russländischer Seite weiter. Gerade erst wurde bekannt, dass der Iran Russland 200 ballistische Raketen vom Typ Fath-300 übergeben hat, die eine Reichweite von gut 100 Kilometern haben. Dies ist eine schlechte Nachricht für alle Städte im Osten der Ukraine. Die Ukraine gab ihrerseits bekannt, dass sie die erste eigene Gleitbombe entwickelt habe. Die von Kampfflugzeugen gestartete Waffe habe eine Reichweite von 65 Kilometern, sei mit Raketenantrieb ausgestattet und werde eine Schlüsselrolle beim Angriff auf Militärobjekte des Gegners spielen.

Aus dem Russischen von Volker Weichsel, 10.9.2024

Zangenbewegung und Entlastungsangriffe: die 133. Kriegswoche

Russland versucht die ukrainischen Truppen aus dem Gebiet Kursk zu vertreiben. Die Ukraine hat mit einem zweiten Vorstoß in das Gebiet geantwortet. Im Südosten des Donbass ist die Lage im Raum Vuhledar für die ukrainische Armee äußerst prekär. Die Besatzungstruppen versuchen die Verteidigungsanlagen mit einem Zangenangriff zu umgehen und die ukrainischen Truppen einzukesseln. Bei einem Gefangenenaustausch kamen 300 Kriegsgefangene frei, unter den 150 Ukrainern auch zahlreiche Frauen.

Russland hat in der zweiten Septemberwoche an vielen Frontabschnitten die Angriffe intensiviert. Die ukrainische Armee konnte jedoch reagieren. Im Gebiet Kursk versucht Moskau, die eingedrungenen ukrainischen Truppen zu vertreiben, doch diese attackieren nun den bislang nicht besetzten Landkreis Glušovo. Im Südosten des Gebiets Donec'k hat die Okkupationsarmee ihren Zangenangriff vorangetrieben. Den ukrainischen Truppen droht dort an mehreren Stellen eine Einkesselung. Sie haben jedoch einen Gegenangriff gestartet und können möglicherweise die Ende August kampflos aufgegebene Siedlung Novohrodivka zurückerobern.

Der Gegenangriff der russländischen Truppen im Süden des Gebiets Kursk begann am 9. September im Nordwesten des ukrainischen Vorstoßraums. Sturmtruppen des 51. Fallschirmjägerregiments der 106. Fallschirmjägerdivision stießen aus der Kreisstadt

Korenevo nach Südwesten in den Ort Snagost' vor. Sie unterbrachen die örtlichen Nachschublinien der ukrainischen Truppen, denen nördlich des Flusses Sejm eine Einkreisung droht. Gleichzeitig griffen Soldaten der 155. Marineinfanterie aus dem weiter südlich gelegenen Landkreis Glušovo die ukrainischen Truppen von Westen aus an. Bis zum 13. September waren sie auf einer Breite von 20 Kilometern 30 Kilometer in die Tiefe vorgestoßen und hatten ein knappes Dutzend Siedlungen unter ihre Kontrolle gebracht. Dann flauten die Kämpfe deutlich ab. Am 16. September begann allerdings der Angriff auf die Siedlung Ljubimovka, wo sich die wichtigste Stellung der ukrainischen Truppen westlich der Straße von Sudža nach Korenevo befindet.

Doch am gleichen Tag stießen ukrainische Truppen 30 Kilometer westlich des ersten Durchbruchs von Anfang August von ukrainischem Staatsgebiet aus in den Landkreis Glušovo vor. Geschützt von einem Waldstreifen erreichten sie die Grenze, überwanden die Befestigungsanlagen sowie die Minenfelder und drangen vier Kilometer tief auf russländisches Territorium bis zum Rand der Siedlung Veseloe vor. Gelingt es ihnen, diese einzunehmen, stehen die Chancen gut, dass sie auch die zehn Kilometer nördlich gelegene Kreisstadt Glušovo unter ihre Kontrolle bringen können. Ebenso können sie nach Nordosten in Richtung Snagost' vorstoßen.

Ob dieser neue Vorstoß den russländischen Rückeroberungsversuch allerdings aufhalten kann, ist offen. Die russländischen Militärkanäle sind voll von Berichten über zerstörte ukrainische Fahrzeuge, allerdings meist ohne Bildbelege. Vor allem aber verläuft der neue ukrainische Vorstoß äußerst langsam, wenngleich es östlich von Veseloe leichte Geländegewinne gibt. Zugleich greifen verschiedene russländische Einheiten seit dem 16. September die Ostflanke des ukrainischen Vorstoßgebiets an und haben dort den Grenzübergang Borki unter ihre Kontrolle gebracht. Das Ziel ist offensichtlich: Die von der Ukraine geschaffene „Blase" im Gebiet Kursk soll von Norden angestochen und im Südwesten abgeschnitten werden. Von diesem Ziel sind die russländischen Truppen allerdings noch weit entfernt.

Wie sehr die Dinge in Bewegung sind und welche Sorgen sich die Moskauer Armeeführung ob möglicher neuer ukrainischer Vorstöße macht, zeigt sich daran, dass die Behörden die Zwangsevakuierung eines 15 Kilometer tiefen Grenzstreifens zwischen Ryl'sk im Osten und dem bereits unweit der Grenze zum Gebiet Brjansk gelegenen Chomutovka im Westen angeordnet hat. Von der Stelle, an der die ukrainischen Einheiten jetzt den zweiten Vorstoß über die Staatsgrenze unternommen haben, bis nach Chomutovka sind es rund 90 Kilometer.

Die Lage im Donbass

Im Donbass wurde in der 133. Kriegswoche vor allem im Südosten des Gebiets Donec'k nahe der Grenze zum Gebiet Zaporižžja heftig gekämpft. In diesem Raum befinden sich die Stadt Vuhledar sowie einige weitere kleinere Städte, insbesondere Kurachove, wo bis 2022 rund 19 000 Menschen lebten, daneben zahlreiche Arbeitersiedlungen und Industrieanlagen, vor allem Kohlegruben und Abraumhalden. Die ukrainische Armee hat die gesamte Gegend seit 2014 zu einer Festung ausgebaut. Faktisch ist es der letzte große Verteidigungsbezirk, den sie zweieinhalb Jahre nach dem Überfall Russlands noch hält.

Diesen versuchen die russländischen Truppen seit einiger Zeit mit einer Zangenbewegung einzuschließen. Der Kessel soll entlang einer Linie zwischen Selydovo im Norden und dem westlich von Vuhledar gelegenen Prečistyvka geschlossen werden. Die Besatzungstruppen versuchen immer wieder auch kleinere lokale Kessel zu erzeugen, um die ukrainischen Verteidiger zum Rückzug zu zwingen. Das von mehrstöckiger Bebauung geprägte Vuhledar etwa liegt auf einer Anhöhe und ist schwer einzunehmen. Gelingt es der Okkupationsarmee allerdings, die Gegend nördlich der Stadt unter ihre Kontrolle zu bringen, muss die ukrainische Armee Vuhledar innerhalb kurzer Zeit aufgeben, weil sie die dortigen Truppen nicht mehr versorgen kann. Für etwas Entlastung hat ein kleiner Erfolg der ukrainischen Armee leicht nördlich des bedrohten Raums gesorgt. Südlich von Pokrovs'k hat sie einen drei Kilometer tiefen Keil in die russländischen Stellungen getrieben und konnte Novohrodivka teilweise umschließen. Die Aussichten, dass sie diese recht große Siedlung wieder unter ihre Kontrolle bringt, stehen nicht schlecht.

Doch auch wenn die rasche Vorwärtsbewegung der Besatzungstruppen im Dreieck Selydovo-Pokrovs'k-Myrnohrad gestoppt wurde, so gehen die schweren Kämpfe doch weiter. Der Ostteil von Selydovo ist besetzt, mittlerweile wird auch in den östlichen Außenbezirken von Myrnohrad gekämpft. In Pokrovs'k zerstört die russländische Luftwaffe mit schweren Bombenangriffen die Brücken und die Wasserleitungen. Allerdings ist den Meldungen der russländischen Militärblogger zu entnehmen, dass die Armeeführung mittlerweile jeden, der eine Waffe in der Hand halten kann, in die Kämpfe an diesem Frontabschnitt wirft. Es gibt nur noch wenige gepanzerte Fahrzeuge, die Versorgung aus dem Hinterland ist prekär. Hätte die Ukraine die Truppen für einen Gegenangriff, könnte sie der Okkupationsarmee große Probleme bereiten.

Der Luftkrieg

Beide Kriegsparteien haben den Luftkrieg in der zweiten Septemberwoche fortgesetzt. Russland setzte jedoch im Unterschied zu den Vorwochen weniger Raketen, sondern wie auch die Ukraine überwiegend Drohnen ein. Die Ukraine folgt weiter der Strategie, mit sehr großen Drohnenschwärmen die Luftabwehr zu überwinden, Russland setzt weiter auf tägliche Angriffe.

Ein solcher ukrainischer Großangriff fand in der Nacht auf den 10. September statt, als 144 Drohnen Ziele in neun russländischen Gebieten anflogen. Im Großraum Moskau wurde an sämtlichen Flughäfen der Betrieb eingestellt. Zentrales Ziel war aber der Flughafen Žukovskij in der südöstlich von Moskau gelegenen Stadt Ramenskoe. Von dort starten Zivilmaschinen, ein Teil des Geländes wird aber auch für militärische Übungsflüge genutzt. Zwei der anfliegenden Drohnen stürzten in ein 1000 Meter abseits des Flughafengeländes gelegenes Hochhaus, dort kam eine Frau ums Leben. Unklar ist, ob die ukrainischen Programmierer der Flugroute das recht neue Gebäude nicht kannten oder ob die beiden Drohnen mit Mitteln der elektronischen Kampfführung vom Kurs abgebracht worden waren.

In der Nacht auf den 12. September versuchte die Ukraine zudem erneut, den Militärflugplatz Olen'ja nahe Olenegorsk auf der Kola-Halbinsel anzugreifen. Dort sind strategische Bomber stationiert, die aufsteigen, um Luft-Boden-Raketen auf Ziele in der Ukraine abzufeuern. Offenbar hat keine einzige Drohne das in fast 2000 Kilometern Entfernung gelegene Ziel erreicht. Doch wie sich aus den Meldungen aus dem Gebiet

Murmansk schließen lässt, sind die dortigen Behörden in großer Sorge und haben Handy-Aufnahmen vom Abschuss der Drohnen strikt untersagt.

Russland hat mit einem Drohnenangriff auf ein Umspannwerk in Konotop im Gebiet Sumy die Strom- und Wasserversorgung in der Stadt unterbrochen. Daneben wurden sieben mehrstöckige Häuser, ein Krankenhaus und eine Schule beschädigt. Bei Angriffen auf Stadtteile mit dichter Wohnbebauung in Charkiv am 13. und 16. September stürzte eine Drohne in einen mehrstöckigen Plattenbau, dort wurden 56 Menschen verletzt.

Gefangenenaustausch

Am 13. September tauschten Russland und die Ukraine je 49 Kriegsgefangene aus, einen Tag später noch einmal je 103. Am 24. August waren bereits 115 Soldaten beider Seiten freigekommen. Der Austausch fand jeweils an der belarussisch-ukrainischen Grenze statt, seit dem Vorstoß der Ukraine in das Gebiet Kursk kommt die gemeinsame Grenze nicht mehr in Frage. Die Ukraine hatte im Gebiet Kursk viele Wehrdienstleistende gefangen nehmen können. Da Russland für diese einen höheren Preis zu zahlen bereit ist, gelang es der Ukraine, eine ganze Reihe von Personen freizubekommen, die Russland als „Trophäe" betrachtet hatte. Insbesondere sind zahlreiche Azov-Soldaten freigekommen, darunter rund ein Dutzend Frauen, die in verschiedenen Einheiten gedient hatten und im Mai 2022 nach der Kapitulation der im Azovstal'-Werk in Mariupol' verschanzten Truppen gefangengenommen und in politischen Prozessen verurteilt worden waren. Daneben kamen auch zwei Kämpfer der Sondereinheit „Kraken", zwei Soldaten einer internationalen Brigade und drei Mitglieder der Spezialkräfte frei. Unter den Ausgetauschten war auch Lenie Umarova, eine Krimtatarin, die im Jahr 2023 bei dem Versuch, über Georgien und Südrussland auf die Krim zu ihrem erkrankten Vater zu gelangen, festgenommen und wegen angeblicher Spionage verurteilt worden war. Die Frauen waren dem Augenschein nach zu urteilen bei der Freilassung in keinem desolaten gesundheitlichen Zustand. Die Männer wirkten hingegen stark ausgezehrt, die ukrainischen Behörden bestätigten, dass viele in einem sehr schlechten Gesundheitszustand sind.

Unter den freigelassenen russländischen Kriegsgefangenen befanden sich offenbar 22 junge Männer des Geburtsjahrgangs 2005, 14 des Jahrgangs 2004 und zahlreiche der Jahrgänge 2000–2003, bei denen es sich um Wehrdienstleistende handeln soll.[4] Bezeichnend ist die rhetorische Volte des Sprechers der Kadyrov-Brigade der Nationalgarde im Gebiet Kursk. Bislang hatte Apti Alaudinov stets behauptet, es befänden sich keine Tschetschenen unter den Kriegsgefangenen. Nun verkündete er, an ihn würden sich immerzu Verwandte von Gefangenen wenden, damit er sich für diese einsetze.[5] Doch dies werde er nicht tun, da Männer, die sich im Krieg gefangen nehmen ließen, keine Tschetschenen mehr seien. Man darf daraus schließen, dass die Ukraine für die zukünftigen Verhandlungen über den Austausch von Kriegsgefangenen noch einige „Trümpfe" in der Hand hat.

Aus dem Russischen von Volker Weichsel, 17.9.2024

---

[4] <https://t.me/litvinovichm/2888>.
[5] <https://t.me/AptiAlaudinovAKHMAT/5739>.

Lichterloh: die 134. Kriegswoche

Die Lage der ukrainischen Armee im Donbass wird immer brenzliger. Insbesondere die Industriestadt Vuhledar ist in großer Gefahr. Mit dem Vorrücken der Besatzungstruppen geraten auch die ukrainischen Großstädte am Dnipro immer stärker unter Beschuss. Mit drei Angriffen auf große Munitionsdepots in Russland hat die Ukraine dem Aggressor empfindliche Schläge versetzt. Ob dafür neuartige Drohnen oder westliche Raketen eingesetzt wurden, ist unklar.

Die schweren Kämpfe setzten sich in der 3. Septemberwoche an mehreren Frontabschnitten fort. Russland greift die ukrainischen Truppen im Gebiet Kursk an, bei Kupjans'k im Gebiet Charkiv haben die Okkupationstruppen an zwei Stellen die ukrainische Verteidigung durchbrochen, auch im Donbass geht die Offensive weiter. Dort haben die russländischen Truppen die Stadt Torec'k nun auch von Süden eingekreist und den Durchbruch bei Pokrovs'k erweitert. Weiter südlich droht eine vollständige Einkesselung der Stadt Vuhledar, aus der sich die ukrainischen Truppen in Kürze werden zurückziehen müssen.

Im Gebiet Kursk führt Russland den Gegenangriff von Westen aus dem Landkreis Gluškovo. Die Ukraine ist ihrerseits von ihrem Staatsgebiet aus mit Panzern in diesen Landkreis vorgestoßen. Die Truppen haben an mehreren Orten die erste Verteidigungslinie an der Grenze durchbrochen und sind dort drei bis vier Kilometer bis zu den nächsten Verteidigungsstellungen auf russländisches Territorium vorgerückt. Möglicherweise ist diesen Einheiten ein Vorstoß bis in die Gegend östlich von Veseloe gelungen, von wo sich vor einer Woche die ukrainischen Trupps hatten zurückziehen müssen.

Östlich von Kupjans'k im Gebiet Charkiv setzt die Gruppe „Nord" der Besatzungsarmee ihren Vormarsch auf die Stadt nach zweimonatiger Pause fort. In der zweiten Septemberwoche haben sie die Ruinen der wichtigen Siedlung Sin'kova eingenommen, von dort aus sind sie nun weiter Richtung Westen vorgerückt. Vor allem aber haben sie weiter südlich die ausgedünnte ukrainische Verteidigungsstellung östlich des Flusses Žerebec durchbrochen. Die Ukraine wird ihre Truppen dort auf einer Breite von über zehn Kilometern ans Westufer des Flusses zurückziehen müssen.

Der Donbass

Die Geschehnisse im Gebiet Kursk und bei Kupjans'k sind im Vergleich zu den Ereignissen im Donbass von zweitrangiger Bedeutung. Denn dort finden die Kämpfe in ländlichem Raum statt, der Verlust von einigen Quadratkilometern oder dem einen oder anderen entvölkerten Dorf hat keine große Bedeutung. Im Donbass geht es aber um Industriestädte und -siedlungen. Hier droht ein großflächiger Gebietsverlust, der weitere Folgen hat. Die Angriffe auf die Großstädte Zaporižžja und Dnipro sind bereits heute deutlich intensiver geworden.

Das zentrale Problem der ukrainischen Armee ist, dass es ihr nicht mehr gelingt, eine stabile Front zu errichten. Es mangelt ihr an Soldaten, die die entsprechenden Stellungen halten könnten. Dazu kommt der Mangel an Luftverteidigung, die äußerst schlechte Qualität der Artilleriegranaten sowie Probleme beim Bau von Verteidigungsanlagen. Allerdings hat die Ukraine auch über Jahre Stellungen für die Verteidigung gegen Attacken aus östlicher Richtung errichtet. Mittlerweile stoßen die Moskauer Truppen im Raum Pokrovs'k jedoch von Nord nach Süd und stellenweise von Nordwest nach Südost vor. Eine wichtige Rolle für die schlechte Lage spielten misslungene Rotationen. So nahmen mehrfach Brigaden beim Verlassen der vordersten Stellungen das Gerät zur elektronischen Drohnenabwehr mit, so dass diese über Stunden oder Tage ohne Deckung blieben. Die Brigaden, die die Stellungen übernehmen sollten, ließen sich ihrerseits damit Zeit. Die gegnerischen Truppen beobachten diese Rotationen genau und haben auf die Weise wiederholt Stellungen kampflos eingenommen.

Ein weiterer Faktor ist ein Wechsel der Taktik auf Seiten der Besatzungstruppen. Anders als im Jahr 2022 und auch noch 2023 rücken diese kaum noch in großen Kolonnen vor. Auf direkte Unterstützung durch Panzer verzichten sie meist, da die Ukraine diese mit Drohnen rasch ausfindig macht und zerstören kann. Stattdessen rücken mehrere kleine Trupps an unterschiedlichen Stellen vor. Der Ukraine fehlt es an Soldaten, um eine durchgehende Verteidigungslinie zu schaffen. Daher gelingen solchen vorrückenden Trupps, die in Waldstreifen vor der Entdeckung durch Aufklärungsdrohnen geschützt sind, immer wieder Durchbrüche.

Die Verluste bei solchen Angriffen sind jedoch hoch. Russland gleicht diese aus, indem die Infanterie mit immer neuen Soldaten versorgt wird, seien es Spezialisten, die aus Luftverteidigungs- oder Artillerieeinheiten abgezogen werden, seien es Strafgefangene, Untersuchungshäftlinge oder Männer, die Kredite aufgenommen haben und unter Einsatz ihres Lebens den Schuldeintreibern entkommen wollen. Im Juni sind offenbar Marinesoldaten von Russlands einzigem Flugzeugträger „Admiral Kuznecov" abgezogen worden, um als Bataillon „Fregatte" in der 1. Garde-Panzerarmee zunächst im Norden des Gebiets Charkiv und dann bei Pokrovs'k eingesetzt zu werden.

Im Ergebnis stellt sich die Lage an den einzelnen Frontabschnitten des Donbass gegenwärtig so dar: Bei Časiv Jar macht Russland kaum Geländegewinne, die Ukraine hat sogar kleinere Gebiete zurückerobert. Im Raum Torec'k ist die Situation hingegen sehr ernst. Die ukrainische Armee musste die vor zwei Wochen zurückeroberte Siedlung Nju-Jork wieder aufgeben. Die gegnerischen Truppen stehen nun bereits südwestlich von Torec'k, wenn sie von dort nicht bald vertrieben werden, wird die Stadt bald von drei Seiten angegriffen.

Östlich von Pokrovs'k ist die Lage seit rund zwei Wochen stabil, seit die Ukraine in höchster Eile „Rettungstruppen" in den Raum verlegt hat. Doch der Durchbruch ist so groß, dass es den ukrainischen Einheiten nicht gelingt, die Front vollständig zu stabilisieren. Südlich von Pokrovs'k konnte sie einen Vorstoß bei Selydove abschneiden, östlich der Stadt ist dies nicht gelungen. Noch weiter östlich bei Ukrajins'k ist die Lage sehr ernst. Die Besatzungstruppen stoßen dort in Richtung Kurachove vor und versuchen, sämtliche westlich von Donec'k stehenden ukrainischen Truppen einzukesseln.

Noch ernster ist die Situation im Raum Vuhledar. Noch kann die Ukraine die Truppen in der Stadt von Westen in einem ca. 15 Kilometer breiten Streifen versorgen. Tagsüber sind Fahrten in und aus der Stadt jedoch wohl bereits zu gefährlich. Die Ukraine wird möglicherweise gezwungen sein, die Stadt noch im September aufzugeben, recht sicher aber bis spätestens Ende Oktober.

Die Folgen des Durchbruchs sind in großer Entfernung von der Front zu spüren. Viele Dutzende Kilometer weiter im ukrainischen Hinterland haben der Artilleriebeschuss und die Angriffe mit Gleitbomben stark zugenommen. Die Infrastruktur wird immer stärker zerstört, die Bevölkerung muss evakuiert werden. Am schlimmsten ist die Lage jedoch gleichwohl in Frontnähe. Aus Pokrovs'k wurde in den vergangenen Wochen drei Viertel der Bevölkerung von zuvor 62 000 Menschen herausgebracht. Es sind jedoch noch immer rund 15 000 Menschen, überwiegend Rentner, in der Stadt, aber auch 200 von zuvor 6000 Kindern. Die Zurückgebliebenen gaben gegenüber einem Reporter der ukrainischen Nachrichtenagentur *Unian* an, sie wüssten nicht, wovon sie nach der Evakuierung leben sollten, die hohen Mieten in anderen Landesteilen würden die Kompensationszahlungen für Evakuierte rasch auffressen. Die zentrale Wasserversorgung in der Stadt ist seit Mitte September unterbrochen, ebenso die Stromversorgung. Einige Geschäfte und Apotheken haben jedoch noch gelegentlich geöffnet.

Ukrainische Angriffe auf Munitionslager in Russland

Der Ukraine sind in der 134. Kriegswoche drei spektakuläre Angriffe auf Munitionslager in Russland gelungen. Getroffen wurden am 18. September und 21. September Lager bei Toropec bzw. Staraja Toropa im Gebiet Tver' und ebenfalls am 21. September bei Tichoreck im Bezirk Krasnodar. Bei den Explosionen der in Toropec und Tichoreck gelagerten Munition bildeten sich riesige „Flammen-Pilze", eine massive Druckwelle breitete sich aus, weitere Brandherde führten zu einem ansehnlichen Feuerwerk. Nach der ersten Explosion auf dem Gelände des Depots 107 der Hauptverwaltung Raketenartillerie (Glavnoe raketno-artilerijskoe upravlenie, GRAU) gegen vier Uhr morgens, wurde in Toropec ein Erdbeben der Stärke 2,8 gemessen. Auf einer Fläche von mehreren Quadratkilometern explodierte und brannte Munition. Hiervon kursieren zahlreiche Videos, nicht so im Falle der Explosion des Depots 23 der GRAU bei Staraja Toropa. Fest steht aber, dass die örtlichen Behörden in der Gegend eine Straße sperren und mehrere Orte evakuieren ließen.
Nach ukrainischen Angaben wurden bei den Angriffen Raketen für den Mehrfachraketenwerfer „Grad" sowie die Systeme S-400 und Iskander zerstört, außerdem Artilleriegranaten und Raketen, die Russland aus Nordkorea erhalten hatte. Satellitenfotos zeigen die Zerstörung eines erheblichen Anteils, jedoch nicht aller Lagerhallen an den drei Orten. Gleichwohl hat die Ukraine Russland damit einen empfindlichen Verlust beigefügt.
Die Angriffe sind im Kontext weiterer erfolgreicher Attacken auf große Munitionslager in den vergangenen vier Wochen zu sehen. Zuvor waren zwei solche Depots im Gebiet Voronež angegriffen worden, ebenso auf besetztem ukrainischen Gebiet unweit von Mariupol' und schließlich auf der Krim.
Statt Flugplätzen, Raffinerien und Öllagern greift die Ukraine nun also Munitionslager an. Erstaunlich ist, warum sie die Angriffe auf solch erstrangige Ziele erst jetzt wieder aufgenommen hat, nachdem sie im Sommer 2022 nach der ersten Lieferung von Himars-Raketen diese bereits einmal ins Visier genommen, dann aber keine weiteren solchen Attacken mehr unternommen hatte. Eine Erklärung ist, dass Depots dieser Größenordnung bisher mit elektronischer und klassischer Luftverteidigung gut geschützt waren. Aus Daten des russländischen Beschaffungsamts geht hervor, dass für das Depot in Toropec ein Drohnenabwehrsystem im Wert von 212 Millionen Rubel (2 Millionen Euro) angeschafft wurde. Und dass die Ukraine nun Mittel gefunden hat, um diese Systeme zu überwinden.

Dies könnten entweder Drohnen sein, die ihren Weg allein finden und so die Unterbrechung des Funksignals durch die Truppen der elektronischen Kampfführung des Gegners umgehen. Oder die neuartigen Drohnen vom Typ „Paljanicja", die mit einem Raketenantrieb ausgestattet sind. Oder es handelte sich gar nicht um Drohnen, sondern um Raketen vom Typ Storm Shadow, über deren Einsatz gegen Ziele im russländischen Hinterland in den vergangenen Wochen im Westen so heftig diskutiert wurde. Auch eine kombinierte Attacke mit Drohnen und Raketen ist möglich. Das Moskauer Verteidigungsministerium schweigt und aus den Indizien ergibt sich kein klares Bild.

Aus dem Russischen von Volker Weichsel, 24.9.2024

Der Fall von Vuhledar: die 135. Kriegswoche

Der Ukraine drohen im Donbass große Gebietsverluste. Nach Avdijivka ist nun Vuhledar gefallen. Weitere Städte sind stark gefährdet. Die Armee hat wichtige Verteidigungsstellungen verloren und kann keine durchgehende Frontlinie mehr errichten. Rettung verspricht nur der Herbstregen. Große Sorgen bereitet der Ukraine die immer größere Zahl an Drohnen und Gleitbomben, die Russlands Rüstungsindustrie produziert.

Die Krise der ukrainischen Armee im Donbass hat sich in der letzten Septemberwoche weiter verschärft. In der Nacht auf den 1. Oktober musste sie die Stadt Vuhledar aufgeben. Die wichtigste ukrainische „Festung" im Südosten des Donbass hatte zweieinhalb Jahre lang den Angriffen der russländischen Besatzungsarmee standgehalten. Auch aus dem Kessel, der in den vorhergehenden Wochen zwischen Pokrovs'k und Vuhledar durch den Zangenangriff der Moskauer Truppen entstanden war, hat die Ukraine ihre Soldaten abgezogen.
Der Fall von Vuhledar hat sich bereits seit zwei Monaten abgezeichnet. Immer absehbarer wurde, welche Folgen der Durchbruch bei Pokrovs'k für die gesamte Situation im Südwesten des Gebiets Donec'k und im Osten des Gebiets Zaporižžja hat. Russlands Armee nimmt nun an zwei Stellen die ukrainischen Verteidigungsstellungen ein. Im Raum Pokrovs'k-Myrnohrad-Selydove rücken die russländischen Truppen nach Westen und Südwesten vor. Weiter südöstlich verläuft der Vorstoß von Nord nach Süd, die russländischen Truppen umgehen die Frontlinie von Nordwesten und stoßen auf die Stadt Kurachove vor, wo vor dem Krieg 20 000 Menschen lebten. Dabei entstehen immer neue kleine Kessel, so dass die ukrainischen Truppen die Verteidigungsstellungen aufgeben müssen, die sie südwestlich von Donec'k in den vergangenen zehn Jahren errichtet hat. Es fehlt der ukrainischen Armee an Ressourcen, um die gegnerischen Truppen aufzuhalten, die die Frontlinie im Raum des Durchbruchs um 200 Kilometer verlängert haben und täglich die Richtung ihrer Vorstöße wechseln, sodass sie immer weitere Städte und Siedlungen einnehmen. In diesem Raum verfügt die Ukraine über keine durchgehenden Stellungen mehr und keine Truppen, die eine durchgehende Frontlinie errichten können.
So konnten die Besatzungstruppen in der letzten Septemberwochen den Keil beseitigen, den die ukrainischen Einheiten Anfang des Monats mit einer kleinen Gegenoffensive bei Novohrodivka in ihre Linien geschlagen hatten. Dort rücken die russländischen Truppen nun von Südosten auf Pokrovs'k vor, das nur noch sechs Kilometer entfernt liegt. Nach ukrainischen Angaben, die auf Drohnenaufnahmen beruhen, haben die

Besatzer in dieser Gegend am 30. September im Dorf Suchyj Jar 16 ukrainische Kriegsgefangene erschossen. Bis zum östlich von Pokrovs'k gelegenen Myrnohrad sind es nur noch zwei Kilometer, der Kampf um diese Siedlung wird in den nächsten Tagen beginnen. Im 15 Kilometer südlich gelegenen Selydove haben die ukrainischen Einheiten in den vergangenen zwei Wochen die von Osten vorrückenden Truppen des Gegners aufhalten können, nun hat die russländische Armee den Ort von Süden umgangen.

Am schlimmsten gestaltet sich die Lage für die Ukraine noch weiter südlich bei Kurachove. Dort hatten die Besatzungstruppen eine große Anzahl ukrainischer Soldaten, wahrscheinlich zwei ganze Brigaden, in einem Kessel eingeschlossen. In der Nacht auf den 1. Oktober konnten diese zwar aus der Umschließung ausbrechen. Die Ukraine hat damit jedoch mit einem Schlag Gebiete in einem Umfang verloren, wie dies seit Frühjahr 2022 nicht mehr vorgekommen war.

Ebenso dramatisch ist der Verlust von Vuhledar. Die Ukraine hat in der Nacht auf den 1. Oktober die letzten Truppen von dort abgezogen. Russland hatte in den vergangenen zweieinhalb Jahren bei ergebnislosen Angriffen auf die Kleinstadt zwei Brigaden sowie Hunderte Fahrzeuge und anderes Gerät verloren. Jetzt konnten die Besatzungstruppen die Stadt von zwei Richtungen umgehen. Im Nordwesten rückte sie mit einer Kolonne von Panzern und gepanzerten Fahrzeugen mehrere Kilometer vor und schloss den Flaschenhals, durch den der letzte Ausweg aus der Stadt führte, immer weiter. Als dieser nur noch drei Kilometer breit war, beschloss die ukrainische Armeeführung, dass die unter ständigem Artilleriebeschuss sowie Bombardement aus der Luft liegende Stadt nicht mehr zu halten ist.

Sie zog die Truppen ab. Gleichzeitig tauschte sie den Kommandeur der 72. Brigade aus, die für die Verteidigung von Vuhledar zuständig gewesen war. Möglicherweise werden Ivan Vynnik Fehler bei der Verteidigung des Umlands der Stadt vorgeworfen. Eine unmittelbare Folge des Falls von Vuhledar ist der Rückzug der ukrainischen Verteidigung in das nördlich gelegene Bohojavlenka. Damit beträgt der Abstand zwischen den von Norden aus Richtung Kurachove in südliche Richtung vorstoßenden russländischen Truppen und den nun bei Vuhledar stehenden Einheiten nur noch 35 Kilometer.

Es zeichnet sich ab, dass die Ukraine im weiteren Verlauf des Jahres hier weitere Gebiete verlieren und auf einen Abstand von mehr als 100 Kilometern von der Großstadt Donec'k zurückgedrängt wird. Dies war eines der erklärten Kriegsziele der russländischen Armee, die auf Wunsch Putins dafür sorgen sollte, dass die Stadt und die umliegende Agglomeration nicht mehr von der Ukraine mit Artillerie und Mörsern beschossen werden kann. Mit dem Verlust von Vuhledar und voraussichtlich auch von Kurachove und Pokrovs'k geht die Kontrolle über das gesamte Kohlerevier an Russland über. Die Stahlwerke in Kryvyj Rih haben bereits angekündigt, dass sie ihre Produktion herunterfahren müssen, weil sie keine Kohle aus dem Donbass mehr erhalten.

Das einzige, was die ukrainische Armee in diesem Raum vor weiteren großen Gebietsverlusten bewahren kann, ist der Beginn des Herbsts. Die russländische Armee rückt über Feldwege vor und der bald einsetzende Regen wird die Schwarzerde-Böden der Region für zwei Monate in eine Schlammlandschaft verwandeln. Dies erschwert die Logistik im frontnahen rückwärtigen Raum erheblich und verschafft der Ukraine Zeit, um Truppen umzugruppieren, geschwächte Verbände aufzufüllen, Geschütze und Munition zu beschaffen und einsatzbereit zu machen, Verteidigungslinien aufzubauen und Minenfelder entlang der neuen Frontlinie zu verlegen.

Vuhledar am 25. September. ©Wikimedia

Die zerstörte Hochschule von Selydove. ©Wikimedia

Die Lage an anderen Frontabschnitten

Im Gebiet Kursk versucht Russland, den Raum des ukrainischen Vorstoßes entlang der Staatsgrenze abzuschneiden. Durch Angriffe von Osten und Westen sollen die ukrainischen Truppen in einen Kessel eingeschlossen werden. Der von Osten vorstoßenden Brigade „Pjatnaška" gelang die Einnahme des Dorfes Borki, dann rückte sie in Richtung der Siedlung Plechovo vor. Dafür bezahlte sie jedoch einen hohen Preis. Sie verirrte sich mit ihren gepanzerten Fahrzeugen in den vor dem ukrainischen Vorstoß entlang der Grenze angelegten Panzergräben der ersten Verteidigungslinie und verlor bei ukrainischen Drohnenangriffen in großem Umfang Fahrzeuge und Gerät.

Sechzig Kilometer westlich davon greift die Ukraine seit Anfang September von ukrainischem Territorium aus die vier Kilometer hinter der Grenze liegende Siedlung Veseloe an. Diese liegt an der zweiten russländischen Verteidigungslinie und deckt den kürzesten Weg zur knapp zehn Kilometer nördlich gelegenen Kreisstadt Gluškovo sowie zu dem Übergang über den Fluss Sejm ab, den die russländische Armee für die von Westen geführten Attacken auf das ukrainische Vormarschgebiet nutzt. Der Erfolg ist mäßig, die Verluste an Fahrzeugen und Gerät hoch. Angeblich wurde dort ein weiterer Leopard-Panzer zerstört. Es ist weiter schwer zu verstehen, warum die Ukraine hier Truppen einsetzt, die im Donbass fehlen.

Auf ukrainischem Territorium hat die Ukraine bei Čašiv Jar mit einem Drohnenangriff den russländischen Bataillonskommandeur Oberst Evgenij Smirnov („Ermak", „Žeka") getötet, als dieser am hellichten Tag für den Kriegsreporter der *Izvestija* Michail Kulaga eine Besichtigungstour auf einem Quad veranstaltete. Der Journalist, der verwundet wurde, hat den Tod des Kommandeurs mit seiner „Action-Kamera" aufgenommen.

Im Norden des Gebiets Charkiv hat die Ukraine in der letzten Septemberwoche mit einer lokalen Gegenoffensive zwischen Lipcev und Vovčans'k einen kleinen Erfolg erzielt. Das in diesem Raum eingesetzte 44. Korps der russländischen Armee ist gleichzeitig mit drei Aufgaben befasst: ein Angriff auf Kupjans'k, die Verteidigung der eroberten Gebiete bei Vovčans'k und Attacken auf die Ostflanke des ukrainischen Vorstoßes im Gebiet Kursk. Das Korps hat nach den sinnlosen Sturmangriffen im Norden des Gebiets Charkiv, wo der einzige Erfolg die Besetzung des nördlichen Teils der Kreisstadt Vovčans'k war, keine Reserven mehr. Jetzt ist der Ukraine dort ein Geländegewinn im Raum der örtlichen Batteriefabrik gelungen. Der Militärkanal Rybar' bemerkte dazu in unfreiwilliger Offenheit bezüglich der Folgen des russländischen Angriffs auf die Stadt im Mai 2024: „Vovčans'k besteht heute fast nur noch aus Ruinen. Um diese zu halten, zahlen beide Seiten einen hohen Preis. Die Artilleriegefechte und die Angriffe der russländischen Luftwaffe haben die meisten Stadtviertel zerstört." Dies gilt nicht nur für Vovčans'k. Überall, wo die „Befreier" vorrücken, verwandeln sie lebendige Städte in Ruinenlandschaften.

Der Luftkrieg

Russland setzt immer mehr schwere Kampfdrohnen ein. Das knapp 200 Kilometer östlich von Kazan' bei Elabuga angesiedelte Rüstungsunternehmen *Alabuga* konnte die Produktion massiv erhöhen und hat bereits 6500 Drohnen ausgeliefert. Zuvor waren Experten davon ausgegangen, dass eine solche Stückzahl erst ein Jahr später erreicht wird. Dies lässt erahnen, wie viele Drohnen Russland in Zukunft gegen die Ukraine einsetzen wird. Die ukrainische Armee berichtet zudem von ständigen technischen Neuerungen, die ein Abfangen der Drohnen erschweren.

In der letzten Septemberwoche hat Russland erstmals seit Kriegsbeginn an jedem einzelnen Tag Drohnenangriffe gestartet. Insgesamt attackierten in sieben Tagen rund 300 Drohnen Ziele in der Ukraine. Die Angriffe galten erneut vor allem der Energieinfrastruktur, etwa in den Gebieten Ivano-Frankivs'k und Mykolajiv. Getroffen wurden auch ein Polizeirevier in Kryvyj Rih, ein Krankenhaus in Sumy und ein Bahnhof in Zaporižžja.

Zudem hat Russland offenbar seine Gleitbomben weiterentwickelt. Diese erreichen nun Ziele, die zehn Kilometer weiter von der Front entfernt sind als jene, die zuvor unter Beschuss lagen. Angegriffen wurden etwa Stadtviertel im Zentrum von Charkiv sowie von Zaporižžja. Dort schlugen Bomben auf dem Gelände des Unternehmens Motorsič' ein, wo unter anderem Flugzeugmotoren und Drohnen hergestellt werden. In Charkiv starben bei einem Einschlag einer 500-Kilogramm-Bombe in einem Plattenbau mindestens fünf Menschen. In der gesamten Ukraine wurden ca. 50 Menschen durch den Abwurf von Gleitbomben getötet.

Raketen setzte Russland in der 135. Kriegswoche weniger ein. Ein Angriff am 26. September galt dem Flugplatz Starokonstantynovka im Gebiet Chmel'nic'kyj. Dort stehen in den zur Sowjetzeit errichteten unterirdischen Hangars möglicherweise an die Ukraine übergebene F-16 Kampfjets. Für diesen Angriff setzte Russland vier der teuren Kinžal-Raketen ein. Die Folgen sind nicht bekannt.

Die Ukraine setzte ihre Drohnenangriffe auf Munitionslager in Russland fort. Spektakuläre Erfolge wie bei den Attacken Mitte September erzielte sie allerdings nicht. Auffällig ist, dass die Ukraine schon länger keine größeren Attacken auf die Krim mehr startet, obwohl es dort noch wichtige Ziele gibt. Offenbar hat Russland die Luftabwehr verstärkt, insbesondere im Bereich der Krimbrücke.

Aus dem Russischen von Volker Weichsel, 2.10.2024

Verstärkung dringend benötigt: die 136. Kriegswoche

Die Ukraine gerät im südlichen Donbass immer weiter unter Druck. Die Truppen sind erschöpft, es fehlt an Reservekräften. Immer öfter gelingt es nach Rückzügen nicht mehr, eine neue Verteidigungslinie aufzubauen. Kann die ukrainische Armee in diesem Raum keine Verstärkung heranführen, könnte in nicht allzu ferner Zeit die Großstadt Zaporižžja in Gefahr geraten.

In der ersten Oktoberwoche setzen sich an zahlreichen Frontabschnitten die schweren Kämpfe fort. Zu größeren Veränderungen der Frontlinie führte dies an den meisten Abschnitten nicht. Dies gilt für den Raum des ukrainischen Vorstoßes im Gebiet Kursk, für den Norden des Gebiets Charkiv und für den Norden des Gebiets Donec'k. Bei Torec'k durchbrachen die russländischen Besatzungstruppen jedoch die Verteidigungslinie im Osten der Stadt. Insbesondere aber im Süden des Donbass verschlechtert sich die Lage der Ukraine immer weiter.

Nach dem Fall von Vuhledar nutzen die Okkupationstruppen den örtlichen Zusammenbruch der Front und setzen den zurückweichenden ukrainischen Truppen nach. Die 72. Brigade der ukrainischen Armee hat beim Abzug aus Vuhledar schwere Verluste erlitten, in einigen Bataillonen sind nahezu alle Infanteriesoldaten gefallen oder verwundet worden. Teile der 123. Brigade der Territorialverteidigung aus dem Gebiet Mykolajiv, die den Abzug der Brigade sichern sollten, verweigerten den Befehl. Bekannt wurde dies durch einen wütenden Post des Journalisten Volodymyr Bojko, den auch die Nachrichtenagenturen aufgriffen. In diesem schreibt er über den Selbstmord von Ihor Hryb, Kommandeur des 186. Sonderbataillons, dessen Soldaten am 2. Oktober von ihren Stellungen abgezogen wurden.[6]

> Wie erstaunlich, es gibt ein Problem. Soldat Šabunin zecht in Kiew, Soldat Kazarin tourt mit seinem Buch durch Europa, Soldat Kipiani hält in Lemberg Vorträge über Patriotismus, die Soldaten Niščuk und Trytenko treten im Theater auf und die Soldaten Položyns'kyj und Žadan machen Radio. Unterdessen wird Soldat Mykola mit einem Maschinengewehr auf der Schulter in den Wald geschickt, um andere Jungs abzulösen. Schade nur, dass Ihor Hryb das erst jetzt erkannt hat.[7]

Am 7. Oktober rückte die 40. Gardebrigade der russländischen Marineinfanterie mit Panzern in die westlich von Vuhledar gelegene Siedlung Zolota Nyva ein. Dort sollte die 123. Brigade der ukrainischen Territorialverteidigung stehen, tatsächlich befand sich dort jedoch lediglich die erschöpfte und stark dezimierte 72. Brigade. Bis August nahmen die Besatzer solche Siedlungen allenfalls nach wochenlangen Kämpfen ein. Nun mangelt es der ukrainischen Armee sogar an Soldaten, um die Feldwege zu verminen. Ende September war bereits die Siedlung Prečystovka auf ähnliche Weise in die Hand der Besatzer gefallen. Dort hatte sich nur noch eine kleine ukrainische Einheit befunden, die nicht über die Waffen verfügte, mit denen eine Panzerkolonne hätte aufgehalten werden können. Nach dem Verlust von Prečystovka war der Fall von Vuhledar nur noch eine Frage der Zeit. Der neue Kommandeur der 72. Brigade spricht davon, dass die russländischen Truppen beim Sturm auf Vuhledar im Verhältnis 10:1 überlegen gewesen seien.[8] Russland habe in sehr kurzer Zeit neue Truppen an diesen Frontabschnitt herangeführt, während die Verteidiger von Vuhledar durch das Ausbleiben von Reservetruppen immer mehr an Kampfkraft verloren hätten.

In größter Gefahr ist nun das 25 Kilometer nördlich von Vuhledar gelegene Kurachove. Auf diese Stadt mit einst 20 000 Einwohnern konzentriert sich jetzt der russländische Angriff in diesem Raum. Die Besatzungstruppen haben bereits den im Norden von Kurachove gelegenen Ort Cukuryne eingenommen, was ihnen die Möglichkeit eröffnet, den Vorstoß in mehrere Richtungen fortzusetzen, vor allem aber Kurachove und die umliegenden Dörfer abzuschneiden. Die ukrainischen Truppen im Norden und Südosten der Stadt sind bereits von drei Seiten eingekreist. Fällt Kurachove, erhöht sich der Druck

---

[6] <https://www.facebook.com/volodymyr.boiko1965/posts/pfbid02UwgNfoNVkNjhBak-FQfLiTfAbawN77aAqCSW6mtTKZPqyGFRNUsFi6x8PegS6oqLRl>.
[7] Vitalij Šabunin ist als Leiter des Zentrums für Korruptionsbekämpfung in die Schlagzeilen geraten, Pavlo Kazarin ist ein von der Krim stammender bekannter Journalist, Vachtang Kipiani ist ebenfalls Journalist und schreibt vor allem zu historischen Themen, Evhen Niščuk und Oleksyj Trytenko sind bekannte ukrainische Schauspieler, Oleksyj Položyns'kyj ist Leader der Band Tartak und Serhij Žadan Schriftsteller und Musiker, Gründer und Leader der Band Žadan i Sobaki.
[8] Jak 72-ga vychdyla z Vugledara. Interv'ju z kombrygom „Čornych zaporožciv". Glavcom.ua, 8.10.2024.

auf die ukrainische Verteidigungslinie im Gebiet Zaporižžja stark. Nur mit einer raschen Herbeiführung von Reservetruppen kann die Ukraine noch verhindern, dass sie im Laufe des Oktobers erneut Einheiten aus Kesseln herausführen und sich um 20 weitere Kilometer zurückziehen muss.

Im Gebiet Zaporižžja erkunden die russländischen Truppen bereits jetzt mit gelegentlichen Angriffen mögliche Schwächen in der ukrainischen Verteidigung. Bei Kam'jans'ke gelang am 7. Oktober ein solcher Versuch. Der Ort befindet sich am Ufer des einstigen Kachovka-Stausees, der nach der Zerstörung der Staumauer Anfang Juni 2023 abgelaufen ist. Die russländischen Einheiten umgingen den Ort über den ausgetrockneten Seeboden und griffen die dort stationierte kleine ukrainische Einheit von der Seite und sogar von hinten an. Gelingt es der Ukraine mit einem Gegenangriff, die Kontrolle über den Ort wiederherzustellen, sind die Sorgen über die Stabilität der ukrainischen Verteidigung in diesem Frontabschnitt noch lange nicht vorüber. Können sich die Besatzungstruppen allerdings in dem Ort festsetzen und von dort weiter nach Norden vorstoßen, dann stellen sie in nicht allzu ferner Zeit eine Gefahr für die Großstadt Zaporižžja dar.

Aus dem Russischen von Volker Weichsel, 9.10.2024

Kurze Atempause: die 138. Kriegswoche

Russland setzt im Donbass an verschiedenen Frontabschnitten die Angriffe fort. Der nach dem Fall von Vuhledar befürchtete rasche Vorstoß ist allerdings ausgeblieben. Die ukrainische Verteidigung ist stark geschwächt, doch auch das Offensivpotential der Okkupationsarmee ist begrenzt. Einer der Gründe ist Munitionsmangel: Die Angriffe der Ukraine auf Waffenlager und Rüstungsfabriken zeigen Wirkung. Nordkorea hat 10 000 Soldaten nach Russland beordert. Moskau wird sie voraussichtlich zum Objektschutz einsetzen, um Soldaten der eigenen Armee an die Front verlegen zu können.

Russlands Armee versucht im Gebiet Kursk weiter, die Anfang August dorthin vorgestoßenen ukrainischen Truppen zurückzudrängen. Stellenweise ist ihr dies gelungen, gleichzeitig lancieren ukrainische Einheiten an immer neuen Stellen Vorstöße auf russländisches Territorium. Die Kiewer Armeeführung lässt nicht erkennen, dass sie das Vormarschgebiet aufgeben will, um die Truppen zur Verteidigung der Front im Donbass einzusetzen. Präsident Zelens'kyj hat erneut betont, es sei von großer Bedeutung, dass auch die Ukraine Territorium des Gegners besetzt halte, um bei Verhandlungen Putin auf Augenhöhe begegnen zu können.

Im Gebiet Charkiv sind die Okkupationstruppen nordöstlich und südöstlich von Kupjans'k bis zum Ufer des Flusses Oskil vorgerückt, die ukrainischen Truppen mussten sich vom Ostufer des Flusses zurückziehen. Doch ein weiteres rasches Vorrücken der Besatzer ist nicht zu befürchten. Der Oskil ist an dieser Stelle sehr breit – und auf der anderen Seite des Flusses befindet sich eine bewaldete, weglose Gegend. Kupjans'k liegt in einer Entfernung von 25 Kilometern. Auch weiter südlich sind die Erfolge der Okkupationsarmee minimal. Unter enormen Anstrengungen und hohen Verlusten erobern die russländischen Truppen hier die Ruinen von Dörfern, die keinerlei strategische Bedeutung haben. Anders sieht es im Donbass aus. Bei Časiv Jar entwickelt sich die Lage bedrohlich. Mitte September war die Offensive der russländischen Truppen dort zum Stillstand gekommen, nun haben sie die Stadt südlich umgangen und dort die ukrainische Verteidigungslinie durchbrochen. Dieser Durchbruch ist ein typisches Beispiel für die neue Taktik, auf welche die russländischen Truppen unter den aktuellen Verhältnissen setzen. Die ukrainische Armee ist in der Lage, größere Einheiten und deren gepanzerte Fahrzeuge des Gegners mit Drohnen rasch zu zerstören. Frontalangriffe führen zu riesigen Verlusten. Daher durchbrechen die Angreifer – auch diese unter hohem Risiko und oft ebenfalls mit immensen Verlusten – die Front nur an einem kleinen Abschnitt. Da es der ukrainischen Armee jedoch an Soldaten und Fahrzeugen fehlt, kann sie keine Truppen heranführen, um einen solchen kleinen Durchbruch wieder zu schließen. Dies eröffnet der russländischen Armee zahlreiche Möglichkeiten, aus dem rückwärtigen Raum der ukrainischen Armee heraus in verschiedene Richtungen vorzustoßen, ohne dabei noch ernsthafte Verteidigungsstellungen des Gegners überwinden zu müssen. Hat sich das Vorstoßgebiet erst erweitert, gelingt es der Ukraine nicht mehr, eine neue stabile Verteidigungslinie zu errichten, die Dutzende Kilometer länger sein müsste als die vorherige. Dies bedeutet nicht, dass Časiv Jar vor dem Fall steht. Aber die Besatzungsarmee wird die über viele Jahre errichteten ukrainischen Verteidigungsstellungen im Raum westlich von Horlivka nun nicht mehr nur frontal angreifen, sondern auch von den ungeschützten Flanken. Und der Angriff auf Časiv Jar wird nicht mehr nur von Osten geführt werden, sondern auch von Süden und möglicherweise auch von Westen.

Ähnlich ist die Lage weiter südlich bei Pokrovs'k und Kurachove. Dort hat die Ukraine zwar in der dritten Oktoberwoche keine großen Verluste hinnehmen müssen. Doch die russländischen Truppen greifen gegenwärtig vor allem südöstlich der Siedlung Selydove an, die sie bereits seit Monaten von Norden und Nordosten belagern. Ziel ist es, Selydove südlich zu umgehen, um dann von Norden auf Kurachove vorzustoßen. Diese südwestlich von Donec'k gelegene Kleinstadt sowie die umliegenden Siedlungen sind das Zentrum der ukrainischen Verteidigung im südöstlichen Abschnitt der Front im Gebiet Donec'k. Noch weiter südlich kann sich im Raum zwischen Vuhledar und Bohojavlenka die erschöpfte 72. Ukrainische Brigade besser halten, als es noch vor zwei Wochen zu befürchten stand.

Dass das Schlimmste einstweilen ausgeblieben ist und Russland nach dem Fall von Vuhledar in den vergangenen zwei Wochen nicht rasch weiter vorgerückt ist, hat zwei Gründe: zum einen der einsetzende Herbstregen, zum anderen Munitionsmangel. Hier zeigt sich die Bedeutung der ukrainischen Drohnenangriffe auf entsprechende Lager. Von einer Entspannung der Lage kann allerdings keine Rede sein.

Der Luftkrieg

Russland hat in der 138. Kriegswoche den Angriff mit Marschflugkörpern auf Ziele weit hinter der Front weitgehend eingestellt, die Attacken mit ballistischen Raketen auf frontnahe Städte aber fortgesetzt. Möglicherweise sammelt die Moskauer Armeeführung Marschflugkörper für einen massiven Schlag gegen das ukrainische Energiesystem zu Beginn der Heizperiode. Auch die Angriffe mit Kampfdrohnen gingen unvermindert weiter. Alleine in der Nacht auf den 18. Oktober setzte Russland 135 unbemannte Objekte vom Typ Geran' (Shahed) ein. Ein Teil der Drohnen war mit nach Russland geschmuggelten Starlink-Antennen ausgestattet. Offenbar sammelten die Drohnen beim Überflug Informationen und sendeten diese sofort an die Operatoren.

Die ukrainische Seite setzt ihre Angriffe auf Rüstungsunternehmen in Russland ebenfalls fort. In der Nacht auf den 19. Oktober trafen acht von mindestens 13 anfliegenden Drohnen in Brjansk eine Fabrikhalle von *Kremnij Èl*. Das Unternehmen gilt als zweitgrößter Hersteller von Mikroelektronik in Russland und liefert 90 Prozent seiner Produktion an das Verteidigungsministerium. Bauteile von dort werden im Luftabwehrsystem *Pancir'* und in *Iskander*-Raketen eingesetzt. Das Unternehmen teilte mit, bei dem Angriff sei die Stromversorgung unterbrochen und Anlagen zerstört worden, die Produktion sei vorübergehend eingestellt.

In der Nacht auf den 20. Oktober flogen ukrainische Drohnen das Sverdlov-Werk in der Chemie-Monostadt Dzeržinsk im Gebiet Nižnij Novgorod an. Es handelt sich um den größten Sprengstoffproduzenten in Russland. Über Schäden gibt es keine genaueren Berichte. Der Gouverneur des Gebiets sprach allerdings von vier verwundeten Feuerwehrleuten, so dass es wohl mindestens einen Einschlag gegeben hat, der zu einem Brand führte. Ebenfalls unklar sind die Folgen eines Angriffs auf die Luftwaffenbasis Lipeck-2, wo Russland SU-34, SU-35 und MiG-31 Kampfflugzeuge stationiert hat. Das Moskauer Verteidigungsministerium gibt an, die Armee habe in dieser Nacht 110 Drohnen abgeschossen, u.a. über den Gebieten Kursk, Lipeck und Orel. Am Abend des gleichen Tages schlug im Hafengebiet von Odessa eine Rakete ein – offenbar ein Vergeltungsschlag für die ukrainischen Angriffe in der vorhergehenden Nacht.

Soldaten aus Nordkorea

Nach zahlreichen Gerüchten über Soldaten aus Nordkorea, die nach Russland geschickt wurden, haben investigativ arbeitende südkoreanische Journalisten, die unter anderem aktuelle Satellitenaufnahmen auswerten konnten, die Zahl von 12 000 Mann genannt. Diese wurden überwiegend auf Schiffen der russländischen Marine nach Vladivostok gebracht. Dies bestätigen nicht nur Satellitenbilder, sondern auch drei Handyvideos, die überraschte russländische Soldaten unabhängig voneinander aufgenommen haben. Die nordkoreanischen Soldaten sind auf dem Gelände der erst im Jahr 2022 errichteten Kaserne Nr. 44980 untergebracht. Ukrainische Medien behaupten immer wieder unter Berufung auf den Geheimdienst, es seien bereits nordkoreanische Soldaten an der Front gesichtet worden. Auf einer Abraumhalde im Raum Pokrovs'k sei auch eine nordkoreanische Flagge entdeckt worden. Diese Informationen sind mit großer Wahrscheinlichkeit falsch. Die nordkoreanischen Soldaten werden voraussichtlich nicht an der Front eingesetzt, sondern zur Bewachung von Objekten in Russland. Gleichwohl werden auf diese Weise Kräfte frei, die zum Kampfeinsatz geschickt werden können.

Relevant könnte die Reaktion Südkoreas werden. Das Land hat bislang keine Rüstungsgüter an die Ukraine geliefert, jetzt aber angekündigt, „entschiedene Schritte zur Zusammenarbeit mit der internationalen Gemeinschaft" zu unternehmen. Sollte damit gemeint sein, dass die Ukraine Waffen erhält, wäre dies von erheblicher Bedeutung. Südkorea ist ein großer Rüstungsproduzent, nicht zuletzt die polnische Armee ist mit Panzern aus dem südostasiatischen Land ausgestattet.

Austausch von Gefangenen und toten Soldaten

Am 18. Oktober haben Russland und die Ukraine erneut bei einem Austausch je 95 Gefangene freigelassen. Zahlreiche Ukrainer, die in ihre Heimat zurückkehren konnten, waren in Russland von Gerichten zu langen Haftstrafen verurteilt worden, darunter der bekannte Menschenrechtler Maksym Butkevič. Er hatte sich jahrelang vor allem für Flüchtlinge und Migranten aus Zentralasien eingesetzt. Nach Russlands Überfall auf die Ukraine meldete er sich als Freiwilliger zur Armee und geriet im Juni 2022 im Gebiet Luhans'k in Kriegsgefangenschaft. Im März 2023 verurteilte ihn das sogenannte „Oberste Gericht der Volksrepublik Lugansk" wegen versuchten Mordes und Kampfführung ohne Rücksicht auf die Zivilbevölkerung zu 13 Jahren Lagerhaft. Russland hat „wertvolle" Gefangene wie Butkevič offenbar freigelassen, weil die Ukraine im Austausch junge Wehrpflichtige übergab, die im Gebiet Kursk gefangengenommen worden waren. Unmittelbar zuvor hatte die Ukraine bekanntgegeben, dass Russland die Leichen von 501 Soldaten überstellt habe, die an verschiedenen Abschnitten der Front gefallen waren.[9] Die Ukraine überstellte 89 Leichen, doch in den offiziellen Medien war in Russland davon nichts zu erfahren.

Aus dem Russischen von Volker Weichsel, 23.10.2024

Desaströse Lage im südlichen Donbass: die 139. Kriegswoche

Die ukrainische Armee steht im südlichen Donbass vor ihrer schwersten Niederlage seit den ersten Kriegswochen. Sie hat seit Anfang August 1500 km² und zahlreiche wichtige Orte verloren. Russlands Vormarsch wird immer gefährlicher. Kann die Ukraine keine Reserven heranführen, ist die letzte Verteidigungslinie, die das Gebiet Dnipropetrovs'k und die Großstadt Zaporižžja vor direkten Angriffen schützen soll, in Gefahr.

Russlands Armee ist in der letzten Oktoberwoche im Süden des Gebiets Donec'k weiter vorgerückt. Dabei ist auch die Kleinstadt Selydove südlich von Pokrovs'k unter ihre Kontrolle geraten, wo die Ukraine fast zwei Monate Widerstand gegen die anrennenden Okkupationstruppen geleistet hatten. Nun hatten russländische Einheiten sie ohne nennenswerte Gegenwehr innerhalb weniger Stunden mit einer Zangenbewegung von Süden her eingekreist, bis die ukrainischen Verteidiger sie aufgeben mussten. Damit haben die Besatzungstruppen auch die nördliche Flanke eines um Kurachove entstehenden Kessels verlängert, wo sich das Zentrum der ukrainischen Verteidigung in diesem Raum befindet. Ganz ähnlich entwickelte sich die Lage weiter südöstlich nahe der Kleinstadt Hirnik in der Agglomeration von Kurachove. Diese wurde nur noch von einem Bataillon der Territorialverteidigung gehalten, das über keine schweren Waffen verfügte. Unter dem Druck der anstürmenden Okkupationstruppen verließen diese rasch ihre Stellungen. Auch im Gebiet Zaporižžja haben russländische Truppen zwischen Velyka Novosilka und Vuhledar an mehreren Stellen eine Offensive gestartet und in nur zwei Tagen die Verteidigungslinien auf einer Breite von 15 Kilometern durchbrochen, was ihr einen örtlichen Vorstoß um 20 Kilometer in die Tiefe ermöglichte. Aus südwestlicher Richtung kommend haben sie die Stadt Bohojavlenka und die umliegenden Arbeitersiedlungen

---

[9] Rossija i Ukraina proveli obmen telami pogibšich: 501 na 89. Radio Svoboda, 18.10.2024.

eingenommen. Damit hat die Ukraine jene Orte verloren, von denen aus sie nach dem Fall von Vuhledar ein Vorrücken der Besatzer auf Kurachove verhindern wollte. Noch vor einem Monat konnte sie die Armeegruppe im Raum Kurachove-Vuhledar noch problemlos über einen 50 Kilometer breiten Korridor versorgen. Nun ist dieser auf der Höhe von Kurachove in nord-südlicher Richtung nur noch halb so breit. Außerdem eröffnet der Durchbruch bei Selydove der russländischen Armee die Möglichkeit, den Angriff auf Pokrovs'k, das von zentraler Bedeutung für die ukrainische Verteidigung im südlichen Donbass ist, nun nicht mehr nur von Südosten, sondern auch von Süden zu führen.

Am 28. Oktober begab sich der Oberkommandierende der ukrainischen Armee Oleksandr Syrs'kyj an die im Gebiet Zaporižžja verlaufende Front. Offiziell ging es um die Besichtigung der Vorbereitungen für den Winter. Tatsächlich wollte er sich ein Bild von den Verteidigungsanlagen der dritten Linie machen, die westlich von Pokrovs'k verlaufen und ein Vorrücken der Besatzer in das Gebiet Dnipropetrovs'k sowie auf die Großstadt Zaporižžja verhindern sollen. Dass dort die nächsten Kämpfe geführt werden, weil die weiter östlich gelegenen Verteidigungsstellungen nicht mehr lange zu halten sein werden, ist kein Geheimnis mehr. Offiziere, Politiker und proukrainische Blogger sprechen offen darüber.[10] Tatsächlich könnte der Zusammenbruch der ukrainischen Front im Südosten des Donbass schon bald noch offensichtlicher werden, wenn die in zwei Keilen nördlich und südlich von Kurachove vorstoßenden russländischen Einheiten sich westlich der Stadt vereinigen können. Verhindern könnte die Ukraine dies, wenn sie tatsächlich wie von einigen Quellen behauptet, noch 120 000 Mann in der Reserve hat und rasch größere Verbände an die Front bringen kann, wie dies Anfang September bei Pokrovs'k geschehen ist, wo die herangeführten Truppen ein weiteres Vorrücken des Gegners verhindern.

Die Lage bei Torec'k und Časiv Jar

Im Norden des Donbass hält sich die ukrainische Armee besser. Nachrichten über ein Vorrücken der Okkupationstruppen ins Zentrum von Torec'k und eine Einnahme der wichtigsten Kohlegrube der Stadt haben sich als falsch erwiesen. Möglicherweise wurde ein Vorstoß auch durch eine ukrainische Gegenoffensive beendet. Kritisch ist die Situation hingegen bei Časiv Jar. Die russländischen Truppen sind südlich der Stadt entlang der Straße Bachmut-Konstantynovka bereits weit vorgestoßen. Zudem haben sie den Kanal Siverskyj-Donec'k an zwei weiteren Stellen überwunden.

Nordkoreanische Soldaten im Gebiet Kursk?

Im Gebiet Kursk halten die schweren Kämpfe um den ukrainischen Vorstoßraum an. Russland versucht mit rund 50 000 Mann die schätzungsweise 30 000 auf russländisches Territorium vorgedrungenen ukrainischen Soldaten zu vertreiben. Der ukrainische Militärgeheimdienst streut weiter die Nachricht, dort würden bald oder bereits jetzt die 10 000 aus nach Russland beorderten nordkoreanischen Soldaten eingesetzt. Unter Berufung auf einen Bericht des Oberkommandierenden Syrs'kyj erklärte Präsident

---

[10] Najblyžčym časom armija RF znovu bude probyvaty sobi šljach na misto Pokrovs'k, – vijs'kovoslužbovec' ZSU Firsov. Espreso.tv, 21.9.2024. – <https://t.me/uniannet/148992>.

Zelens'kyj am 25. Oktober, diese würden am 27. oder 28. Oktober in die Kampfhandlungen eingreifen.[11]
Tatsächlich gibt es keine Anzeichen, dass die Soldaten aus Nordkorea an die Front verlegt wurden. Gesicherte Belege über ihren Verbleib gibt es nur aus dem Bezirk Primor'e im Fernen Osten Russlands. Die Spekulationen schießen jedoch ins Kraut. Das Spektrum reicht von „Patrouillen entlang der Gleise der Transsibirischen Eisenbahn" bis „Einsatz in Sturmtruppen". Auch über ihre Kampfstärke ist nichts bekannt. Mal heißt es, es handele sich um junge Rekruten, dann ist von Spezialkräften die Rede, die für den Schutz der nordkoreanischen Führung ausgebildet wurden.

Aus dem Russischen von Volker Weichsel, 29.10.2024

Beginn der Schlammperiode: die 140. Kriegswoche

Das Wetter an der Front hat zu einer kurzen Verschnaufpause für die ukrainischen Streitkräfte geführt. An mehreren Abschnitten der Kampflinie rückt die Besatzungsarmee jedoch stetig vor. Bei Kurachove sollte die Ukraine darüber nachdenken, einen Gebietsverlust hinzunehmen, um die Frontlinie um 100 Kilometer zu verkürzen. Pokrovs'k bereitet sich bereits auf die Erstürmung der Stadt vor. 10 000 Nordkoreaner sollen in Kursk und Brjansk im Einsatz sein, Präsident Zelens'kyj versucht die Situation für sich zu nutzen. Beim Luftkrieg könnten von Katar vermittelte Gespräche zwischen Russland und der Ukraine Erfolge zeitigen. Andererseits gibt es eine neue russländische Drohnengefahr und die Ukraine startet eine weitere Mobilisierungsrunde.

Die Lage an der Front

Kälte, Regen und der erste Schnee haben den Truppen den Beginn der Schlammperiode beschert. Dies bremst die russländische Offensive, die Kämpfe an vielen Teilen der Front haben in der vergangenen Woche an Intensität verloren. Entsprechend wenige Informationen über das Vorrücken der Okkupationstruppen gibt es. Zum Ende der Woche verstärkten sie ihre Aktivitäten allerdings wieder. Wenngleich die russländischen Streitkräfte ihre Offensive vor allem im Donbass fortsetzen konnten, starteten die ukrainischen, nachdem sie ihre Kräfte gesammelt hatten, örtliche Gegenangriffe. Diese waren zumindest teilweise erfolgreich.

Kampf um Kurachove

Das Hauptgeschehen an der Front spielt sich noch immer vor Kurachove ab, hier treffen die Donec'k- und die Zaporižžja-Front aufeinander. Die russische Armee versucht an dieser Stelle, den Keil zu schließen, nachdem sie vor zwei Wochen die Zaporižžja-Front westlich von Vuhledar durchbrochen hat und von der eroberten Kleinstadt Selydove von Norden aus vorstößt. Dazu kommen heftige Angriffe aus dem Osten, aus der Richtung der Kleinstadt Krasnohorivka. Diese führten in der vergangenen Woche zu den bedeutendsten Geländegewinnen. Die Ukraine hat ihre Truppen zudem aus dem „Halbkessel" um das Dorf Kurachove abgezogen. Die Kleinstadt büßte dementsprechend die Deckung

---
[11] <https://t.me/uniannet/148954>.

von Nordosten her ein. Gleichzeitig hat die ukrainische Armee Kurachove von Süden her aktiv verteidigt, sie verhinderte einen gefährlichen Durchbruch und konnte bis zum Ende der Woche sogar ein kleines Gebiet zurückerobern. Allerdings gelang es ihr nicht, den Durchbruch der russischen Streitkräfte südwestlich von Kurachove abzuwehren. Nur noch 15 Kilometer trennen die Besatzungsarmee somit von jener Autobahn, die für die Verteidigung der Stadt von entscheidender Bedeutung ist. Wenn Putins Truppen die Siedlungen Suchi Jaly oder Jantarne einnehmen, wird die Autobahn durch russische Artillerie und Mörser blockiert sein. Das bisherige Tempo beim Vorrücken deutet darauf hin, dass der Ukraine höchstens noch eine Woche bleibt, bis sie ihre gesamten Kurachove-Verbände aus dem Kessel über die Felder abziehen muss. Möglicherweise ist dies sogar das Beste, denn so kann die Frontlinie um knapp 100 Kilometer verkürzt werden. Angesichts des offensichtlichen Mangels an ukrainischer Infanterie und Drohnenpiloten könnte dies eine dichtere und zuverlässigere Verteidigung auf einer Linie mit Pokrovs'k ermöglichen. Gleichzeitig handelt es sich aber um einen schmerzhaften Verlust eines rohstoffreichen Gebietes.

Verteidigung von Pokrovs'k

Die Okkupationsarmee erobert nun auch südlich von Selydove mit recht hohem Tempo neue Teile des Frontvorsprungs vor Pokrovs'k. Es ist allerdings wahrscheinlich, dass die Wetterbedingungen und die Konzentration der Truppen für die Beseitigung des Kurachove-Frontbogens die russländische Offensive einschränken. Dennoch bereitet sich Pokrovs'k auf die Erstürmung der Stadt vor. Der freie Zugang zur Stadt, die von zentraler Bedeutung für die ukrainische Verteidigung im südlichen Donbass ist, ist gesperrt, die Armee baut an den Straßen am Stadtrand Verteidigungsanlagen auf. Unterdessen halten sich nach Angaben der Stadtverwaltung immer noch rund 11 000 Menschen, darunter 55 Kinder, in der Stadt auf. Augenscheinlich handelt es sich um prorussische Sympathisanten, die auf eine schnelle russländische Einnahme der Stadt hoffen. Eine weitere Hoffnung ist, dass die russländische Armee Pokrovs'k nach dem Vorbild der zuvor eroberten Nachbarstädte Selydove und Novohrodivka nur einkesselt und auf einen Angriff verzichtet. So würden die ukrainischen Truppen zum Rückzug gezwungen und die Stadt entginge größerer Zerstörung.

Kämpfe vor Kupjans'k

Die Kämpfe südöstlich von Kupjans'k setzen sich fort. Die russischen Streitkräfte haben sich vor zwei Wochen dem nordöstlichen Stadtrand von Kupjans'k genähert, werden jedoch durch Kämpfe in benachbarten Dörfern aufgehalten. Im Südosten haben die russländischen Streitkräfte nach der Einnahme von Kruhljakivka die ukrainischen Verteidigungsanlagen am Ostufer des Flusses Oskil geteilt. Das erforderte eine großangelegte Evakuierung der Bevölkerung und den Abzug militärischer Infrastruktur aus einem Streifen von 20 Kilometer Länge und bis zu zehn Kilometer Breite. Am Ende der Woche gelang den ukrainischen Streitkräften der Gegenangriff, wodurch der russische Angriff in diesem Gebiet etwas eingehegt wurde.

Gebiet Kursk

Die Kämpfe in verschiedenen Teilen des Gebietes Kursk dauern an. Nennenswerte Fortschritte sind allerdings nirgends zu verzeichnen – abgesehen von noch unbestätigten Informationen über die Einkreisung ukrainischer Verbände im Gebiet von Ljubimovka.

Unsichtbare Soldaten aus Nordkorea

Im Laufe der Woche berichteten Quellen aus der Ukraine, den USA und Südkorea immer wieder über eine Gruppe von rund 10 000 nordkoreanischen Soldaten, die mit Transportflugzeugen der Armee aus dem Fernen Osten in das Gebiet Kursk gebracht worden sein sollen. Am 4. November meldete eine halboffizielle ukrainische Quelle erste Schläge, einen Tag später berichtete eine anonyme Quelle von ersten Zusammenstößen zwischen ukrainischem und nordkoreanischem Militär.[12] Nach früheren Angaben von Präsident Zelens'kyj und dem ukrainischen Verteidigungsministerium sollen bereits am 25. und 27. Oktober nordkoreanische Soldaten an der Kampflinie gewesen sein. Ersten Berichten des Verteidigungsministeriums zufolge sollen sie schon vor dem 15. Oktober im Gebiet Brjansk gekämpft haben.

Allerdings ist in dieser Zeit kein einziges Video von ukrainischer Seite oder eine schriftliche Bestätigung von russländischer Seite aus Kursk oder Brjansk aufgetaucht. Und das, obwohl die Anwesenheit von 10 000 Soldaten mit offensichtlich „nicht-russischem" Aussehen bei der Zivilbevölkerung der Region und den Militärs selbst großes Interesse hätten wecken müssen. Von geschlossenen Militärstützpunkten im Fernen Osten gibt es hingegen mehrere Videos, seit das nordkoreanische Militär dort angekommen ist.

Auch logistisch stellen sich einige Fragen: Die Verlegung von 10 000 Menschen mit Militärflugzeugen würde die Einrichtung einer „Luftbrücke" zwischen dem Fernen Osten und etwa Voronež oder Tula erfordern (Flüge von Militärflugzeugen über die Region Kursk sind wegen der ukrainischen Luftabwehr gesperrt). Solche Flugzeuge können 300 Soldaten transportieren. 30 Flüge auf einer einzigen Strecke bleiben für viele Menschen auf jeden Fall nicht unbemerkt. Auf der anderen Seite würde die Verlegung solcher Einheiten per Eisenbahn ebenfalls die Aufmerksamkeit der Zivilbevölkerung auf sich ziehen. Vieles deutet somit auf eine Medienkampagne der ukrainischen Regierung hin. Die Zelens'kyj-Regierung versucht die Ankunft des nordkoreanischen Militärs, das auf keinen Fall in der Lage ist, das Blatt des Krieges zu wenden, dazu zu nutzen, zusätzliche Ressourcen von Verbündeten zu erhalten. Auch will sie sicherlich die Aufmerksamkeit von den Problemen der eigenen Armee und der schwierigen Situation um Kurachove und Pokrovs'k ablenken. Der ukrainische Präsident sagte etwa in einer Videobotschaft vom 4. November: „Wir sehen eine Zunahme der Nordkoreaner, wir sehen aber keine Zunahme der Reaktion der Partner. Leider."[13] Unklar bleibt zudem durchaus, worin sich 10 000 nordkoreanische Soldaten von 10 000 zusätzlichen russländischen Rekruten unterscheiden, mit denen die Okkupationsarmee ohnehin jeden Monat ihre Schlagkraft aufstockt.

---

[12] FT: ukrainskaja razvedka zajavila, čto v Kurskoj oblasti proizošlo pervoe boevoe stolknovenie VSU i voennych KNDR. Meduza, 5.11.2024.

[13] Zelenskij zajavil, čto v Kurskoj oblasti nachodjatsja 11 tysjač severokorejskich voennych. Meduza, 5.11.2024.

Der Luftkrieg

Die wichtigste Nachricht mit Blick auf den Luftkrieg sind die Gerüchte über Gespräche zwischen Russland und der Ukraine, die von Katar vermittelt wurden, um die Angriffe auf die Energieinfrastruktur zu beenden. Tatsächlich hat Russland seit zwei Monaten keine Raketen mehr eingesetzt, um ukrainische Energieanlagen außer Betrieb zu setzen. Die Ukraine greift ihrerseits keine russischen Ölraffinerien und Treibstofflager mehr mit Kampfdrohnen an. Ansonsten ist die Lage stabil. Charkiv leidet unter russischen KAB-Präzisionsbomben. Es gab zwei bedeutende Treffer mit einer beträchtlichen Anzahl an Verletzten – auf eine Polizeistation und einen Supermarkt. Kiew ist ebenfalls ständigen Angriffen ausgesetzt. In Odessa sind insbesondere der Hafen und Industrieanlagen betroffen. Die ukrainischen Drohnenangriffe verlieren insgesamt an Wirksamkeit.

Neue Mobilisierungsrunde in der Ukraine

Am 29. Oktober hat der Sekretär des Nationalen Sicherheits- und Verteidigungsrates der Ukraine, Oleksandr Lytvynenko, die Verchovna Rada über Pläne zur Einberufung weiterer 160 000 Menschen informiert. Laut Lytvynenko wurden bereits 1 050 000 Bürger eingezogen. Mitglieder der Verchovna Rada gaben an, dass im September das Tempo der Einberufung drastisch gesunken sei. Mehr als 100 000 Soldaten sollen ihre Einheiten verlassen haben, also desertiert sein. Am 5. November veröffentlichten zwei Brigaden der ukrainischen Armee auf ihren Facebook-Seiten Appelle an ihre Kämpfer, zu ihren Einheiten zurückzukehren. Mehreren Berichten zufolge versuchen die Personaloffiziere durchaus verzweifelt, die dezimierten Infanterieeinheiten aufzufüllen. So sollen sie etwa zunehmend versuchen, Mitglieder von rückwärtigen Einheiten (einschließlich jener, die westliche Ausrüstung reparieren), Artilleristen, Fahrer und sogar ausgebildete Besatzungen von Patriot-Systemen an die Front zu schicken.

Wie die neue intensive Mobilisierung vonstattengehen wird und ob sie Massenunruhen auslösen wird, ist noch nicht absehbar. Es gab auch Initiativen von Rada-Abgeordneten, mit der Rekrutierung von Frauen zu beginnen. Diese könnten ebenso militärische Funktionen übernehmen. Sie seien nicht unbedingt für die Infanterie geeignet, aber in Einheiten und bei Arbeiten nützlich, die kein hohes Maß an körperlicher Anstrengung erfordern, zum Beispiel als Drohnenpiloten.

Kritik an der russländischen Angriffstaktik

Auch die russische Offensive hängt nach Meinung vieler Quellen an einem „seidenen Faden". Eine Teilmobilmachung ist politisch noch nicht möglich. Diejenigen, die bereit sind; für Geld in den Krieg zu ziehen, werden allmählich weniger. Die Nachschub-Ressource „Gefangene" ist so weit aufgebraucht, dass das Land aus Mangel an Straftätern Kolonien schließt. Die Armee nutzt bereits „interne Ressourcen", indem sie Teile der Nachhut rekrutiert. Derweil ist der Umgang mit den Sturmtrupps an der Kampflinie so grausam, dass er zu riesigen Verlusten führt. Die bekannte russische Militärbloggerin Anastasia Kashevarova schrieb am 29. Oktober einen Beitrag, in dem sie moniert, dass die Evakuierungsstellen für die Verwundeten zwei, drei und mehr Kilometer von den Kampflinie entfernt sind. Es sei für einen Verwundeten unmöglich, eine solche Entfernung allein zu überwinden. Er werde schlicht unterwegs sterben. Zudem sei die Anzahl der

Evakuierungsteams, die die Verwundeten retten und Leichen bergen sollen, auf ein Minimum reduziert worden, da ihre Mitglieder in die Sturmtrupps geschickt worden seien. So sterben die Soldaten nicht nur in jenem Todesstreifen, auch ihre Leichen verbleiben dort.

Neue russländische Drohnengefahr

Am 31. Oktober publizierte die BBC einen Beitrag über die neue russische First-Person-View-Kampfdrohne „Knjaz' Vandal Novgorodskij", die seit August gegen militärische Technik und Infrastruktur der Ukraine eingesetzt wird, zunächst in der Region Kursk und dann in anderen Teilen der Front.[14] Ihre Besonderheit besteht darin, dass sie mit dem Bediener über ein Glasfaserkabel kommuniziert. Dieses ist in einer Entfernung von bis zu zehn Kilometern hinter der Drohne aufgerollt. Dadurch ist die Drohne unempfindlich für die gängigen Arten der elektronischen Kampfführung und sie kann dem Drohnenpiloten ein klares Bild übermitteln. Das erhöht die Effektivität der Angriffe, obwohl die Drohne aufgrund der schweren Spule weniger Sprengstoff mit sich führen kann. Die ukrainische Armee verfügt derzeit nicht über Mittel zur wirksamen Bekämpfung dieses Drohnentyps. Vor zwei Jahren erhielt sie von einem ukrainischen Hersteller ein Angebot zur Herstellung solcher Drohnen. Die Armee lehnte das Angebot ab, weil die Drahtspule damals etwa 10 000 US-Dollar kostete. Jetzt kostet sie etwa hundert US-Dollar.

Aus dem Russischen von Felix Eick, 7.11.2024

Größte Geländegewinne für Russland seit März 2022: 141. Kriegswoche

Die Kämpfe um Kurachove und Pokrovs'k spitzen sich weiter zu, beide Städte trotzen aber noch den russländischen Truppen. Im Gebiet Kursk steht die Ukraine vor der schwierigen Entscheidung, rund 45 000 feindliche Soldaten außerhalb des eigenen Territoriums zurückzuhalten oder aber den Kampf bei Kurachove und Pokrovs'k zu verstärken. Neue Zahlen zeigen gleichzeitig, wie hoch die russländischen Verluste in Kursk sind. Zu den nordkoreanischen Soldaten, die in der Frontzone sein sollen, gibt es viele Berichte – von angeblicher Pornosucht über Alkoholexzesse und hochrangige Generäle bis zu ersten Gefallenen. Ein Video als Beweis dafür, dass sie wirklich dort sind, fehlt indes. Der Luftkrieg erlebt nach zwei Monaten verhältnismäßiger Ruhe eine neue Eskalation. Und die Russen setzen diverse neue und gefährliche Militärtechnik ein.

Die Lage an der Front

Die Situation entwickelt sich weiter gegen die Ukraine, wenngleich es zuletzt auch noch schlimmer hätte kommen können. Der russländischen Armee ist es in der vergangenen Woche nicht gelungen, den Kessel um Kurachove zu schließen, obwohl die Okkupationstruppen von mehreren Seiten in Richtung der Stadt vorrücken. Westlich von Selydove durchbrechen die Angreifer allmählich die ukrainischen Verteidigungsanlagen. Die russländische Armee konnte ihren Vorstoß im Kursker Gebiet bei Sudža nicht vorantreiben, dafür hat sie die ukrainischen Truppen teilweise aus dem Bezirk Gluškovskij

---

[14] Revoljucija, kotoruju Ukraina upustila: počemu optovolokonnye drony menjajut vse na pole boja. BBC news, 31.10.2024.

gedrängt. Die Offensive auf Kupjans'k verläuft langsam, aber die Führung des Gebiets Charkiv war gezwungen, die Evakuierung von zehn Siedlungen einer Gemeinde am Fluss Oskil zu verkünden. An den übrigen Frontabschnitten setzt sich der Abnutzungskampf im Schlamm fort, begleitet von sporadischen und verspäteten Meldungen über große Verluste auf Seiten der Angreifer. Dennoch ist die ukrainische Armee auf dem Rückzug. Nach Berechnungen von *The Telegraph* hat Putins Armee im Oktober 490 Quadratkilometer okkupiert. Das ist mehr als in jedem anderen Monat seit Mitte 2022. Die ukrainische Führung scheint daher beschlossen zu haben, ihre Prioritäten zu ändern und ihre Aktivitäten in der Region Kursk schrittweise zu reduzieren und besser ihre Positionen im Donbass zu sichern.

Kampf um Kurachove und Pokrovs'k

Am schwierigsten ist die Lage nach wie vor im „Sack" von Kurachove, der sich im Laufe des vergangenen Monats gebildet hat. Der Raum für die Abteilung der ukrainischen Armee, die die Stadt und die umliegenden Dörfer verteidigt, wird immer enger. Die Ränder des „Sacks" verlängern sich allmählich nach Westen hin, und der „Boden" desselben verschiebt sich auch in diese Richtung. Die russischen Truppen sind in der vergangenen Woche von Südosten aus am Südufer des Kurachove-Stausees entlang in Richtung Kurachove vorgedrungen und haben die Kleinstadt von der Nordwestseite des Stausees aus umgangen. Nachdem sie von Zukuryne aus durchgebrochen sind, sind sie in das Dorf Sonceve eingedrungen. Wenn Sonceve fällt, ermöglicht das den Zugang für die Russen zum Ternivka-Staudamm in der Nähe des Dorfes Stari Terny. Das würde auch bedeuten, dass die ukrainischen Truppen an der Nordseite des Staudamms eingekesselt würden. Am Montagmorgen wurde eben jener Staudamm ukrainischen Medienberichten zufolge von Kiew teilweise gebrochen.[15]

Der gesprengte Terniwka-Staudamm. Quelle: odessa-journal.com

---

[15] Zrujnovano dambu kurachivs'kogo vodoschovyšča, počavsja pidjom vody. Novyny Donbasu, 11.9.2024.

Der Wasserstand des Flusses Vovcha soll um einen Meter gestiegen sein, erste Siedlungen wurden überflutet. 24 Stunden lang, bis zum Morgen des 12. November, gaben die ukrainischen Behörden der russischen Seite die Schuld an der Explosion. Erst dann übernahmen die Behörden selbst die Verantwortung mit der Zusicherung, dass die flussabwärts gelegenen Siedlungen umgesiedelt worden seien. Das Schicksal der ukrainischen Verbände am Nordufer des Stausees hängt weiterhin davon ab, ob die Einheiten den russischen Durchbruch bei Sonceve aufhalten und so den einzigen Weg aus einem ziemlich großen Kessel offenhalten.

Der Dammbruch lindert die schwierige Lage indes im Sinne einer Palliativmaßnahme nur für einige Tage. Das Wasser wird relativ schnell Richtung Dnepr durch das Donecker und Dnipropetrowsker Gebiet abfließen. Das Loch im Staudamm ist zudem nicht so groß, dass es unmöglich wäre, es mit einem Ponton oder einer Planke zu schließen. Am wichtigsten ist jedoch, dass die russischen Streitkräfte ihre Landoffensive aus dem Südosten und Südwesten der Stadt Kurachove fortsetzen. Im Südwesten schaffen es die Verteidiger zwar, die Offensive zu verlangsamen. Am 10. November gab es etwa „in Richtung Zaporižžja" einen per Video bestätigten Bericht über die Zerstörung von sechs Militärfahrzeugen, darunter vier gepanzerte Mannschaftstransportwagen mit Fallschirmjägern. Jedoch droht die gesamte Gruppe in Kurachove eingekesselt und einfach von der Nachschublinie abgeschnitten zu werden.

Von Südosten wiederum näherten sich die russischen Streitkräfte von Maksymil'janivka bis Dal'nje und bildeten einen „Mini-Kessel" um die ukrainischen Streitkräfte, die den Südosten der Stadt verteidigen. Die Angreifer schafften es am 11. November, in die östlichen Straßen von Kurachove einzudringen. Ukrainischen Angaben zufolge wurden hier auch gepanzerte Fahrzeuge vollständig zerstört. Eine Videobestätigung dafür fehlt bisher. Laut russischen Berichten vom Abend des 12. November kämpften die russischen Streitkräfte am nordöstlichen Stadtrand, nachdem sie eine Brücke über einen kleinen Fluss zerstört hatten, um einen ukrainischen Gegenangriff zu verhindern.

Insgesamt sieht es so aus, als ob Kurachove bis Ende des Monats von den ukrainischen Streitkräften aufgegeben wird, und das höchstwahrscheinlich ohne ernsthafte Kämpfe in der Stadt selbst. Bemerkenswert ist, dass erst am 11. November durch das *Wall Street Journal* bekannt wurde, dass die Ukraine das Wärmekraftwerk Kurachove demontiert hat, um andere Kraftwerke wiederaufzubauen.[16] Diese Arbeiten begannen im Frühjahr und endeten im Sommer. Die Demontage ermöglichte es dem Betreiber DTEK, etwa 60 Prozent ihrer durch die russischen Angriffe beschädigten Kapazität wiederherzustellen. Gleichzeitig rückte die russländische Armee in der vergangenen Woche vom westlichen Stadtrand von Selydove einige Kilometer weiter vor und nahm mindestens zwei Dörfer ein. Das bringt die nordwestliche Verteidigung von Kurachove und die südöstliche Flanke von Pokrovs'k gleichermaßen in Gefahr. Hier ist die potenziell gefährlichste Stelle für einen Durchbruch. Wenn dieser gelingen sollte, wäre bereits das nur wenige Kilometer entfernte Gebiet Dnipropetrovs'k bedroht.

---

[16] Ukraine Is Scavenging for Power-Plant Parts as Mass Blackouts Loom. The Wall Street Journal, 11.11.2024.

Kursker Gebiet

Das zweitwichtigste Gebiet des Kampfes ist nach wie vor die Sudža-„Blase" in der Region Kursk. Dort haben die russischen Streitkräfte am 7. November eine Offensive in mehreren Gebieten wieder aufgenommen, vor allem an der Westgrenze der „Blase", um die ukrainischen Streitkräfte im nördlichen Teil unter Druck zu setzen. Die ukrainischen Verbände antworten ihrerseits mit aktiver Verteidigung. Unbestätigten Berichten zufolge werden schwere Gegenangriffe mit aktivem Einsatz von gepanzerten Fahrzeugen geführt, während die Schlachtfelder im Schlamm versinken. Einem Bericht russischer Quellen vom 11. November zufolge leistet der Feind heftigen Widerstand und schickt Eliteeinheiten der Fallschirmjäger und der Marine in die Schlacht.

Die russischen Truppen schlagen ihrerseits zurück. Am 7. November griff eine Einheit der 810. Garde-Marineinfanterie-Brigade in gepanzerten Mannschaftsfahrzeugen das Dorf Pogrebki im äußersten Nordosten der Sudža-„Blase" an. Dabei verlor sie etwa ein Dutzend Fahrzeuge in einem Minenfeld, bevor sie das Dorf erreichte, und ebenso viele weitere, nachdem sie in das Dorf eingedrungen war.[17] Seit dem 11. November ist bekannt, dass Russlands Armee für die Befreiung von zwei kleinen Dörfern innerhalb weniger Tage insgesamt 28 gepanzerte Fahrzeuge und mindestens 200 Soldaten ausgetauscht hat. Die Ukraine setzt Attrappen von gepanzerten Fahrzeugen ein, um russische Drohnen anzulocken und abzulenken. Am 12. November folgten unbestätigte Informationen über die Niederlage einer weiteren Einheit der 810. Brigade in der Nähe des Dorfes Kaučuk im Nordosten der „Blase". Derweil gelang es den russischen Streitkräften bis zum 6. November im Bezirk Gluškovskij, im Bereich der Ortschaft Novij Put', die ukrainischen Truppen vom russischen Territorium zu verdrängen. Es gelang, bis zur zweiten Verteidigungslinie in Veseloe vorzudringen. Am 11. November wurden jedoch neue ukrainische Angriffe im selben Gebiet gemeldet. Etwas weiter östlich gibt es weiterhin ukrainische Übergriffe auf russisches Territorium in der Gegend von Medvež'e.

Gegen Ende der Woche verdichteten sich die Gerüchte, dass die ukrainische Führung Truppen aus der Region Kursk abziehen und Elitebrigaden in Richtung Pokrovs'k verlegen will. Aus dem offiziellen Kiew waren dazu jedoch nur Dementi zu hören. Es scheint, dass Präsident Zelens'kyj den gewissermaßen einzigen Erfolg seiner Armee im gesamten Jahr 2024 nicht aufgeben will. Am 11. November teilte Zelens'kyj mit, dass der Oberbefehlshaber der ukrainischen Armee Oleksandr Syr'skyj entschieden habe, die Gebiete Kurachove und Pokrovs'k erheblich zu verstärken. Zelens'kyj schiebt somit die politische Verantwortung auf seinen Untergebenen. Gleichzeitig betonte Zelens'kyj: „Im Gebiet Kursk halten unsere Jungs weiterhin eine fast 50 000 Mann starke feindliche Gruppe außerhalb der Ukraine fest." Die ukrainische Führung hält also auch diese Operation weiterhin für erfolgreich.

Am 7. November gab Syr'skyj die Verluste der russischen Armee während der Kursk-Operation bekannt (Stand: 5. November): „Die feindlichen Verluste beliefen sich auf 20 842 Mann, davon wurden 7905 getötet, 12 220 verwundet und 717 gefangen genommen. Im gleichen Zeitraum wurden auch 54 Panzer, 276 gepanzerte Fahrzeuge, 107 Geschütze und Mörser, fünf Raketenwerfer und 659 weitere Fahrzeuge zerstört." Nach Angaben des Oberbefehlshabers stehen den ukrainischen Verbänden im Gebiet Kursk etwa 45 000 Soldaten gegenüber. Zu den ukrainischen Verlusten sagte Syr'skyj nichts.

---

[17] <https://t.me/warhistoryalconafter/193974>.

Verteidigung von Kupjans'k

Die Offensive der russischen Streitkräfte im Gebiet um die Stadt Kupjans'k entwickelt sich langsam, aber stetig. Die größten Gefahren für die Bevölkerung und das ukrainische Militär sind der ständige Beschuss und die Drohnenangriffe. In diesem Zusammenhang kündigte die Militärverwaltung der Region Charkiv am 11. November die Evakuierung der gesamten erwachsenen Bevölkerung aus zehn Siedlungen in der Gemeinde Borova an, südlich von Kupjans'k. In Kupjans'k selbst – der größten Stadt im Nordosten der Region Charkiv – leben nach Angaben des Leiters der örtlichen Polizei, Konstantin Domrin, noch etwa 4000 Einwohner, wobei vor kurzem etwa ähnlich viele erst evakuiert worden seien. Vor dem Krieg zählte die Stadt etwa 25 000 Einwohner.

Der Einsatz nordkoreanischer Militärangehöriger in Russland

Trotz wiederholter Behauptungen des ukrainischen Geheimdienstes und internationaler Medien ist noch immer kein glaubwürdiges Video aufgetaucht, das beweisen würde, dass wirklich nordkoreanische Militärs an der Frontlinie oder auch nur in der Frontzone sind. Dennoch liest man weiter fast täglich unbestätigte Meldungen über ihre Anwesenheit. So meldete Reuters, dass drei Generäle mit nordkoreanischen Soldaten in Russland eingetroffen seien.[18] Generaloberst Kim Yong-bok, Befehlshaber der Spezialeinheiten, habe jetzt eine Führungsrolle inne und sei der Vertreter von Diktator und Oberbefehlshaber der nordkoreanischen Streitkräfte Kim Jong-un. Bei den beiden anderen Generälen, die nach Russland gereist seien, handele es sich um den stellvertretenden Chef des Generalstabs und den Leiter des obersten Geheimdienstbüros.

Anderen Informationen zufolge kämpft die russische Armee mit einem drastischen Mangel an koreanischen Dolmetschern. Die Soldaten sollen in kleinen Gruppen zu den aktiven Armeeeinheiten gestoßen sein. Ohne Russischkenntnisse würden sie keine Befehle verstehen. Es wurde auch berichtet, dass nordkoreanische Soldaten süchtig nach Pornos sind, offenbar haben sie unterwegs russische Mobiltelefone gekauft. Es ist unklar, wie sie an die Telefone gekommen sein sollen, denn nach früheren Berichten des ukrainischen Verteidigungsministeriums sollten die Nordkoreaner am 31. Oktober mit Flugzeugen aus dem Fernen Osten direkt in das Kriegsgebiet verlegt worden sein. Auch sollen nordkoreanische Militärangehörige derselben schwergetroffenen 810. Marineinfanterie-Brigade im Gebiet Kursk an Alkoholvergiftung gestorben sein. Schriftliche Erklärungen des Divisionskommandeurs sollen dafür einen Beleg liefern. Diese Erklärungen sind offenbar in die Hände des ukrainischen Militärs gelangt. Zudem tauchte die Meldung auf, dass 51 koreanische Soldaten bei Kampfhandlungen ums Leben gekommen seien.

Von all diesen Nachrichten scheint nur eine Meldung zuverlässig zu sein. Am 11. November ratifizierte Nordkorea den Vertrag über eine umfassende strategische Partnerschaft mit Russland. Beide Länder verpflichten sich darin, im Falle eines bewaffneten Angriffs auf einen der Staaten sofortige militärische Hilfe zu leisten.

---

[18] <https://t.me/brieflyru/28121>.

Luftkrieg

Nach rund zwei Monaten ohne größere Angriffe hat die vergangene Woche eine unerwartete Wende im Luftkrieg gebracht. Die russischen Streitkräfte hatten 68 Tage lang auf den aktiven Einsatz von Marschflugkörpern verzichtet. Die Angriffe mit ballistischen Raketen waren nicht eingestellt worden, diese haben aber nur eine begrenzte Reichweite. Nun aber begann eine neue Runde des Austauschs von vor allem ukrainischen Drohnen und Raketenwerfern und russländischen Marschflugkörpern.Sie begann mit dem Angriff einer ukrainischen Langstreckendrohne vom Typ UJ-22 Airborne am 6. November auf den Hafen des *Dagdizel*-Werks in der Stadt Kaspijsk in der Republik Dagestan, wo sich der Hauptstützpunkt der Schiffe der russischen Kaspischen Flottille befand. Obwohl die Flottille relativ weit von der Frontlinie entfernt war, griff sie erstaunlich aktiv in das Kampfgeschehen ein. Ihre Schiffe haben Kalibr-Raketen auf Ziele in der Ukraine abgefeuert. Die Schiffe des dortigen hydrologischen Dienstes sind zudem am Abschuss von Raketen aus russischen Flugzeugen über dem Kaspischen Meer beteiligt. Darüber hinaus hat das 177. Marineinfanterieregiment der dazugehörigen Flottille an Gefechten in den Regionen Cherson und Zaporižžja teilgenommen.

Die Angriffe trafen mindestens zwei Ziele, insbesondere die Schiffe „Tatarstan" und „Dagestan". Wahrscheinlich wurden auch die kleinen Raketenschiffe des Projekts 21631 beschädigt. Der Angriff fand am Vormittag bei Tageslicht statt und wurde von zahlreichen Zeugen von verschiedenen Orten aus detailliert gefilmt. Spätere Satellitenbilder zeigten, dass die Flottille, die aus mehreren Dutzend Haupt- und Hilfsschiffen besteht, nach dem Angriff fast vollständig aus dem Hafen abgezogen wurde, vermutlich nach Astrachan'. Der Angriff auf Kaspijsk führte zu einer Intensivierung der schweren russischen Drohnenangriffe auf ukrainische Städte, vor allem auf Kiew. Luftverteidigung und elektronische Kriegsführung der Hauptstadt werden seit einigen Wochen offenbar nicht mehr mit den ständig modifizierten russischen Drohnen fertig.

So wurden etwa am 7. November nach offiziellen Angaben etwa 30 russische Drohnen gen Kiew geschickt. Darunter war auch eine Drohne, die das Dach eines Hochhauses traf, in dem die estnische Botschafterin Anneli Kolk lebt. Sie wurde jedoch nicht verletzt. Nach Angaben des Pressedienstes der Luftstreitkräfte wurden an jenem Tag 74 der 106 russischen Drohnen über der Ukraine abgeschossen. Weitere 25 Drohnen gingen in verschiedenen Regionen „örtlich verloren". Die Drohnen trafen ein Umspannwerk und schalteten die Beleuchtung in drei zentralen Bezirken der Region Žytomyr aus. Zusätzlich zu den Drohnen bombardierten die russischen Luftstreitkräfte am selben Tag eine Tankstelle in der Gemeinde Jampil' in der Region Sumy mit sowjetischen KAB-Präzisionsbomben. Dabei wurde eine Mitarbeiterin getötet. In Zaporižžja wurden bei einem Luftschlag nach Angaben örtlicher Behörden zehn Menschen getötet und 41 verletzt (darunter zwei Sanitäter). In der Stadt wurde Staatstrauer ausgerufen.

In der Nacht zum 8. November übte die russische Luftwaffe Vergeltung für Kaspijsk. Die ukrainische Luftabwehr schoss 62 von 92 russischen Drohnen und vier Kh-59/69-Raketen ab, eine Iskander-Rakete fand hingegen ihr Ziel. Die ukrainische Armee reagierte ihrerseits mit einem Angriff auf die Öl-Raffinerie in Saratov, nachdem sie fast zwei Monate keine russischen Raffinerien mehr angegriffen hatte. In der Nacht zum 9. November antwortete die russische Armee mit einem schweren Angriff auf Wohngebiete in Odessa. Mehrere Hochhäuser, Einfamilienhäuser, Verwaltungsgebäude und Dutzende von Autos wurden beschädigt. Ein Lagerhaus brannte aus. Eine Person kam ums Leben,

13 wurden verwundet. Unter den Verletzten befinden sich zwei Kinder im Alter von vier und 16 Jahren. In derselben Nacht attackierten die ukrainischen Luftstreitkräfte mit Drohnen ein Chemiewerk in Aleksin in der Region Tula. Dieses Rostech-Werk produziert Munition, Schießpulver und weitere Materialien für den russischen militärisch-industriellen Komplex. Anwohner haben auf Videos hörbare Treffer und ein Feuer festgehalten. Am Morgen des 10. November starteten die ukrainischen Streitkräfte den schwersten Drohnenangriff auf Flughäfen in der Region Moskau. 34 Drohnen attackierten die Stadtbezirke Ramenskoe, Kolomna und Domodedovo. Der regierungsnahe Telegram-Kanal Mash schrieb, dass ein Airbus A320 aus Buchara beinahe mit einer der drei Drohnen kollidiert wäre. Der Flugverkehr wurde im gesamten Moskauer Gebiet eingestellt. Ein Mi-24-Hubschrauber auf dem Flugplatz Klin-5 wurde zerstört. Dieser gehörte zur 92. Staffel des 344. Zentrums für Kampfeinsatz und Umschulung von Flugpersonal der russländischen Armee. In derselben Nacht nahmen ukrainische Drohnen auch Kurs auf das 1060. Logistikzentrum der russischen Streitkräfte in Brjansk. Dort filmten lokale Blogger mindestens acht Explosionen und schweres Feuer an mindestens zwei Stellen mit anschließender Detonation.

Nach ukrainischen Berichten hat Russland in derselben Nacht 145 Ziele in der Ukraine aus der Luft angegriffen – eine Rekordzahl. 62 der Raketen wurden abgeschossen, 67 gingen „örtlich verloren" und weitere zehn verließen den Luftraum in Richtung Moldova und Russland. In Kryvyj Rih endete der Morgen des 11. November mit einer Tragödie:[19] Eine russische Rakete schlug in einem fünfstöckigen Wohnhaus ein. Sie zerstörte nicht nur das Dachgeschoss, sondern brachte auch einen der Eingänge zum Einsturz. Eine Frau und zwei Kinder und ein Säugling kamen ums Leben. 14 weitere Personen wurden verletzt, darunter Kinder.[20]

Neue Militärtechnik der russländischen Streitkräfte

„Der Lebenszyklus der Technologie an der Front beträgt im Wesentlichen zwei Monate. Spätestens zwei Monate, nachdem die Ukrainer neue Drohnen produziert und an ihre Streitkräfte geliefert haben, finden die Russen einen Weg, sie zu kontern. Eine zügige Innovation und Produktion und die Unterstützung der Bevölkerung sind also absolut entscheidend", so drückte es der britische Verteidigungsminister John Healey in der vergangenen Woche im *The Telegraph* aus.[21]

Und so haben die Russen in den vergangenen Wochen tatsächlich gleich mehrere Innovationen zur Tötung von Menschen und zur Zerstörung von Ausrüstung an der Front eingesetzt. Es war auch *The Telegraph*, der über die eingesetzten Grom-E1-Lenkbomben mit einer Reichweite von etwa 120 Kilometern berichtete. Dank eines eingebauten Raketentriebwerks statten diese Bomben die Kampfflugzeuge Su-30 und Su-34 mit der Möglichkeit aus, Angriffe zu fliegen, und außerhalb der Reichweite der meisten ukrainischen Luftabwehrsysteme zu bleiben. Die Ukraine antwortet mit französischen AASM-Bomben (Hammer) und amerikanischen präzisionsgelenkten Gleitbomben des Typs JSOW. Aufgrund ihrer halb so großen Reichweite von etwa 64 Kilometern befinden

---

[19] <https://t.me/uniannet/150571>.
[20] Udar RF po Kryvomu Rogu: kil'kist' poranenych zrosla do 14, pid zavalamy možut' buty žinka i troje ditej. Ukrajinskaja pravda, 11.11.2024.
[21] Defence Secretary: „The Russian conflict led my son to join the Army. Now this is personal to me." The Telegraph, 8.11.2024.

sich ukrainische Flugzeuge im Einzugsbereich der russischen Flugabwehrraketensysteme S-300 und S-400 sowie des Kampfflugzeugs Su-30 mit sowjetischen R-77-Raketen.

In den ukrainischen Medien wurde auch über eine Veränderung an der russischen Geran'-2-Drohne (Shahed 136) berichtet. So erschien ein Video einer solchen Drohne mit einem thermobarischen Sprengkopf.[22] Beim Aufprall versprüht sie ein brennbares Gemisch, das sich schnell entzündet und einen „Feuerball" mit einer Brenntemperatur von etwa 2500°C erzeugt. In geschlossenen Räumen ist diese Waffe besonders gefährlich und somit ideal für die Zerstörung von Industrieanlagen und Lagerhäusern. Zudem soll die Hälfte der Geran'-2 mit Lüneberg-Linsen ausgestattet worden sein – zur Verzerrung der Radarsignatur.[23] Sie sollen ukrainische Bodenluftraketen „entschärfen", deren Munition durch westliche Lieferungen und die Produktionskapazitäten der NATO-Länder im Allgemeinen begrenzt ist. Dies könnte die fast ununterbrochenen Angriffe mit Geran-'2 auf Kiew erklären. Ukrainische Medien haben festgestellt, dass die ukrainische Luftwaffe dazu neigt, Bodenluftraketen aufzusparen und stattdessen Drohnen mit Flugabwehr-Maschinengewehren zu bekämpfen. Dies hat sich als nicht effektiv herausgestellt.

Am 12. November wurde bekannt, dass Russland bei Angriffen auf Charkiv den neuen Drohnentyp Molnija eingesetzt hat. Diese Drohnen sind kleiner und günstiger als die Geran'-2. Sie sind aus Sperrholz und Kunststoff gefertigt. Ihre Reichweite ist mit etwa 40 Kilometern recht groß, ihre Traglast beträgt allerdings nur drei bis fünf Kilogramm. Zudem gibt es Berichte über neue Taktiken beim Einsatz von FPV-Drohnen durch russländische Truppen. Diese sind mitunter mit Sensoren ausgestattet, die große, sich bewegende Ziele erkennen. Die Drohnen fliegen zwölf bis 15 Kilometer hinter der Frontlinie, parken am Straßenrand und warten, bis ein Fahrzeug vorbeifährt, bevor sie explodieren.

Aus dem Russischen von Felix Eick, 14.11.2024

Zelens'kyj öffnet Büchse der Pandora im Luftkrieg: die 142. Kriegswoche

Präsident Zelens'kyj hat die Front besucht, was nie etwas Gutes bedeutet. Zudem hat er die Gerüchte über neue Präsidentschaftswahlen beendet. In Kursk verschlimmert sich die Lage der ukrainischen Truppen. Ein russisches Kommando wurde entlassen, weil es die Einnahme ukrainischer Dörfer gefakt hat. Trotz aller Behauptungen und Erwartungen der ukrainischen und westlichen Nachrichtendienste sind noch immer keine Soldaten aus Nordkorea an der Front aufgetaucht. Allerdings zeichnet sich nun ab, wie die Nordkoreaner im Dezember in den Kampf eintreten könnten. Eine politische Entscheidung Zelens'kyjs führt zu einer neuen Eskalation im Luftkrieg.

Die Lage an der Front

Am 18. November besuchte Präsident Volodymyr Zelens'kyj die Frontlinie – zunächst das zehn Kilometer von den russischen Stellungen entfernte Pokrovs'k. Es ist das Führungs- und teilweise auch Logistikzentrum des südlichen Donbass-Verbandes und wird von der 25. unabhängigen Fallschirmjäger-Brigade der Ukraine (Sičeslav) verteidigt.

---

[22] <https://t.me/uniannet/150338>.
[23] Russia steps up mass drone attacks in bid to overwhelm Ukrainian defenses. CNN World, 7.11.2024.

Noch am selben Tag fuhr er an den nördlichen Stadtrand von Kupjans'k in der Region Charkiv. Zelens'kyjs Auftritte in Frontstädten sind stets nicht nur Ausdruck seines persönlichen Muts und seine Bereitschaft, die Soldaten an der Front zu unterstützen. In Pokrovs'k verlieh er diesmal Auszeichnungen an die Unteroffiziere der kämpfenden Brigaden. Seine Anwesenheit in der Kampfzone ist jedoch immer auch ein deutliches Zeichen dafür, dass die Stadt innerhalb einiger Wochen bis zu mehreren Monaten an den Feind fällt. Dies war nach den Besuchen in Lysyčans'k (20. Juni 2022), Bachmut (20. Dezember 2022), in der Gegend von Mar'jinka (23. Mai 2023) und Avdijivka (29. Dezember 2023) so. In der Regel zeigen die ukrainischen Medien vor der Aufgabe der Stadt Bilder aus der Vogelperspektive, die das Ausmaß der Zerstörung zeigen. Zelens'kyj wollte die Situation mit eigenen Augen sehen, um, wie er auf seinem Telegram-Kanal sagte, „Berichte unserer Kommandeure sowie Berichte über die Sicherheitslage und Lebensbedingungen in den Regionen Donec'k und Charkiv" zu hören. Einerseits ist dies durchaus logisch, da er die Lage nicht auf Grundlage der Berichte des Oberbefehlshabers der ukrainischen Armee Oleksandr Syr'skyj bewerten wollte. Syr'skyj fordert mehr Ressourcen für die Verteidigung der gesamten Ostfront (insbesondere in Richtung Pokrovs'k). Zudem muss Zelens'kyj offensichtlich auch eine Entscheidung über den Rückzug der Truppen aus dem riesigen Kessel treffen, der sich in Richtung Kurachove gebildet hat. Auch südöstlich von Kurachove ist ein kleiner, aber potenziell sehr gefährlicher Kessel entstanden. In der vergangenen Woche ist die russländische Armee auch in einige Teile des Frontvorsprungs von Pokrovs'k vorgerückt und bedroht Pokrovs'k und Myrnohrad sowie alle ukrainischen Stellungen im Süden an der Zaporižžja-Front. Andererseits wäre der Rückzug der Truppen aus dem Kurachove-Kessel der vielleicht größte Rückzug der ukrainischen Streitkräfte auf einen Schlag seit zwei Jahren. Damit würden auch die kleinen Erfolge, die sie im Sommer und Herbst 2023 an der Zaporižžja-Front erzielt hat, zunichte gemacht. Dort, im Gebiet von Velyka Novosilka, hat die russische Armee in dieser Woche teilweise bereits die alten Linien erreicht. Am 19. November stellte Zelens'kyj den neuen „Plan der Standhaftigkeit" in der Verchovna Rada vor. Als ersten Punkt hielt er fest, dass er die Neuwahl eines Präsidenten ablehnt, solange bis ein „gerechter Frieden" erreicht sei. Dies bedeutet, dass die seit Anfang November erneut aufgekommenen Gerüchte über bevorstehende Präsidentschaftswahlen wohl vorerst nicht Realität werden.[24]

Insgesamt haben Zelens'kyj und die ukrainischen Streitkräfte noch etwa drei Wochen Zeit, um die Truppen zu verlegen. Die Bodenverhältnisse im Frontgebiet verlangsamen weiterhin die Logistik und das Vorrücken der russischen Armee. Auch der Einsatz neuer Einheiten zur Unterstützung der bestehenden lässt die Front vorerst halten. Die russische Armee ist seit mindestens zwei Wochen theoretisch in der Lage, den Ring um den ukrainischen Kurachove-Verband zu schließen. Dies gelingt zwar nur äußerst langsam. Doch verengte sich etwa der Ausgang aus dem 20-Kilometer-langen „Sack" im Gebiet südöstlich von Kurachove im Laufe der Woche von sieben auf 5,5 Kilometer.

Auf den Kanälen der Kriegsberichterstatter wurden Berichte darüber veröffentlicht, wie schwierig es ist, im Schlamm zu leben und Gelände zu gewinnen. Auch wird dort über die fehlende Evakuierung der vorderen Einheiten geklagt. So kommt es, dass den Verwundeten wochenlang die nötige medizinische Versorgung vorenthalten wird.

---

[24] Ostriv skarbiv. Nevlovymi zadzerkallja j bezupynna gra rozladnanogo rojalja. Zaxid.net, 14.11.2024.

Die größte Bedrohung für die ukrainischen Streitkräfte sind zurzeit nicht die ständigen Versuche der russischen Streitkräfte, in kleinen Gruppen über die Felder vorzurücken. Es sind direkte Durchbrüche russischer Panzerkonvois über Straßen, die offenbar niemand verteidigen kann. So fuhren beispielsweise am 13. November russische Militärs einfach in Kolonnen gepanzerter Fahrzeuge aus dem Gebiet Lyman Peršyj über die vier Kilometer lange Straße nach Kupjans'k ein und setzten dabei das sowjetische Minenräumsystem UR-77 ein. Dieses räumt die Felder mithilfe von sogenannten Räumschnüren, die die Minen zur Explosion bringen. Einige der Truppen waren mit ukrainischen Uniformen getarnt. Und obwohl sie in der Stadt selbst auf eine Panzersperre trafen und die gepanzerten Fahrzeuge aus nächster Nähe beschossen wurden (insgesamt waren bis zu 15 Fahrzeuge beteiligt, von denen mindestens fünf bis sieben definitiv zerstört wurden), ließen die Okkupanten den Landungstrupp zurück. Weitere Informationen über sein Schicksal sind nicht bekannt. Nach ukrainischen Angaben wurde er am nächsten Tag ausgeschaltet, nach russischen Angaben hält er weiterhin die Verteidigung aufrecht. Dies ist nicht der erste russische Durchbruch dieser Art; im Oktober gab es mehrere solcher Durchbrüche an der Zaporižžja-Front. Einer von ihnen hatte unmittelbar zur Aufgabe von Vuhledar geführt. Mitunter haben solche Manöver aber auch große Verluste zur Folge, wie beim gescheiterten Durchbruch der 810. Marineinfanteriebrigade bei Kaučuk in der Region Kursk, der sie 17 gepanzerte Fahrzeuge kostete.

Verschlechtert hat sich die Situation für die Verteidiger in Časiv Jar. Anfang dieser Woche wurde deutlich, dass die Okkupationstruppen vom Sivers'kyj-Donec'-Donbass-Kanal aus in einem recht schmalen Streifen bis in die Mitte des rechtsufrigen Teils der Stadt vorgedrungen ist, dem Gebiet des Avangard-Stadions. So gelang es ihr, die ukrainische Verteidigung in der Stadt zu spalten. Dies gibt ihnen die Möglichkeit, ihre Angriffe auf andere Teile der Stadt auszuweiten. Und da die Stadt auch von Süden her umgangen wird, werden die ukrainischen Streitkräfte im südlichen Teil der Stadt allmählich von Westen her bedroht.

Kursker Gebiet

Vor allem russischen Berichten aus dem Gebiet Kursk zufolge finden dort schwere Kämpfe statt, insbesondere im nördlichen Teil der von der ukrainischen Armee kontrollierten „Blase". Am 18. November meldeten russländische Quellen einen großen Erfolg: Bei der Niederlage von etwa einem Bataillon der 17. eigenständigen Brigade der ukrainischen Truppen im Wald bei Ol'govka sollen etwa 200 ukrainische Soldaten getötet und mehrere Dutzend gefangen genommen worden sein. Eine ukrainische Bestätigung steht ebenso aus wie eine russische per Video. Laut Kriegsberichterstattern sollen sich 456 ukrainische Soldaten in Gefangenschaft befinden. Es ist jedoch unklar, über welchen Zeitraum hinweg diese gefangen genommen sein sollen. Offenbar handelt es sich um all diejenigen, die in der Region Kursk gefangen genommen wurden. Dieselben Kriegsberichterstatter meldeten wenig später, dass die russische Armee in demselben Gebiet nur „vorgerückt" sei und dass 200 ukrainische Kämpfer immer noch in demselben Wald eingekesselt seien. Der Kanal „Two Majors" veröffentlichte am 18. November drei Videos mit ukrainischen Gefangenen aus den Reihen der 144. Infanteriebrigade und der 17. Panzerbrigade. Ein Teil der ukrainischen Kräfte befindet sich in dem engen „Sack" im Norden der „Blase" in der Tat in einer sehr schwierigen Lage. Teile der Truppen sind bei Durchbruchs- und Rückzugsversuchen, die mit unvermeidlichen Verlusten einhergingen, tatsächlich gefangen genommen worden. Die Höhe der Opferzahl ist unbekannt.

Das Evakuierungsproblem der russischen Armee

Ein Text von Anastasia Kaševarova über die nicht stattfindende Evakuierung von Verwundeten vom 15. November beschreibt anschaulich das Lügengebäude und die Falschmeldungen der russischen Seite:

> Dass sich verwundete Kämpfer wochenlang in den Schützengräben befinden, ist ein großes Problem, das mit der Sauce des Heldentums übergossen wird. Auch dass sich Verwundete an der Frontlinie in den Schützengräben wochen- und monatelang aufhalten müssen, ist ein häufiger Fall. Viele entwickeln Wundbrand, Blutvergiftungen und Abszesse. Häufig könnten Gliedmaßen noch gerettet werden, aber die Behandlungen verzögern sich zu sehr, die unwiederbringlichen Verluste erhöhen sich. Und das alles nur, weil wir von Anfang an eine geschlossene Fehlerkette geschaffen haben und nun nicht wissen, wie wir da wieder herauskommen. Falsche anfängliche Berechnungen führten zum Verlust von Personal, daraufhin mussten wir mobilisieren. Es folgten Diebstahl und die Lügen, dass an der Front alles vorhanden sei, dies wiederum führte zu einem Mangel an Ausrüstung und Waffen. So mussten die Soldaten erneut ohne Übung und Artillerieerfahrung zum Angriff übergehen. Lügen über die Zahl der Freiwilligen, Lügen über die Tatsache, dass alle in Urlaub gefahren sind – auch das schadet nur der Kampfmoral und spiegelt nicht die wirkliche Situation an der Front. Das Ergebnis ist, dass wir an der Front einen solchen Mangel an Leuten haben, dass wir alle Spezialisten und Ingenieure zu den Angriffsgruppen schicken. Die Verwundeten liegen in den Schützengräben, weil es niemanden gibt, der sie behandeln kann. Und die Kommandeure sind auch Geiseln all dieser Fehler, sie bekommen Befehle und Aufgaben, die auf diesen Zahlen von Granaten, Personal, besetztem Gebiet und vorhandener Ausrüstung beruhen, die alle aus den Fingern gesogen sind und nach ganz oben weitergereicht werden.[25]

Sivers'k

Falschmeldungen über die Einnahme ukrainischer Dörfer am Frontabschnitt von Sivers'k (dem östlichsten Punkt der Frontlinie, südlich von Kreminna und westlich von Lysyčans'k) führten in der vergangenen Woche zum Rücktritt des russischen Kommandos der 3. Armee. Einigen Berichten zufolge waren ganze Eroberungen gefälscht. Dies wurde von der russischen Militärführung lange Zeit ignoriert, bis ein hochrangiger Beamter ein Dorf besuchen wollte, das angeblich erobert war, doch dann stellte sich heraus, dass es de-facto von den ukrainischen Streitkräften kontrolliert wurde. Daraufhin wurde um den 10. November das Kommando der 3. Armee und einiger Brigaden entlassen und sogar verhaftet.

---

[25] <https://t.me/akashevarova/7632>.

Nordkoreanische Soldaten in Russland und Genehmigung für ATACMS-Schläge

Entgegen allen Behauptungen und Erwartungen der ukrainischen und westlichen Nachrichtendienste sind noch immer keine Soldaten aus Nordkorea an der Front aufgetaucht. Es ist noch nicht einmal geklärt, ob sie als selbstständige Einheiten kämpfen oder sich den Einheiten der russischen Armee anschließen sollen. Bisher präsentierten ukrainische Medien nur eine einzige vermeintliche Bestätigung dafür, dass sie sich in Zentralrussland aufhalten: ein Interview mit einem gefangenen russischen Soldaten, der behauptet, dass sie sich angeblich in der Region Voronež befinden und dort ausgebildet werden.

Über die russisch-nordkoreanische militärische Zusammenarbeit ist in dieser Woche nur eine weitere Information hinzugekommen: In Krasnojarsk wurde ein Zug mit nordkoreanischen Artillerieeinheiten vom Typ M1989 „Koksan" mit hoher Leistung und Reichweite (bis zu 60 km) entdeckt. Ob das Gerät von nordkoreanischen Soldaten begleitet wurde oder ob das russische Militär mit solchen Maschinen kämpfen wird, ist unklar. Betrachtet man das Vorgehen jedoch unter dem Gesichtspunkt der normalen militärischen Praxis und Logistik, erscheint alles eindeutig und logisch. Nach einem einmonatigen „Training" im Fernen Osten wurde damit begonnen, die nordkoreanischen Einheiten mit der Eisenbahn ins Kampfgebiet zu verlegen. Sie werden bis Anfang Dezember dort sein. Es hängt dann von den Plänen der Führung ab sowie von der Notwendigkeit, neue Reserven einzusetzen, jedenfalls können die Nordkoreaner wohl schon im Dezember in den Kampf eintreten. Auch wenn in der vergangenen Woche erneut über die Möglichkeit der Verlegung von bis zu 100 000 nordkoreanischen Soldaten in die Russländische Föderation berichtet wurde, so handelt es sich bisher eindeutig um eine relativ kleine Gruppe von 7000 bis 12 000 Mann, die kaum in der Lage sein dürfte, die Situation an der Front grundlegend zu verändern. Sie werden aber sicherlich den russischen Ansturm in ein oder zwei Gebieten verstärken. Am 19. November erklärte die stellvertretende Sprecherin des Pentagon, Sabrina Singh: „Das US-Verteidigungsministerium kann die Beteiligung des nordkoreanischen Militärs an den Kämpfen in der Ukraine oder seine Präsenz in der Region Kursk nicht bestätigen."

Die Panik in den internationalen Medien über den Kriegseintritt Nordkoreas sowie das Ergebnis der Präsidentschaftswahlen in den USA in Verbindung mit der Entscheidung, der Ukraine den Rest des zuvor vom Kongress zugewiesenen Betrags (9 Mrd. US-Dollar) an Waffen zu überlassen, haben offenbar eine Rolle bei der Entscheidung von Präsident Joe Biden gespielt, der Ukraine zu gestatten, Ziele in der Region Kursk mit ballistischen ATACMS-Raketen anzusteuern. Bei aller Hysterie russischer Top-Beamter ist Bidens Logik doch verständlich. Wenn Russland die besetzten Regionen der Ukraine zu Regionen Russlands erklärt hat und alle Regionen gleich sind, warum darf die Ukraine, die seit einem Jahr das vermeintlich „neue Russland" mit ähnlichen Raketen beschießt, nicht auch das alte treffen?

In der Nacht zum 19. November erfolgte ein solcher Angriff – und zwar keineswegs in der Region Kursk. Aus dem Gebiet war während der Raketen-Debatte in den vergangenen Monaten alles abgezogen worden, was einen militärischen Wert hatte. Der Angriff erfolgte auf ein Arsenal des Logistikzentrums 1046 in der Nähe der Stadt Karačev in der Region Brjansk. Nach ukrainischen Angaben, die sich auf ein von Anwohnern aufgenommenes Video stützen, kam es dort infolge einer starken Explosion zu einer Sekundärdetonation

mit zwölf Explosionen. Russischen Berichten zufolge fingen mehrere Flugabwehrraketensysteme der Typen S-400- und S-300 in dem Gebiet fünf der sechs Raketen ab (sowie mehrere Himars-Raketen). Die sechste Rakete wurde beschädigt und stürzte auf das „technische Gelände des Stützpunkts". Es liegen keine Daten aus der Satellitenaufklärung vor. Es gab aber wohl keine größeren Brände oder Evakuierungen von Zivilisten.
Zwar können die neuen Raketenwerfer in anderen Fällen durchaus erfolgreich sein. Dass solche Raketen aber einen grundlegenden Einfluss auf die Lage an der Front haben werden, scheint eher unwahrscheinlich. Viel gefährlicher für die russische Infrastruktur und Luftwaffe sind die britischen und französischen Marschflugkörper wie *Storm Shadow* und *Scalp*. Sie verfügen über eine doppelt so große Reichweite wie ATACMS und haben sich beim Beschuss großer Ziele, wie etwa Kriegsschiffen in den Häfen der Krim, bewährt. Die Erlaubnis, sie gegen Ziele im „alten Russland" einzusetzen, wird der ukrainischen Armee wahrscheinlich in naher Zukunft erteilt werden. Aber auch sie werden allenfalls einzelne Objekte in größerem Umfang beschädigen können.

Luftangriffe

Diese Woche zeigte sich, dass Zelens'kyjs politische Entscheidung, die Angriffe auf die kaspische Flottille und neue Angriffe auf russische Öllager zu genehmigen, die Büchse der Pandora wohl geöffnet hat. Er verfolgte möglicherweise das Kalkül, mehr Hilfe von der scheidenden US-Präsidialadministration zu erhalten, einschließlich der Genehmigung von ATACMS-Angriffen. Zwei Monate lang hatte sich die Ukraine nur gegen Drohnen und ballistische Raketen wehren müssen. Ihr war es im Spätsommer und Herbst weitgehend gelungen, die Stromerzeugung wieder auf ein Niveau zu bringen, das eine ununterbrochene Versorgung der Bevölkerung und der Industrie mit Strom und Wärme gewährleistet. Nun aber sah sie sich erneut brutalen Raketenangriffen ausgesetzt – durch Marschflugkörper, ballistische Raketen und Drohnen. Der Beschuss am Morgen des 17. November war der stärkste seit Beginn des Krieges. Nachdem strategische Bomber Russlands zwei Tage die ukrainische Luftabwehr beschäftigt hatten, griffen sie am dritten Tag 120 Raketen und etwa 90 Drohnen gleichzeitig aus der Luft und vom Boden aus an. Die ukrainischen Luftstreitkräfte meldeten, dass sie 102 von 120 Raketen abgeschossen haben. Das sind etwa 85 Prozent, während sie zuvor etwa 70 Prozent abfingen. Dies ist vermutlich auf die gute Arbeit der F-16 zurückzuführen, die allein zehn Raketen abschießen konnten. Dennoch brachen folglich nicht wenige Raketen durch und sorgten für Zerstörungen und Probleme in mindestens zehn Regionen der Ukraine. Besonders schlimm war die Lage in der Region Odessa, wo der öffentliche Nahverkehr eingeschränkt war sowie Ampeln und Beleuchtung in einigen Bezirken lahmgelegt wurden. Auch Mykolajiv wurde stark getroffen, mit zahlreichen Schäden an Wohnhäusern, öffentlichen Gebäuden und der Infrastruktur. Aber auch in den Regionen Vinnycja, Żytomyr, Ivano-Frankivs'k, Kiew, L'viv, Poltava und Rivne wurden Umspannwerke und Stromerzeugungsanlagen beschädigt. In der Region Poltava schlugen drei Raketen in die Staumauer des Stromkraftwerks Kremenčuk ein. Zwei davon trafen nach ukrainischen Angaben, wie auf einem Video zu sehen, nicht den oberen Teil der Staumauer, sondern das Wasser knapp vor der Staumauer. Es sollte der Unterwasserteil getroffen werden, in dem sich die Turbinen befinden. Ukrainische Experten stellten fest, dass im Falle eines Dammbruchs eine so große Stadt wie Kremenčuk innerhalb einer halben

Stunde unter Wasser stehen würde. Nach Angaben des Bürgermeisters von Kryvyj Rih wurden unter anderem zwei Schulen „stark zerstört". In Mukačevo (Region Transkarpatien) wurde eines der Umspannwerke beschädigt, das für den Import von Strom aus der EU zuständig ist.

Doch insgesamt hat das ukrainische Energiesystem dem Angriff standgehalten. In vielen Regionen wurde unmittelbar nach dem Angriff der Strom abgestellt. Diese geplanten Stromausfälle wurden jedoch in den meisten Gegenden bis zum Abend aufgehoben. Nur in einigen Städten gingen die Stromausfälle noch zwei Tage weiter. Unterdessen bestanden die Probleme in Odessa fort. Das lag daran, dass die Stromerzeugung der Kernkraftwerke reduziert worden war, nur zwei von neun Reaktoren waren in Betrieb. Sie konnten schlicht nicht darauf vertrauen, dass der von ihnen erzeugte Strom weiter an die angegriffenen Umspannwerke verteilt werden würde. Dennoch gehen Experten davon aus, dass Russland über ausreichende Raketenvorräte verfügt (darunter etwa 300 Marschflugkörper des Typs Ch-101, von denen Russland derzeit bis zu 50 pro Monat produziert), um weitere großangelegte Angriffe durchzuführen.

Gleichzeitig greift Russland die Ukraine weiterhin täglich mit Drohnen und ballistischen Raketen an. Letztere führen immer häufiger zu Tragödien, bei denen Zivilisten sterben oder verletzt werden, da sie Wohngebäude treffen, nachdem sie entweder falsche Zielanweisungen erhalten haben oder von ukrainischen Abwehrraketen abgeschossen wurden. So flog am 17. November eine Iskander-Rakete in ein mehrstöckiges Gebäude in Sumy. Dabei starben elf Menschen, darunter zwei Kinder im Alter von neun und 14 Jahren. 68 Menschen wurden verletzt, darunter fünf Kinder. 400 Menschen mussten aus dem Gebäude evakuiert werden. Am 18. November wurde Odessa mitten am Tag von einer weiteren Iskander-M-Rakete angegriffen. Sie wurde zwar von einem Patriot-Luftabwehrsystem abgeschossen. Doch der Iskander-Sprengkopf fiel in einen belebten Innenhof im Bezirk Prymors'kyj. Es gab zehn Tote, 47 Verletzte, darunter vier Kinder im Alter von sieben, zehn und zweimal elf Jahren.Die Ukraine reagiert darauf vor allem mit Drohnenangriffen auf Industrie- und Militäreinrichtungen. Am 15. November griff sie den Militärflugplatz Krymsk in der Region Krasnodar an. Russländischen Angaben zufolge wurden 40 Drohnen abgeschossen, der Schaden ist nicht bekannt. Am 17. November flogen ukrainische Drohnen zum ersten Mal ein so wichtiges Zentrum der russischen Rüstungsproduktion wie Iževsk an, das sich 1200 Kilometer von der Front entfernt befindet; Ziel war die elektromechanische Fabrik „Kupol". Nach Angaben des Stadtoberhaupts landete eine Drohne in einem Werksareal, in dem das taktische Kurzstrecken-Flugabwehrraketen-System „Tor" sowie Radarstationen hergestellt werden.

Aus dem Russischen von Felix Eick, 21.11.2024

Putins rätselhafte neue Rakete: die 143. Kriegswoche

Russland hat die Ukraine mit einer bisher unbekannten Rakete angegriffen. Experten erkennen darin eine Interkontinentalrakete, die mehrere Sprengköpfe sowie achtmal mehr Ladung tragen kann als eine Iskander-Rakete. Sie kann nur von den neuesten amerikanischen Raketenabwehrsystemen abgefangen werden, über die die Ukraine nicht verfügt. Die größte Bedrohung für die Ukraine aus der Luft ist jedoch nicht diese neue von Putin „Orešnik" getaufte Rakete, sondern es sind immer intelligentere Angriffsdrohnen und Drohnen-Attrappen. Der Skandal um gefälschte Eroberungen fordert mit einem „Helden Russlands" ein hochrangiges Opfer. Nach Nordkorea könnte nun auch Südkorea Waffen für den Krieg liefern.

„Orešnik" als Antwort auf „Storm Shadow"

Die größte Sensation der Woche war der „Test" einer russischen ballistischen Mittelstreckenrakete, die der russische Präsident Vladimir Putin „Orešnik" nannte. Sie flog am 21. November auf die Rüstungsfabrik Južmaš in Dnipro und ist als Reaktion auf den ukrainischen Beschuss mit westlichen Langstreckenraketen zu werten. Diese britischfranzösischen Raketen vom Typ „Storm Shadow" hatten zuvor am 19. November ein Artilleriewaffendepot in der Region Brjansk und am 20. November die russische Kommandozentrale des Verbandes „Nord" im Dorf Mar'ino in der Region Kursk getroffen. Man muss allerdings genau unterscheiden: In der „Orešnik" erkennen Experten entweder die bereits bekannte 50-Tonnen-Interkontinentalrakete (ICBM) RS-26 Rubež oder eine ähnliche Variante aus der ICBM-Gattung Jars, die ebenfalls zu Rubež gehört, aber vor Putins Ansprache vom 21. November niemandem unter diesem Namen bekannt war. Vor allem aber ist darauf hinzuweisen, dass die neue Rakete in einer Demonstrations- und nicht in einer Kampfversion eingesetzt worden ist. Vereinfacht gesagt, trug sie statt echter Sprengköpfe nur Dummy-Sprengköpfe, die bestenfalls nur geringe Zerstörungen verursachen sollen. Auf den Satellitenbildern vom Južmaš-Werk, dem größten Unternehmen des ukrainischen Verteidigungskomplexes, vom 23. November waren jedenfalls keine nennenswerten Schäden zu erkennen. All dies sah eher wie ein „Gruß" der russländischen Raketenbauer an die ukrainischen Kollegen aus. Es handelte es sich auch um eine Warnung der russländischen Behörden, die Produktion der ukrainischen Marschflugkörper „Neptun" und anderer Waffentypen im Južmaš-Werk nicht weiter zu erhöhen. Die russländische Rakete ist in der Tat eine mächtige Waffe. Sie ist in der Lage, etwa acht Ladungen einer Iskander-Rakete auf einmal auf einen Ort abzufeuern. Sie kann nur von den neuesten amerikanischen Raketenabwehrsystemen abgefangen werden, die aber in naher Zukunft sehr wahrscheinlich nicht an die Ukraine geliefert werden, da sie sehr teuer sind und selbst in der Armee des Herstellerlandes nur in geringer Zahl vorhanden sind. Andererseits ist nicht klar, wie viele solcher „Orešniki" Russland produzieren kann. Die Russländische Föderation ist in der Lage, drei Iskander-Raketen pro Tag zu fertigen. Die „Orešnik" ist aber eine komplexere und teurere Rakete.
Die Ukraine ließ sich jedoch von der „Orešnik" nicht einschüchtern. Am 23. November wurden die Angriffe mit westlichen Raketen auf russische Ziele in den Schwarzerdegebieten wieder aufgenommen. Vorrangige Ziele für die ukrainischen Streitkräfte sind dabei offenbar große und teure Luftabwehrsysteme wie die S-400. Denn diese helfen

auch kleineren russischen Systemen wie dem Kurzstrecken-Flugabwehrsystem Pancir', ukrainische Langstreckendrohnen, die auf Ziele tief im Landesinneren Russlands zielen, im Voraus zu erkennen. Russland bestätigte den Verlust eines Fahrzeugs mit einem S-400-Radarsystem in der Nähe von Kursk nach dem Angriff mehrerer ATACMS am 25. November. Kriegsreporter veröffentlichten Fotos und Informationen über den Tod von fünf Offizieren. Im Internet erschienen auch Videos von ATACMS mit Streumunition, die auf den Flugplatz Kursk-Vostočnij (Chalino) flogen. Zu sehen sind zwei Einschläge auf eine S-400-Stellung, die den Angriff abzuwehren versuchte.

Die Situation erinnert an die Krim im Frühjahr 2024: Damals verloren die russischen Streitkräfte nach dem Beginn der Angriffe mit ähnlichen westlichen Raketen bis zu sechs S-400- und S-300-Komplexe, möglicherweise sogar S-500. Zudem wurden mehrere große Bodenziele zerstört, darunter Schiffe, Flugzeuge sowie Kommunikations- und Kontrollpunkte. Dies endete erst, als russische Raketenwerfer anfingen, 80 bis 90 Prozent der ATACMS, Storm Shadow und Neptun sicher abzufangen, sodass weitere Angriffe praktisch sinnlos und sehr teuer wurden. Die russischen Flugabwehrschützen in den zentralen und südlichen Regionen Russlands verfügen noch nicht über eine ausreichende Erfahrung in diesem Bereich. Daher sind sie die ersten Opfer.

Die größte Bedrohung für die Ukraine aus der Luft ist indes nicht die „Orešnik". Es sind die fortlaufend modifizierten und immer intelligenteren Angriffsdrohnen, die der russländische militärisch-industrielle Komplex in immer größerer Zahl produziert. In der Nacht vom 25. auf den 26. November haben die russischen Streitkräfte 188 Drohnen auf Ziele in der Ukraine abgeschossen, ein neuer Rekord. Es gelang der ukrainischen Luftabwehr nach eigenen Angaben nur, 76 davon abzufangen. Selbst in Kiew, wo fünf Stunden lang Luftalarm herrschte, wurde nur die Hälfte der Drohnen abgefangen. Wie es im Rest des Landes aussah, verschweigen die ukrainischen Behörden. Aus den Daten der Stromausfälle lässt sich aber ablesen, dass etwa in Ternopil, weit von der Front entfernt, „die schlimmste Stromnotlage seit Kriegsbeginn" besteht. Der Nahverkehr und die Aufzüge in mehrstöckigen Gebäuden sind komplett ausgefallen, und es gibt kein Wasser. Informationen der Nachrichtenagentur Associated Press zufolge waren bis zu 50 Prozent der gegen die Ukraine eingesetzten Drohnen nur Attrappen. Sie dienten lediglich dazu, das ukrainische Luftabwehrsystem zu beschäftigen. Den Angaben zufolge kann die Fabrik in der Sonderwirtschaftszone „Alabuga" in der Republik Tatarstan, die auch Shahed-Drohnen herstellt, etwa 40 günstigere unbewaffnete und etwa zehn bewaffnete Drohnen pro Tag produzieren. Wie glaubwürdig diese Zahlen sind, ist schwer zu sagen. Ukrainische Medien zeigen allerdings regelmäßig russische Drohnen verschiedener Typen, die billig produziert wurden und die den Typ Shahed nachahmen.

Die Lage an der Front

Die Lage an der Front ist für die ukrainischen Streitkräfte weiterhin nachteilig. Die Okkupationsarmee, die ihre Kräfte im Gebiet bei Kurachove konzentriert, schließt die Zange um die ukrainischen Truppen in diesem Gebiet weiter. Sie versucht so, die ukrainischen Truppen an die Grenzen der Region Dnipropetrovs'k zu drängen. In diesem Fall geht es offenbar nicht darum, die ukrainische Armee einzukesseln. Es genügt den Russen, einen territorialen Vorteil zu erlangen und erhebliche Verluste bei der Erstürmung von Siedlungen zu vermeiden. Dem ukrainischen OSINT-Projekt DeepState zufolge hat die russische Armee bei den Kämpfen in der Ukraine in der vergangenen Woche fast 235 Quadratkilometer unter ihre Kontrolle gebracht.[26] In keiner anderen Woche im Jahr 2024 gab es so große Geländegewinne. Die beiden Hauptgründe für die russischen Erfolge sind die Taktik der großen Truppen, mit denen die Besatzer ukrainische Einheiten in Verteidigungsgebieten angreifen, sowie die neue Konfiguration der Front, die sich für die ukrainischen Streitkräfte aufgrund des russischen Durchbruchs in Richtung Pokrovs'k deutlich verschlechtert hat. Ein weiterer Erfolgsfaktor für die Russen ist der Mangel an ukrainischen Soldaten an der Front. Laut ukrainischen Medien reichen die Soldaten in der Region Donec'k nicht einmal für die wichtigsten Verteidigungspositionen aus. Gleichzeitig gibt es in der Region Kursk, wo sich die ukrainische Armee unter dem Druck der russischen Armee langsam in den „aufgeblasenen Sack" zurückzieht, zwar genügend Kräfte. Die strategische Lage der Truppen ist aber ebenfalls äußerst ungünstig.

Kurachove und Velyka Novosilka

Die ukrainischen Streitkräfte ziehen ihre Einheiten langsam aus dem „Sack" um Kurachove ab. Das Gebiet ist aus der Luft gut sichtbar und wurde daher stark beschossen. Die Taktik der ukrainischen Armee, sich auf die Verteidigung der zahlreichen Siedlungen in der Region zu fokussieren, ist gescheitert. Die dortigen Artilleristen und Drohnenpiloten wurden von den wenigen Soldaten in den Festungen an der Frontlinie – meist in den Waldgebieten – nur unzureichend gedeckt. So können die russländischen Angreifer weiter die ukrainischen Stellungen über die Felder umgehen. Sie wechselt dabei zwischen zwei Taktiken: Kleine Panzerkolonnen, die Waldgürtel durchbrechen, sowie Aktivitäten von zwei bis fünf Mann starken Truppen, die mit Hilfe von Drohnen versteckte „Hochburgen" der ukrainischen Verteidigung aufspüren. Entweder besetzen sie diese in der Folge, wenn sie leer sind, oder sie organisieren die systematische „Ausräucherung". Erweist sich der „Stützpunkt" als größer, versuchen sie, ihn zu blockieren und zu umgehen und ihn mit Artillerie entscheidend zu treffen. Daraufhin ziehen sich die ukrainischen Soldaten entweder zurück oder sie ergeben sich. Im vergangenen Monat wurden in den ukrainischen Medien wiederholt Szenen gezeigt, in denen Gruppen von fünf bis elf ukrainischen Soldaten, die sich in solchen „Festungen" ergeben hatten, erschossen wurden. Zuletzt geschah dies am 26. November.

Die Führung der ukrainischen Streitkräfte hatte keine andere Wahl, als sich in Richtung Kurachove aus einer ganzen Reihe von Dörfern südlich und südöstlich von Kurachove zurückzuziehen. Dies war der Raum für die zweite Verteidigungslinie der ukrainischen Armee, nachdem die Verteidigungslinie bei Vuhledar durchbrochen worden war. Die Umgehung dieses Gebiets von Nordosten her und der Durchbruch der russischen Armee direkt in den östlichen Teil von Kurachove haben den Widerstand in diesem Gebiet sinnlos gemacht. Darüber hinaus kam es fünfzehn Kilometer weiter westlich zu einem äußerst unangenehmen, wenn auch recht vorhersehbaren Ereignis: Die russische Offensive an einem Abschnitt der Zaporižžja-Front, an dem die ukrainische Armee im Sommer und Herbst 2023 Erfolge erzielte, führte plötzlich zu einem echten Durchbruch. Dies ermöglichte es den russischen Streitkräften, in nur drei Tagen den nordöstlichen Stadtrand von Velyka Novosilka zu erreichen, der das Zentrum der ukrainischen Verbände in diesem Gebiet war. Die Straße nach Norden, die die ukrainischen Stellungen um die Stadt

---

[26] <https://deepstatemap.live/en/#6/49.4383200/32.0526800> – Russia accelerates advance in Ukraine's east. Reuters, 26.11.2024.

herum versorgt, ist offenbar abgeschnitten worden oder steht unter „Feuerkontrolle". Velyka Novosilka selbst ist unmittelbar von der Einnahme bedroht. Nördlich und westlich der Stadt wurde die Zwangsevakuierung der Bevölkerung angeordnet. Damit sind die Zangen, die sich fünfzehn bis zwanzig Kilometer westlich von Kurachove schließen sollen und die damit mindestens die Hälfte der verbliebenen ukrainischen Stellungen im Süden der Region Donec'k abschneiden sollen, noch enger zusammengerückt.

Gebiet Kursk

In der Region Kursk setzen sich die schweren und blutigen Kämpfe fort, die hauptsächlich im nördlichen und östlichen Teil der von den ukrainischen Streitkräften kontrollierten „Blase" stattfinden. Im Laufe der Woche gelang es den russischen Streitkräften, das Dorf Dar'ino zu befreien, um das sie seit mindestens anderthalb Monaten gekämpft hatten. Auch gelang es den russischen Streitkräften, einen langen von den Ukrainern kontrollierten „Appendix" im nördlichen Teil zu beseitigen. Internationale Medien schätzen, dass die ukrainische Armee in Kursk bereits etwa 40 Prozent des zunächst eroberten Gebietes wieder verloren hat. Und trotzdem kämpfen genau hier, und nicht im Donbass, die besten Einheiten. Die ukrainische militärische und politische Führung wiederholt jedoch immer wieder, dass es besser sei, auf feindlichem Gebiet zu kämpfen als auf eigenem, denn 45 000 russländische Soldaten würden dadurch außerhalb der Ukraine gebunden. Diese Argumentation erscheint vielen westlichen Beobachtern äußerst fragwürdig, insbesondere vor dem Hintergrund des zunehmenden Austauschs von Raketen und der schweren Krise in der Region Kurachove.

Im Norden der Region Charkiv

Das dritte Gebiet, in dem in dieser Woche militärische Operationen stattfanden, war die Region um Kupjans'k. Es scheint, dass es der verteidigenden Armee gelungen ist, den Angriff auf Kupjans'k zumindest zu unterbrechen. Am Morgen des 26. November meldeten die ukrainischen Streitkräfte, dass es gelungen sei, die Säuberung von Kupjans'k von den Besatzern abzuschließen. Unterdessen klärten sich auch die Umstände, wie der russländische Durchbruch in die Stadt gelungen war: Mitte November hatte das russische Militär nordwestlich von Petropavlivka eine Offensive gestartet, und zwar während die ukrainischen Einheiten rotiert hatten. Die üblichen Rotationen der ukrainischen Brigaden haben schon mehrmals zum Verlust wichtiger Stellungen geführt. Das liegt daran, dass zunächst immer erst eine Brigade abgezogen wird, bevor bestenfalls nach Stunden eine ausgeruhte Einheit an ihre Stelle vorrückt. Die russischen Militärs überwachen solche Bewegungen ständig und bereiten ihre Einsatzkräfte darauf vor, schnell zu neuen, von den ukrainischen Streitkräften de facto kurzzeitig aufgegebenen Stellungen vorzudringen. So fiel bei der oben erwähnten Rotation der Bahnhof Kulagove im Nordosten von Kupjans'k kampflos in die Hände des russischen Militärs. Der Bahnhof konnte in der Folge für einen Angriff auf die Stadt entlang des minenfreien Bahndamms genutzt werden. Zwar scheint es der ukrainischen Armee in Kupjans'k gelungen zu sein, die Situation ein wenig zu korrigieren. Im Feld rücken die Besatzer aber weiter vor, und zwar durch die Flusstäler des Žerebez und des Oskil. Beide sind für eine Offensive nicht besonders gut geeignet. Trotzdem hat die russländische Armee in der vergangenen Woche den Žerebez überquert und ist in Richtung des Oskil vorgestoßen, etwa fünfzehn Kilometer westlich des von Russland kontrollierten Svatove, auf halbem Weg zwischen den Städten Lyman und Kupjans'k. Sollte sich diese Offensive positiv entwickeln, könnte sie für die verteidigende Armee überaus schmerzhafte Folgen haben. Die Frage ist, ob die ukrainische Armee die Reserven findet, um die Nabelschnur zu durchtrennen.

Das Gebiet Sivers'k und die Absetzung von Generaloberst Gennadij Anaškin

Der Skandal um die Fälschung von Eroberungen der russischen Streitkräfte in Richtung Sivers'k führte nicht nur zu Rücktritten und Verhaftungen in der 3. Armee. Es folgte die Absetzung des Kommandeurs der Gruppe „Süd", Generaloberst Gennadij Anaškin, wegen „systematischer Täuschung". Dieser hatte den Posten erst seit acht Monaten inne. Zuvor hatte er eine rasante Karriere hingelegt: Im Januar 2024 war er vom Befehlshaber der 8. Armee zum Stabschef des Militärbezirks Süd und bereits im März 2024 zum stellvertretenden Kommandeur des Bezirks ernannt worden. Anaškin war bis August 2014 Kommandeur einer Fallschirmjägerbrigade, die ihm für seine Teilnahme am Invasionskrieg in Georgien im Jahr 2008 den Titel „Held Russlands" eingebracht hatte. Er gilt als illoyal gegenüber dem russischen Oberbefehlshaber Valerij Gerasimov und hat sich durch seine stillschweigende Unterstützung der Meuterei von Evgenij Prigožin im Juni 2023 in Putins Augen diskreditiert. Dies ist wahrscheinlich der Grund, warum die erlogenen Eroberungen zu einer so harschen Reaktion gegen die 3. Armee führten.

Neue Abenteuer des nordkoreanischen Militärs

Das nordkoreanische Militär ist immer noch nicht an der Front erschienen, obwohl ukrainische und internationale Medien nicht aufhören, das Gegenteil zu behaupten. So berichtete etwa der amerikanische Nachrichtensender CNN am 23. November unter Berufung auf einen ukrainischen Kommandeur vom Auftauchen nordkoreanischer Truppen in Richtung Charkiv. Einen Tag später gab die Einsatzgruppe der ukrainischen Armee „Charkiv" eine Erklärung ab: „Dies entspricht nicht der Wahrheit. Die Person, von der diese Information stammt, ist kein offizieller Sprecher des Einsatzgruppe Charkiv und hat sich außerhalb seiner Kompetenz zur operativen Lage geäußert." Laut CNN sollen nordkoreanische Militärberater auch im besetzten Mariupol' eingetroffen sein, „wo sie russische Einheiten unterstützen, aber getrennt leben". Die Glaubwürdigkeit solcher Berichte ist vermutlich gering. Gleiches gilt für die Meldungen, dass bei einem Angriff auf ein russisches Kontrollzentrum in der Region Kursk ein hochrangiger nordkoreanischer General verwundet und bis zu 500 nordkoreanische Militärangehörige, die sich offenbar alle in einem unterirdischen Bunker aufhielten, zusammen mit russischen Kommandeuren getötet worden sein sollen. Die Vorbereitungen für den Besuch des ukrainischen Verteidigungsministers Rustem Umerov in Südkorea, wo er unter dem Vorwand, das nordkoreanische Militär zu bekämpfen, um Waffen bitten wird, laufen. In diesem Zusammenhang begannen ukrainische und internationale Medien, Veröffentlichungen über die Gefahr der von Nordkorea hergestellten ballistischen Rakete KN-23 zu veröffentlichen. Sie soll nach ukrainischen Angaben bereits 60-mal bei Angriffen auf Großstädte eingesetzt worden sein. Die Nachrichtenagentur Reuters berichtete unter Berufung auf Satellitenbilder, dass Nordkorea die Fabrik „im Namen des 11. Februars" in der Hafenstadt Hamhŭng und den benachbarten Vinalon-Komplex ausbaut, in dem der Treibstoff für die Raketen hergestellt wird.

Aus dem Russischen von Felix Eick, 28.11.2024

Zelens'kyj gibt zentrales Kriegsziel auf: die 144. Kriegswoche

Insgesamt ist es der Ukraine gelungen, die Angriffe an mehreren Abschnitten der Front etwas abzuschwächen. Bei Kupjans'k ist ihr sogar ein bemerkenswerter Erfolg geglückt. Dennoch ist die Lage in weiten Teilen heikel. Im Luftkrieg richten Raketen und Drohnen immer größeren Schaden an. Bis Jahresende werden neue westliche Luftabwehrsysteme, auch aus Deutschland, die Verteidigung des Landes entscheidend stärken. In der Ukraine setzen die russischen Geheimdienste eine neue Sabotagetaktik mit Bomben ein. In Russland geraten ausgerechnet die „Siloviki" finanziell unter Druck. Präsident Volodymyr Zelens'kyj sah sich gezwungen, die militärische Wiederherstellung der Grenzen von 1991 infrage zu stellen. Bundeskanzler Olaf Scholz kommt nun eine Schlüsselrolle zu.

Die Lage an der Front

Im Allgemeinen konnte die russische Offensive in der vergangenen Woche erheblich abgeschwächt werden. Die russischen Streitkräfte konnten viele ihrer zuvor erstellten Pläne für größere Durchbrüche entlang der Frontlinie nicht realisieren. Dies betraf insbesondere den Kampf um Kupjans'k: An einem Abschnitt der russischen Offensive gelang sogar den ukrainischen Streitkräften ein Durchbruch. An mindestens zwei Stellen der Frontlinie (beide in Richtung Pokrovs'k) sind jedoch neue, potenziell sehr gefährliche Punkte entstanden, an denen die Besatzer vorstoßen können, um Pokrovs'k direkt zu bedrohen. Generell ist die Nervosität der ukrainischen militärischen Führung zu spüren. Sie bereitet Slovjans'k de facto bereits auf die Kapitulation vor und deutete an, dass die Bewohner möglicherweise evakuiert werden müssen.

Südlicher und zentraler Donbass

Im Gebiet um Kurachove ist es den umgruppierten ukrainischen Einheiten gelungen, den Ansturm der russischen Armee weitgehend aufzuhalten. Sie konnten sowohl die Einkreisung Kurachoves von Süden her als auch einen größeren Durchbruch im Gebiet von Velyka Novosilka verhindern. Die Okkupationsarmee drang jedoch vom östlichen Stadtrand aus in das Zentrum von Kurachove ein und stieß entlang des nördlichen Ufers des Kurachove-Stausees vor. Sie versuchte so, die Stadt nicht nur von Norden, sondern auch von Westen zu umgehen. Die Garnison in und um die Stadt wird wahrscheinlich noch einige Wochen durchhalten. Allerdings offenbart sich bereits die Agonie der ukrainischen Truppen. Im Südwesten, in der Gegend von Velyka Novosilka, stoppten die Ukrainer die russländische Armee im Laufe der Woche in ihrer Bewegung nach Norden. Gleichzeitig kamen die Besatzer nah an den östlichen Rand der Stadt und begannen, sie zu stürmen. Bisher fanden die Kämpfe am Stadtrand statt, aber es ist wahrscheinlich, dass die russischen Angreifer im Laufe der nächsten Woche in das Zentrum der Stadt vordringen werden.

Nordwestlich dieses Gebiets ist es den russischen Streitkräften gelungen, etwa zwei bis drei Kilometer nach Westen durchzubrechen. Sie sind damit etwa zehn Kilometer von Selydove entfernt. Sollte dieser Durchbruch nicht abgeschnitten werden, dürften die russländischen Streitkräfte Pokrovs'k in der kommenden Woche von Süden her vollständig umgehen und einen weiteren Keil in die ukrainische Verteidigung treiben, also die Kräfte der Front bei Zaporižžja und Donec'k teilen.

Časiv Jar berichtet über den langsamen, aber sicheren Vormarsch der russischen Truppen in verschiedenen Abschnitten im zentralen und südlichen Teil der Stadt. Auch meldet sie die Einkreisung des Hauptverteidigungspunktes der ukrainischen Streitkräfte in jenem Teil der Stadt, der unter der Kontrolle Kiews geblieben ist: die Feuerfest-Fabrik (Herstellung von feuerfesten Materialien). Die militärische Bedeutung von Časiv Jar besteht zum einen darin, dass es die letzte große Festung an der Biegung der Frontlinie ist und in relativer Nähe zu Horlivka und Donec'k liegt. Zum anderen befindet sich das Industriegebiet Kostjantynivka an der Fernstraße Donec'k-Slovjans'k nur rund zehn Kilometer südwestlich von Časiv Jar. Es ist die letzte größere Stadt im zentralen Teil der Region Donec'k, die noch vollständig unter der Kontrolle Kiews steht.

Entsprechend wurde in der vergangenen Woche in den ukrainischen, internationalen und russischen Medien über das Schicksal des nordwestlichen Teils der Region Donec'k spekuliert. Hier befinden sich die Großstädte Kramators'k und Slovjans'k. Die Überlegungen fanden auch vor dem Hintergrund möglicher bevorstehender Friedensgespräche statt. Ob die ukrainischen Streitkräfte den westlichen und nördlichen Teils der Region Donec'k bis zum Abschluss eines hypothetischen Friedensabkommens halten können, ist unklar. Am 30. November kündigte der Bürgermeister von Slovjans'k (der nordwestlichsten Stadt der Region Donec'k) allerdings bereits an, dass er „wegen der Verschärfung der Sicherheitslage" alle Schulen schließen und öffentliche Veranstaltungen absagen werde. „Alle Schulen in der Stadt und andere Bildungseinrichtungen gehen online", hieß es. Es ist in der nächsten Stadt der Beginn des „normalen" Kriegsalltags. Obwohl die russländischen Streitkräfte beim jetzigen Tempo der Offensive theoretisch frühestens in ein oder zwei Jahren die Mauern der Stadt erreichen werden, haben Kriegsberichterstatter bereits diskutiert, ob die Aggressoren in der Lage sein werden, Slovjans'k bis zum 9. Mai 2025 einzunehmen.

Kampf um Kupjans'k

Nach der Vertreibung der Angreifer aus Kupjans'k meldeten die dortigen ukrainischen Truppen am 3. Dezember, sie hätten die russischen Truppen auch aus dem Dorf Novomlyns'k vertrieben. Dieses befindet sich 25 Kilometer nördlich der Stadt am Westufer des Flusses Oskil und ist ein Brückenkopf für die russische Offensive. Die verteidigende Armee wandte hier die gleiche Taktik wie zuletzt die Russen an. Sie landete mit gepanzerten Fahrzeugen im Dorf und die Truppen schlugen den Gegenangriff zurück. Es handelt sich um einen bemerkenswerten, weil seltenen Erfolge für die ukrainischen Streitkräfte im vergangenen Jahr.

Zaporižžja- und Dnipro-Front

Beide Kriegsparteien erwarten eine drastische Verschärfung der Kampfhandlungen an diesem Abschnitt. So befürchtet die ukrainische Armee beispielsweise einen Durchbruch der Front in Zaporižžja. Die russischen Streitkräfte ihrerseits verstärken ihre Stellungen auf der Halbinsel Kinburn, wo der Dnipro ins Meer mündet, deutlich.

Luftkrieg

Die Angriffe auf die militärische und die Energieinfrastruktur beider Seiten sind seit Anfang der November stark intensiviert worden. Die vergangene Woche markiert in dieser Hinsicht einen weiteren Rekord. Dies betrifft sowohl die Anzahl der von beiden Seiten eingesetzten Drohnen und Raketen als auch die Wirksamkeit der Angriffe. Am 28. November führten die russischen Streitkräfte den elften Großangriff auf das ukrainische Energiesystem und militärische Anlagen durch. Sie setzten dabei seit längerer Zeit wieder zuvor gesammelte Kalibr-Raketen und Drohnen ein. Umspannwerke wurden zerstört, rund eine Million Bürger hatten keinen Strom. Die Stromversorgung in vielen Regionen war auch eine Woche später nicht wieder vollständig hergestellt. Schon am nächsten Tag haben die russischen Streitkräfte nach offiziellen, auch ukrainischen Angaben weitere 132 Drohnen über die Ukraine geschickt.

Die ukrainischen Streitkräfte griffen ihrerseits zwischen dem 27. und 29. November die Krim an. Dabei setzten sie nach Angaben des Militärs bis zu vier Radaranlagen verschiedener Typen in Brand. Wenn dies der Wahrheit entsprechen sollte, ist das ein großer Erfolg, der allerdings in den folgenden Tagen nicht ausgebaut werden konnte. Insgesamt scheint die ukrainische Armee mit westlichen Langstreckenraketen auf Luftabwehrsystemen, die sie auf die Schwarzerde-Region abgefeuert hat, das russische Luftabwehrsystem erheblich erschüttert zu haben. Am 28. November wurde bei diesen Angriffen auch der staatliche Reservestützpunkt „Atlas" (Rosreserva) in der Region Rostov getroffen. Dieser führte zu einem Brand mehrerer großer Tanks, der zwei Tage nicht gelöscht werden konnte.

Gleichzeitig erhält die Ukraine bis Ende des Jahres mehrere Luftabwehrsysteme aus dem Westen, darunter drei Patriot-Systeme aus den Niederlanden und mindestens vier aus Deutschland. Damit wird es langfristig möglich sein, den Luftraum des Landes, einschließlich der wichtigsten Einrichtungen, besser abzudecken. Natürlich wird sie nicht gegen Putins neue rätselhafte Rakete „Orešnik" schützen. Gegen die meisten russländischen Raketen ist die Reichweite aber vollkommen ausreichend.

Nord- und Südkorea im Krieg

Die Propaganda der ukrainischen und internationalen Öffentlichkeit über die Anwesenheit nordkoreanischer Soldaten an der Front hat nicht dazu beigetragen, dass der ukrainische Verteidigungsminister Rustem Umerov bei seinem Besuch in Südkorea schwere Waffen herausverhandeln konnte. Er hatte etwa auf eine Lieferung der südkoreanischen Flugabwehrraketen Cheon-gung (KM-SAM/Cheolmae-2/Iron Hawk) mit 155-mm-Granaten sowie auf Radarstationen gehofft. Die Gesetzgebung des asiatischen Landes verbietet allerdings Waffenlieferungen an kriegführende Länder. Gleichzeitig soll Nordkorea nach Angaben des ukrainischen Militärnachrichtendienstes mehr als 100 Artilleriesysteme, darunter die Kanonenhaubitze M-1989 SAU und den Mehrfachraketenwerfer M-1991 MLRS sowie mehr als fünf Millionen Artilleriegranaten und 100 ballistische Kurzstreckenraketen KN-23/24 an Russland geliefert haben.

An der Front sind weiter keine nordkoreanischen Soldaten gesichtet worden. Dafür tauchen immer neue zweifelhafte Beweise auf: Die populäre Kiewer Website Censor.net hat ein Video veröffentlicht, in dem ein Mann in einer nicht zu identifizierenden Militäruniform mit bandagiertem Kopf zwei Minuten kaum verständlich über die Kämpfe gegen die

Ukrainer spricht.[27] Er verurteilt das russische Militär, das ihn und seine Kameraden in den sicheren Tod geschickt habe. Der Qualität des Videos nach zu urteilen, handelt es sich jedoch um ein überarbeitetes Fragment eines Videofilms aus den 1980er Jahren. Zuvor ging das Bild eines angeblich getöteten nordkoreanischen Soldaten mit großen aufgestickten Porträts eines asiatischen Führers auf der Uniform viral. Skeptiker halten ein Computerspiel für die Quelle des Bildes. Keiner der vermeintlichen Beweise für kämpfende Nordkoreaner gibt indes an, an welcher Frontlinie sie operieren. Es gibt auch keine Bestätigung von Drohnenführern oder anderen üblichen Verifizierungsmethoden.

Zelens'kyj gibt Ziel auf, Grenzen von 1991 militärisch wiederherzustellen

Der Druck auf den ukrainischen Präsidenten Volodymyr Zelens'kyj ist in dieser Woche gestiegen. Die kommende Präsidentschaft in den USA von Donald Trump wirft ihre Schatten voraus, Bundeskanzler Olaf Scholz reiste als Vermittler an, die ukrainische Armee zieht sich im Osten des Landes weiter zurück. So sah Zelens'kyj sich in einem am 2. Dezember veröffentlichten Interview mit *Kyodo News* gezwungen, unangenehme Realitäten für das Land und ihn persönlich einzugestehen.[28] Er sagte, dass „die ukrainische Armee nicht die Kraft hat, alle besetzten Gebiete allein zurückzuerobern, also werden wir nach diplomatischen Wegen suchen, um das Problem zu lösen". Einer der Hauptgründe dafür ist laut einem weiteren Zelens'kyjs-Interview bei *Sky News*, dass die Verbündeten der Ukraine zu wenig versprochene Waffen geliefert hätten.[29] Dies habe dazu geführt, dass nur „zweieinhalb" der zehn neuen Brigaden bewaffnet seien. Russländischen Quellen zufolge haben die Brigaden 155 bis 159 vor kurzem erneut den Status von mechanisierten Brigaden erhalten. Sie verfügen somit immerhin wieder über einen gewissen Schutz durch Panzerung, in Abgrenzung zur nur motorisierten Infanterie. Insbesondere die 155. mechanisierte Brigade der ukrainischen Armee, die 2500 Mann umfasst, ist dabei ins Land zurückgekehrt, nachdem sie auf französischen Übungsplätzen ausgebildet wurde. Zelens'kyjs Kritiker im eigenen Land meinen, dass die Strategie, immer mehr Brigaden zu schaffen, an sich schon ein falscher Weg sei. Dies sei kostspielig und die bestehenden Einheiten stünden ohne Rekruten da. Sie sollten mit erfahrenen Kämpfern in bestehenden Stellungen Kampferfahrung sammeln, anstatt in schlecht geplanten Offensiven getötet zu werden.

Ein weiterer Grund dafür, das Ziel der militärischen Wiederherstellung der Grenzen von 1991 ist wahrscheinlich Zelens'kyjs entschiedene Ablehnung einer Wehrpflicht ab 18, zu der er von seinen Verbündeten gedrängt wird. Sie wundern sich, dass sich ukrainische junge Männer unter 25 Jahren angesichts des Mangels an Soldaten dem Militärdienst entziehen können. Erst jetzt wurde der Kampf gegen eine beliebte Form der „Umgehung", die wiederholte bezahlte Einschreibung an den Universitäten, aufgenommen. Wie sich nach fast drei Jahren Krieg herausstellte, hatten sich Universitätsmitarbeiter bereichert. Einige von diesen Unis nahmen viel mehr Studenten auf, als sie überhaupt hätten fassen

---

[27] Surviving Korean from DPRK about battle with Ukrainians: „Russian dogs threw us into attack. Brothers Kim and Minho died instantly. Ukrainians killed everyone, and I was crushed by corpses". Censor.net, <https://censor.net/en/v3517750>.

[28] Zelenskyy says Ukraine wants to retake occupied land by diplomacy. Kyodo News, 2.12.2024.

[29] Sky News speaks exclusively to President Zelenskyy about Putin, NATO and Trump. President Volodymyr Zelenskyy sets out Ukraine's ceasefire conditions, compares Putin to Hitler and what he thinks about president-elect Donald Trump. Sky News, 29.11.2024.

können. Sie handelten de facto schlicht mit Studienbescheinigungen. Wie der stellvertretende Bildungsminister Mikhail Vinnits'kyj am 26. November erklärte, wurden zuletzt mehr als 23 448 Studenten über 30, die sich dem Militärdienst entzogen hatten, von den Universitäten verwiesen. Gegen acht beteiligte Angestellte der Hochschulen wurden Strafverfahren eingeleitet.

Der wichtigste Grund dürfte jedoch die massenhafte Desertion von Militärangehörigen aus ihren Stellungen sein. In den vergangenen Monaten hat dieser Verlust an Kämpfern stark zugenommen. Offiziellen ukrainischen Angaben zufolge haben mindestens 120 000 Personen, das heißt mindestens ein Siebtel der aktiven Armee, die Einheiten unerlaubt verlassen. Der größere Teil von ihnen kehrte nach dem Urlaub einfach nicht an die Front zurück. Der kleinere Teil floh vor den Angriffen der russischen Truppen. Evgen Dykyj, ein ehemaliger Offizier des *Ajdar*-Bataillons und in den ukrainischen Medien beliebter ultrapatriotischer Blogger, stellte unterdessen fest, dass sogar die Panzerbesatzungen, die seit drei Jahren nicht ersetzt wurden und psychisch erschöpft sind, die Front verlassen. In der abgelaufenen Woche unterzeichnete Zelens'kyj ein Gesetz, das es Personen, die zum ersten Mal eine solche Fahnenflucht begangen haben, erlaubt, an den Standort ihrer Einheit zurückkehren.

Der Ukraine-Plan von Trumps Sonderbeauftragtem

Am selben Tag veröffentlichte Generalleutnant a.D. Keith Kellogg, der Sonderbeauftragte des künftigen US-Präsidenten Donald Trump, seinen Ukraine-Plan. Dieses zumindest wahrscheinlicher werdende Szenario sieht ein Einfrieren der jetzigen Frontlinie vor, die Aufhebung der Sanktionen gegen Russland sowie die Zusage, die Ukraine in einer Zehnjahresperspektive nicht in die NATO aufzunehmen. Weitere militärische Unterstützung für die Ukraine soll es demnach nur dann geben, wenn das Land diesen Bedingungen zustimmt. Es scheint, dass entsprechende Verhandlungen aktiv geführt werden. Olaf Scholz, der kürzlich mit Putin telefonierte und nun Kiew einen persönlichen Besuch abstattete, dürfte dabei eine Schlüsselrolle spielen. Auch aus der russischen Führung soll es Signale geben, den Krieg bald beenden zu wollen und den „Sieg" zu erklären. Insbesondere soll die Präsidialverwaltung bereits Gespräche mit den Vertretern der Regionen über die anstehende Aufgabe der Normalisierung der Lage nach dem Ende des Krieges geführt haben.[30] Präsident Zelens'kyj äußerte sich zu solchen Vorschlägen auf der Pressekonferenz mit Scholz im Anschluss an die Gespräche ungehalten: „Russland soll zu den drei Buchstaben gehen" (Chuj).

Änderungen in der Kommandostruktur der ukrainischen Armee

Die Misserfolge bei Kurachove und Pokrovs'k führen nicht wenige darauf zurück, dass Präsident Volodymyr Zelens'kyj nicht genügend Informationen von der Front erhält. Am 29. November, kurz nach seinem Besuch in den Frontgebieten im Osten des Landes, reagierte Zelens'kyj darauf. Er tauschte einige kommandierende Offiziere aus. Generalmajor Mychajlo Drapatyj, der zuvor die Verteidigung in Richtung Charkiv organisiert hatte, wurde zum neuen Kommandeur der Bodentruppen ernannt. Oberst Oleg Apostol,

---

[30] Kremlin reportedly instructs regional officials to prep Ukraine war veterans for government roles. Meduza, 3.12.2024.

davor Kommandeur der 95. unabhängigen Luftlandebrigade, ist nun stellvertretender Oberbefehlshaber der Streitkräfte. Oberst Pavlo Palisa, der ehemalige Kommandeur der 93. Brigade „Cholodnyj Jar" (eine der besten in der Armee), stieg zum stellvertretenden Leiter der Präsidialadministration auf.

Der Krieg schwächt die russischen „Siloviki"

Wie am 2. Dezember bekannt gegeben wurde, ist die durchschnittliche Bezahlung für einen Vertrag mit dem russischen Verteidigungsministerium im Laufe des Jahres um das 5,3-fache gestiegen. Die Behörden von 17 Regionen haben die Zahlungen in Jahresfrist um das Zehnfache oder mehr erhöht. In der Region Sverdlovsk verdient ein Vertragsbediensteter Soldat 75-mal mehr als vor einem Jahr, 1,5 Millionen statt 20 000 Rubel. In der Region Ivanovo wurde die Bezahlung um das 32-fache erhöht, von 50 000 auf 1,6 Millionen Rubel. Zusammen mit dem föderalen Teil erhalten nun alle, die sich bei der Armee verpflichten, eine Pauschale von mehr als einer Million Rubel. Der konkrete Betrag variiert aber: zum Beispiel in den Regionen Belgorod und Nižnij Novgorod erhalten Vertragssoldaten drei Millionen Rubel, davon übernehmen 2,6 Millionen die Regionen. Auch im militärisch-industriellen Komplex ist ein starker Anstieg der Gehälter zu verzeichnen. Fachkräfte in den russischen Provinzen können inzwischen mit einem Gehalt von 300 000 Rubel rechnen, in Moskau sind es bis zu 500 000 Rubel.

Das Mediangehalt im Land liegt hingegen nur bei etwas mehr als 80 000 Rubel. Vor dem Hintergrund stark steigender Preise gerät selbst der bestbezahlte Teil der „Ordnungshüter", etwa die Mitarbeiter des Föderalen Dienstes für Bewachung (Federal'naja Služba Ochrany), die etwa 80 000 Rubel verdienen, in finanzielle Schwierigkeiten. Sie sind immer öfter gezwungen, sich nach Nebenjobs etwa als Kuriere umzusehen, die in Moskau bis zu 120 000 Rubel verdienen. Noch schlimmer ist die Situation im Innenministerium. Dort fehlten zum 1. November 173 000 Mitarbeiter, fast jede fünfte Stelle war offen. Nach Angaben der Sprecherin des Ministeriums, Irina Volk, habe sich die Zahl im Laufe des Jahres fast verdoppelt. Gleichzeitig verlassen pro Monat 3000 bis 5000 Mitarbeiter den Dienst, was in etwa dem Personal einer regionalen Abteilung entspricht, wie der pensionierte Generalmajor der Polizei Vladimir Vorožcov in einem Interview mit dem Radiosender „Komsomolskaja Pravda" sagte. Sie würden in der Regel durch ungeschulte Mitarbeiter ersetzt.[31]

Der Hauptgrund sind die niedrigen Gehälter, die in den Provinzen 20 000 Rubel betragen können. Um das Personal aufstocken zu können, hat das Innenministerium in der vergangenen Woche von der Staatsduma Gesetzesänderungen erwirkt, die nun die Einstellung von Bürgern erlauben, die wegen kleinerer Vergehen (einschließlich Körperverletzung) verurteilt wurden. Und das ist erst der Anfang. Nach Ansicht von Experten gibt es zu wenige solcher Personen, um das Problem zu lösen, selbst wenn sie alle bei der Polizei arbeiten würden. Das Innenministerium wird die Grenzen des Erlaubten unweigerlich ausdehnen müssen. Es scheint gut möglich, dass schon im nächsten Jahr Personen, die wegen schwerer Straftaten verurteilt sind, in den Diensten des Innenministeriums stehen.

---

[31] „Odin učastkovyj rabotaet za devjaterych": byvšij heneral-major o nechvatke kadrov v organach MVD. Radiokp.ru.

Neue Sabotagestrategie der Russen in der Ukraine

In den vergangenen zwei Wochen haben Spezialdienste in den ukrainischen Regionen im Landesinneren mindestens vier Gruppen oder Einzelpersonen festgenommen, die versuchten, Beamte des Innenministeriums zu töten. Sie deponierten improvisierte Sprengsätze an einem Ort, riefen anschließend Polizeibeamte dorthin und ließen die Sprengsätze detonieren. Ukrainische Medien berichteten bereits am 24. November von einer Welle solcher Vorfälle in Kiew. Bei der Untersuchung einer Tasche mit Sprengstoff war etwa ein Polizist getötet worden. Am 26. November wurde ein 43-jähriger Mann in Kiew festgenommen, weil er in einer Wohnung im Stadtzentrum einen Sprengsatz angebracht und Ordnungskräfte zu dem Ort gerufen hatte. Am 27. November wurden fünf Personen verhaftet, weil sie die Polizeistation in Žytomyr in die Luft gesprengt hatten. Einen Tag später wurden zwei ehemalige „Berkut"-Kämpfer (OMON) verhaftet, weil sie Munitions- und Sprengstoffdepots angelegt hatten. Am 3. Dezember wurden Jugendliche im Bezirk Vyšhorod in der Region Kiew festgenommen, wiederum weil sie eine Bombe in einer Polizeibehörde zünden wollten. In allen Fällen waren die Täter von den russländischen Sicherheitsdiensten angeheuert worden und folgten deren Anweisungen. Es ist davon auszugehen, dass dies eine Vergeltung sein soll für die erfolgreiche Aktion der ukrainischen Sicherheitsdienste, die am 13. November in Sevastopol' den Kommandeur der 41. Brigade von Raketenschiffen und -booten der Schwarzmeerflotte, Kapitän I. Rang Valeryj Trankovskij, in die Luft gesprengt hatten. Nach einer Woche war bekannt geworden, dass die Bombe unter seinem Auto von zwei angeheuerten arbeitslosen Anwohnern platziert worden war. Augenscheinlich wollen die russischen Sicherheitsdienste dafür Rache nehmen.

Aus dem Russischen von Felix Eick, 5.12.2024

Putins Drohnen-Strohfeuer und neue Krim-Angriffe: die 145. Kriegswoche

Kiew ist es gelungen, den zuletzt zügigeren Vormarsch der Besatzer an mehreren Frontabschnitten zu bremsen. An einigen Stellen konnten sogar kleinere Erfolge erzielt werden. Dennoch drohen mehrere Einkesselungen ukrainischer Einheiten in den kommenden Wochen und Monaten. Gute Nachrichten gibt es bei der ukrainischen Versorgung mit Granaten und Luftabwehrsystemen. Neue Zahlen zeigen, dass Russland im Luftkrieg fast nur noch Drohnen und Drohnenattrappen einsetzt, wobei die Effektivität sinkt. Die ukrainische Luftwaffe nimmt neue Ziele in Russland ins Visier und führte einen bemerkenswerten unbemannten Angriff auf die Krim und Krimbrücke durch.

Die Lage an der Front

Die Lage an der Front insgesamt tendiert zu einer gewissen Stabilisierung im Vergleich zum Oktober und der ersten Novemberhälfte. Die Kämpfe im Gebiet Kursk stagnieren weitestgehend, obwohl es den russländischen Streitkräften gelungen ist, Plechovo im östlichen Teil der „Blase" des von der AFU kontrollierten Gebiets einzunehmen. Aus Kupjans'k gibt es nach dem Rückzug der Okkupationsarmee, die in die Stadt vorgedrungen war, keine Neuigkeiten. Bei Kurachove und Pokrovs'k rücken die Russen langsam vor. Die Besatzer sollen Kriegsreportern zufolge nach monatelangen Kämpfen das Stadtzentrum von Torec'k eingenommen haben. Es scheint, dass sich alle Hauptkampftruppen und

Reserven der russischen Streitkräfte in Richtung Pokrovs'k und Kurachove konzentrieren. In Pokrovs'k rücken die Angreifer westlich von Selydove langsam vor. Sie umgehen Pokrovs'k nicht nur von Süden, sondern auch von Südwesten. Mindestens die östliche Hälfte und damit den größten Teil der Stadt Kurachove haben Russlands Truppen eingenommen. Sie marschieren nun langsam nordwestlich und südlich der Stadt weiter.

Kämpfe um Pokrovs'k und Kurachove

Russlands Armee fällt es schwer, den taktischen Vorteil, den sie an der Kreuzung der Fronten von Doneck und Zaporižžja hat, auch zu nutzen. Den russländischen Streitkräften gelingt es jede Woche, die Verteidigung an ein oder zwei Stellen aufzubrechen. Sie gewinnt dadurch ein paar Kilometer für die Entwicklung von „Zangen", die die ukrainische Armee an diesen Stellen niemals abschneiden wird. Es wird weitere zwei Wochen bis zwei Monate dauern, bis diese Vorarbeiten sich auszahlen werden. Die Gefahr einer ukrainischen Einkreisung in einem weiteren Bereich von fünf mal zehn Kilometern scheint also bevorzustehen.

Russlands Durchbruch an der Zaporižžja-Front bei Velyka Novosilka wurde inzwischen gestoppt Kriegsberichterstattern zufolge wird dort heftig gekämpft. Die russländischen Streitkräfte haben zu wenig Ausrüstung und leiden unter gegnerischer Artillerie und Drohnen. Eine schwierige Situation hat sich jedoch südlich des fast schon eingenommenen Kurachove entwickelt. Zwei Dörfer (darunter Veselyj Hai) entlang des Flusses Suchi Jaly sind in einen kleinen Kessel geraten. Die offene Stelle hat einen Durchmesser von nicht mehr als ein paar Kilometern. Einheiten, die sich aus Vuhledar zurückgezogen und nacheinander die von Südosten nach Nordwesten verlaufende Kette von Siedlungen aufgegeben haben, halten noch die Verteidigung. Die Straße nach Kurachove von Westen her soll russländischen Karten zufolge unter Feuerschutz von Putins Streitkräften stehen. Moskaus Soldaten befinden sich bereits im Dorf Suchi Jaly, vor ihnen liegen nur fünf Kilometer Feld bis zur Straße. Nordwestlich von Kurachove hat die Okkupationsarmee das wichtige Stari Terny am Westufer des Kurachove-Stausees eingenommen. Sie hat es de facto am Nordufer umgangen und bedroht die erwähnte Fernstraße aus einer Entfernung von etwa zweieinhalb Kilometern. Gleichzeitig hat sich südlich von Stari Terny durch die russländische Einnahme des Dorfes Krasnyi ein weiterer Kessel um ukrainische Einheiten gebildet. Die einzig gute Nachricht in diesem Gebiet ist, dass die ukrainische Armee Velyka Novosilka noch halten kann und eine Einkreisung bisher verhindert werden konnte. Schneisen für einen Rückzug nach Westen sind weiter offen. Dieser wird höchstwahrscheinlich in den nächsten Wochen vollzogen.

Die schlechteste Nachricht ist, dass es den ukrainischen Streitkräften nicht gelungen ist, den Durchbruch von Selydove aus, das zwischen Pokrovs'k und Kurachove liegt, nach Westen zu blockieren. Die Dörfer Novotroic'ke und Ševčenko wurden in der vergangenen Woche zumindest zur Hälfte erobert. Dieser Durchbruch umgeht Pokrovs'k von Süden und nun auch von Südwesten. Dies vereitelt mögliche ukrainische Versuche, eine neue, kurze Verteidigungslinie zu errichten, die zuvor entlang der Strecke Pokrovs'k-Velyka Novosilka bestand. Das bedeutet, die „Zangen", die Druck auf die ukrainischen Einheiten in Richtung Kurachove ausüben, zerschneiden die Front sowohl von Norden als auch von Süden. Pokrovs'k droht aus mehreren Richtungen gleichzeitig vom Feind gestürmt zu werden: Auch aus der Richtung von Ševčenko stehen Moskaus Truppen bereits etwa fünf Kilometer vor der Stadt. Gleichzeitig sitzen nach Angaben westlicher Medien die ukrainischen Sappeur-Einheiten, die für das Bauen von Verteidigungsanlagen zuständig sind, mindestens zur Hälfte in den Schützengräben an der Front, anstatt zuverlässige Befestigungen hinter Pokrovs'k zu errichten. Die Armeeführung setzt angesichts des Personalmangels alle verfügbaren Kräfte zur Verteidigung der Stadt ein.

Etwas Mut macht immerhin, dass es seit zwei Monaten von ukrainischer Seite keine Klagen mehr über einen Mangel an Granaten gibt. Dies ist wahrscheinlich auf die tschechische Initiative zur Lieferung von 155-mm-Granaten an die ukrainischen Streitkräfte zurückzuführen. Wie *Sky News* berichtete, hat die russische Artillerieüberlegenheit deutlich abgenommen. Nach Angaben ungenannter westlicher Beamter kommen auf jede abgefeuerte ukrainische Granate nur noch 1,5 russländische Geschosse. Früher seien es eher fünfmal so viele gewesen.

Luftkrieg

Nach Berechnungen des *Wall Street Journal* haben Russlands Streitkräfte im September, Oktober und November mehr als 6000 Raketen und Drohnen auf die Ukraine abgefeuert. Das sind dreimal so viele wie in den vorhergegangen drei Monaten zuvor und viermal so viel wie im Herbst 2023. 92 Prozent aller in den vergangenen drei Monaten abgefeuerten Langstreckenmunition waren demnach Drohnen und Drohnenattrappen, letztere dienen zur Schwächung der ukrainischen Luftverteidigung. Dass Russland so viele Drohnen abschießen konnte, verdankt es der Fabrik in der Sonderwirtschaftszone *Alabuga* in Tatarstan, die Schätzungen zufolge 1200 iranische Shahed-Kopien pro Monat herstellen kann.

Wie die *Washington Post* berichtet, verfehlen die Geran-2-Drohnen in diesem Jahr immer häufiger ihr Ziel. Der Hersteller musste Ende vergangenen Jahres aufgrund von Sanktionen südkoreanische Servomotoren durch chinesische ersetzen, sodass die Drohnen nun oft bei scharfen Kurven die Kontrolle verlieren. Einige von ihnen stürzen direkt ab, andere fangen sich, werden aber zu leichter Beute für die ukrainische Luftabwehr. Ein weiterer Grund für die Ineffektivität russländischer Drohnen ist das ukrainische Abfangen mittels elektronischer Kampfführung. Sie leitet die Drohnen in Nachbarländer wie Belarus, besetzte Gebiete oder zurück nach Russland. All dies zusammen erklärt, warum die Ergebnisse der Angriffe, bei denen im November fast jede Nacht hundert oder mehr russische Drohnen im Einsatz waren, im Allgemeinen bescheiden ausfielen. Zudem ist die Zahl der Angriffe und der eingesetzten Drohnen in der vergangenen Woche stark zurückgegangen. Es scheint, als sei der Vorrat aufgebraucht.

Unterdessen waren die ukrainischen Luftstreitkräfte in der zurückliegenden Woche recht aktiv und nahmen neue Regionen ins Visier. So wurde am 4. Dezember ein Anschlag auf die Gebäude des Sonderpolizeiregiments „im Namen Kadyrovs" in Grosnyj verübt. Ziele wurden getroffen, es gab Verletzte. Daraufhin traf der tschetschenische Staatschef Ramzan Kadyrov in einem amerikanischen Schützenpanzer Bradley in einem Betonhangar ein, wo offenbar ukrainische Kriegsgefangene in kleinen Gruppen von verschiedenen tschetschenischen Einheiten festgehalten werden. Kadyrow befahl, sie auf den Dächern von „Gebäuden, die von einem amerikanischen Satelliten gefilmt wurden", zu postieren und mit Waffen zur Abwehr von Drohnenangriffen auszustatten.

Arsenal von ukrainischen Peklo-Drohnenraketen. Quelle: X, Volodymyr Zelens'kyj

Die 19-Kilometer-lange Krimbrücke ist immer wieder symbolträchtiger Schauplatz von Angriffen. Quelle: Wikimedia

Am selben Morgen griffen drei ukrainische Kamikaze-Drohnen den Militärflugplatz Djagilevo in Rjasan' an. Nach Angaben des kremlnahen Senders Mash wurden die Drohnen abgeschossen, und die Flugzeuge konnten in Sicherheit gebracht werden. Auf dem Luftwaffenstützpunkt Djagilevo befindet sich das 43. Zentrum für Kampfeinsatz und Umschulung von Flugpersonal, das früher mit den Flugzeugen Tu-95MS, Tu-22M3, Tu-134UBL und An-26 ausgestattet war. Doch nach früheren ukrainischen Drohnenangriffen wurden die Maschinen auf sicherere Flugplätze abgezogen. Am 8. Dezember versuchten die ukrainischen Luftstreitkräfte den Truppenübungsplatz Kapustin Jar im Gebiet Astrachan anzugreifen. Von dort war die neue Interkontinentalrakete „Orešnik" abgeschossen worden. Nach Angaben des Senders SHOT wurden drei aus der Region Dnipropetrovs'k gestartete Drohnen auf dem Weg dorthin zerstört.

Russland setzte in dieser Woche auch Raketen ein. So wurde am 6. Dezember eine Autowerkstatt in Kryvyj Rih mitten am Arbeitstag mit „ballistischen Raketen" beschossen. Dabei wurden zehn Menschen getötet. 24 Menschen wurden verletzt, darunter ein vier Monate alter Säugling und ein elfjähriges Kind. Darüber hinaus setzte die russländische Marine am 4. Dezember zum ersten Mal seit längerer Zeit wieder ein unbemanntes Boot ein. Um 5.38 Uhr drang ein solches Boot von der Seeseite in den Ölhafen von Odessa ein und verursachte Brandschäden. Es dauerte lange, bis das Feuer unter Kontrolle gebracht werden konnte.

Die ukrainischen Streitkräfte versprechen indes, ihre Reaktion auf russische Luftangriffe zu verstärken. Am 4. Dezember erklärte Verteidigungsminister Rustem Umerov in einem Kommentar auf dem Nachrichtenportal LB.ua, dass die ukrainische Raketendrohne Paljanicja in die Massenproduktion gegangen sei. Außerdem erklärte er, dass die Produktion von R-360-Marschflugkörpern aus der Gattung Neptun wieder aufgenommen und hochgefahren worden sei. Zwei Tage später präsentierte der ukrainische Rüstungskonzern *Ukroboronprom* Präsident Zelens'kyj die neue Raketendrohne Peklo und übergab sie an die Streitkräfte. Diese bisher nicht angekündigte Raketendrohne ist eine Neuentwicklung der ukrainischen Rüstungsindustrie. Sie soll Geschwindigkeiten von bis zu 700 Kilometern pro Stunde erreichen und eine Reichweite von mehr als 700 Kilometern haben. Zelens'kyj zeigte Filmmaterial von der Präsentation der Peklo und verwies auf erfolgreiche Tests und sogar auf einen bestätigten Kampfeinsatz. Es stellt sich jedoch die Frage, warum diese neuesten Waffen der ganzen Welt, einschließlich potenzieller Gegner, so detailliert gezeigt werden. Gleichzeitig laufen gewöhnliche Ukrainer, die die Explosion einer ausländischen Rakete in ihrer eigenen Stadt gefilmt haben, Gefahr, ins Gefängnis zu müssen.

Sehr nützlich ist derweil, dass die Ukraine nach Angaben des Außenministeriums bis Ende 2024 20 Flugabwehrraketensysteme der Typen HAWK, NASAMS und IRIS-T erhalten wird. Dies würde das Luftverteidigungssystem sowie die Raketensysteme des Landes erheblich stärken. Nach dem Einsatz der Orešnik wurde zudem offenbar auf der Ebene der amerikanischen und russländischen Generalstabschefs eine grundsätzliche Einigung darüber erzielt, dass die neuesten westlichen Raketen noch nicht gegen Ziele auf dem international anerkannten Territorium Russlands eingesetzt werden dürfen. Jedenfalls gab es in der vergangenen Woche keine solchen Angriffe. Die Ukraine versucht zunächst, ihre Ziele auf andere Weise zu erreichen.

Angriff von unbemannten Booten auf die Krim und Krimbrücke

Am 6. Dezember führte die Ukraine einen weiteren Angriff auf die Krim und die Krimbrücke durch mit neuen, auf Drohnen montierten Waffensystemen. Die ukrainischen Streitkräfte hatten Drohnen so modifiziert, dass sie nicht nur beträchtliche Mengen an Plastiksprengstoff an ein ausgewähltes Ziel liefern, sondern auch automatische Maschinengewehre sowie Aufklärungsausrüstung und Drohnen tragen können. Auch die neuesten polnischen unbemannten Tauchboote „Gavia", die unmittelbar nach den Tests Mitte November an die Ukraine geliefert wurden, wurden eingesetzt. Hinzu kamen die bekannten Überwasser-Drohnen Magura-V5 mit montierten Maschinengewehren und Sea-Baby-Seedrohnen mit Sprengladungen.

Die Drohnenboote und ihre Begleiter wurden jedoch offenbar von Beobachtungsposten auf russländisch kontrollierten Öl- und Gasfördertürmen westlich und südwestlich der Krim entdeckt. Gegen Mitternacht wurden sie von einem Flugzeug fünfzig Kilometer südlich von Sevastopol' angegriffen. Insgesamt verzeichnete die russische Seite mindestens dreizehn dieser unbemannten Drohnenboote. Sie wurden südlich von Sudak gejagt, bevor man sie aus den Augen verlor. Gegen Morgen tauchten sie im Gebiet der Straße von Kerč wieder auf, wo die russischen Streitkräfte auf sie warteten. Doch überraschenderweise lieferten sich die mit Maschinengewehren bewaffneten Tauchboote ein echtes Feuergefecht mit den Mi-8-Hubschraubern und entkamen schließlich. Gegen 7:00 Uhr versuchten sie erneut, sich der Werft in dem Gebiet zu nähern. Dort wurde der Großteil abgefangen, nach russischen Angaben konnten vier der Boote entkommen.

Der ukrainischen Version zufolge, die durch am 9. Dezember präsentierte Videoaufnahmen bestätigt wird, griffen Sea-Baby-Drohnen in der Nacht zum 6. Dezember russische Hubschrauber, Flugzeuge und Patrouillenboote des Typs Raptor an. Aus den abgehörten Gesprächen geht hervor, dass es unter der Hubschrauber-Besatzung Tote und Verletzte gab. Die Militärhubschrauber wurden schwer beschädigt. Außerdem haben die Drohnen ein Lastschiff getroffen, das Militärtechnik und Ausrüstung für die Reparatur der Krimbrücke geladen hatte. In dem Video sind tatsächlich Raptor-Boote sowie die Aufnahmen aus einem Zielfernrohr zu sehen, die mindestens zwei Treffer auf die Hubschrauber zeigen. Am 7. Dezember griffen die Drohnenboote Gasplattformen im Meer an. Dadurch sollen nach ukrainischen Angaben die gegnerischen Beobachtungssysteme zerstört worden sein. Auf dem Video ist zu sehen, wie die Boote wiederholt die Plattformen angreifen und diese in Brand stecken. Auch von den Booten gestartete First-Person-View-Drohnen sind zu sehen, die auf der Plattform fliehende Soldaten angreifen. Russländische Kriegsberichterstatter bezeichneten das Video als Archivmaterial, lieferten dafür aber keine Beweise.

Mobilisierung von 18-Jährigen in der Ukraine

Angesichts der Erfolge der russischen Offensive und der anhaltenden Klagen des ukrainischen Militärs über einen Mangel an Kämpfern an der Front und das junge Alter derselben erklärte US-Außenminister Antony Blinken am 4. Dezember, die Ukraine solle sich auf neue Mobilisierungsmaßnahmen zur Stärkung ihrer Verteidigung vorbereiten. Bei einem Briefing in Brüssel nach einem Treffen mit den NATO-Außenministern sagte er: „Die Ukraine muss harte, aber notwendige Entscheidungen über eine weitere Mobilisierung treffen. Es ist wichtig sicherzustellen, dass diese Kräfte ausreichend ausgebildet und ausgerüstet werden." Diese Worte folgten auf Äußerungen des nationalen

Sicherheitsberaters des Weißen Hauses, Jake Sullivan. In einem Interview mit PBS News sagte er, die Ukraine müsse die Zahl der Truppen an der Front erhöhen. Denn selbst die modernsten Waffensysteme könnten die menschlichen Ressourcen nicht ersetzen. Ein weiteres Problems ist die Erschöpfung jener Soldaten, die seit drei Jahren mit Unterbrechungen an der Front sind. Nach Angaben von Bloomberg wurden in diesem Jahr in der Ukraine fast 96 000 Strafverfahren wegen „unerlaubten Entfernens vom Dienst" eingeleitet. Vor diesem Hintergrund sah sich der ukrainische Präsident Volodymyr Zelens'kyj, der am vergangenen Wochenende mit führenden Politikern aus aller Welt zusammenkam, darunter auch der designierte US-Präsident Donald Trump, zu ungewohnt offenen Angaben über die Zahl der toten ukrainischen Soldaten gezwungen gesehen. Er bezifferte die Verluste auf nur 43 000 seit Beginn des Krieges. Trump hingegen sprach von 700 000 ukrainischen Soldaten. Möglicherweise schließt das die Zahl der Schwerverwundeten ein, die dann außer Dienst gestellt wurden. Zelens'kyj stellte dem die Verluste der russischen Streitkräfte gegenüber, die seinen Angaben zufolge 750 000 betragen: 198 000 Tote und mehr als 550 000 Verwundete. Die Idee einer Mobilisierung junger Männer ab 18 Jahren lehnte er jedoch erneut ab. Zelens'kyj hat Recht, dass es in der Ukraine genügend Männer mittleren Alters gibt, die eingezogen werden könnten. Aber das Mobilisierungssystem des Landes ist dazu nicht in der Lage. Es ist völlig korrumpiert und fast die gesamte verfügbare männliche Bevölkerung hat von verschiedenen Stellen Bescheinigungen erhalten, mit denen sie sich legal der Einberufung entziehen kann.

Aus dem Russischen von Felix Eick, 12.12.2024

Nordkoreanische Leichen in Russlands Schnee: die 146. Kriegswoche

Vor Pokrovs'k hat sich die Lage leicht entschärft, vor Kupjans'k hat sich hingegen verschärft, über Kurachove weht schon die russländische Fahne. Die ukrainische Wirtschaft hat ein sehr wichtiges Bergwerk verloren. In der Region Kursk sind zum ersten Mal nordkoreanische Soldaten im Einsatz. Sie verhalten sich höchst sonderbar und Russland nutzt sie tatsächlich als Kanonenfutter. Es sind makabre Videos und Fotos von ihnen aufgetaucht. Sie zeigen auch erstarrte Leichen, die reihenweise im Schnee aufgebahrt sind. Gleichzeitig gibt es Gerüchte über die Vorbereitung größerer Offensiven, sowohl von Kiew als auch von Moskau. Die ukrainische Luftwaffe und Saboteure erhöhen ihre Schlagzahl in Russland. Und der Sturz des Assad-Regimes in Syrien eröffnet Kiew eine einmalige Gelegenheit, die Munitionsbestände aufzufüllen.

Die Lage an der Front

Vor Kurachove und Pokrovs'k gehen die schweren Kämpfe weiter. Russlands Streitkräfte bereiten der ukrainischen Verteidigung ernsthafte Probleme. Insbesondere wurde ein kleiner Kessel südlich von Kurachove aufgelöst. Die ukrainische Armee zog ihre verteidigende Brigade durch eine schmale Öffnung zurück. In der vergangenen Woche griffen Kiews Truppen andererseits mit neuen Brigaden in der Nähe von Pokrovs'k an und konnte die Situation dort etwas entschärfen. An der Donec'ker Front gehen die Straßenkämpfe in Kurachove, Torec'k und Časiv Jar weiter. Die politische Führung auf beiden Seiten ist mit dem Geschehen unzufrieden und hat im Laufe der Woche Kommandeure ausgewechselt. Nördlich von Kupjans'k ist die Lage komplizierter geworden: Die Okkupationsarmee hat nach der erfolgreichen Einnahme eines Dorfes auf der Westseite des Flusses Oskil durch die Ukrainer vor kurzem eine neue Landungstruppe etwas weiter südlich abgesetzt. In Vovčans'k sind die schweren Kämpfe wieder aufgenommen worden. In der Region Kursk versucht die ukrainische Armee, ihre Stellungen unter dem heftigen Ansturm des russischen Militärs zu halten. Seit vergangener Woche ist nun offenbar zum ersten Mal auch das nordkoreanische Militär im Einsatz. Es sind makabre Videos und Fotos von ihnen aufgetaucht, die Drohnen aufgenommen haben. Sie zeigen erstarrte Leichen, reihenweise im Schnee aufgebahrt. Gleichzeitig halten sich hartnäckig Gerüchte über die Vorbereitung größerer Offensiven beider Seiten, die in naher Zukunft auf dem nun gefrorenen Boden beginnen könnten.

Lage in den Richtungen Pokrovs'k und Kurachove

Die schwierige Lage an der Kreuzung der Fronten von Donec'k und Zaporižžja, die zu einer schweren Krise der ukrainischen Verteidigung in drei (oder sogar mehr) Richtungen gleichzeitig zu führen droht, scheint endlich ein Umdenken der ukrainischen militärisch-politischen Führung herbeizuführen. Wertvolle Ressourcen, die bisher ausschließlich für die ukrainischen Einheiten in der Region Kursk bestimmt waren, werden umverteilt. Bohdan Petrenko, Sprecher der 48. OABR (separate Artilleriebrigade), hat etwa am 17. Dezember mitgeteilt, dass die Möglichkeit bestehe, dass die Russische Föderation beabsichtigte, in die Region Dnipropetrovs'k einzumarschieren und sie einzunehmen. Petrenko tut dies, obwohl sich die ukrainischen Medien seit Monaten weigern, die Tatsache des fast unmittelbar bevorstehenden Einmarsches in diese Region zu diskutieren.
In der Nähe von Pokrovs'k im Gebiet des Dorfes Ševčenko, das Berichten zufolge eine Woche zuvor unter die Kontrolle der Okkupanten geraten war, ist den ukrainischen Truppen ein Gegenangriff gelungen. Ševčenko ist die letzte Siedlung vor Pokrovs'k in dieser Richtung. Berichten von Kriegsberichterstattern zufolge, die am 13. und 14. Dezember in der Gegend waren, drangen Russlands Sabotage- und Aufklärungsgruppen von dort aus über die Felder sogar bereits in die südlichen Stadtteile ein. Der 3. Elite-Sturmbrigade (Teil der ehemaligen „Asov") und dem aus Myrnohrad verlegten 425. separaten Sturmangriffsbataillon „Skala" ist es aber gelungen, den Angriff auf Ševčenko zurückzuschlagen. Gleichzeitig ist der viel wichtigere Nachbarort Novotroic'ke immer noch in der Hand der russischen Streitkräfte. Es ist der westlichste Punkt des russischen Vormarsches bei der Umgehung von Pokrovs'k, der für die Durchtrennung der ukrainischen Verteidigung zwischen den Fronten von Donec'k und Zaporižžja wichtig ist. Zudem sind die russländischen Streitkräfte etwas weiter südlich bis zum nächsten Dorf Puškino vorgedrungen.
Die ukrainische Wirtschaft hat einen kolossalen Schlag erlitten. Fünf Kilometer westlich von Novotroic'ke liegt die Siedlung Udačne, hier befindet sich das Bergwerk „Schacht Krasnoarmejskaja-Zapadnaja Nr. 1". Dieses Bergwerk war der Hauptlieferant des Landes von Kokskohle, mit der bis zu 90 Prozent des Stahls für die ukrainische Stahlindustrie hergestellt wurden. Das Unternehmen *Metinvest* des Oligarchen Rinat Achmetov, dem das Bergwerk gehört, hat die Arbeiter und ihre Familien evakuiert. Selbst wenn sich die

Ukraine Koks aus dem Ausland beschaffen kann, wird dies die Preise für Stahlerzeugnisse erhöhen und ihre Wettbewerbsfähigkeit verringern.

Im Südosten setzen die Okkupanten ihren langsamen Vormarsch bei Kurachove fort. Am 14. Dezember hissten sie die russländische Flagge über der Stadtverwaltung von Kurachove. Einzig die westlichen Außenbezirke der Stadt und das Kohlekraftwerk, das ein wichtiges Verteidigungszentrum ist, befinden sich noch in den Händen der ukrainischen Truppen. Wahrscheinlich werden die russischen Truppen die Stadt aber nicht direkt stürmen, sondern versuchen, sie zu umgehen und den Nachschub abzuschneiden, was in der gegenwärtigen Situation relativ einfach sein dürfte. Die Ukraine hat in dieser Woche südlich der Stadt im Bereich des Flusses Suchi Jaly die Reste einer Brigade abgezogen, die einen kleinen Kessel bei Veselyj Hai verteidigte.

Zentraler Teil der Front von Donec'k

Trotz des aktiven Vormarsches der russischen Streitkräfte im Süden der Donec'ker Front – vor allem bei Torec'k und Časiv Jar – ist der Widerstand der Verteidiger ziemlich hartnäckig. Die Lage erinnert, was das Tempo betrifft, an Bachmut. Damals wurden Bezirkszentren bis zu einem halben Jahr lang gestürmt und schließlich in ein Feld aus Ruinen verwandelt. Der russländische Generalstab scheint unzufrieden und wechselt das Kommando. Laut einer Pressemitteilung des russischen Verteidigungsministeriums wurde Generalleutnant Andrej Ivanaev am 15. Dezember zum Kommandeur der russischen Militärgruppierung „Osten" („Vostok") ernannt und löste damit Generaloberst Aleksander Sančik ab, der Kommandeur der Gruppierung „Süd" („Jug") wurde. Ivanaev ist somit für den Bereich südlich von Donec'k zuständig, einschließlich des östlichen Teils der Zaporižžja-Front. Ukrainische Medien erwarten hier eine Großoffensive über Orychyv auf Zaporižžja.

Kampf um Kupjans'k

Die 3. Freiwilligenarmee hat am 14. und 15. Dezember versucht, erneut bei Kupjans'k durchzubrechen. An dem Angriff waren nach ukrainischen Angaben 400 Soldaten, bis zu 30 gepanzerte Fahrzeuge und 60 Motorräder beteiligt, die von Artillerie und Drohnen stark unterstützt wurden. An vier Stellen gelang es ihnen, die ukrainischen Verteidigungsanlagen zu durchbrechen und Truppen abzusetzen.[32] Dies führte nach ukrainischen Angaben zu Hunderten von Toten in den Reihen der vorrückenden Truppen. Am 14. Dezember überquerten die Besatzer den Fluss Oskil nördlich von Kupjans'k in der Nähe des Dorfes Masjutyvka. Obwohl der von den russischen Streitkräften eroberte Brückenkopf relativ klein ist, schlagen die ukrainischen Medien (darunter der militäranalytische Telegram-Kanal Deep State) Alarm, um die ukrainischen Truppen vor einem erneuten Überraschungsangriff wie zuletzt in Kupjans'k zu warnen.

Sudža-Blase und nordkoreanische Soldaten

Im östlichen und nördlichen Teil der Sudža-Blase im Gebiet Kursk finden weiterhin schwere Kämpfe statt. Russland versucht seit einem Monat, gleichzeitig im Nordosten (bei Malaja Loknja) und im Osten, entlang der Staatsgrenze (bei den Dörfern Plechovo

---

[32] <https://t.me/ButusovPlus/15832>.

und Guevo), Druck auszuüben. Und hier haben in dieser Woche sowohl die russländische als auch die ukrainische Seite zum ersten Mal den tatsächlichen Einsatz von nordkoreanischen Soldaten bei den Kämpfen festgestellt. Die Ausbildung und der Transport der Soldaten aus dem Fernen Osten zum Einsatzgebiet ermöglichen erst jetzt ihren Kampfeinsatz. Die ersten echten Informationen über ihre Teilnahme an den Kämpfen kamen am 12. Dezember von russischen Kriegsberichterstattern und Politikern: „Nur nennen sie sich nicht Spezialkräfte, sondern Aufklärungsbataillone. Sie sind nur mit leichten Waffen bewaffnet", schrieb der flüchtige ukrainische Ex-Parlamentarier Oleg Zarev[33] am 12. Dezember, wohl als Reaktion auf das Gefecht am 10. Dezember bei Plechovo.
Ihre Anwesenheit wird durch Drohnenaufnahmen bestätigt. Sie zeigen Gruppen von Menschen mit roten Bändern,[34] die an den Hüften um beide Beine gebunden sind. Ihr Vorgehen erinnert an Soldaten des Zweiten Weltkriegs. Videos zeigen, wie die Leichen von Nordkoreanern im Schnee liegen.[35] Sie werden tagsüber in Reihen entlang der Straße aufgebahrt, um offenbar im Dunkeln abgeholt zu werden. Die ukrainischen Drohnenpiloten stellen fest, dass die nordkoreanischen Kämpfer anders als die russischen Soldaten keine Angst vor den ukrainischen Aufklärungsdrohnen haben. Sie schießen nicht auf sie, lassen sie mitunter nah an sich herankommen und betrachten sie neugierig. Dies ermöglicht es, ihre Gesichter zu fotografieren.[36] Es sind auch Videos[37] von verwundeten Kämpfern aus einem Krankenhaus in der Region Kursk erschienen.
Wie erwartet zeigte der Einsatz dieser Soldaten, auch wenn es sich um Elitekräfte handelte, letztlich keine größere Wirkung. Die nordkoreanischen Befehlshaber des 11. Korps jagten ihre Untergebenen am helllichten Tag zu Frontalangriffen über schneebedeckte Felder. Sie kamen etwa zwei Kilometer weit. Die ukrainische Armee griff sie mit amerikanischer Streumunition, HIMARS-Raketen und Drohnen an. Dabei erlitten die nordkoreanischen Truppen schwere Verluste. Die Russen hatten ihnen offenbar veraltete gepanzerte Mannschaftstransporter zugeteilt, diese wurden offenbar völlig ausgebrannt. Russischen Berichten zufolge soll es den nordkoreanischen Soldaten gelungen sein, leicht vorzurücken und mehrere Waldgebiete zu besetzen. Doch an der Frontlinie gab es keine nennenswerten Veränderungen. Der ukrainische Journalist Jurij Butusov beschrieb das Gefecht vom 15. Dezember in der Nähe von Malaja Loknja wie folgt: „Mehr als 200 nordkoreanische Soldaten griffen die ukrainischen Stellungen aus mehreren Richtungen an. Das Ziel war es, einen der Abschnitte des Waldgürtels einzunehmen. Die russischen Truppen leisteten starken Feuerschutz und setzten aktiv Mittel der radioelektronischen Kriegsführung ein, darunter Bodenstationen und Mi-8-Hubschrauber. Der Feind setzte die Taktik der ‚lebenden Wellen' ein, die an die Methoden der nordkoreanischen und chinesischen Armeen im Koreakrieg 1950–1953 erinnerte. Trotz erheblicher Verluste gelang es den Angriffstrupps, zu den ukrainischen Stellungen vorzudringen. Die nordkoreanischen Einheiten eroberten einen Teil der Schützengräben. Den ukrainischen Truppen gelang es jedoch, ihre Stellungen zu halten und erfolgreiche Gegenangriffe zu starten,[38] um die Lage wieder unter Kontrolle zu bringen."

---

[33] <https://t.me/olegtsarov/20201>.
[34] <https://t.me/ButusovPlus/15904>.
[35] <https://www.youtube.com/live/FfcDS2rZllE>.
[36] <https://t.me/ButusovPlus/15869>.
[37] <https://t.me/uniannet/153931>.
[38] <https://strana.best/news/476789-jurij-butusov-zajavil-o-pervom-v-istorii-krupnom-boe-vsu-s-vojskami-kndr.html>.

23 nordkoreanische Leichen im Gebiet Kursk. Quelle: Screenshot Youtube Butusov Pljus

Erwartung einer ukrainischen Offensive

Trotz der Misserfolge der ukrainischen Streitkräfte in den vergangenen Monaten erwarten das russische Militär und einige politische Blogger den baldigen Beginn einer ukrainischen Offensive. Sie solle pünktlich zu Trumps Amtseinführung die Fähigkeit der ukrainischen Streitkräfte unter Beweis stellen, nicht nur Widerstand zu leisten, sondern auch erfolgreich und offensiv zu kämpfen. Die ukrainische Seite hatte dies vor etwa drei Wochen in knappen Worten angekündigt. Die russische Seite teilte etwa zur gleichen Zeit mit, dass etwa 13 000 Militärangehörige, die an der Grenze der Region Kursk konzentriert waren, in unbekannte Richtung abgezogen seien. Darüber hinaus verfügen die ukrainischen Streitkräfte über die Reserve von „zweieinhalb" neu gebildeten Brigaden, wie der ukrainische Präsident Volodymyr Zelens'kyj mitgeteilt hatte. Sie seien mit westlichen Waffen ausgerüstet. Hinzu kommen bis zu fünf neue mechanisierte Brigaden.

Zudem gibt es durchaus Grund zu der Annahme, dass Russlands Armee müde wird. Die Okkupanten sind seit einem Jahr an der Donec'ker Front ununterbrochen in der Offensive. Sie haben Truppen und Ausrüstung verloren und können den bisherigen Druck möglicherweise nicht aufrechterhalten. Es ist durchaus möglich, dass Truppen von hier an wichtigere Frontabschnitte verlegt wurden. Daher könnte ein möglicher Angriff der Ukraine, etwa aus Richtung Kramators'k in Richtung Bachmut oder Avdijivka, die Blase der russländischen Verteidigung platzen lassen. Russische Militärblogger fürchten aber vor allem eine Offensive Kiews gegen Belgorod.

Luftkrieg

Das Hauptereignis im Luftkrieg war in dieser Woche der russländische Großangriff am 13. Dezember auf Ziele vor allem in der Westukraine. Nach Angaben des Luftwaffenkommandos der ukrainischen Armee schoss Russlands Luftwaffe innerhalb weniger

Stunden 94 Raketen ab. Es handelte sich um Marschflugkörper der Typen Ch-101, Ch-55 sowie Kalibr- und Iskander-Raketen. Von diesen sollen 81 abgeschossen worden sein. Hinzu kamen 193 Drohnen, was einen neuen Tagesrekord bedeutet. Davon konnte die Ukraine 80 abschießen, weitere 105 Drohnen erreichten ihr Ziel nicht.
Das Ziel des Angriffs in der Region Ivano-Frankivs'k war das große Wärmekraftwerk Burštyn, das seit Ende 2022 immer wieder systematisch angegriffen wird, sowie der Flugplatz Kolomyja. In der Gebiet Lwiw wurde der größte unterirdische Gasspeicher der Ukraine in der Nähe von Stryj getroffen, der ebenfalls bereits mehrfach Ziel von Angriffen war. In Odessa wurde der Flugplatz Lymanske ins Visier genommen. In der Region Čerkasy nahm die Infrastruktur des Wasserkraftwerks in Kanev Schaden. Nach ukrainischen Angaben wurden bei dem Angriff auch Umspannwerke getroffen, die für die Stromversorgung zwischen der Ukraine und ihren westlichen Nachbarn wichtig sind. Russische Kriegsberichterstatter bezeichnen den Angriff als erfolglos. Sie meinen, dass die Ankündigungen der ukrainischen Energieingenieure, die Stromerzeugung zu drosseln und den Verbrauch einzuschränken, dazu dienten, das Fehlen echter Schäden zu verschleiern. Nach Angaben der Internationalen Atomenergiebehörde hatten am Tag des Beschusses fünf von neun ukrainischen Kernkraftwerken die Leistung reduziert. Es wurde bekannt, dass die Ukraine Stromimporte aus Polen, Rumänien, der Slowakei, Ungarn und Moldova angefordert hat. Darüber hinaus wurden am 10. Dezember 2024 bei einem Raketenangriff auf ein Bürozentrum in Zaporižžja elf Menschen getötet und 22 verletzt, darunter ein Kind.

Ukrainische Angriffe in Russland

Am 10. Dezember griffen ukrainische Drohnen den „Brjansk NP" (Nalivnoj Punkt) an, eine Füllstation der *Družba*-Ölpipeline. Hier wird etwa Dieselkraftstoff auf Tankfahrzeuge und Güterwaggons umgeladen. Die Station wird auch zur Versorgung der russischen Armee genutzt. Ein Dutzend Drohnenangriffe[39] führte zu einer heftigen Explosion des Komplexes und hinterließ eine brennende Fackel, die noch aus mehreren Kilometern Entfernung sichtbar war. In derselben Nacht wurde nach Angaben von Kriegsreportern die in der vergangenen Woche von den ukrainischen Behörden vorgestellte Drohnenrakete „Peklo" zum ersten Mal von der Region Odessa aus gestartet. Sie wurde jedoch von einer MiG-29 der Schwarzmeerflotte 120 Kilometer südwestlich von Kap Tarchankut im Westen der Halbinsel Krim abgeschossen.
In der Nacht zum 11. Dezember 2024 griffen die ukrainischen Luftstreitkräfte mit sechs ATACMS-Raketen den *Wissenschaftlich-Technischen Komplex für Luftfahrt Taganrog „G.M. Berijew"* (Beriev Aircraft Company) an. Dabei handelt es sich um einen Großbetrieb für die Herstellung von Radarflugzeugen. Nach Angaben von Kriegsberichterstattern wurden fünf Raketen von der Luftabwehr abgefangen, während die sechste Rakete ein Gebäude und etwa 30 Fahrzeuge beschädigte. Ukrainischen Berichten zufolge traf die sechste Rakete die 5. Fliegergruppe und verwundete 41 Soldaten. Diese Angaben wurden jedoch nicht bestätigt. Einen Tag nach dem Angriff gab die russische Seite bekannt, dass in Taganrog mit der Produktion von schweren Drohnen mit einer Reichweite von mehr als 1000 Kilometern und einer Nutzlast von 200 bis 300 Kilogramm

---

[39] <https://t.me/uniannet/153282>.

begonnen wurde. Diese Drohnen ähneln der türkischen Drohne Bayraktar, die demnächst in einem neuen Werk in der Nähe von Kiew in Produktion gehen soll. Die russländische Drohne ist angeblich um das 16-fache günstiger.
Am Abend des 11. Dezember versuchten die ukrainischen Streitkräfte, Sevastopol' mit einem Dutzend Drohnen anzugreifen. Sie wurden jedoch und beim Anflug auf die Stadt noch über dem Meer abgeschossen. In derselben Nacht wurde in Grosnyj eine Drohne über der Kaserne eines Polizeiregiments der Tschetschenischen Republik nach offiziellen Angaben vom Himmel geholt. Vier Wachsoldaten wurden leicht verwundet. Am 14. Dezember verübte die ukrainische Armee erfolgreich einen Angriff auf die russische Ölinfrastruktur. Der Angriff galt der „Stal'noj Kon'", einem der größten Erdölterminals in Orel in Zentralrussland. Nach Angaben ukrainischer Medien soll das Terminal auch die Armee mit Erdölprodukten versorgen. Es soll ein heftiges Feuer ausgebrochen sein. Am selben Tag verlor die ukrainische Luftwaffe ein Flugzeug der 299. taktischen Luftbrigade über der Region Zaporižžja, wobei der junge Pilot ums Leben kam.
Am Morgen des 16. Dezember flog eine von einem Leichtflugzeug gestartete Drohnen auf die Kaserne des zweiten OMON-Regiments in Grosnyj zu und sprengte das Gebäude der Sanitätseinheit in die Luft,[40] wobei es keine Verletzten gab.

Lieferung von Luftabwehrsystemen

Am 11. Dezember kündigte der ukrainische Ministerpräsident Denis Šmyhal an, dass Deutschland ein sechstes IRIS-T-Luftabwehrsystem und weitere Startgeräte für Patriot-Systeme an Kiew übergeben wird. Angesichts des Mangels an Luftabwehrsystemen und Raketen ist dies ein wichtiges (und extrem teures) Geschenk. Westlichen Berechnungen zufolge bleibt die Gesamtzahl der tatsächlich übergebenen Systeme jedoch weit hinter der zugesagten Zahl zurück. Präsident Zelens'kyj zufolge benötigt die Ukraine zwölf bis 15 Luftabwehrsysteme zusätzlich zu den bereits gelieferten. Die Ukraine braucht 20 bis 25 große Luftabwehrsysteme (wie Patriot und IRIS-T), um ihre wichtigsten Städte zu schützen und eine Barriere zu schaffen, um Moskaus Marschflugkörper daran hindert, tief ins Land zu fliegen.

Mögliche Auswirkungen des Assad-Sturzes auf den Ukraine-Krieg

Der Zusammenbruch des Assad-Regimes hat die ukrainische politische Klasse erfreut. Denn Russland hat zweifellos eine große geopolitische Niederlage erlitten. Doch diese Niederlage dürfte direkte negative Folgen für Kiew haben. In Syrien hat Moskau mindestens ein Dutzend Stützpunkte unterhalten und etwa sechstausend Mann stationiert. Diese Präsenz wird nun verringert. Im Absprache mit den neuen Machthabern wird russische Militärausrüstung aus dem Land geschafft. Es handelt sich unter anderem um Dutzende von gepanzerten Fahrzeugen verschiedener Typen: Panzer, Mannschaftstransportwagen, der Mehrzweckgeländewagen „Tiger" und gepanzerte Lkw des Typs „Ural". Hinzukommen viele Spezialfahrzeuge: Kräne, Feuerwehrfahrzeuge, Jeeps und Feldküchen. Der Abtransport wird von Videos bestätigt. Mitunter handelt es sich um Fahrzeuge neuester Produktion. Zudem dürften auch Luftabwehr- und elektronische Kampfführungssysteme exportiert werden. Die Evakuierung des russischen Kontingents in Syrien dauert

---

[40] < https://t.me/uniannet/153697>

schon die ganze Woche an. Nach Angaben des ukrainischen Geheimdienstes werden die Truppen vom Militärflugplatz Hmeimim mit Frachtflugzeugen nach Čkalovsk, Nižnij Novgorod und Machačkala transportiert. Es besteht kaum ein Zweifel daran, dass diese Bestände und ein Teil der Truppen bald ihren Weg an die ukrainische Front finden werden. Andererseits bietet sich der Ukraine die einmalige Gelegenheit, die erschöpften Munitionsbestände für sowjetische Waffen aufzufüllen. Viele von ihnen werden gar nicht mehr hergestellt. In erster Linie handelt es sich um Raketen aller Art für die Luftverteidigung, etwa „Uragan" und „Grad", aber auch 122-mm-Granaten, Minen und luftgestützte Raketen. Darüber hinaus wären die zahlreichen sowjetischen Waffen in syrischen Lagern, darunter Luftabwehrsysteme sowie möglicherweise gepanzerte Fahrzeuge und deren Ersatzteile, für die Verteidigung der Ukraine durchaus geeignet. Zwar wird Israel, das seit Tagen solche Lagerhäuser bombardiert, diese Bestände stark reduzieren. Doch wie die Erfahrungen im Kampf gegen ISIS gezeigt haben, ist es schwierig, alles zu zerstören. Die Bestände zu kaufen oder mit der neuen Regierung auszutauschen, ist durchaus realistisch und sinnvoll. Dies könnte die Kampfkraft derjenigen ihrer Einheiten erhöhen, die über zu wenige Waffen und Munition verfügen. Das Motto könnte lauten "Getreide für Waffen und Munition". Dies ist wahrscheinlich auch der Grund, warum Zelens'kyj am 15. und 16. Dezember persönlich die Initiative ergriff, um der neuen syrischen Regierung dringende Getreidehilfe zu leisten. Die russländischen Streitkräfte vermuten bereits, dass die Schiffe, die Getreide aus der Ukraine abtransportieren, auf ihrem Rückweg auch militärische Ladungen in das Land bringen. Damit erklären sie auch die Angriffe auf einige dieser Schiffe.

Anschläge ukrainischer Saboteure

In den vergangenen zehn Tagen haben die ukrainischen Sicherheitsdienste in den besetzten Gebieten und auf russländischem Territorium eine Reihe von erfolgreichen Liquidierungen ihrer Gegner durchgeführt. Zwar haben sie schon früher gezielt Personen getötet, die als Verräter galten. Zum Beispiel den ehemaligen Abgeordneten der Verchovna Rada, Ilja Kiva (am 6. Dezember 2023 in einem Moskauer Vorort erschossen), den ehemaligen Kommandanten des U-Boots „Krasnodar" Stanislav Ržitskij (am 10. Juli 2023 in Krasnodar erschossen), den GRU-Oberst und Ausbilder der Spezialeinsatzkräfte Nikita Klenkov (am 17. Oktober 2024 in einem Moskauer Vorort erschossen) oder die Propagandistin Darja Dugina (am 20. August 2022 in einem Moskauer Vorort in die Luft gesprengt). Aber seit Valerij Trankovskij, Kommandeur der 41. Brigade von Raketenschiffen und -booten der Schwarzmeerflotte, Kapitän I. Ranges, Mitte November in seinem Auto in Sevastopol' in die Luft gesprengt wurde, erreichten diese Aktivitäten ein neues Niveau.
Am 9. Dezember wurde ein Sergej Evsjukov, der frühere Leiter des Olenivka-Gefängnisses, bei einem Autobombenanschlag in Donec'k getötet. Er war der Leiter der Kolonie, als dort 50 ehemalige Kämpfer des Bataillons „Azov" bei Explosionen getötet wurden. Überlebende, die gegen russische Gefangene ausgetauscht wurden, erklärten, die Kolonieverwaltung selbst habe die Kaserne mit Sprengsätzen versehen lassen. Am 12. Dezember wurde mit Michail Šackij ein wichtiger Militäringenieur bei einem Spaziergang in Kotel'niki bei Moskau durch mehrere Schüsse aus nächster Nähe getötet. Er war stellvertretender Generalkonstrukteur des "Mars"-Konstruktionsbüros und Leiter der Software-

Abteilung, die die Arbeiten zur Verbesserung der Raketen Kh-59 und Kh-69 organisierte. Zudem war er an der Entwicklung von KI-basierten Drohnenleitsystemen beteiligt. Der ukrainische Militärgeheimdienst übernahm die Verantwortung.

Am 17. Dezember ereignete sich ein aufsehenerregender Terroranschlag in Moskau. Diesmal traf es Generalleutnant Igor Kirillov. Der Leiter der Strahlen-, chemischen und biologischen Abwehrkräfte der russischen Streitkräfte und sein Assistent wurden am frühen Morgen in seinem Eingang am Rjazanskij Prospekt in die Luft gesprengt. Ein Kilogramm TNT-Sprengstoff war am Griff eines Elektrorollers befestigt worden. Der Vorgang wurde von der Kamera eines parkenden Carsharing-Autos aufgezeichnet. Der Sicherheitsdienst der Ukraine (SBU) nannte Kirillov einen Kriegsverbrecher und übernahm die Verantwortung für den Anschlag. Der SBU wirft dem Ermordeten vor allem vor, den Einsatz sanktionierter chemischer Waffen an der Front genehmigt zu haben, was zu 4800 registrierten Verstößen gegen internationale Konventionen führte.

Aus dem Russischen von Felix Eick, 19.12.2024

Hinweis zu den Quellen: Die Berichte stützen sich auf die Auswertung Dutzender Quellen zu den dargestellten Ereignissen. Einer der Ausgangspunkte sind die Meldungen der ukrainischen sowie der russländischen Nachrichtenagenturen UNIAN und RIA. Beide aggregieren die offiziellen (Generalstab, Verteidigungsministerium, etc.) und halboffiziellen Meldungen (kämpfende Einheiten beider Seiten, ukrainische Stadtverwaltungen, etc.) der beiden Kriegsparteien. Der Vergleich ergibt sowohl übereinstimmende als auch widersprüchliche Meldungen und Darstellungen.

Zur kontrastierenden Prüfung ukrainischer Meldungen wie jene von Deep State (https://t.me/DeepStateUA/19452) – werden auch die wichtigsten russländischen Telegram- und Livejournal-Kanäle herangezogen, in denen die Ereignisse dieses Kriegs dargestellt und kommentiert werden, darunter „Rybar'" (https://t.me/rybar), Dva Majora (https://t.me/dva_majors), und „Colonel Cassad" (Boris Rožin, https://colonel cassad.livejournal.com/). Wichtige Quellen sind auch die Berichte, Reportagen und Analysen von Meduza und Novaja Gazeta Europe. Ebenfalls berücksichtigt werden die täglichen Analysen des Institute for the Study of War (www.understandingwar.org), das auf ähnliche Quellen zurückgreift.

Die Vielzahl der abzugleichenden Quellen wäre ohne Hilfe nicht zu bewältigen. Dem Autor arbeiten drei Beobachter zu, die für Beratung in militärtechnischen Fragen, Faktencheck und Sichtung russisch- und ukrainischsprachiger Publikationen aus dem liberalen Spektrum zuständig sind und dem Autor Hinweise auf Primärquellen zusenden. Die jahrelange wissenschaftliche Arbeit zu den ukrainischen Regionen sowie zahlreiche Reisen in das heutige Kriegsgebiet erlauben dem Autor, den Wahrheitsgehalt und die Relevanz von Meldungen in den sozialen Medien einzuschätzen.

Nikolay Mitrokhin

Das dritte Kriegsjahr

Vier Szenarien für 2025

Das abgelaufene Kriegsjahr bringt eine deutliche Erkenntnis: Die Ukraine wird den Krieg nicht gewinnen. Russland ist es vor allem auf dem Boden gelungen, den Krieg zu seinen Gunsten zu wenden. Die ukrainischen Erfolge im Luftkrieg und am Schwarzen Meer waren nicht entscheidend. Der Angriff im russländischen Gebiet Kursk blieb taktisch erfolglos. Es wird immer deutlicher, dass das mögliche Ende des Krieges das Ergebnis von amerikanisch-russländischen Verhandlungen sein wird. Die kommende US-Regierung will die Militärhilfe für die Ukraine streichen und die restlichen Verbündeten werden diese Lücke nicht schließen können. Eine systematische und umfassende Analyse des dritten Kriegsjahres und die vier wahrscheinlichsten Szenarien veranschaulichen: Kiew bleiben kaum Optionen.

Das Kriegsjahr in der globalen Dimension

Die entscheidende Erkenntnis aller Beteiligten und Beobachter im dritten Kriegsjahr ist, dass die Ukraine diesen Krieg nicht gewinnen wird. Es wird unmöglich sein, zu den Grenzen vom 1. Januar 2014 (oder „den Grenzen von 1991") zurückzukehren, wie von der politischen Führung des Landes wiederholt erklärt. Genauso werden auch die Grenzen des tatsächlich kontrollierten Gebiets vom 1. Januar 2022 nicht wieder hergestellt werden. Nach der US-Wahl, aus der Donald Trump als Sieger hervorging, wird immer deutlicher, dass das mögliche Ende des Krieges das Ergebnis von amerikanisch-russländischen Verhandlungen sein wird. Möglich wären auch amerikanisch-chinesische Verhandlungen mit Beteiligung Russlands und der Europäischen Union. Deren Ergebnisse müssten die Ukraine und die EU akzeptieren. Zudem ist es nicht ausgemacht, dass die Parteien eine Einigung erzielen können und der Krieg im Jahr 2025 endet. Eine andere Möglichkeit wäre, dass Russland einige seiner Kriegsziele erreicht oder, im Gegenteil, am Ende seiner Kräfte sein wird.

Die Welt hat sich beinahe an den großen Krieg auf dem europäischen Kontinent gewöhnt, dem ersten seiner Art seit fast 80 Jahren. Die Nachrichten über den Ukraine-Krieg wurden von anderen Ereignissen verdrängt: der terroristische Angriff der Hamas auf

---

Nikolay Mitrokhin (1972), Dr. phil., Forschungsstelle Osteuropa, Universität Bremen
Von Nikolay Mitrokhin ist in OSTEUROPA u.a. erschienen: Russlands Krieg gegen die Ukraine. Wochenberichte Sommer 2024, in: OE, 6–7/2024, S. 135–168. – Wochenberichte Frühjahr 2024, in: OE, 5/2024, S. 39–62. – Der Krieg in der Ukraine 2023. Bilanz eines schrecklichen Jahres, in: OE, 12/2023, S. 17–34.
Die Texte sind im Fokus „Russlands Krieg gegen die Ukraine" auf <zeitschrift-osteuropa.de> erschienen und werden dort fortgeführt.

Israel, dessen Kampf gegen die palästinensische Terrororganisation und die Hisbollah, der Wahlkampf und die Wahl in den USA, der Sturz des Assad-Regimes, das Scheitern der Ampel-Koalition in Deutschland und vieles mehr. Die Anwesenheit der Staatsoberhäupter Chinas und Indiens sowie des UN-Generalsekretärs auf dem BRICS-Gipfel in Kazan im Oktober hat gezeigt, dass die Idee des kollektiven Westens, ein effektives politisches und wirtschaftliches Vakuum um Russland zu schaffen, fehlgeschlagen ist. Ein weiteres Indiz dafür sind die gesteigerten Flüssiggaslieferungen aus Russland an europäische Häfen im Herbst. Putins militärische Allianz mit Nordkorea, das im Herbst an der Seite Russlands in den Krieg eingetreten ist, deutet in die gleiche Richtung.

Und in dieser Lage versprechen die USA, in Person des designierten Präsidenten Donald Trump, entschiedene Maßnahmen zu ergreifen, um den Krieg zu beenden. Die kommende US-Regierung wendet sich damit klar vom bisherigen Kurs ab. Die USA haben bereits mehr als 90 Milliarden Dollar – etwas mehr als die EU – zur Unterstützung der Ukraine ausgegeben. Auch die Beteuerungen des ukrainischen Präsidenten Volodymyr Zelens'kyj, dass der Krieg in den Grenzen von 1991 beendet werden müsse, sind für eine Trump-II-Regierung ganz offenbar kein Hindernis mehr.

Die Situation könnte womöglich anders sein, wenn die ukrainischen Streitkräfte erfolgreich vorankommen würden. Aber entscheidende Fortschritte bei der Befreiung des eigenen Territoriums machte Kiew zuletzt im November 2022. Nicht besonders wahrscheinlich ist auch eine ausreichende Unterstützung der Ukraine durch die EU und ihre Verbündeten – etwa das Vereinigte Königreich oder Kanada. Diese Länder werden in den kommenden Jahren nicht in der Lage sein, genügend gepanzerte Fahrzeuge, große Luftabwehrsysteme und Kampfjets für einen so großen Krieg zu produzieren, um den Wegfall der US-Militärhilfe zu kompensieren. Und das, obwohl die Waffenproduktion im Westen und in der Ukraine selbst in diesem Jahr erheblich gesteigert werden konnte. In dieser Situation bleiben Kiew kaum Optionen.

Die Hauptfrontlinien und Russlands veränderte Taktik

Auf den drei Hauptkriegsschauplätzen sieht es sehr unterschiedlich aus. Russland ist es gelungen, den Krieg auf dem Boden zu seinen Gunsten zu wenden. Vor allem im Südwesten und Westen der Region Donec'k gab es erhebliche Landgewinne. Das gesamte Jahr 2024 war von schleichenden Offensiven geprägt, die Russland im November 2023 mit dem systematischen Angriff auf Avdijivka begann. Dabei entwickelte die Okkupationsarmee neue Angriffstaktiken. Zuvor war Russlands Offensive durch den Einsatz von Artillerie gekennzeichnet. Moskaus Streitkräfte hatten sich meist in Kolonnen gepanzerter Fahrzeuge über verminte Landstraßen dem nächsten Dorf genähert und dabei große Verluste erlitten. Im Jahr 2024 begannen sie, in kleinen Gruppen von Infanteristen ohne vorherigen Beschuss anzugreifen. Die Aufgabe dieser „Sturmtrupps" bestand darin, ein von den ukrainischen Drohnenpiloten kontrolliertes Gebiet schnell zu überspringen und das nächste Waldgebiet zu erreichen, um sich besser tarnen zu können. Dort stießen sie oft auf Stütz- oder Beobachtungspunkte und „säuberten" diese – wenn nötig mit Artillerie, Drohnen oder Panzern. Wurden größere dieser Stützpunkte entdeckt, übermittelten die Angriffsteams ihre Koordinaten an Kampfflugzeuge, die aus einer Entfernung von etwa 60 bis 80 Kilometern KAB-Präzisionsbomben auf die genannte

Position abschossen. Je nach Gewicht zerstören sie alles in einem Radius von 30 bis 60 Metern. Die ukrainischen Streitkräfte führen etwa 5000 Fälle auf, in denen auch chemische Munition, deren Einsatz durch Konventionen untersagt ist, zur „Ausräucherung" von Festungen genutzt wurde. Dies war auch einer der Hauptgründe für den relativ schnellen Fall von Avdijivka.

Eine weitere Neuerung war, dass die Besatzer die ukrainischen Befestigungen, vor allem in den besiedelten Gebieten „zangenartig" umgangen haben. Die immer zahlreicheren Sturmtrupps wurden in kleinere Gruppen zerstreut. So wurde es für die Verteidiger ineffizient, Granaten für sie zu verschwenden. Später erreichten einige von ihnen, häufig auf Mopeds, das nächste Waldgebiet. Erst dann bemerkten die ukrainischen Stützpunkte, dass sie auf dem Feld umgangen worden waren. Außerdem griffen die russländischen Streitkräfte nicht in allen Richtungen gleichzeitig an. Mit Pausen von ein bis zwei Wochen rückten sie in mehreren Gebieten vor. So hatte die ukrainische Armee keine Zeit, ihre Reserven zu konzentrieren, um jeden einzelnen Durchbruch ausreichend zu bekämpfen.

Diese Taktik ermöglichte nach der schwierigen Einnahme der Stadt Avdijivka (eigentlich der westliche Vorort von Donec'k) eine effektivere Offensive. Am 17. Februar wurde die Stadt eingenommen. Zwei Monate später, nach langwierigen Kämpfen im Westen, fand das Ereignis statt, das den Verlauf des gesamten Feldzugs 2024 bestimmen sollte. Am 17. und 18. April durchbrachen die Besatzer eine gut befestigte ukrainische Verteidigungslinie in der Nähe der Siedlung Očeretine nordwestlich von Avdijivka. Die ukrainischen Einheiten, die zur Verstärkung dieses Sektors eingesetzt worden waren, wurden von Putins Streitkräften innerhalb eines Monats besiegt. Danach begannen die Okkupationstruppen einen relativ raschen Vorstoß in Nord-Süd-Richtung und gelangten hinter die ukrainischen Stellungen im Zentrum und Süden des westlichen Donec'ker Gebietes. Dies führte in den darauffolgenden Monaten zur Zerstörung des gesamten Verteidigungssystems im ausgedehnten Gebiet an der Kreuzung der Donec'ker und Zaporižžja-Front (Pokrovs'k, Vuhledar, Kurachove) und zur Einnahme von Stellungen, die seit Beginn des Krieges von der ukrainischen Armee gehalten worden waren. Der wegweisende Durchbruch hätte durch einen Angriff aus Richtung Kramators'k noch mehrere Monate aufgeschoben werden können. Fünf gut ausgebildete und mit westlicher Technik ausgerüstete Reservebrigaden wurden jedoch für den ukrainischen Angriff in der russländischen Region Kursk eingesetzt. Ein Angriff, der aus militärischer Sicht außer der Gefangennahme von mehreren hundert wertvollen Gefangenen keine Ergebnisse brachte. Er blieb taktisch erfolglos, denn die ukrainischen Streitkräfte konnten ihre Stellungen dort nicht stabilisieren. Stattdessen drohen der Ukraine nun der Verlust von zwei Dritteln der Zaporižžja-Front, die Erstürmung der relativ großen Stadt Pokrovs'k sowie der Einmarsch der Okkupanten in die Region Dnipropetrov'sk und die Stadt Zaporižžja.

Luftkrieg

Der Schlagabtausch in der Luft hat sich im vergangenen Jahr zum zweitwichtigsten Kriegsschauplatz entwickelt. In diesem Kampf herrscht ein relatives Gleichgewicht mit einer gewissen Überlegenheit Russlands. Beide Seiten haben die Produktion von Angriffsdrohnen und Raketen erhöht und einander erheblichen Schaden zugefügt, vor allem im Energiesektor. Russland greift mit Raketen und Drohnen seit dem Spätsommer systematisch das ukrainische Energiesystem an, das in der ersten Jahreshälfte wiederhergestellt worden war. Nach offiziellen Angaben ist die Stromproduktion im Land um die Hälfte zurückgegangen. Dabei wurden alle Wärmekraftwerke, ein Teil der Wasserkraftwerke sowie viele Umspannwerke, die den Strom in die Regionen verteilen, beschädigt. Großstädte wie Charkiv, Odessa, Zaporižžja und Kryvyj Rih waren besonders betroffen. Sie befinden sich nahe der Frontlinie und sind daher nicht nur Angriffen von Marschflugkörpern und Drohnen, sondern auch von ballistischen Raketen ausgesetzt. Diese können nur mit Patriot-Systemen abgefangen werden. Jedoch reicht die Anzahl der verfügbaren Systeme nicht einmal für die Millionenstädte aus.

Seit Ende des Jahres 2024, nachdem die westlichen Länder der Ukraine etwa ein Dutzend zusätzlicher Systeme zur Verfügung gestellt hatten, kann man sagen, dass zumindest Kiew, Odessa, L'viv und Dnipro relativ gut vor russländischen Raketen geschützt sind. Für Charkiv, Zaporižžja und Kryvyj Rih bleibt, zusätzlich zu den ballistischen Systemen, das Problem der Bombardierung mit KAB-Präzisionsbomben bestehen. Moskau konnte die Produktion der Angriffsdrohnen verdreifachen und setzte massenhaft Drohnenattrappen ein, wodurch das ukrainische Luftabwehrsystem überlastet wurde. Hinzu kam der erste Einsatz des neuesten russländischen ballistischen Systems „Orešnik" (bisher nur zu Demonstrationszwecken, ohne Sprengkopf).

Die Ukraine hat darauf mit einer starken Ausweitung der Produktion schwerer Angriffsdrohnen reagiert. Sie verfügen inzwischen über eine Reichweite von 1200 Kilometern, wodurch sie fast den gesamten europäischen Teil Russlands erreichen können, wenngleich noch nicht die großen Industriezentren im Ural. Die Ukraine konnte auch die Traglast der Drohnen erhöhen, sie liegt aber im Schnitt noch unter jener von russländischen Geran-2-Drohnen. So sind Kiews Drohnen zwar in der Lage, effektiv Angriffe auf Flugplätze, Treibstoff- und Munitionsdepots sowie Ölraffinerien zu fliegen. Sie können aber keine großen Anlagen aus Beton oder Ziegeln zerstören. Deshalb haben sich die ukrainischen Drohnenangriffe im Jahr 2024 wahrscheinlich auch auf russländische Öl-Raffinerien und -Lagereinrichtungen sowie große Munitionsdepots konzentriert. Kiew ist es gelungen, Russlands Produktion von Erdölprodukten um etwa 15 Prozent zu reduzieren und dem Aggressor einen enormen finanziellen Schaden zuzufügen. Die Angriffe hatten aber keine Auswirkungen auf die Versorgung der Front.

Wesentlich effektiver scheinen Angriffe von Drohnen und westlichen Raketen auf die russländischen Raketenabwehrsysteme und auf die Depots der *Hauptverwaltung für Raketen und Artillerie des Verteidigungsministeriums* zu sein. Trotz des beeindruckenden Ausmaßes der Explosionen ist es jedoch schwierig, ernstlich von einem Rückgang der Munitionslieferungen an die russländische Armee zu sprechen. Gleichzeitig haben sich die Hoffnungen der politischen Führung der Ukraine auf die Stärke und Reichweite der westlichen Raketen sowie die Effektivität der erhaltenen F-16-Kampfjets nicht erfüllt. Sie haben weder an der Front noch im russländischen Hinterland (mit Ausnahme der Krim) etwas an der Situation geändert.

Sieg der Ukraine am Schwarzen Meer

Am Schwarzen Meer gelang der Ukraine ein „Blitzsieg". Diesen erreichte sie mit ihren unbemannten Drohnenbooten und westlichen Raketen. Sie zwang die russländische Schwarzmeerflotte und die Schiffe des Geheimdienstes FSB, das gesamte westliche und zentrale Schwarze Meer aufzugeben und sich fast vollständig aus ihren üblichen Häfen auf der Krim in Richtung Novorossijsk und Abchasien zurückzuziehen. Gleichzeitig gelang der Ukraine bis zum Jahresende ein Durchbruch bei der Modernisierung der unbemannten Wasserfahrzeuge. Sie setzt die Drohnenboote nicht mehr nur als Langstrecken- und ferngesteuerte Torpedos ein. Sie können auch als Plattformen für First-Person-View-Drohnen (also Drohnen, die mittels Kameratechnik aus der „Ich-Perspektive" gesteuert werden), als Kleinwaffenträger und sogar als Plattformen zur Bekämpfung von Luftzielen eingesetzt werden. So konnte die Ukraine wieder Waren über den Hafen von Odessa ausführen, was für ihre wirtschaftliche Lage von großer Bedeutung ist. Zudem kann der Feind deutlich weniger Kalibr-Raketen von Schiffen der Schwarzmeerflotte aus starten.

Hinterland

Ein zentrales Problem beider Seiten im Jahr 2024 ist die Frage der Mobilisierung und anderer Möglichkeiten, die an der Kampflinie operierenden Einheiten aufzufüllen. Nach mehreren erfolglosen Offensiven in den Jahren 2022 und 2023 und der Kursk-Operation im Jahr 2024 leidet die ukrainische Armee unter einem Mangel an motivierten Kämpfern. Sie ist mit einer Mobilisierungskrise und Desertion konfrontiert. Die Versuche, diese Probleme zu bekämpfen, indem Anreize für die Rückkehr von Soldaten zu ihren Einheiten geschaffen wurden, haben nur begrenzt Wirkung gezeigt.

Ein großes Problem ist auch, dass Menschen, die von der Straße zwangsmobilisiert werden, aus den Ausbildungszentren fliehen. Es gibt keine Sperreinheiten, also Truppen, die hinter der Front stationiert sind, um Desertation zu bekämpfen. Außerdem werden Dienstverweigerer kaum zur Verantwortung gezogen. Und das Ausmaß der Korruption in den Mobilisierungs- und Musterungsstellen ist so groß, dass weder die Armee noch die politische Führung die Situation in den Griff bekommen können.

Auf russländischer Seite ist das Problem weniger akut. Allerdings reicht die vertragliche Mobilisierung in diesem Jahr von rund 440 000 Soldaten, die der Stellvertretende Vorsitzende des Sicherheitsrates Dmitrij Medvedev am 24. Dezember nannte,[1] für die geplante Vergrößerung der Armee nicht aus. Deshalb werden alle möglichen Gruppen in die Reihen der „Sturmtrupps" eingegliedert: Von Häftlingen über strategische Raketentruppen oder Reparaturkräfte der Pazifikflotte bis hin zu nordkoreanischen Soldaten. Letztere tauchten in so geringer Zahl an der Front auf, dass sie bisher nichts bewirken konnten. Gleichwohl waren ihre Verluste in den zehn Tagen ihres Einsatzes hoch.

Ein weiteres großes Problem zu Beginn des Jahres war auf beiden Seiten der Mangel an Artilleriegranaten großen Kalibers. Dieses wurde jedoch im Laufe des Jahres von beiden Seiten gelöst. Russland erhielt die Granaten aus Nordkorea und die Ukraine aus dem Westen – als Ergebnis der „tschechischen Initiative", die Geld zu ihrer Beschaffung

---

[1] Almost 440,000 Russians sign up for military service this year — Medvedev. TASS, 24.12.2024.

einwarb. Das Problem des Mangels an gepanzerten Fahrzeugen konnte indes nicht gelöst werden. Dies führte zu einer Änderung der Taktik und zu einem verstärkten Einsatz von „First-Person-View"-Drohnen. Diese wurden zur Hauptwaffe bei der Bekämpfung des Feindes auf Entfernungen von mehr als einem Kilometer. Schätzungen zufolge sind Russlands Fabriken mit gepanzerten Fahrzeugen, die repariert werden sollen, noch für ein Jahr gefüllt. Sie werden nicht für große Durchbrüche ausreichen, aber sie werden im Prinzip zur Unterstützung der derzeit vorrückenden Infanterieverbände genügen.

Die Führung der Militärverwaltung auf allen Ebenen ist ein weiterer Hemmschuh. Kritisiert werden nicht so sehr Grundsatzentscheidungen, wie etwa die Kursk-Offensive oder der Wunsch, Dörfer im Donbass, die bereits in Schutt und Asche gelegt wurden, um jeden Preis zu halten. Anlass für Beschwerden ist vielmehr das System der Entscheidungsfindung auf der mittleren und unteren Ebene. Kritisiert wird die Praxis der häufigen Rotation der Brigaden, die dazu führt, dass neue Brigaden zu langsam die Frontpositionen der alten übernehmen, was die Russen gezielt ausnutzen. Auch soll die Koordinierung der Brigaden in einigen Gebieten immer mehr zu wünschen übrig lassen und sich die Beziehungen zwischen Kommandeuren und einfachen Soldaten rapide verschlechtern. In vielen Einheiten ist kaum noch etwas von der Brüderlichkeit bei Kriegsbeginn übrig. Andererseits zeigen die Aktionen ukrainischer Saboteure nicht nur in den besetzten Gebieten, sondern auch in Russland Wirkung.

Prognose

Vier Szenarien für den weiteren Kriegsverlauf sind denkbar: ein optimistisches, ein pessimistisches, ein düsteres und ein katastrophales Szenario.

Die optimistische Option für die Ukraine ist nach Ansicht nicht nur externer Beobachter, sondern auch vieler Menschen in der Ukraine die sofortige Einstellung der Kämpfe entlang der tatsächlichen Kontaktlinie. Die Rede ist von einem Einfrieren des Konflikts, ohne dass die besetzten Gebiete als russländisch anerkannt werden. Die Befürworter dieser Version sind bereit, für einen längeren Zeitraum eine NATO-Mitgliedschaft der Ukraine auszuschließen. Ihre Hoffnung ruht auf direkten Gesprächen zwischen dem kommenden US-Präsidenten Donald Trump und Russlands Präsident Vladimir Putin.

Die pessimistische Option für Kiew geht von weitaus bedeutenderen Zugeständnissen als Ergebnis der Verhandlungen aus. So könnten auch jene Gebiete vollständig oder teilweise verloren gehen, die Russland zusätzlich zu den bereits eroberten Regionen zu „seinen ureigenen" erklärt hat – das heißt unbesetzte Teile der Regionen Donec'k, Zaporižžja, Luhansk und Cherson.

Die düstere Option geht von einem Scheitern oder einer Verschleppung der Trump-Putin-Verhandlungen aus. Gleichzeitig würden schwere Kämpfe fortgesetzt werden, wobei Russland über bessere Truppen und Ausrüstung verfügen dürfte. Denkbar wäre hier etwa eine weitere Mobilisierung von 300 000 bis 400 000 Soldaten. Die Besatzer würden mehr oder weniger schnell zum Ufer des Dnipros vorrücken. Bis Ende 2025 wären sie wohl damit beschäftigt, regionale Zentren wie Zaporižžja und Dnipro zu stürmen – zumindest deren Teile am linken Ufer. Wenn es so weit kommt, werden sich die Friedensbedingungen für die Ukraine weiter verschlechtern.

Die katastrophale Option ist die Möglichkeit eines partiellen Zusammenbruchs der Front aufgrund der Verringerung der ukrainischen Vorstoßeinheiten sowie eines raschen Vormarsches russländischer Einheiten am linken Ufer des Dnipros. Zweiteres könnte nicht nur an den derzeitigen Fronten von Zaporižžja und Donec'k geschehen, sondern auch im Gebiet Charkiv und möglicherweise sogar in den Regionen Sumy und Poltava.

Aus dem Russischen von Felix Eick, 30.12.2024

Schlagwörter:
Ukraine-Krieg, Ukraine, Russland, Vladimir Putin, Donald Trump, Verhandlungen

Hinweis zu den Quellen: Die Berichte stützen sich auf die Auswertung Dutzender Quellen zu den dargestellten Ereignissen. Einer der Ausgangspunkte sind die Meldungen der ukrainischen sowie der russländischen Nachrichtenagenturen UNIAN und RIA. Beide aggregieren die offiziellen (Generalstab, Verteidigungsministerium, etc.) und halboffiziellen Meldungen (kämpfende Einheiten beider Seiten, ukrainische Stadtverwaltungen, etc.) der beiden Kriegsparteien. Der Vergleich ergibt sowohl übereinstimmende als auch widersprüchliche Meldungen und Darstellungen.
Zur kontrastierenden Prüfung ukrainischer Meldungen wie jene von Deep State (https://t.me/DeepStateUA/19452) – werden auch die wichtigsten russländischen Telegram- und Livejournal-Kanäle herangezogen, in denen die Ereignisse dieses Kriegs dargestellt und kommentiert werden, darunter „Rybar" (https://t.me/rybar), Dva Majora (https://t.me/dva_majors), und „Colonel Cassad" (Boris Rožin, https://colonel cassad.livejournal.com/). Wichtige Quellen sind auch die Berichte, Reportagen und Analysen von Meduza und Novaja Gazeta Europe. Ebenfalls berücksichtigt werden die täglichen Analysen des Institute for the Study of War (www.understandingwar.org), das auf ähnliche Quellen zurückgreift.
Die Vielzahl der abzugleichenden Quellen wäre ohne Hilfe nicht zu bewältigen. Dem Autor arbeiten drei Beobachter zu, die für Beratung in militärtechnischen Fragen, Faktencheck und Sichtung russisch- und ukrainischsprachiger Publikationen aus dem liberalen Spektrum zuständig sind und dem Autor Hinweise auf Primärquellen zusenden. Die jahrelange wissenschaftliche Arbeit zu den ukrainischen Regionen sowie zahlreiche Reisen in das heutige Kriegsgebiet erlauben dem Autor, den Wahrheitsgehalt und die Relevanz von Meldungen in den sozialen Medien einzuschätzen.

osteuropa

Bodenprobe
Krieg, Staat und die Völker Russlands

336 Seiten, 29 Abbildungen, 6 Karten, 28,00 Euro. Bestellen: www.zeitschrift-osteuropa.de

Peter Sawicki

Neustart verschoben

Polen, Deutsche und der Schatten des Krieges

In den vergangenen Jahren war das deutsch-polnische Verhältnis von Konflikten und Entfremdung geprägt. Der Wahlsieg des Bündnisses von Donald Tusk im Oktober 2023 nährte die Hoffnung auf einen Neustart in den Beziehungen. Doch dieser lässt auf sich warten. Verantwortlich dafür ist primär die Unfähigkeit Deutschlands, den polnischen Erwartungen gerecht zu werden, eine angemessene Form der Wiedergutmachung für die deutschen Verbrechen im Zweiten Weltkrieg zu leisten. Das zeigte sich bei den Feierlichkeiten zum Gedenken an den 80. Jahrestag des Warschauer Aufstands. Die von der Bundesregierung vertretene Position, keine Reparationen mehr leisten zu müssen, ist formaljuristisch richtig. Doch Wiedergutmachung ist aus historischen, moralischen und politischen Gründen geboten. Und sie wäre eine Voraussetzung, dass der deutsch-polnische Motor in der EU, der in Zeiten des Ukrainekriegs und nach dem Wahlsieg von Trump in den USA dringender denn je gebraucht wird, Zugkraft entfaltet.

Die Atmosphäre hatte etwas Bedrückendes, aber auch etwas Erhabenes. Am 31. Juli 2024 saßen in einer Gedenkstätte im Westen Warschaus vier betagte Personen – zwei Frauen und zwei Männer – in einem Stuhlkreis. Dahinter saßen dicht gedrängt Politiker und Medienvertreter, Personenschützer standen aufrecht und aufmerksam im Türrahmen. An den grauen Betonwänden hingen Ausstellungsfotos in Schwarzweiß. Sie zeigten Holzkreuze, die aus notdürftig geschaufelten Gräbern ragten, im Hintergrund Schutt vor Häuserskeletten: Zeugnisse der Verwüstung. Den vier Seniorinnen und Senioren in der Mitte des Raumes waren manche der abgebildeten zerstörten Straßenzüge möglicherweise noch aus eigener Anschauung bekannt. Und doch saßen die Zeitzeugen sichtlich gelöst und in sich ruhend beieinander, waren gar zu Scherzen aufgelegt, während sie auf den prominenten politischen Gast warteten – Bundespräsident Frank-Walter Steinmeier. 63 Tage dauerte der Warschauer Aufstand, der am 1. August 1944 begonnen hatte. An seinem Ende standen etwa 200 000 Todesopfer, die Stadt lag in Trümmern. Der 80. Jahrestag des Beginns des Aufstands war das wohl wichtigste erinnerungspolitische Ereignis der vergangenen Jahre in Polen. Entsprechend bedeutsam war, dass das deutsche Staatsoberhaupt zu den Gedenkfeierlichkeiten in der polnischen Hauptstadt eingeladen war. Am Vortag des Jahrestags war eine Rede Steinmeiers beim zentralen Gedenkakt auf dem Krasiński-Platz geplant, zuvor traf der Bundespräsident vier Zeitzeugen des Aufstands zum persönlichen Austausch. Es sollte eine Begegnung mit ergreifenden Momenten, erschütternden Erinnerungen und überraschenden Schlussfolgerungen für die historische

---

Peter Sawicki (1986), M.A., Journalist, Korrespondent des Deutschlandfunks für Polen und die Ukraine, Warschau

deutsch-polnische Aussöhnung werden. Der gesamte Besuch des Bundespräsidenten war aber auch eine Illustration der anhaltenden emotionalen Distanz zwischen beiden Ländern, die bis heute die politische Zusammenarbeit bei den wichtigsten gegenwärtigen Herausforderungen erschwert, allen voran eine gemeinsame Gestaltung der westlichen Sicherheitspolitik angesichts des aggressiven Neoimperialismus des Putinschen Russland. Dabei wäre ein „deutsch-polnischer Motor" nach dem Wahlsieg von Donald Trump in den USA von elementarer Bedeutung. Eine Hauptrolle spielt hierbei die im Hintergrund schwelende Diskussion über deutsche Weltkriegsentschädigungen, die auch im Jahr 2024 ihre Schatten über das Erinnern an ein „außerordentlich denkwürdiges Datum in Polens Geschichte"[1] warf. Der nach dem Wahlsieg des Bündnisses von Donald Tusk im Oktober 2023 erhoffte Neustart in den deutsch-polnischen Beziehungen lässt weiter auf sich warten.

Warschauer Aufstand: Hagiographie und politische Vereinnahmung

Die symbolische Bedeutung des 1. August als historisches Datum muss in Polen niemandem erklärt werden. 2024 jedoch schienen die offiziellen Bekundungen darauf bedacht zu sein, dies der Öffentlichkeit zusätzlich einzuschärfen. Überdies begann die Einstimmung auf die Feierlichkeiten bereits viele Wochen vor dem eigentlichen Gedenktag. In Warschau schlenderte man an kaum einer Litfaßsäule oder Werbetafel vorbei, an der nicht auf den bevorstehenden 80. Jahrestag des Aufstands hingewiesen wurde. „W jak Wolność" lautete ein von der Stadt Warschau proklamierter Slogan. Oder frei ins Deutsche übersetzt: „Der Warschauer Aufstand bedeutet Freiheit".[2] Mit anderen Worten – der Leitspruch suggerierte nicht nur subtil, dass das heutige unabhängige sowie wirtschaftlich prosperierende Polen ohne die Opfer- und Kampfbereitschaft der Warschauer Aufständischen kaum denkbar wäre.

Dabei wurde die öffentliche Diskussion um das historische Erbe des Warschauer Aufstands bisher stets überaus kontrovers diskutiert. Alljährlich wurde in Polen um den 1. August im Wesentlichen auch diese Frage aufs Neue erörtert: War der Kampf der Armia Krajowa („Heimatarmee", AK) gegen die deutschen Besatzer angesichts seiner wohl von Beginn an geringen Erfolgsaussichten wirklich sinnvoll? Diese Frage hatte der viele Jahre in Oxford lehrende Philosoph Zbigniew Pełczyński, selbst aktiver Teilnehmer des Aufstands, anlässlich des vorherigen runden Jahrestages im Sommer 2014 klar verneint. Die militärischen Ziele des Aufstands seien „realitätsfern", die Erhebung „unzureichend vorbereitet" gewesen, so lautete Pełczyńskis verheerendes Urteil. Wobei dieses ausdrücklich vor allem auf die damalige Militärführung der Armia Krajowa zielte.[3]

Diametral entgegengesetzt charakterisierte den Aufstand im Jahr 2021 Jan Józef Kasprzyk vom „Amt für Kombattanten und Unterdrückte" (poln.: Urząd do Spraw Kombatantów i Osób Represjonowanych). Die Kämpfe der Aufständischen seien

---

[1] Peter Sawicki: Vor dem Besuch von Bundespräsident Steinmeier in Warschau. Deutschlandfunk, 31.7.2024.
[2] Dieses Wortspiel ist nur im Polnischen möglich – „W" steht für die sogenannte „godzina W" („Stunde W"), also den Beginn des Warschauer Aufstands am 1. August 1944 um 17 Uhr. „Wolność" wiederum heißt im Polnischen „Freiheit".
[3] Zbigniew Pełczyński: Powstanie warszawskie nie miało sensu. Cele były pisane palcem na wodzieg. i.pl, 30.7.2014.

Ausdruck einer inneren Würde gewesen, eine „Auflehnung der Freiheit" gegen den totalitären „Wahnsinn". Ein Pole sei ein „freier Vogel, der nicht lange in einem Käfig" zu leben vermöge, so Kasprzyks poetische Ehrerbietung.[4]

Mahnende Stimmen, die den Blick auf die Schattenseiten des Aufstands nicht zu kurz kommen lassen wollten, gab es auch in diesem Jahr. So wies der Militärhistoriker und Oberst a.D. der polnischen Armee Krzysztof Komorowski etwa darauf hin, dass das tatsächliche Ausmaß der zivilen Opfer während der 63 Tage währenden Kämpfe nach wie vor nicht fundiert genug erfasst sei.[5] In der öffentlichen Wahrnehmung schienen Äußerungen dieser Art jedoch in den Hintergrund zu rücken. Besonders das unter anderem von Jan Józef Kasprzyk in den vergangenen Jahren postulierte Freiheitsnarrativ des Aufstands gewann an Bedeutung. Zu erkennen war das nicht nur am Gedenkslogan „W jak Wolność" der Stadt Warschau. Die liberale Zeitung *Gazeta Wyborcza* veröffentlichte eine aktualisierte Fassung eines Texts ihres langjährigen Chefredakteurs und eines der bekanntesten antikommunistischen Dissidenten Polens, Adam Michnik, von 1994. Seinerzeit hatte Michnik dem Warschauer Aufstand bereits attestiert, der polnischen Nation, eingezwängt zwischen zwei beispiellosen Diktaturen, zumindest für 63 Tage eine kurze historische Blütephase ermöglicht zu haben, in Form eines „souveränen, pluralistischen, vielfältigen [Staats]".[6] Diese Botschaft sollte zum 80. Jahrestag des Aufstands also abermals vermittelt werden. Während mit Daniel Jankowski ein Publizist der jüngeren Generation dafür plädierte, schmerzhafte Diskurse über den Sinn des Aufstands hinter sich zu lassen, um stattdessen stärker den Blick auf die eigentlichen „Helden", also die Teilnehmer der Erhebung, zu richten.[7]

Dieser mitunter als „Hagiographie" titulierte Ansatz spiegelte sich umso mehr in den Botschaften relevanter polnischer Politiker.[8] Staatspräsident Andrzej Duda bezeichnete den Aufstand als „moralisches Fundament [polnischer] Unabhängigkeit" und sprach vom „Heldentum" der Kämpfer,[9] was angesichts seines politischen Hintergrunds als Emporkömmling des nationalkonservativen PiS-Lagers gleichwohl wenig überrascht.

---

[4] Jan Józef Kasprzyk: Powstanie Warszawskie było walką z obłędem, starciem dobra ze złem. polskieradio24.pl, 1.8.2021.

[5] Zur Frage, ob die Armia Krajowa die zivilen Opfer des Aufstands fahrlässig in Kauf genommen hat siehe das Interview mit Krzysztof Komorowski: Powstanie wciąż budzi emocje. „Od hagiografii po potępienie w czambuł". Polskieradio.pl, 1.8.2024. Auch die aktive Teilnahme von Kindern und Jugendlichen am Aufstand ist Gegenstand kontroverser Debatten.

[6] Adam Michnik: Bez Powstania Warszawskiego bylibyśmy innym narodem. Wyborcza.pl, 1.8.2024.

[7] Daniel Jankowski: W upamiętnianiu powstania warszawskiego nie chodzi o spieranie się, czy było warto. rp.pl, 12.7.2024.

[8] Den Begriff Hagiographie verwendete der Militärhistoriker Krzysztof Komorowski [Fn. 5], er tauchte rund um den 80. Jahrestag des Aufstands aber auch häufig in Gesprächen mit politischen und publizistischen Akteuren in Warschau auf.

[9] Powstanie Warszawskie jest moralnym fundamentem naszej niepodległości. Prezyden RP, 1.8.2024, <www.prezydent.pl/aktualnosci/wypowiedzi-prezydenta-rp/wystapienia/prezydent-rp-powstanie-warszawskie-jest-moralnym-fundamentem-naszej-niepodleglosci,89738>.

Anna Przedpelska-Trzeciakowska, Veteranin des Warschauer Aufstandes
© www.bundespraesident.de

Bundespräsident Frank-Walter Steinmeier bei der Gedenkfeier zum 80. Jahrestag des Warschauer Aufstandes. © www.bundespraesident.de

Auffälliger waren da schon die fast noch weitergehenden Aussagen von Warschaus Oberbürgermeister Rafał Trzaskowski. Der dem linksliberalen Flügel zugeordnete Vertreter von Premier Donald Tusks „Bürgerkoalition" attestierte den Mitgliedern der Armia Krajowa sogar, Freiheitsgeist, Kampfeswille und Heimatliebe sozusagen in die DNA der nachfolgenden Generationen in Polen eingebrannt zu haben. Dass während der finsteren Zeit hinter dem Eisernen Vorhang, im Gegensatz etwa zu Ungarn 1956 oder der Tschechoslowakei 1968, keine sowjetischen Panzer über polnische Straßen rollten, um politischen Unmut zu unterdrücken, sei das Verdienst der Helden von 1944, führte Trzaskowski weiter aus.[10]

Die politischen Kräfte Polens schienen in ihren Ansprachen während der Gedenkfeierlichkeiten also kaum einen Hehl daraus zu machen, die positiven Narrative des Aufstands für sich nutzen zu wollen. Schon zu diesem Zeitpunkt wurde erwartet, dass sich das liberale Warschauer Stadtoberhaupt Trzaskowski darum bemühen würde, als Kandidat des Mitte-Links-Lagers bei den Präsidentschaftswahlen im Frühjahr 2025 anzutreten.[11] Seine Worte über das Erbe des Warschauer Aufstands können daher in gewissem Maße in diesem Kontext gesehen werden. Für Angehörige des nationalkonservativen Spektrums Polens gehört das Hochhalten patriotischer Geschichtserzählungen ohnehin zur Parteiräson.[12]

Doch Trzaskowski bei seinen Aussagen rein politisches Kalkül zu unterstellen, wäre zu kurz gegriffen. So genießen die noch etwa 400 lebenden Zeitzeugen des Aufstands in Polen eine enorme Popularität sowie moralische Autorität, nicht zuletzt aufgrund ihrer Bürgernähe sowie der regelmäßigen Auftritte bei öffentlichen Veranstaltungen.[13] Verstärkt wurde ihre Popularität durch neue kulturelle Initiativen. So stellt das Museum des Warschauer Aufstands derzeit originale Alltagsgegenstände aus der Zeit der Erhebung gegen die deutschen Besatzer aus, die jeweils prägnante persönliche Geschichten erzählen.[14] Der runde Jahrestag demonstrierte in diesem Jahr überdies zusätzlich, dass den heutigen Generationen wohl nicht mehr allzu viel Zeit bleibt, um mit den Zeitzeugen des Aufstands, die heute über 90 Jahre alt sind, noch persönlich ins Gespräch zu kommen.

Schließlich hat Russlands Invasion in die Ukraine dazu geführt, dass in der öffentlichen Debatte das Bild des Warschauer Aufstands als eines für Polen existenziellen Ereignisses gezeichnet wurde. Besonders deutlich illustrierten dies Aussagen von Jan Ołdakowski.

---

[10] Rafał Trzaskowski: przesłanie Powstania Warszawskiego jest ważne dla całej Europy. Polska Agencja Prasowa, 31.7.2024.
[11] Am 23.11.2024 wurde Trzaskowski zum Präsidentschaftskandidaten seiner Partei gewählt. Rafał Trzaskowski PO-Kandidat für Präsidentschaftswahlen 2025. Polskieradio.pl, 23.11.2024.
[12] Magdalena Saryusz-Wolska, Sabine Stach, Katrin Stoll: Verordnete Geschichte. Nationalistische Narrative in Polen, in: OSTEUROPA, 3–5/2018, S. 447–464.
[13] Ilu powstańców warszawskich żyje? Który jest najstarszy? 30.7.2024. Ilu powstańców warszawskich żyje? Który jest najstarszy? Warszawa.eska.pl, 30.7.2024.
[14] Wystawa czasowa „Rzeczywiste". 1944.pl, 2.8.2024.

Der Direktor des Museums des Warschauer Aufstands zog eine Parallele zwischen dem Kampf der Ukraine gegen Russlands Invasoren sowie der Warschauer Erhebung gegen die nationalsozialistischen Besatzer. Beide Ereignisse eine, so Ołdakowski, der Freiheitswille im Angesicht eines totalitaristischen Gegners sowie die Erkenntnis, dass

> gelegentlich eine physische und reale Auflehnung gegen das Böse möglich ist. Während des Warschauer Aufstands lehnten sich Polen gegen das Böse auf. Heute tun das die Ukrainer.[15]

Zu dieser historischen Parallelisierung hat auch eine Fotoausstellung beigetragen, die mittlerweile in Kiew gezeigt wird. Sie stellt historische Aufnahmen des 1944 zerstörten Warschaus und Bilder der im Frühjahr 2022 durch Russland in Schutt und Asche gebombten Stadt Mariupol' nebeneinander.[16] Die Ausstellung ist eine Mahnung, dass sich Geschichte durchaus wiederholen kann, auch ihre dunklen und überwunden geglaubten Kapitel.

Es hing also eine immense Symbolik über den diesjährigen Gedenkfeierlichkeiten in Polens Hauptstadt. Mit umso größerer Inbrunst wurde somit auch die berühmte „Stunde W" begangen – als am 1. August um Punkt 17 Uhr Hunderttausende auf Warschaus Straßen stillstanden, während eine Minute lang die Sirenen heulten, um an den Auftakt des Aufstands zu erinnern.[17] All dies strahlte unweigerlich auf den Steinmeier-Besuch aus, zumal die Reparationsforderungen an Deutschland, welche die vorherige Regierung unter Führung der PiS im September 2022 aufgestellt hatten, durch den Regierungswechsel keineswegs automatisch vom Tisch sind.[18]

Wiedergutmachung statt Reparationen

Am 1. September 2022 hatte der langjährige PiS-Chef und ausgewiesene Deutschland-Skeptiker Jarosław Kaczyński eine exorbitante Rechnung präsentieren lassen. Die polnische Regierung rief die Summe von umgerechnet etwa 1,3 Billionen Euro auf, welche die Bundesrepublik Deutschland als Kriegsreparationen an Polen zahlen müsse. Zudem solle Deutschland polnische Opfer der deutschen Aggression gegen Polen sowie deren Familien finanziell entschädigen sowie während des Zweiten Weltkriegs gestohlene Kulturgüter an Polen zurückführen. In dem über 600 Seiten umfassenden Bericht nehmen die 1944 während des Aufstands in Warschau entstandenen Schäden beträchtlichen Raum ein.[19]

---

[15] Polska 1944, Ukraina 2022. Wszystkoconajwazniejsze.pl, 30.7.2022.
[16] Kijów. Otwarcie wystawy „Warszawa-Mariupol-miasta ruin, miasta walki, miasta nadziei". Sejm Rzeczypospolitej Polskiej, 3.10.2022, <www.sejm.gov.pl/Sejm9.nsf/komunikat.xsp?documentId=4B5EAF16802D49B2C12588D0004A3F1D>.
[17] Die wichtigste Stunde für Warschau. PolskieRadio.pl, 1.8.2024.
[18] Polen beziffert Schäden auf 1,3 Billionen Euro. Tagesschau.de, 1.9.2022.
[19] Raport o stratach poniesionych przez Polskę w wyniku agresji i okupacji niemieckiej w czasie II wojny światowej 1939–1945, 3 Bde. Warszawa 2022. – Die Kurzversion des „Berichts über die infolge der deutschen Aggression und Besatzung während des Zweiten Weltkriegs 1939–1945 von Polen erlittenen Verluste" liegt auf Deutsch vor: <https://instytutstratwojennych.pl/strona/187-raport-de-broszura-skrocony>.

Die zu dem Zeitpunkt ohnehin kaum vorhandene Zusammenarbeit zwischen Berlin und Warschau bei zentralen Themen, etwa eine koordinierte Unterstützung der Ukraine im Abwehrkampf gegen Russlands Angriffskrieg,[20] wurde durch die Veröffentlichung des Berichts zusätzlich belastet bzw. gar unmöglich gemacht. Die PiS-Regierung demonstrierte damit auch, dass sie an einer vertieften Kooperation mit Deutschland nicht interessiert sei.[21] Am politischen Charakter des Reparationsberichts sowie am Willen, daraus Kapital für den damals nahenden Parlamentswahlkampf zu schöpfen, besteht kein Zweifel. Dennoch lässt sich nicht von der Hand weisen, dass das Gefühl, wonach Deutschland seine historische Schuld gegenüber Polen bis heute nicht beglichen habe, in der polnischen Gesellschaft lagerübergreifend auf Resonanz stößt.[22] Das Reparationsthema ist keines, das nur die Wählerklientel der PiS bewegt.

Insofern war von Beginn an nicht zu erwarten, dass eine neue, europäisch orientierte polnische Regierung die Causa ohne Weiteres beiseitelassen würde. Das ließ sich auch daraus schließen, dass Donald Tusks erste Handlungen als wiedergewählter Ministerpräsident nicht erkennen ließen, dass er mit Überschwang umgehend ein neues Kapitel in den polnisch-deutschen Beziehungen einleiten würde. In seiner langen Regierungserklärung am 12. Dezember 2023 erwähnte Tusk Deutschland mit fast keinem Wort.[23] Beobachter interpretierten das so, dass Tusk Polen als selbstbewussten, handlungsfähigen Akteur in der europäischen und internationalen Politik etablieren will – und dabei nicht nur auf eine Zusammenarbeit mit Deutschland setzt. So wies seine frühe Kontaktaufnahme zu Estland oder Finnland auf eine Nordorientierung der polnischen Außenpolitik hin. Ein Neustart der Beziehungen zu Deutschland war zwar ausdrücklich angestrebt und betraf die Bereiche Justiz und Wirtschaft.[24] Auch im bilateralen Verhältnis sprach sich Außenminister Radosław Sikorski bei seinem Antrittsbesuch in Berlin für eine „Normalisierung der Beziehungen" aus. Gleichzeitig deutete er an, die Kooperation mit

---

[20] Deutschland und Polen konnten sich im Sommer 2023 nicht darauf einigen, einen gemeinsamen Hub zur Wartung von Leopard-2-Kampfpanzern, die an die Ukraine geliefert worden waren, in Polen einzurichten. Nie będzie centrum naprawy czołgów w Polsce. Handelsblatt, 12.7.2023. Auf Nachfrage in diplomatischen Kreisen bestätigt die deutsche Seite, dass es weiterhin keine gemeinsame deutsch-polnische Reparatur von Leopard-Panzern für die Ukraine gibt. Ein solches bilaterales Reparaturzentrum (für ein bestimmtes Leopard-Modell) entstand danach in Litauen. Lithuania becomes repair hub for German tanks damaged on battlefield in Ukraine. Lrt.lt, 17.12.2023. – Polen setzt beschädigte, für die Ukraine bereitgestellte Leopard-Panzer mittlerweile auch eigenständig instand: Ukraińskie Leopardy remontowane w Polsce. Znamy szczegóły. Defence24.pl, 26.9.2023.
[21] Zur Entfremdung: Felix Ackermann: Nach der Versöhnung. Deutsche und Polen. Eine Beziehungsanalyse, in: OSTEUROPA, 9–10/2022, S. 5–38. – Kai-Olaf Lang: Frust und Entfremdung. Warschaus konfrontative Deutschlandpolitik in: OSTEUROPA, 9–10/2022, S. 39–52.
[22] Sondaż: Czy Polska powinna domagać się reparacji od Niemiec? Znamy zdanie Polaków. Rp.pl, 6.7.2024.
[23] Stenogram expose premiera Donalda Tuska, 13.12.2023, <www.gov.pl/web/premier/stenogram-expose-premiera-donalda-tuska>.
[24] Zur geplanten Zusammenarbeit im Bereich Justiz, etwa bei der strafrechtlichen Verfolgung russländischer Kriegsverbrechen in der Ukraine: Buschmann: Rząd Niemiec pod wrażeniem zmian w Polsce. DW.com, 23.1.2024. Im Wirtschaftsbereich diskutierte Minister Robert Habeck mit seinen polnischen Counterparts in Warschau die Idee einer gemeinsamen Chip-Strategie.

Deutschland nach Möglichkeit eher im breiteren Rahmen anzustreben – etwa im Weimarer Dreieck, also gemeinsam mit Frankreich.[25]

Dieser eher multivektorale Ansatz entsprach dem polnischen Ziel, Europa als handlungsfähigen Akteur nach außen zu stärken, und im Inneren eine neue Dynamik im Kräfteverhältnis herzustellen. Unter Tusk sieht sich Polen als Scharnier zwischen West- und Ostmitteleuropa bzw. Osteuropa sowie den nordischen Ländern. Doch waren nicht nur übergeordnete strategische Überlegungen zur Neujustierung des deutsch-polnischen Verhältnisses maßgebend. Die jahrelang vom PiS-Lager verbreitete diffamierende (Verschwörungs-)Erzählung, wonach Donald Tusk ein Interessenvertreter deutscher Politik sei, dürfte Tusk davon abgehalten haben, eine besondere Nähe zu Deutschland zu suchen. Er wollte vermeiden, dadurch die innenpolitische Konkurrenz zu stärken. Nach dieser Logik konnte es sich Tusk nicht erlauben, die Frage der Reparationen einfach fallenzulassen, zumal die Resolution im Sejm vom September 2022, die Deutschland dazu aufforderte, eine ernsthaftere historische Verantwortung für die Weltkriegsverbrechen gegenüber Polen zu übernehmen, auch Tusks Partei mitgetragen hatte.[26] Auch dieser Schritt war stark einem innenpolitischen Kalkül geschuldet. Tusks „Bürgerplattform" wollte verhindern, vor den richtungsweisenden Wahlen im Herbst 2023 als „unpatriotisch" abgestempelt zu werden. In einem gewissen Maße sind Tusk und seine politischen Partner zur Geisel der PiS-Geschichtspolitik geworden. Das bedeutet im Umkehrschluss auch: Wenn Deutschland an einem substanziellen Neustart im Verhältnis zu Polen interessiert ist, muss es zur Begleichung seiner historischen Schuld materiell oder immateriell auf Warschau zugehen.

Zunächst schien es so, als sei die rot-grün-gelbe Bundesregierung dazu bereit. Beim Antrittsbesuch von Donald Tusk in Berlin Mitte Februar 2024 begann Kanzler Olaf Scholz sein Statement mit einem Bekenntnis zur historischen Verantwortung Deutschlands, die keinen Schlussstrich kenne. Man wisse um die deutsche Schuld und den Auftrag, der daraus erwachse, führte Scholz aus. Er deutete an, dass eine Folge daraus sein könne, in der Sicherheitspolitik enger zusammenzuarbeiten. Auf der gemeinsamen Pressekonferenz griff auch Tusk diesen Aspekt auf. Zwar seien Reparationen „im formalen Sinne" seit Jahren abgeschlossen, eine „materielle und moralische Wiedergutmachung" jedoch „nie realisiert" worden. Auf diesem Gebiet habe Deutschland folglich „noch etwas zu tun".[27]

Es war eine bemerkenswert deutliche Botschaft, die den veränderten Ansatz von Donald Tusk beim Thema Reparationen illustrierte. Statt „Reparationen" war von nun an „Wiedergutmachung" das geflügelte Wort. Man kann darin einerseits einen politischen Kniff sehen, um die altbekannte deutsche Haltung, (die in ihrer juristischen Einschätzung auch in Polen breit geteilt wird) zu umschiffen: Danach ist nach dem offiziellen Verzicht Polens auf Reparationszahlungen im Jahr 1953 jeglicher rechtliche Anspruch Polens auf Reparationen erloschen.[28] Diesen Standpunkt vertrat nach wie vor auch Tusk.

---

[25] Sikorski: Demokratyczne Niemcy są naszym sojusznikiem. Padła też kwestia reparacji. Bankier.pl, 30.1.2024.
[26] Sejm przyjął uchwałę ws. reparacji wojennych od Niemiec. Gazetaprawna, 4.9.2022.
[27] <www.youtube.com/watch?v=SUqhCvzPhIc>. Pressekonferenz von Bundeskanzler Scholz und dem Ministerpräsidenten der Republik Polen, Tusk am 12. Februar 2024 in Berlin, <www.bundesregierung.de/breg-de/aktuelles/pressekonferenz-von-bundeskanzler-scholz-und-dem-ministerpraesidenten-der-republik-polen-tusk-am-12-februar-2024-in-berlin-2259418>.
[28] Eine Analyse der polnischen Verzichtserklärung auf deutsche Reparationen von 1953 bietet Stefan Garsztecki: Polen, Deutschland und die Reparationen. Der lange Schatten des Zweiten

Gleichzeitig wies seine Regierung einen Weg auf, wie das heikle Thema auf „kreative" Weise angegangen werden könnte. Mögliche Einzelheiten skizzierte Außenminister Radosław Sikorski. In einer programmatischen Rede im Sejm deklarierte er, dass

> es an Ideen dazu nicht mangelt: Unterstützung der noch lebenden polnischen Weltkriegsopfer, Wiederaufbau polnischer Denkmäler, Investitionen in die polnische Sicherheit, Erweiterung des Lehrangebots polnischer Sprache in Deutschland, Popularisierung polnischer Geschichte in der Bundesrepublik.[29]

Auch er sprach nicht von „Reparationen", sondern von „Wiedergutmachung". Und Sikorski hob den Sicherheitsaspekt besonders hervor. Während einige der Vorschläge, etwa die Frage der Bildungsangebote für polnischstämmige Menschen in Deutschland, zu den eher zügig lösbaren Aufgaben zu zählen schienen, blieb die finanzielle Entschädigung brisant. Wobei dies weniger im rechtlichen Sinn der Fall war, wie der Breslauer Historiker und Deutschlandkenner Krzysztof Ruchniewicz betonte. Während zwischenstaatliche Entschädigungsleistungen zwischen Berlin und Warschau juristisch tatsächlich abgeschlossen seien, gelte das mitnichten für individuelle Ansprüche polnischer Bürger auf finanzielle Entschädigung.[30] Auf dieser rechtlichen Grundlage galt es nun, eine politische Lösung zu erarbeiten. An dieser sollte Krzysztof Ruchniewicz, der im Juni 2024 zum Deutschland-Beauftragten der polnischen Regierung ernannt wurde, selbst mitwirken.[31]

Eine einfache Angelegenheit war es gleichwohl nicht. Es musste ein Konzept her, das sowohl in Deutschland als auch in Polen vermittelbar wäre. Berlin fürchtet, einen Präzedenzfall zu schaffen, den andere Länder wie Griechenland zum Anlass nehmen könnten, ähnliche Forderungen zu stellen. Aus polnischer, aber auch aus deutscher Sicht hatte der PiS-Reparationsbericht jegliche Einigung wesentlich erschwert. Dass Deutschland eine annähernd hohe Summe wie die im Bericht geforderten 1,3 Billionen Euro aufbringen würde, war ausgeschlossen. Gleichzeitig würde das nationalistisch-konservative Lager in Polen einen allzu geringen Betrag propagandistisch intensiv ausschlachten. Ein Durchbruch wurde bei den polnisch-deutschen Regierungskonsultationen Anfang Juli 2024 in Warschau angestrebt. Die Erwartungshaltung wuchs umso mehr, als im

---

Weltkrieges, in: OSTEUROPA, 9–10/2022, S. 53–68. – Ders.: Deutsche Kriegsreparationen an Polen? Hintergründe und Einschätzungen eines nicht nur innerpolnischen Streits, in: Polen-Analysen, 227/2018, S. 2–7. – Die Partei PiS sowie ihr nahestehende Wissenschaftler und Publizisten argumentieren, dass der Verzicht von 1953 nichtig sei, da Polen seinerzeit keine von der UdSSR unabhängigen außenpolitischen Entscheidungen habe treffen können: Polska zrzekła się praw do reparacji wojennych? Józef Menes: dokument z 1953 nie ma mocy prawnej Polskieradio, 20.8.2024.

[29] Informacja Ministra Spraw Zagranicznych o zadaniach polskiej polityki zagranicznej w 2024 r., 25.4.2024, <www.gov.pl/web/libia/informacja-ministra-spraw-zagranicznych-o-zadaniach-polskiej-polityki-zagranicznej-w-2024-r>.

[30] Krzysztof Ruchniewicz: „Polen dringt auf finanzielle Entschädigung für NS-Opfer". Deutschlandfunk, 28.7.2024.

[31] Prof. Krzysztof Ruchniewicz Pełnomocnikiem Ministra Spraw Zagranicznych do spraw polsko-niemieckiej współpracy społecznej i przygranicznej, 15.6.2024, <www.gov.pl/web/dyplomacja/prof-krzysztof-ruchniewicz-pelnomocnikiem-ministra-spraw-zagranicznych-do-spraw-polsko-niemieckiej-wspolpracy-spolecznej-i-przygranicznej>.

Vorfeld in Medienberichten von 200 Millionen Euro die Rede war, die Deutschland als Entschädigungszahlung bereitstellen wollte. Der Betrag sollte in einen Fonds für noch lebende polnische Weltkriegsopfer fließen. Die Verteilung der Gelder an Betroffene sollte die *Stiftung Polnisch-Deutsche Aussöhnung* koordinieren.[32] Zusätzlich zum Entschädigungsfonds sollte es deutsche Investitionen in die polnische Sicherheit geben. Darüber hinaus spielte das bereits länger geplante, ursprünglich als Polen-Gedenkort gestartete Projekt des *Deutsch-Polnischen Hauses* eine zentrale Rolle in den Überlegungen, das die spezifische Erinnerung an die polnischen NS-Opfer institutionalisieren soll.[33]
All dies wurde nach den eintägigen Konsultationen, den ersten seit 2018, Teil eines 40-seitigen „Aktionsplans", der mit einem ressortübergreifenden Bündel an bilateralen Projekten den Neubeginn der deutsch-polnischen Beziehungen markieren sollte.[34] Eine Summe für Weltkriegsentschädigungen, wie sie zuvor kolportiert worden war, verkündeten Olaf Scholz und Donald Tusk auf ihrer gemeinsamen Pressekonferenz jedoch nicht. Stattdessen wurde nur der Wille bekräftigt, „Maßnahmen zur Unterstützung für die noch lebenden Opfer des deutschen Angriffs und der Besatzung" zu leisten.[35]
Weil aber somit beide Seiten im vermeintlich wichtigsten Punkt ihrer Gespräche ohne Einigung auseinander gingen, entstand das Bild eines unzureichenden Neustarts zwischen Berlin und Warschau. Es war zudem eine verpasste Chance, den Gedenkfeierlichkeiten am 1. August in Polens Hauptstadt einen konstruktiven politischen Rahmen zu verleihen.

Kein neuer Kniefall – der Bundespräsident und die Gedenkfeierlichkeiten

Frank-Walter Steinmeier schien zeitweise fast peinlich berührt. Die vier um ihn herum im Kreis sitzenden Zeitzeugen in der Warschauer Gedenkkammer hatten Entsetzliches über ihre Erfahrungen mit deutscher Besatzung zu berichten. Dennoch erklärte einer der vier Aufstands-Veteranen, Witold Lisowski, dass er sich geehrt fühle, dem deutschen Bundespräsidenten die Hand schütteln und ihm seine Botschaft überbringen zu können. Lisowski erzählte, wie er als Zwölfjähriger am Grab seines bereits zu Kriegsbeginn 1939 gefallenen Vaters gestanden und den Eid der Pfadfinder abgelegt hatte. Als solcher nahm Lisowski dann als Briefbote aktiv am Aufstand in Warschau teil, wie so viele weitere junge Menschen, deren Kindheit jäh geendet hatte. Trotz tiefer persönlicher Traumata, Massakern an polnischen Zivilisten und der Verwüstung der Stadt war dem mittlerweile 92-Jährigen kein bisschen Groll dem heutigen Deutschland oder gar Steinmeier gegenüber anzumerken. Vor dem Bundespräsidenten saß ein Mensch, der trotz unsagbarer selbst erlebter deutscher Gräueltaten mit sich im Reinen schien. Und der bereit war, die Hand auszustrecken und nach vorne zu blicken. Für die drei weiteren Zeitzeugen im Raum galt dies ebenso. Da überraschte es kaum, dass Steinmeiers Gesprächspartner auf das Thema Reparationen und Entschädigungen nicht im Entferntesten zu sprechen kamen. Einen eindringlichen Appell an den deutschen Gast formulierte Lisowski dennoch: An Polens östlicher Grenze wachse eine existenzielle Gefahr,

---
[32] Gedenken ohne Gäste. Süddeutsche Zeitung, 29.8.2024.
[33] <https://deutschpolnischeshaus.de/>.
[34] Deutsch Polnischer Aktionsplan. Juli 2024 <www.bundesregierung.de/resource/blob/992814/2295276/b5e9e128f9d0909349fd9a57f04cbe69/2024-07-02-deu-pol-aktionsplan-de-data.pdf?download=1>.
[35] <www.youtube.com/watch?v=BlK0Wc4Z-10>.

der man ohne eine enge und herzliche deutsch-polnische Partnerschaft nicht begegnen könne.[36] Anders formuliert hätte es auch heißen können – Deutschland werde seiner historischen Verantwortung gegenüber Polen vor allem dann gerecht, wenn es seine sicherheitspolitische Zeitenwende tatsächlich vollziehe und dabei helfe, das Putin'sche Russland in seine Schranken zu weisen.

Was die Zeitzeugen dem Bundespräsidenten im kleinen Kreis mitteilten, wiederholten sie im Rahmen der offiziellen Gedenkfeierlichkeiten auf größerer Bühne.[37] Vor allem die ehemalige Aufständische Wanda Traczyk-Stawska gehört zu denen, die seit Jahren Reparationsforderungen an Deutschland scharf kritisieren.[38] Jedoch drangen solche Stimmen rund um den Steinmeier-Besuch im polnischen Diskurs wenig durch. Das Reparations- bzw. Entschädigungsthema begleitete den Bundespräsidenten in Warschau auf mehreren Ebenen – in Wissenschaft und Öffentlichkeit ebenso wie in den politischen Botschaften beim zentralen Gedenkakt. Sowohl Polens Präsident Andrzej Duda als auch Warschaus Bürgermeister Rafał Trzaskowski erklärten in ihren Reden (wenn auch nicht ausufernd), dass Polen bis heute nicht angemessen für deutsche Weltkriegsverbrechen entschädigt worden sei.[39]

In dieser Hinsicht konnte Steinmeier als Repräsentant ohne Entscheidungsmacht die Erwartungen an die deutsche Seite kaum zufriedenstellend erfüllen. Dennoch sprach er Worte aus, die in polnischen Ohren von nicht zu unterschätzender Wichtigkeit waren – er bat in seiner Rede Polen für die Gräuel des Zweiten Weltkriegs um Vergebung.[40] Diese zentrale Botschaft wurde breit rezipiert und positiv bewertet. Ein zweiter Kniefall nach dem Vorbild von Willy Brandt war die Aussage, wie es in einem Kommentar in *Rzeczpospolita* treffend hieß, indes nicht.[41] Zumal Steinmeiers Rede von einzelnen „Reparationen"-Zwischenrufen begleitet wurde.[42] In dieser Hinsicht deutete Steinmeier lediglich an, dass an möglichen Entschädigungen für polnische Weltkriegsopfer weiter bilateral gearbeitet werde.[43]

An diesem Zustand hat sich jedoch auch mehrere Monate später wenig geändert. Es gibt unterschiedliche Einschätzungen darüber, weshalb Olaf Scholz und Donald Tusk bei den Regierungskonsultationen im Juli vorerst keinen konkreten Betrag nannten. Aus

---

[36] Steinmeier trifft Zeitzeugen. Die Grausamkeit des Krieges als Mahnung. Deutschlandfunk, 2.8.2024.
[37] „Przyszedł czas, żeby sobie nawzajem wybaczyć, jak to między sąsiadami". Tvn24.pl, 1.8.2024.
[38] Traczyk-Stawska zabrała głos ws. reparacji. „Nikt nie pamięta, ile zrobili dla nas Niemcy". Dorzeczy.pl, 8.9.2022.
[39] www.youtube.com/watch?v=sZZ_WtwkqOs; Rafał Trzaskowski: przesłanie Powstania Warszawskiego jest ważne dla całej Europy. Pap.pl, 31.7.2024. – Prezydent Duda: Powstanie Warszawskie stanowi moralną podstawę naszej niepodległości. Pap.pl, 31.7.2024.
[40] Rede von Bundespräsident Dr. Frank-Walter Steinmeier bei der Gedenkfeier zum 80. Jahrestag des Warschauer Aufstands am 31. Juli 2024 in Warschau, 31.7.2024, <www.bundesregierung.de/breg-de/service/newsletter-und-abos/bulletin/rede-von-bundespraesident-dr-frank-walter-steinmeier-2301656>.
[41] Jędrzej Bielecki: Prezydent Niemiec w pokłonie przed powstańcami. Ale gestu Brandta nie powtórzył. Pp.pl, 1.8.2024.
[42] Warschauer Aufstand: Steinmeier bittet um Vergebung für deutsche Verbrechen. Deutschlandfunk, 1.8.2024.
[43] Rede von Bundespräsident Dr. Frank-Walter Steinmeier [Fn. 30].

Gesprächen mit Eingeweihten geht hervor, dass neben der Höhe der Entschädigungssumme[44] auch rund um den Mechanismus der Auszahlung sowie die Anzahl möglicher polnischer Empfänger einer Kompensation weiterhin Uneinigkeit herrscht. Zudem soll es unterschiedliche Vorstellungen darüber geben, auf welche Art Deutschland in polnische Sicherheit investieren könnte, was Teil einer angestrebten „Paket-Lösung" bei der Wiedergutmachung sein soll.

Unter dem Strich bleibt gleichwohl das vorläufige Ergebnis einer nicht vorhandenen Einigung bei einem geschichtspolitisch relevanten Thema. Die Zahlung einer Kompensation für nur noch wenige Zehntausend lebende polnische NS-Opfer, führte etwa Krzysztof Ruchniewicz aus, wäre ein großer symbolischer Akt und Ausweis eines ernsthaften Willens Deutschlands, Wiedergutmachung leisten zu wollen.[45] Dass Symbolik große Wirkung erzielen kann, hat Willy Brandts Kniefall vor dem Mahnmal des Warschauer Ghettos im Dezember 1970 gezeigt – ein Ereignis, das selbst in nationalkonservativen Kreisen in Polen wohlwollend in Erinnerung gerufen wird.[46] Eine Entschädigungssumme an überlebende polnische Opfer deutscher Besatzung wird für sich genommen aber kaum als ausreichende Geste wahrgenommen werden können, unabhängig von ihrer letztlichen Höhe.

Deutsche Gesprächspartner zeigen sich mitunter ratlos bei der Frage, wie ein Weg aus der deutsch-polnischen geschichts- und erinnerungspolitischen Sackgasse gefunden werden könnte. Zuallererst sollte konstatiert werden, dass sich die Bundesrepublik zu einem großen Teil selbst dahin manövriert hat. Allzu lange hat Berlin versucht, das Reparationsthema aussitzen zu wollen, anstatt es konstruktiv zu lösen – in der Hoffnung, dass es nach einer möglichen Abwahl der PiS-Regierung von selbst verschwinden würde. Insofern dürfte die Haltung der jetzigen Koalition unter Führung von Donald Tusk für viele in Deutschland eine Überraschung sein. Doch sie entspricht einem immer breiteren gesellschaftlichen Eindruck, dass die gemeinsame Geschichte einen größeren Raum in den bilateralen Beziehungen einnehmen sollte. Das ist eine der Schlussfolgerungen des aktuellen Deutsch-Polnischen Barometers, den unter anderem das *Deutsche Polen-Institut* in Darmstadt jährlich erstellt.[47] Diese Entwicklung kommt nicht von ungefähr. Eine jahrelange antideutsche Agitation von führenden PiS-Politikern spielt zweifelsohne eine wichtige Rolle.[48] Jedoch verstärkt eine vielfach (und über das nationalkonservative Spektrum hinaus) als unsensibel sowie schlichtweg ignorant empfundene deutsche Erinnerungskultur diesen Trend spürbar. Ein Musterbeispiel ist die in Deutschland vorherrschende Heldenerzählung des gescheiterten Hitler-Attentats durch Claus von Stauffenberg, das sich in diesem Jahr ebenfalls zum 80. Mal jährte. Eine in diesem

---

[44] Scholz und Tusk kommen nicht zur Preisverleihung: Die Stimmung zwischen Deutschland und Polen ist mies. Neue Zürcher Zeitung, 11.9.2024.
[45] Ruchniewicz: „Polen dringt auf finanzielle Entschädigung [Fn. 30].
[46] Prof. Z. Krasnodębski: 50 lat temu zaczął się nowy etap w relacjach z Niemcami. Dzieje.pl, 7.12.2020.
[47] Jacek Kucharczyk, Agnieszka Łada-Konfał: Hoffnung und Krise. Die Öffentliche Meinung zu den gegenseitigen Beziehungen und den gemeinsamen Herausforderungen. Deutsch-polnisches Barometer 2024. <www.deutsches-polen-institut.de/publikationen/einzelveroeffentlichungen/deutsch-polnisches-barometer-2024/>. – <https://wyborcza.pl/ 7,75399,31403426,relacje-warszawa-berlin-polacy-chca-powrotu-do-przeszlosci.html#commentsAnchor>.
[48] Peter Oliver Loew: Deutschland. Ein Antimärchen. Das Feindbild der polnischen Rechten, in: OSTEUROPA, 3–5/2018, S. 465–494. – Reinhold Vetter: Politische Paranoia. Die antideutsche Propaganda der polnischen Rechten, in: OSTEUROPA, 9–10/2022, S. 85–107.

Zusammenhang vom Deutschen Generalkonsulat in Danzig organisierte Gedenkfeier rief einmal mehr breiten Unmut in Polen hervor. Der PiS-nahe Historiker Karol Nawrocki, der unlängst zum Präsidentschaftskandidaten der Partei für die Wahlen 2025 ernannt wurde, kommentierte sarkastisch, dass angesichts einer solchen fehlgeleiteten deutschen Erinnerungspolitik sich Polen „in 30 Jahren für den Ausbruch des Zweiten Weltkriegs werde rechtfertigen müssen".[49] Doch auch Estera Flieger, Feuilletonistin bei *Rzeczpospolita* und eine einschlägige Kritikerin nationalkonservativer Kreise, wählte deutliche Worte und sprach von einer „grenzenlosen Unverschämtheit" Deutschlands. Sie störte sich vor allem an einer Passage aus der Gedenkrede von Ex-Bundestagspräsident Norbert Lammert, der als Vorsitzender der *Konrad-Adenauer-Stiftung* in Danzig sprach. Dabei bezeichnete Lammert das Stauffenberg-Attentat als „Aufstand", was aus Sicht Fliegers eine unangemessene Gleichsetzung mit dem Warschauer Aufstand darstellte.[50]
Die Stauffenberg-„Verklärung"[51] ist ebenso wie die in Deutschland weiterhin auftretende Verwechslung des Warschauer Aufstands mit dem Aufstand im Warschauer Ghetto Ausdruck eines großen blinden Flecks im deutschen Geschichtsbewusstsein, der Ost- und Mitteleuropa insgesamt betrifft.[52] Dieses historische Unwissen hat den Boden für Russlands Einmarsch in die Ukraine mitbereitet – indem unter anderem polnische Warnungen vor Moskaus neoimperialistischen Ambitionen als überzogen und irrational abgetan wurden.
Deutschland täte also gut daran, seine desaströse Russland-Politik der vergangenen 20 Jahre politisch und auch juristisch aufzuarbeiten. Ein solcher Schritt würde nicht zuletzt in Polen sicherlich auf wohlwollende Resonanz stoßen. Es wäre ein vielbeschworener symbolischer, dabei aber auch ein praktischer Akt deutscher historischer Wiedergutmachung. Dazu gehören muss ebenso ein neuer intensiver historischer Dialog zwischen Deutschland und Polen sowie (wie es Außenminister Radosław Sikorski in seiner Sejm-Rede schilderte) eine „Popularisierung" polnischer Geschichte in der Bundesrepublik. Teil davon könnte etwa ein institutionelles Erinnern in Deutschland an den Warschauer Aufstand sein. Es würde das überfällige Bewusstsein für deutsche Gräueltaten im östlichen Europa jenseits der Vernichtung von Jüdinnen und Juden schärfen bzw. überhaupt erst herausbilden. Das geplante Deutsch-Polnische Haus kann hier eine bedeutende Rolle spielen, wenngleich dessen Mission als Generationenaufgabe zu verstehen ist. Dass die Umsetzung des Projekts nur in Trippelschritten vorwärts kommt, wirft aber kein gutes Licht auf die federführende deutsche Politik.
Eine ernstgemeinte historische Aufarbeitung wird jedoch die Grundlage für eine zukunftsgewandte polnisch-deutsche Zusammenarbeit bilden. An deren Spitze muss angesichts der von Russland ausgehenden Bedrohung und erst recht vor der zweiten Amtszeit von Donald Trump als Präsident der Vereinigten Staaten eine gemeinsam koordinierte Sicherheitspolitik stehen. Nichts von alledem ist während der in vielerlei Hinsicht gescheiterten Kanzlerschaft von Olaf Scholz nennenswert auf den Weg gebracht worden. Geradezu empörend ist darüber hinaus der allzu offensichtliche Versuch der SPD, den

---

[49] Nawrocki: Za 30 lat będziemy tłumaczyć się z rozpętania II wojny światowej. Dorzeczy.pl, 24.7.2024.
[50] Estera Flieger: Niemiecka bezczelność nie zna granic. Rp.pl, 26.7.2024.
[51] Jurasz: niemiecki kult płk. Stauffenberga to próba zakłamania historii. Wiadomosci.onet.pl, 21.7.2023.
[52] Felix Ackermann: Gedächtnislücke Warschau. Spiegel.de, 1.8.2024.

unbelehrbaren Putin-Apologeten und Ex-Kanzler Gerhard Schröder im Stillen rehabilitieren zu wollen.[53]

Die zerbrochene Ampel-Koalition ist daher auch außenpolitisch eine herbe Enttäuschung und hat das allgemeine Bild Deutschlands in Polen weiter verschlechtert.[54] Die kommende Bundesregierung wird dies im gesamteuropäischen Interesse angehen und gemeinsam mit Warschau Lösungen für die vorliegenden Aufgaben erarbeiten müssen. Dabei sollte der künftige Kanzler die Worte von Veteranen des Warschauer Aufstands wie Witold Lisowski und Wanda Traczyk-Stawska beherzigen – die sich von Deutschland eine entschlossene Hilfe für die Ukraine und die Eindämmung des Moskauer Imperialismus wünschen. Allzu viele Gelegenheiten, um ihren Botschaften persönlich zu lauschen, wird es nach den diesjährigen Gedenkfeierlichkeiten in Warschau nicht mehr geben.

Schlagwörter:
Deutsch-polnisches Verhältnis, Zweiter Weltkrieg, Warschauer Aufstand, Reparationen

---

[53] Weitere SPD-Politiker fordern Respekt für Schröders Lebensleistung. Stern, 29.10.2024.
[54] Auch dies ist eine Schlussfolgerung des Deutsch-Polnischen Barometers [Fn. 39].

Martina Winkler

Populismus in der Slowakei
Weltbild und Politik der Regierung unter Robert Fico

Seit Oktober 2023 regiert in der Slowakei eine Koalition aus drei Parteien. Unter ihnen ist *Smer-SD* die stärkste und stellt mit Robert Fico den Premierminister. Die Regierung betreibt populistische Politik par excellence. Ideologische und inhaltliche Kohärenz spielen eine untergeordnete Rolle. Die moralische Überhöhung der eigenen Position in dichotomischen Kategorien wie „wir–sie", „Freund–Feind" und „Volk" vs. „Elite" ist entscheidend. Sie dient zur Legitimation der von der Regierung betriebenen massiven Angriffe auf die Unabhängigkeit der Justiz, der öffentlich-rechtlichen Medien und auf die Freiheit der Kultur. Mit einer Strafrechtsnovelle wurde Korruption entkriminalisiert. Im Denken von *Smer* verschmelzen als „links" deklarierte Vorstellungen mit radikal nationalistischen Tendenzen. Fico betreibt eine Annäherung an das autokratische Ungarn und zieht die europäische Unterstützung für die Ukraine in Zweifel. In Ficos politischer Rhetorik dient Russland als Gegenbild zur offenen Gesellschaft.

Lange Zeit lag die Slowakei im Schatten der internationalen Aufmerksamkeit. Das hat sich geändert. Seit Oktober 2023 regiert in Bratislava eine neue Koalition unter Premierminister Robert Fico. Die Regierung Fico betreibt eine Annäherung an das autoritär regierte Ungarn unter Viktor Orbán und stellt die konsequente europäische Unterstützung für die Ukraine infrage. Beobachter in Brüssel und in den Staaten der EU verfolgen die slowakische Innen- und Außenpolitik mit Irritation und fragen sich, welche Strategie Bratislava verfolgt. Widersprüchliche Aussagen von Fico, die Verbindung von als „links" deklarierter Politik mit radikal nationalistischen Tendenzen und die zunehmende internationale Isolierung infolge der von Fico postulierten „Politik in alle vier Himmelsrichtungen" machen es schwer, die aktuelle slowakische Politik zu verstehen. Die Koalition in Bratislava besteht aus den Parteien *Smer-SD* („Richtung-Slowakische Sozialdemokratie"), *Hlas – sociálna demokracia* („Die Stimme-Sozialdemokratie") sowie SNS („Slowakische nationale Partei"). Die Regierungsbildung war nicht unproblematisch und hing maßgeblich von der Zustimmung von *Hlas* ab. *Smer* war in den vorgezogenen Wahlen am 30. September 2023 mit fast 23 Prozent stärkste Partei geworden, gefolgt von der liberalen *Progresívne Slovensko* (Progressive Slowakei) mit knapp 18 Prozent der Stimmen. *Hlas* konnte sich gut 14 Prozent der Stimmen sichern, während SNS nur etwas über sechs Prozent gewann. Die Koalition verfügt im Parlament mit acht Sitzen

---

Martina Winkler (1970), Dr. phil., Historikerin, Professorin für osteuropäische Geschichte, Christian-Albrechts-Universität zu Kiel

nur über eine knappe Mehrheit. Nach einem Jahr Amtszeit ist sie durch Rücktritte und koalitionsinterne Konflikte gefährdet.[1]

In diesem Jahr hat die Regierung Entscheidungen getroffen und Gesetze durchs Parlament gebracht, die kritische Medien und die Opposition als Angriff auf die Demokratie bewerten. Die Europäische Kommission stuft diese Entscheidungen unter rechtsstaatlichen Aspekten als problematisch ein. Dazu gehören die strukturelle und personelle Umgestaltung in Justiz, Polizei und Geheimdienst, die „Reform" des öffentlich-rechtlichen Rundfunks und Fernsehens sowie die personalpolitischen und inhaltlichen Eingriffe im Kulturbereich. Von besonderer Bedeutung ist die im März 2024 verabschiedete Strafrechtsnovelle, mit der insbesondere Strafen für Eigentums- und Korruptionsdelikte deutlich gesenkt wurden. Diese Reform, die Oppositionelle als „Mafia-Paket" und „größte Amnestie in der Geschichte der Slowakei" bezeichnen,[2] gilt Kritikern als zentraler Baustein von Ficos Machtpolitik.[3] *Transparency International* kritisierte Interessenskonflikte und wies darauf hin, dass Personen wie der *Smer*-Abgeordnete Tibor Gašpar an der Formulierung des Gesetzentwurfes mitgearbeitet hatten, gegen die Korruptionsklagen anhängig waren.[4]

Auch Fico und zahlreiche seiner Vertrauten standen in der Vergangenheit unter Korruptionsverdacht. Im April 2022 war Fico wegen der „Gründung einer kriminellen Vereinigung" und der „Gefährdung des Steuergeheimnisses" angeklagt. Die strafrechtliche Verfolgung wurde bereits im November 2022 durch den Generalstaatsanwalt Maroš Žilinka beendet.[5] Die Basis für diese Entscheidung bildete § 363 des slowakischen Strafgesetzbuchs, der dem Generalstaatsanwalt die Möglichkeit einräumt, eine Strafverfolgung „aufgrund von Gesetzesübertretungen" abzubrechen. Der Soziologe Michal Vašečka sprach in diesem Zusammenhang von „einer geradezu sultanhaften Macht unseres Generalstaatsanwalts".[6] Tatsächlich nutzte Žilinka, der als Vertrauter Ficos und Nutznießer von dessen Politik gilt,[7] diesen Paragraphen auffällig häufig in hochrangigen Korruptionsverfahren.[8]

Im Jahr 2024 dann sorgte die in einem verkürzten Gesetzgebungsverfahren eilig durchgesetzte Strafrechtsreform für einen grundlegenden Schutz vor Korruptionsverfahren.

---

[1] Štatistický úrad SR: <https://volby.statistics.sk/nrsr/nrsr2023/sk/vysledky_hlasovania_strany.html>.

[2] Novela Trestného zákona je podľa SaS najväčšou amnestiou v dejinách. SME Domov, 26.1.2024. – Michal Šimečka. Instagram, 26.1.2024.

[3] Beata Balogová: Fico už nevládne, on panuje: Moc je pre neho jediný obsah (komentár). SME Minúta, 30.10.2024. – Roman Pataj: Fico je racionálny, len keď mu ide o moc, inak podlieha bludom. Denník N, 6.10.2024. – Peter Bárdyr: Fico: Posadnutý mocou. Bratislava 2023.

[4] Schválená novela trestného zákona oslabuje právny štát a boj s korupciou. Transparency International Slovensko, 8.2.2024.

[5] Jan Hrbáček: Zorganizovali mafiánskou skupinu? Obvinění Fica a Kaliňáka je velmi tvrdé. Ekonomický deník, 6.6.2022.

[6] Jakub Grim: Náš generální prokurátor má až „sultánskou" moc. Státní zastupitelství je lepší, říká slovenský sociolog. irozhlas, 17.6.2023.

[7] Peter Dlhopolec: Fico's pension club may welcome its next member, Žilinka! The Slovak Spectator, 27.8.2024.

[8] Michal Ovádek: General Prosecutor, the Supreme Leader of the Slovak Republic?, Verfassungsblog, 2.9.2021. – Alojz Baránik: Prečo vlastne je dnešný § 363 trestného poriadku problem. Denník N, 8.8.2023. – Jakub Grim: Prokurátor Žilinka měl pomoci očistit Slovensko, ve funkci je ale spíš zárukou Ficovy beztrestnosti. Irozhlas, 3.6.2023.

Kritiker sehen darin das zentrale Ziel Ficos: sich und seine Unterstützer gegen strafrechtliche Verfolgung abzusichern.[9] Zahlreiche Straftatbestände wurden zu Ordnungswidrigkeiten herabgestuft, mit niedrigeren Strafen bewehrt oder kürzeren Verjährungsfristen versehen. Flankiert wurde dieses „Amnestiepaket" von einer Justiz- und Polizeireform. Die für Korruptionsermittlungen zuständige Sonderstaatsanwaltschaft und die für das organisierte Verbrechen zuständige Polizeieinheit *Národná kriminálna agentúra* (NAKA) wurden abgeschafft. Juraj Novocký von der Europäischen Staatsanwaltschaft schätzte zu Beginn dieser Entwicklung, dass 20 Prozent der anhängigen Fälle nach der Novelle nicht weiterverfolgt würden.[10] Im September 2024 berichtete die Zeitung *Denník N* unter Berufung auf Statistiken der Justizbehörde, dass 400 verurteilte Personen aufgrund der Strafrechtsnovelle aus der Haft entlassen werden mussten. Prominente Anklagen, unter ihnen das Verfahren gegen den kommissarischen Parlamentsvorsitzenden Peter Žiga (Hlas), dem ebenfalls Korruption vorgeworfen worden war, gelangten nicht mehr vor Gericht.[11]

Die Strafrechtsnovelle und die Umstrukturierung in Polizei und Justiz riefen Proteste in der slowakischen Öffentlichkeit hervor. Im Winter 2023/24 fanden in vielen Städten wöchentlich große Demonstrationen statt. Kritiker werten die Reformen als systematische Schwächung der Institutionen und Kontrollmechanismen des Rechtsstaats. Die Opposition spricht von einer „Entführung des Staates."[12]

Kommentatoren werfen die Frage auf, ob Ficos Handeln pragmatisch, machtpolitisch, ideologisch oder psychologisch motiviert sei[13] Tatsächlich erscheint es sinnvoller, die Entwicklung in der Slowakei als ein weiteres Beispiel eines „ideologischen Dünnbrettbohrer-Populismus" (thin-centered") zu begreifen. Dabei handelt es sich um eine populistische Politik, die inhaltlich flexibel ist und ohne konsistente ideologische Basis auskommt.[14] Eine konsistente Ideologie ist im politischen Denken und Handeln Robert Ficos nicht zu erkennen. Dennoch gibt es eine Art „Dünnbrettideologie", die bestimmte, miteinander verwobene Logiken und Kontinuitäten erkennen lässt. Konstitutive Elemente jeder populistischen Politik sind die Gegenüberstellung von „Volk" und „Elite" sowie der Dualismus von „wir" und „die anderen". Dieser Dualismus wird im slowakischen Fall noch geopolitisch angereichert durch den Gegensatz von „Westen" und „Osten".

---

[9] Barbora Doubravová: Fica postavil na nohy strach z vězení. My jsme soudům uvolnili ruce, chlubí se Heger. Aktuálně.cz, 28.9.2023.
[10] Lukáš Kekelák: Európsky prokurátor Novocký Pôvodný Suskov návrh zaslaný Bruselu rátal so zachovaním špeciálnej prokuratúry. Konzervatívny Denník Postoj, 25.1.2024.
[11] Veronika Prušová: Důsledek Ficových změn trestního zákona: více než stovka odsouzených už je na svobodě. Deník N, 20.8.2024. – Ivan Vilček: Promlčeno. Ficova změna trestního zákoníku pomohla politikovi obviněnému z korupce. Novinky.cz, 10.9.2024.
[12] Martin M. Šimečka: Tentoraz hrozí nielen únos štátu, ale aj spoločnosti. Denník N, 15.10.2024.
[13] Ivan Mlynár: Kormidla nášho života sa zmocnil duševne narušený člověk Robert Fico. SME Blog, 20.11.2024.
[14] Margaret Canovan: Taking Politics to the People: Populism as the Ideology of Democracy, in: Yves Mény, Yves Surel (Hg.): Democracies and the Populist Challenge. London 2002, S. 25–44. – Koen Abts, Stefan Rummens: Populism versus Democracy, in: Political Studies, 2/2007, S. 405–424.

Der Westen, der Osten und die Slowakei

Am 5. Juli 2024 hielt Robert Fico eine Rede zum Namenstag der byzantinischen Missionare Cyril und Metod, der in der Slowakei als staatlicher Feiertag begangen wird.[15] Die aufwändige Feier, die mit einer halben Million Euro großzügig finanziert war, fand auf der legendären Burg Devín bei Bratislava statt. Fico begann seine Ansprache mit einem Verweis auf diesen besonderen Ort: Hier „fließen Donau und March zusammen, reichen sich symbolisch die Hände, wie Bruder und Schwester, und setzen gemeinsam ihren Weg fort gen Osten." Aus diesem Osten, so Fico weiter, sei „bereits viel Weisheit zu uns" gekommen, ebenso die „Freiheit". Fico ließ den „Osten" an dieser Stelle der Rede undefiniert, griff aber dennoch – oder gerade – in dieser Vagheit eine seit langem schwelende, in den letzten Jahren dann zunehmend aufflammende Debatte über die geopolitische, vor allem aber kulturelle Positionierung der Slowakei auf.

Seit den frühen 1990er Jahren werden in der Slowakei viele innen-, außen- und sogar energiepolitische Diskussionen im Rahmen eines kulturellen Grundkonflikts mit geopolitischen Implikationen geführt. Der Politikwissenschaftler Juraj Marušiak hat den slowakischen Eliten das Selbstverständnis attestiert, das eigene Land als *rogue state*, als „unberechenbaren Staat", zu begreifen, der in einer Zone liegt, in der Einflüsse von Ost und West miteinander konkurrieren.[16] Aus dieser Selbstwahrnehmung speist sich die Kontroverse darüber, ob die Slowakei zum Osten oder zum Westen gehöre. Je nach Position gilt „der Westen" entweder als zukunftsweisende Zivilisation oder wird assoziiert mit einem dekadenten Irrweg und Verfall.[17]

Die Burg Devín: Für Premier Fico ein Ort der Weisheit. Quelle: Flickr, Kurayba

---

[15] Videoaufzeichnung: tvotv.sk, 5.7.2024, <https://youtu.be/6RwDW3abq0k?feature=shared>.
[16] Juraj Marušiak: Slovakia: Emergence of an Old-New Pseudo-Pan-Slavism in the Context of the Conflict Between Russia and Ukraine After 2014, in: Mikhail Suslov, Marek Čejka, Vladimir Đorđević (Hg.): Pan-Slavism and Slavophilia in Contemporary Central and Eastern Europe. Cham 2023, S. 329–355, 333.
[17] Martin Bútora: Je kľúčové, aby sme vedeli, že chceme patriť na Západ. SME Blog, 10.10.2022. – Zuzana Kepplová: Ako a prečo sme dobiehali Západ. Denik Referendum, 11.3.2018. – Róbert Ondrejcsák: Slovensko patrí na Západ, rozhodlo sa o tom pred tisíc rokmi. Denník N, 13.2.2018.

In dieser Debatte spielt Russland als Orientierungspunkt stets eine Rolle. Dabei geht es stets auch um pragmatische Politik: Trotz der Neuausrichtung von Wirtschaft und Handel nach 1989, als die Verflechtung mit der Sowjetunion bzw. Russland als wichtigster Rohstofflieferant und Exportmarkt zurückging, blieb die Slowakei weitgehend abhängig von Energielieferungen aus Russland.[18] Aber auch in der politischen Diskussion behielt Russland seinen Wert. Als die Europäische Kommission 1997 Bedenken ob der rechtsstaatlichen Entwicklung der Slowakei anmeldete und deshalb mit der Eröffnung der Verhandlungen über den Beitritt der Slowakei in die EU zögerte, reagierte Premierminister Vladimír Mečiar, der von 1990 bis 1991, 1992 bis 1994 und 1994 bis 1998 regiert hat, mit der trotzig anmutenden Ankündigung, im Osten, in Russland, nach „Alternativen zu suchen". Mečiars Partei HZDS und insbesondere die 1990 gegründete radikalnationalistische SNS verknüpften den Blick nach Russland mit antiamerikanistischen und antiwestlichen Narrativen.[19] Von Mečiar bis Fico gilt, dass Russland in der slowakischen politischen Rhetorik als Folie dient, auf der die Auseinandersetzung mit dem als problematisch wahrgenommenen „Westen", der EU und der NATO stattfindet. „Russland" war weniger ein konkreter Kooperationspartner als vielmehr die schemenhafte Alternative zum kritisierten Westen. Ficos märchenhafte Darstellung des „Ostens", aus dem Freiheit und Frieden kämen, passt in diese Tradition.

Obwohl sich alle slowakischen Regierungen seit den späten 1990er Jahren für den Beitritt zu NATO und EU aussprachen und die Slowakei – nach dem kleinen Stolpern 1997 – schnell die Kopenhagener Kriterien für den Beitritt zur EU erfüllte,[20] im Mai 2004 Mitglied der EU wurde, 2009 als einziger Višegrad-Staat auch der Europäischen Währungsunion beitrat und lange Zeit als unproblematischer EU-Partner galt, war diese Politik in der politischen Elite nicht immer mit prowestlichen Überzeugungen verbunden.[21] Umfragen zeigen, dass die Bevölkerung zu großen Teilen pro EU ist. Im Frühjahr 2024 sagten 48 Prozent aller Slowaken, sie sähen die EU grundsätzlich positiv, nur 17 Prozent schätzten sie negativ ein. Zum Vergleich: In Deutschland bezeichneten 46 Prozent ihre Haltung zur EU als positiv und 15 Prozent als negativ, während die Tschechen die EU mit nur 33 Prozent positiv und 32 Prozent negativ am schlechtesten bewerteten.[22] Dieser Befund deckt sich mit den Ergebnissen einer vergleichenden Studie von Monika Brusenbauch-Meislová und Vít Hloušek: In der slowakischen Bevölkerung, so die

---

[18] Elena Kašťáková: Intenzita zahraničného obchodu medzi Slovenskom a Ruskom v súčasnom období, in: Studia commercialia Bratislavensia, 1/2017, S. 44–53.

[19] Juraj Marušiak: Slovakia's Eastern policy – from the Trojan horse of Russia to „Eastern multivectoralism", in: International Issues & Slovak Foreign Policy Affairs, 1–2/2013, S. 42–70. – Ivo Samson: Slovakia: Misreading the Western Message, in: Jan Zielonka, Alex Pravda, (Hg.): Democratic Consolidation in Eastern Europe, Vol. 2: International and Transnational Factors. Oxford 2001, S. 363–382. – Einige Beobachter diagnostizierten in der Slowakei bis 1998 eine „Ostorientierung": Rastislav Báchora: Bratislava zwischen Moskau, Brüssel und Washington, in: Österreichische Militärische Zeitschrift, 3/2004, <www.bmlv.gv.at/omz/ausgaben/artikel.php?id=204>.

[20] Themenpapier Nr. 13: Die Slowakei und die Erweiterung der Europäischen Union. Europäisches Parlament, 4.9.2000, <www.europarl.europa.eu/enlargement/briefings/13a3_de.htm>.

[21] Michal Onderco, Florian Stoeckel: Conspiratorial thinking and foreign policy views: evidence from Central Europe, in: Journal of Elections, Public Opinion and Parties, 2/2023, S. 182–196, hier S. 187.

[22] Rastislav Kačmár: Väčšina Slovákov považuje členstvo v EÚ za dobrú vec, hlasovať v eurovoľbách chce viac ľudí ako naposledy. Denník N, 17.4.2024.

These, werde die Europäische Union stärker als in Tschechien als Wertegemeinschaft und nicht allein als Wirtschaftsraum wahrgenommen.[23]

Gleichzeitig zeigen Umfragen immer wieder, dass die Vorstellung von den USA als aggressive und gefährliche Großmacht weit verbreitet ist und die NATO in einigen Bereichen der slowakischen Gesellschaft sogar als Besatzungsmacht wahrgenommen wird.[24] Andere Untersuchungen nach Russlands Überfall auf die Krim und der Annexion der ukrainischen Halbinsel im März 2014 zeigten, dass die slowakische Bevölkerung im europäischen Vergleich relativ russlandfreundlich ist. 2019 sah fast ein Drittel der Befragten die westliche Sanktionspolitik kritisch.[25] Doch eine explizit prorussländische Haltung vertreten nur wenige. Nach der Vollinvasion im Februar 2022 sprachen sich nur etwa acht Prozent für eine Partnerschaft der Slowakei mit Russland aus, 39 Prozent für eine Westorientierung. 46 Prozent plädierten für eine „ausgewogene Position zwischen West und Ost".[26] So problematisch die vergleichende Betrachtung unterschiedlicher Umfragen auch sein mag, liegt doch die Vermutung nahe, dass große Teile der slowakischen Bevölkerung nicht von prowestlichen und proöstlichen Positionen polarisiert sind, sondern vielmehr eine – pragmatisch-vorsichtige – neutrale Haltung einnehmen. Unter den Anhängern von Robert Ficos Partei *Smer* allerdings teilten im Jahr 2019 überproportional viele die Kritik an den Sanktionen gegen Russland.[27] Nach der Vollinvasion änderte sich diese Tendenz keineswegs; in einer Umfrage vom Sommer 2024 äußerten 35 Prozent der *Smer*-Anhänger die Hoffnung, Russland möge gegen die Ukraine gewinnen. In der Gesamtbevölkerung lag dieser Anteil bei 14 Prozent.[28] Fico, der spätestens seit der Covid-Pandemie im Jahr 2020 mit radikal populistischen, antiliberalen Parolen und der Verbreitung von Desinformation auffiel, verfolgte diese Strategie nach der Vollinvasion vom Februar 2022 weiter. Er bezeichnete die USA als den eigentlichen Aggressor und äußerte Verständnis für die „Sicherheitsinteressen" Russlands. Falschinformationen über eine angeblich faschistisch und korrupt regierte Ukraine wurden bald zum festen Bestandteil seines Wahlkampfes.[29] Zu trauriger Berühmtheit gelangte der Auftritt Ficos mit dem *Smer*-Politiker Ľuboš Blaha am 1. Mai 2022, bei dem Antiamerikanismus, Antiliberalismus und Misogynie in aller Schärfe zum Ausdruck kamen. Bei einer öffentlichen Wahlkampfversammlung in Nitra hetzte Blaha die

---

[23] Monika Brusenbauch-Meislová, Vít Hloušek: A tale of two memberships: analysing post-2004 official governmental discourse on the EU in Czechia and Slovakia, in: Journal of Contemporary European Studies, 2024, S. 1–13.

[24] Globsec: Voices of Central and Eastern Europe, 2020. <www.globsec.org/sites/default/files/2020-06/Voices-of-Central-and-Eastern-Europe-read-version.pdf>. – Roman Cuprik: Survey: anti-Americanism is still strong. The Slovak Spectator, 21.9.2016.

[25] Susi Dennison: Give the people what they want: Popular demand for a strong European foreign policy, Policy Brief European Council on Foreign Relations, 9.2019.

[26] Vojna na Ukrajine posunula Slovákov geopoliticky na Západ, Ako sa máte, Slovensko?, 21.4.2022.

[27] Susi Dennison: Give the people what they want: Popular demand for a strong European foreign policy. Policy Brief European Council on Foreign Relations, 9.2019, <https://ecfr.eu/wp-content/uploads/popular_demand_for_strong_european_foreign_policy_what_people_want.pdf>, S. 14.

[28] Miro Kern, Juraj Koník: Prieskum: Pri napadnutí by Slovensko bránila len štvrtina obyvateľov. Najmenej voliči SNS. Denník N, 1.7.2024.

[29] R. Fico o konflikte na Ukrajine: Ide o čisto americko-ruskú záležitosť. Teraz.sk, 24.2.2022. Robert Fico – zásadné vyhlásenie voči Ukrajine. Youtube, 20.9.2023, <www.youtube.com/live/38tuY4VfgH4?si=qJPlon8G34dUVDpw>. – Premiér: Antifašizmus musí byť základnou chrbticou vzdelávacieho programu. tasr, 9.9.2024.

Zuhörer auf, die damalige Staatspräsidentin Zuzana Čaputová in Sprechchören als „amerikanische Hure" zu beschimpfen. Fico stand zunächst beobachtend hinter Blaha. Doch in seiner eigenen Rede übernahm er die Wortwahl in nur wenig abgeschwächter Form.[30]

Nach seiner Wahl zum Premierminister setzten Fico und Mitglieder seiner Koalition diesen Kurs fort. Als Außenminister Juraj Blanár bei mehreren Gelegenheiten seinen russländischen Amtskollegen Sergej Lavrov traf, der Europaabgeordnete Ľuboš Blaha im Herbst 2024 mit einer Art propagandistischer Sightseeingtour Moskau besuchte und Fico zur gleichen Zeit dem Propagandasender *Rossija 1* ein Interview gab, kritisierten sie alle unverhohlen die Ukrainepolitik der EU und rückten die Slowakei damit in Kremlnähe.[31] An anderer Stelle verstieg sich Fico sogar zu der Formulierung, die EU unterstütze aktiv das „gegenseitige Töten von Slaven".[32] Mit dieser Mischung von scharfen, aggressiv antiwestlichen Tönen und der wiederholten Behauptung, *Smer* wolle nichts als Frieden, knüpfen Fico & Co. an die im 19. Jahrhundert verwurzelte slowakische Tradition des Panslavismus an: Friedliche Slaven sollten gegen die kriegerische Welt der Romanen und vor allem Germanen zusammenhalten. Dieses „slavische" Motiv dient heute dazu, den Schulterschluss mit Russland zu verbrämen. Fico stellt den Krieg gegen die Ukraine nicht als die Folge der imperialen, revisionistischen Aggression Moskaus dar, sondern als das Ergebnis westlicher Manipulation und Kiewer Korruption.

Fico, der Märtyrer

Robert Ficos Rede auf dem Devín[33] war sein erster öffentlicher Auftritt nach dem auf ihn verübten Attentat. Fico war am 15. Mai 2024 nach einer Regierungssitzung in der Kleinstadt Handlová angeschossen und schwer verletzt worden.[34] Die Mitglieder der Regierungskoalition, Vertreter befreundeter Staaten, Ex-Staatspräsidentin Zuzana Čaputová, Vertreter der politischen Opposition und sämtliche Medien des Landes verurteilten das Verbrechen auf das Schärfste und zeigten sich tief betroffen. Es herrscht Einigkeit, dass das Attentat auf den gewählten Regierungschef nicht nur ein Anschlag auf ein Menschenleben ist, sondern auch ein Schlag gegen die Demokratie. In zahlreichen Kommentaren war von einem gesellschaftlichen Trauma die Rede.[35] Viele Kommentatoren äußerten unmittelbar nach dem Geschehen die Hoffnung, dieses Trauma könne die gespaltene, von Desinformation und Hassrede geschwächte Gesellschaft wieder einen.

---

[30] Tomáš Kačmár: Nové politické dno? Čaputová je americká k**va, vyhecoval Fico a spol. Fanoušky. CNN Prima News, 3.5.2022.
[31] Treffen Blanár-Lavrov in New York: J. Blanár opäť rokoval so šéfom ruskej diplomacie Lavrovom, o stretnutie požiadala Moskva. Správy RTVS, 26.9.2024. – Zum Besuch Blahas in Moskau Youtube, 15.10.2024, <https://youtu.be/FWW9H5i3cMM?feature=shared> – Interview Robert Fico in Rossija 1. Facebook, 31.10.2024, <https://fb.watch/vBW1zKbW56/>.
[32] Robert Fico: Dukla je slovenským symbolom neúprosného boja proti nacismu´. Youtube, 6.10.2024, <www.youtube.com/watch?v=ZkqD7zWbb0o>. – Robert Fico: Projev ke 2.výročí války na Ukrajině. Youtube, 24.2.2024, <https://youtu.be/b9Bp51RQEbA?feature=shared>.
[33] Slovak PM makes first public appearance, speech since assassination attempt (Video). 6,7.2024. <https://www.youtube.com/watch?v=AxQn3b7bbNU>
[34] Hana Antal: Das Attentat auf Fico. Hintergründe, Interpretationen, Folgen, in: OSTEUROPA, 5/2024, S. 33–38.
[35] Z.B. Podcast Vinohradská 12. Irozhlas, 31.10.2024.

Tatsächlich trat das Gegenteil ein. Politiker der regierenden Parteien und regierungsnahe Medien sprachen von einem „Krieg" und machten die Opposition und kritische Medien für die Tat verantwortlich.[36] Die Koalitionäre versuchten, aus dem Attentat politisches Kapital zu schlagen. Diese Inszenierung funktionierte zunächst auch und gerade ohne den Regierungschef. Nach dem Attentat meldete sich Fico aus dem Krankenhaus drei Wochen lang nicht zu Wort. Auch die behandelnden Ärzte äußerten sich nicht zum Zustand des Premierministers, was Anlass zu Spekulationen gab. Stattdessen gaben seine engsten Mitarbeiter zahlreiche Pressekonferenzen, auf denen sie den Eindruck vermittelten, ausdrücklich für Fico zu sprechen und sich vor ihren Regierungschef zu stellen.[37] Politische Schritte wurden auf Eis gelegt. Regierungsvertreter wiesen sogar die Initiative von Ex-Staatspräsidentin Čaputová und Präsident Pellegrini zu einem gemeinsamen Gespräch zurück – ohne den Premierminister sei eine solche Entscheidung nicht zu treffen. Medienvertreter nahmen Ficos langjährigen Wegbegleiter Robert Kaliňák, der bei diesen Gelegenheiten stets im schwarzen T-Shirt auftrat, wie einen Bodyguard wahr.[38] Verteidigungsminister Kaliňák und Innenminister Matúš Šutaj-Eštok machten sich ausdrücklich zu Ficos Sprachrohr und Erfüllungsgehilfen seines Willens. Auf diese Weise wurde die Person Ficos nachhaltig überhöht; er war abwesend, aber stets im Blick aller Akteure; ohne Sprache, aber mit einem politischen Willen, der absolut gesetzt und zur Norm für spätere Entscheidungen gemacht wurde. Seine Weggefährten inszenierten die Zeit nach dem Attentat als Wochen des angespannten Wartens und der politischen Paralyse. Fico, den Kritiker immer wieder als Schlüsselfigur mafiöser Verflechtungen bezeichnet hatten,[39] erschien in dieser Darstellung als charismatisches Oberhaupt einer loyalen und verschworenen Männergesellschaft. Der Premier, der als „Techniker der Macht" im Allgemeinen ruhig auftritt und starke Worte eher seinen Begleitern überlässt, wurde hier von einem realen Opfer eines Attentats zu einer Heilsfigur, deren Bedeutung die ihr von der Verfassung zugeschriebene Stellung deutlich überragt.

Das Attentat ist bis heute allgegenwärtig. Fico erwähnt es in jeder Rede. Jeder Hinweis auf seinen geschwächten Gesundheitszustand und die lange Rekonvaleszenz hält seinen Status als Märtyrer aufrecht; im Oktober 2024 behauptete er zudem, bei Gedenkfeiern für die Schlachten am Duklapass einem weiteren politisch motivierten Anschlag entgangen zu sein.[40] Vor allem aber droht Fico – während die polizeilichen Ermittlungen noch nicht abgeschlossen sind – regelmäßig mit „dramatischen Erkenntnissen" und „schrecklichen Dingen", die bald öffentlich würden.[41] Anders als von einigen Beobachtern erhofft, hat der Anschlag auf Fico nicht dazu beigetragen, die slowakische Gesellschaft zu versöhnen, sondern das Attentat dient dazu, den Gegensatz von „wir" und „die" zu verschärfen.

---

[36] Juraj Brezáni: Po atentáte v Handlovej Danko avizuje politickú vojnu. Fico už v apríli varoval pred vraždou vládneho politika. Konzervatívny Denník Postoj, 15.5.2024.

[37] Tisková konference k bezpečnostní situaci na Slovensku. novinky.cz, 19.5.2024.

[38] Filip Harzer: „My jsme dostali své instrukce." Otěže na Slovensku převzal Kaliňák. Seznam Zprávy, 21.5.2024. – Týždeň po atentáte Kaliňák a Šutaj Eštok vedú informačnú operáciu a zo Slovenska robia banánovú republiku. Denník N, 22.5.2024.

[39] Kristián Čekovský: Čo má spoločné Robert Fico s bossom sicílskej mafie? 10.9.2023, <https://fb.watch/vZzcnq_j8C/>. – Peter Bárdy: Robert Fico v desiatom mafiánskom príbehu o Slovensku. Aktuality.sk, 8.8.2024.

[40] Rozhovor s Robertom Ficom 2. Štandard. Youtube, 29.10.2024, <https://youtu.be/ZOiXRfZApt Q>.

[41] Martin Behula: Všímajme si, čo hovorí Robert Fico o atentáte. Pripravuje nás na strašné veci. Aktuality.sk, 7.10.2024.

„Wir" und „die"

Das Attentat auf Robert Fico bildet eine Zäsur. Und es dient *Smer* und Fico als eine Grundlage für Populismus und autokratische Ambitionen. Fico trat drei Wochen nach dem Anschlag und drei Tage vor der Europawahl am 5. Juni 2024 erstmals wieder vor eine Kamera. Der nicht angekündigte, etwa fünfzehnminütige Monolog war mit englischen Untertiteln versehen, richtete sich offensichtlich auch an die internationale Öffentlichkeit und wurde auf Ficos Facebook-Account veröffentlicht.[42] Mit nachgerade salbungsvollen Worten erklärte Fico, er empfinde keinen Hass und verzeihe dem Täter. Vergebung sei der erste notwendige Schritt. Und diesen gehe er nun.

Schon der nächste Satz zeigte allerdings, dass diese vermeintliche Vergebung Grenzen hat. Fico begann mit Schuldzuweisungen und formulierte, ohne auch nur einen Beweis dafür zu haben, erstmals die zentrale Schuldthese, die seitdem immer wieder variiert wird: Der Attentäter sei nur ein Werkzeug gewesen, ein Instrument „des Bösen und des Hasses". Dieser sei allein aus der Frustration einer politisch gescheiterten Opposition entstanden. Hier ist das dichotomische Denken zwischen der Regierung und der Opposition, dem Guten und dem Bösen, der Gegenüberstellung von „wir" und „die" angelegt. Cas Mudde zufolge funktioniert Populismus in erster Linie über eine moralisch definierte Trennung von „wir" und „die".[43] Diese Dualität bestimmt die slowakische politische Debatte seit langem. Nach dem Attentat erhöhte die durch nichts belegte Behauptung, die Opposition sei in den Anschlag verwickelt, habe diesen gefördert oder gar geplant und sei nun vom Überleben des Premierministers enttäuscht.[44] Die moralische Aufladung dieser „Wir"-„Die"-Frontstellung war enorm. Mit „die" sind die parlamentarische Opposition, insbesondere die linksliberale Partei *Progresívne Slovensko* gemeint, der Ex-Staatspräsidentin Zuzana Čaputová angehörte, kritische Medien und Nichtregierungsorganisationen gemeint, die dem Fico-Lager als „liberal" und „progressiv" gelten. Dazu kommen die Kräfte einer vermeintlich weltweiten Verschwörung gegen die Interessen der Slowakei, zu der George Soros, die USA, die EU, die NATO und „globale Eliten" gezählt werden, die angeblich der parlamentarischen Opposition den Rücken stärken. Fico spricht von einem „Kreuzzug gegen die *Smer*-Regierung, an dem sich leider auch einige Mitgliedsländer der EU beteiligen".[45]

Die moralisch aufgeladene Frontstellung „wir" gegen „die" transportiert den Appell, sich „uns" anzuschließen und verschärft die gesellschaftliche Polarisierung. Diese binäre und in erster Linie moralisch formulierte Logik macht es schwer, sich anders zu positionieren. Parteien- und Medienpluralismus sind in diesem Denken kaum möglich. Auch die liberale Opposition, regierungskritische Medien und zivilgesellschaftliche Kräfte, die sich mit Petitionen, Demonstrationen und anderen Aktionen zu Wort melden, sind in dieser dichotomischen Logik von „wir" und „die" gefangen – wenn auch weniger aggressiv und kategorisch, sondern in konstruktive Kritik eingebettet. Die häufige Bezugnahme von Mitgliedern der Partei *Progresívne Slovensko*, der Zeitung *Denník N*

---

[42] Odpúšťám a varujem. Facebook, 5.6.2024, <https://fb.watch/uWuDa4U3Hr/>.
[43] Cas Mudde: Populism: An Ideational Approach, in: Cristóbal Rovira Kaltwasser u.a. (Hg.): The Oxford Handbook of Populism. Oxford 2017, S. 27–47.
[44] Video auf Ficos Facebook-Account vom 11.7.2024, <https://fb.watch/uWvpqY57Px/>.
[45] Robert Fico: Čo sa nezmestilo na tlačovku XXV. Facebook, 17.3.2024, <https://fb.watch/vEF2KIQqdk/>.

und vieler Teilnehmer an den Demonstrationen im Winter 2023/24 auf den tschechoslowakischen Dissens, auf das Konzept der „nichtpolitischen Politik" (nepolitická politika), auf Václav Havel[46] und den zum Schlüsselkonzept gewordenen Begriff *slušnosť* (Anstand)[47] sorgen für eine politische Diskussion, die sich auf Moral konzentriert und in der verfassungspolitische Aspekte, rechtsstaatliche checks and balances sowie wirtschaftspolitische Zusammenhänge im Hintergrund bleiben.

„Volk" und „Elite"

In dieser Konstellation stehen moralische Geltungsansprüche unvermittelt nebeneinander. Die Koalition bedient sich des klassischen populistischen Dualismus „Volk" versus „Elite". Sie verkörpert das „Volk" und schafft so den gemeinsamen Nenner für die vermeintlich linken Parteien *Smer* und *Hlas* sowie die weit rechts stehende SNS. Als „Elite" gelten dagegen „Progressive", „Liberale" und „Brüssel", die gerne verächtlich als „Bratislavaer Kaffeehaus" (Bratislavská kaviareň) zusammengefasst werden.

Diese „Elite" wird nicht nach wirtschaftlicher oder realer politischer Macht bestimmt, sondern – in kulturkämpferischer Form – über die Haltung zu Rechten für sexuelle Minderheiten, zur Westbindung oder zur stärkeren Berücksichtigung ökologischer Fragen. Insbesondere die LGBTQ-Thematik ist eine Waffe gegen „die Elite" – und dies ungeachtet des brutalen Anschlags auf eine queere Bar im Jahr 2022, bei dem zwei Männer ums Leben kamen. Der *Smer*-Abgeordnete Ľuboš Blaha machte sich mehrfach über „dritte Klos" lustig, die Kulturministerin Martina Šimkovičová warnte vor einem „Aussterben" Europas und insbesondere „der weißen Rasse", machte Homosexuelle und Transpersonen dafür verantwortlich, und der Parlamentsabgeordnete Rudolf Huliak beschimpfte die offen queere Abgeordnete Lucia Plaváková (Progresívne Slovensko) auf vulgäre Weise.[48]

In der täglichen Rhetorik der Regierungskoalition hat sich das Feindbild auf bemerkenswerte Weise verändert. „Liberal" ist zum Schimpfwort geworden und zum Synonym für Korruption, Unfreiheit und „den Westen". Die Slowakische Nationalpartei wirbt mit dem Slogan „Eine Slowakei ohne Liberalismus!"[49] „NGOs", denen die Regierung seit Ende 2023 mit einem dem ungarischen Vorbild ähnlichen „Ausländische-Agenten-

---

[46] Milo Hasala: Slovensko, ja a Havel. Týždeň.sk, 11.12.2023. – Dušan Mikušovič: Havel a my. Denník N, 4.10.2016.

[47] ZuzanaČaputová: Slušnost není slabosť. YouTube, 17.11.2022. <www.youtube.com/watch?v=o2JFjYOY_Cw>.

[48] Ľuboš Blaha: Vojna na Ukrajine, EÚ a Atentát na Fica. Podcast Slovensko otvorene. Podmaz.sk, 26.5.2024. – Huliak ju urážal, Danko a Gašpar vykázali zo sály. Nálepky Lucie Plávakovej priliali do koaličných sporov ďalší olej. Spravy Pravda, 25.9.2024. – Marek Biró: Biela rasa vymiera kvôli LGBTI, tvrdí Martina Šimkovičová. Podobá sa to na neonacistickú konšpiráciu. aktuality.sk, 5.8.2024. – Plaváková podá žalobu na Huliaka za jeho výroky. SME Domov, 30.9.2024. – Daniel Javoran: Slovak terror: A nation hijacked by homophobia and transphobia. Heinrich-Böll-Stiftung Prague, 10.5.2023. – Ľubomír Zvada: On Gender and Illiberalism: Lessons From Slovak Parliamentary Debates, in: Politics and Governance, 4/2022, S. 108–120.

[49] Liberálne nadpráva, liberálny tlak, liberálna cenzúra. SNS bráni Šimkovičovú jazykom extrému. SME Domov, 28.10.2024. – Website der SNS, 26.9.2024: <www.sns.sk/za-slovensko-bez-liberalizmu-2/>.

Gesetz" droht, werden als parasitäre Feinde der Gesellschaft dargestellt.[50] Homosexuelle und die vermeintliche LGBTQ-„Propaganda" erscheinen als allgegenwärtige Gefahr, Martina Šimkovičová präsentiert sich als Kämpferin gegen eine „perverse Ideologie".[51] Erstaunlicherweise spielt das Thema Migration unter den Koalitionären eine auffällig geringe Rolle, ebenso die Lage der Roma im Land, die in den 1990er Jahren noch zur negativen Mobilisierung der Mehrheit gegen die Minderheit gedient hatte. Zwar sind die Ängste vor Überfremdung in der Slowakei nach wie vor vergleichsweise groß[52] und Migration bleibt ein wichtiges und verbindendes Thema zwischen der Slowakei und den anderen Staaten Ostmitteleuropas,[53] doch in der innenpolitischen Debatte ist „der Feind" stärker politisch und kulturell markiert als ethnisch.

Dies führt nochmals zurück zu Ficos Rede vom Juli 2024 auf dem Devín. Aus dem märchenhaft-harmonischen Blick auf zwei sich vereinigende Flüsse entwickelte der Premier im zweiten Teil seiner Rede einen scharfen Angriff gegen „die". Fico behauptete hier eine Kontinuität von Territorium und Volk. Er verband die sehr ähnlich klingenden Worte *slovenský* (slowakisch) und *slovanský* (slavisch) miteinander, sprach von „unseren Vorfahren" und der Verantwortung als „Nachkommen". Diese historisierende Einheitserzählung greift zurück auf eine ältere, von ihm selbst befeuerte Debatte darüber, ob das frühmittelalterliche Großmährische Reich als eine Art slowakischer Urstaat zu sehen sei.[54] Fico forderte nun: Diese Kontinuität „dürfen wir uns nicht wegnehmen lassen". Wer die historische Einheit der slowakischen und slavischen Geschichte nicht sehe, „weiß nichts mit der slowakischen Nation anzufangen." Damit war der Ton der Rede gesetzt. In der für ihn typischen ruhigen Art, die Robert Fico auch beibehält, wenn er sich auf einer Pressekonferenz in Vorwürfen, Verschwörungserzählungen und Beschimpfungen verliert, setzte er nun gegen seinen eigenen Wunsch nach Einheit die angeblich von „den anderen" vorangetriebene Spaltung der Gesellschaft. Er bezeichnete sich selbst als „rustikalen linken Politiker", für den das Christentum existenziell wichtig sei: als „Element der Normalität". Er machte „normal" zum Leitmotiv dieses Teils seiner Rede und ging über zu polemischen Angriffen.

> Wir müssen alle gemeinsam einen riesigen Damm bauen gegen die unsinnigen progressiven und liberalen Ideologien, die sich wie Krebs verbreiten. Dies sind Ideologien, die diesem Land schaden.[55]

„Normal" hingegen seien das Verständnis von der Ehe als heterosexuelle Gemeinschaft, der christliche Glaube, Stolz und Hilfsbereitschaft sowie Liebe zum Frieden. In dieser thematisch ausgreifenden, aber bemerkenswert konsistent wirkenden Rede verknüpfte

---

[50] Verejný ochranca práv sa vyjadril k novele zákona o neziskovkách. Teraz.sk, 20.11.2024. – Filip Harzer: Fico vytáhl proti nevládkam. Mluví o inspiraci „kolébkou dmeokracie". Seznam zprávy, 13.3.2024.
[51] Slovenská Národná Strana. Facebook, 9.11.2024, <www.facebook.com/share/p/BLNvyvH1ovsyT1kZ/>.
[52] Globsec Trends 2024 Slovakia. Ideas shaping the world. Globsec, 27.5.2024.
[53] Natália Silenská: Slowakei fordert mit Ungarn und Serbien gemeinsame Front gegen irreguläre Migration. Euractiv, 23.10.2024.
[54] Hana Chorvátová: Slovenský spor of Velkou Moravu. Lidové noviny, 9.2.2008. – Frank Hadler: Alter Slowake! „Vernünftiger Staatshistorismus" statt „Slawenbeschwörung", in: OSTEUROPA, 12/2009, S. 273–279.
[55] tvotv.sk, 5.7.2024, <https://youtu.be/6RwDW3abq0k?feature=shared>.

Fico das historische Erbe von Cyril und Metod mit einem unpräzisen, aber umso schärferen Angriff auf die angeblich aggressive Haltung der Opposition und deren vermeintlich dekadenten Kampf gegen eine als „normal" definierte slowakische Gesellschaft.
Vor allem Kulturministerin Martina Šimkovičová pflegt einen solchen Traditionalismus. Sie betont, einer „rein slowakischen" Kultur den Weg zu bereiten. Das Werk des international anerkannten Künstlers Andrej Dúbravský wird diffamiert, das Slowakische soll von fremden Einflüssen – mit besonderem Blick auf Speisekarten! – gereinigt werden.[56] Neue Reisepässe tragen folkloristische Illustrationen. Ironischerweise stellte es sich schnell heraus, dass es sich dabei nicht um slowakische Traditionen handelte, sondern um polnische Vorratsgraphiken.[57] Diese pseudotraditionalistische homophobe Kulturpolitik passt zu dem hartnäckig sich haltenden Bild vom angeblich traditionsgebundenen, dörflichen und landwirtschaftlich geprägten slowakischen „Volk".
Der slowakische Sozialanthropologe Juraj Buzalka erklärt das komplexe Verhältnis zwischen später Industrialisierung, inkonsequenter Urbanisierung und einer traditionalistischen Nostalgie für den Sozialismus mit einer spezifischen Vermischung industrieller Strukturen mit bäuerlichen Lebensbildern. In der Slowakei, so Buzalka, gebe es die starke Vorstellung von einer „ursprünglichen", dörflichen nationalen Identität. Diese entspreche jedoch weder der Wirtschaftsstruktur noch dem Alltagsleben auf dem Land; dennoch bilde diese Vorstellung die Basis für eine antiurbane, antiliberale Perspektive. Diese Teile der Gesellschaft, so Buzalka, seien für Populismus, Illiberalismus und möglicherweise Faschismus anfällig, könnten aber aufgrund ihrer starken lokalen Bindung ebenso sehr zur Basis für eine breite zivilgesellschaftliche, liberale Bewegung werden.[58]
Mit einer solchen moralisch und ideologisch definierten Vorstellung vom „Volk", wie sie insbesondere Fico und Šimkovičová propagieren, erscheint zudem eine über ethnische und staatliche Grenzen hinausgehende Gemeinschaft denkbar, insbesondere mit Ungarn und selbstverständlich Russland. Schließlich ist es auf dieser Grundlage auch möglich, dass sich Politiker, die sich als links definieren, mit einer radikal nationalistischen Partei zusammenschließen. Entscheidend für das „wir" sind Vorstellungen von Moral und Lebensform, nicht ethnische, klassisch politische, wirtschaftliche oder soziale Kriterien.

---

[56] Ján Debnár: Potrestá reštaurácie, ak Cordon Bleu nepreložia do slovenčiny? Ministerka Šimkovičová si chce posvietiť na jedálne lístky. Aktuality.sk, 25.10.2024. – Jana Močková: Umelec Andrej Dúbravský: Tu nejde o mňa, ale o to, že ministerka by chcela mať dosah na to, čo sa vystaví a čo nie. Denník N, 3.12.2023. – Ministerka kultúry Martina Šimkovičová navštívila Slovenský deň kroja 2024, 1.9.2024, <www.culture.gov.sk/ministerstvo/medialny-servis/aktuality-ministerstva-kultury/ministerka-kultury-martina-simkovicova-navstivila-slovensky-den-kroja-2024/>.
[57] Katarína Žgrlíková: Nové pasy pod paľbou folkloristov. Jeden z ornamentov je z fotobanky, Čičmany sa miešajú s Devínom. ta3, 22.9.2024.
[58] Juraj Buzalka: Postsedliaci: slovenský ľudový protest. Bratislava 2023. – Juraj Buzalka: Village Fascists and Progressive Populists: Two Faces of the Countermovement in Slovakia, in: Europe-Asia Studies, 9/2021, S. 1658–1682. – Juraj Buzalka, Andrea Figulová: Post-peasant progressivism as a kind of populism, in: Journal of Contemporary European Studies, 2023, S. 1–16.

Strategien der Kommunikation

Entscheidend für neue Identitätszuschreibungen, Weltbilder und Feindbilder, aber auch zur öffentlichen Rechtfertigung von Gesetzen und Maßnahmen, ist eine gezielte Nutzung und Beeinflussung von Kommunikationskanälen. Robert Fico und die Regierungsmitglieder kommunizieren mit der Öffentlichkeit in erster Linie über öffentliche Auftritte, soziale Medien (insbesondere Facebook) sowie Desinformationskanäle in der Slowakei und im Ausland. So gab der Innenminister Matúš Šutaj-Eštok dem rechtsradikalen und strafrechtlich verfolgten Influencer Daniel Bombic ein Interview; Fico sprach in der Fernsehsendung *60 minut* mit der russischen Propagandistin Olga Skabeeva. Etablierte und seriöse Medien hingegen werden boykottiert und verleumdet. Bei Pressekonferenzen werden sie teilweise nicht zugelassen, oder ihre Fragen werden nicht beantwortet. Im November 2023 erklärte Robert Fico die Zeitungen und Portale SME, *Denník N* und *aktuality.sk* sowie den Fernsehsender *Markíza* zu „feindlichen" Medien. Seitdem lehnt er jede Zusammenarbeit ab.[59] Stattdessen greift er diese Medien regelmäßig öffentlich an und verbreitet Verschwörungserzählungen über sie: Sie sind im Freund-Feind-Bild „die anderen". Kritiker werden mit SLAPP-Klagen überzogen, die den Zweck haben, sie einzuschüchtern und die Kritik zu unterbinden.[60] Zunächst verklagte Kulturministerin Šimkovičová den Schriftsteller Michal Hvorecký wegen eines angeblich verleumderischen Artikels.[61] Dann zog Fico wegen eines Fotos vor Gericht, das der Journalist Peter Bárdy für den Umschlag seines Buches verwandt hatte. Ein neu geplantes Gesetz, das Politikern weitgehende Möglichkeiten einräumt, Änderungen in journalistischen Beiträgen zu verlangen und mit hohen Geldstrafen droht, soll dieser Einschüchterung einen systematischen, scheinlegalen Rahmen verschaffen.[62] Immer wieder werden auf Pressekonferenzen Fragen ignoriert oder lächerlich gemacht, Fragesteller beleidigt; es sind Fälle bekannt geworden, in denen Journalisten körperlich eingeschüchtert wurden. Im Oktober 2024 nannte Fico Journalisten öffentlich „blutrünstige Bastarde", die „von einem Dämon besessen" seien. Damit begründete er die Forderung nach einer neuen Behörde zur Kontrolle der Medien.[63] Im November entwickelte die Regierung die Idee eines auf Medien spezialisierten Gerichts.[64]

---

[59] Fico oznámil, že prerušil komunikáciu so štyrmi médiami. Majú nepriateľské politické postoje, tvrdí. HN24.sk, 20.11.2023.

[60] SLAPP steht für „strategic lawsuit against public participation", eine strategische Klage gegen öffentliche Beteiligung.

[61] Michal Hvorecký: „Sie vertritt radikalnationalistische Positionen und Verschwörungsmythen". Frankfurter Allgemeine Zeitung, 6.10.2024. – Dazu ders.: Kultureller Kahlschlag. Neurechte Kulturpolitik in der Slowakei, in: Religion und Gesellschaft in Ost und West, 10/2024, <https://rgow.eu/zeitschrift/2024/10/kultureller-kahlschlag-neurechte-kulturpolitik-in-der-slowakei>.

[62] Lucia Osvaldová: Šimkovičová podala trestné oznámenie na Hvoreckého. Chce zastrašiť kritikov, reaguje spisovateľ. Denník N, 25.9.2024. – Slovakia's Prime Minister launches SLAPP case against leading investigative journalist, European Centre for Press and Media Freedom. – Barbara Zmušková: Vláda schválila Dankovo právo na opravu, novinárom hrozí súdmi aj pokutami. Euractiv, 30.10.2024.

[63] Fico Fialovi: Meniť sa nebudem, suverenita nám svedčí. Tv.pravda.sk, 7.3.2024. – Dobre, moja zlatá. Danko a Taraba sa vysmievali redaktorke, potom sa hádali. HNtelevízia, August 2024. – Slovenská média jsou pod zákulisním tlakem. Český rozhlas, 30.5.2024. – Novináři jsou krvelační bastardi, prohlásil Fico. iDnes.cz, 8.10.2024.

[64] Nina Janesíková: Koalícia chce tlačové súdy. Vybrané senáty by rozhodovali len o žalobách proti novinárom, Susko o zámere mlčí. Dennik N, 20.11.2024.

Der slowakische Premier Robert Fico in der russländischen Propagandasendung 60 minut mit Olga Skabeeva. Quelle: Screenshot Youtube, Sembiry

Der strukturelle Umbau des öffentlich-rechtlichen Rundfunks gehörte zu den ersten, eilig durchgeführten Maßnahmen der Regierung nach den Wahlen im Herbst 2023. Die Konsequenzen der Umstrukturierung des öffentlich-rechtlichen Fernsehens RTVS in eine staatlich kontrollierbare Sendeanstalt sind noch nicht absehbar; Journalisten klagen über inhaltliche Einflussnahme auf ihre Arbeit, viele haben den Sender bereits verlassen.[65] Auch private Medien wurden unter Druck gesetzt. Die Regierung droht mit dem Entzug von Werbegeldern, boykottiert Sendungen (besonders wirksam im letzten Moment, sodass konkrete Sendepläne nicht umgesetzt werden können) oder fordert die Entlassung einzelner Mitarbeiter und Mitarbeiterinnen.[66] Insbesondere der Fall des Fernsehsenders *Markíza* erlangte große Bekanntheit. Anfang des Jahres 2024 begann der Eigner des Senders, der tschechische Medienkonzern PFF, inhaltlich Einfluss auf journalistische Beiträge zu nehmen und entließ den prominenten Moderator Michal Kovačič, als dieser

---

[65] Koniec RTVS. Poslanci NR SR schválili nový zákon o STVR. Rtvs.sk, 21.6.2024. – RTVS sa mení na STVR, nový zákon nadobudol účinnosť. Teraz.sk, 1.7.2024.

[66] Samuel Valent: Diskusiu známej relácie museli nečakane zrušiť: Politik moderátorke povedal, že k nej nebudú chodiť. Vraj tým nič „nezarobia". RefresherNews, 7.3.2024. – Zničit veřejnou debatu je snadné, politikům stačilo ignorovat média, popisuje slovenský novinář. Český rozhlas, 20.11.2024. – Eva Mihočková: Médiá znamenajú moc: Slovenská vláda sa snaží ísť maďarskou cestou. Sfpa.sk, 26.7.2024.

öffentlich auf diese Vorgänge aufmerksam machte. Offenbar hatte die Regierung Druck auf die PFF-Gruppe ausgeübt und damit gedroht, dem Konzern öffentliche Aufträge vorzuenthalten.[67] Auf dem Pressefreiheitsindex von Reporter ohne Grenzen ist die Slowakei seit 2023 um 12 Plätze auf Rang 29 gesunken.[68]
Durch den aggressiven und instrumentellen Umgang der Koalitionspolitiker mit den Medien entstehen zwei vollständig getrennte Kommunikationswelten. Die jeweiligen Diskurse prallen kritisch bis aggressiv aufeinander. Hinzu kommt die enge Zusammenarbeit von Regierungsvertretern mit Persönlichkeiten aus dem Desinformationsmilieu, sei es der erwähnte Rechtsradikale Daniel Bombic, sei es der offiziell mit der Aufarbeitung der Covid-Pandemie beauftragte Wissenschaftsleugner Peter Kotlár, sei es der Staatssekretär im Kulturministerium Lukáš Machala, der sich als Verteidiger des Mythos von der flachen Erde hervorgetan hat. Im Wahlkampf 2023 spielte ein Deep-fake, das den Vorsitzenden der Partei *Progresívne Slovensko* Michal Šimečka und die Journalistin Monika Tódová diskreditierte und ihnen Wahlfälschungsabsichten unterstellte, eine wichtige Rolle.[69] Seriöser Journalismus wird auf diese Weise zunehmend aus dem öffentlichen Raum verdrängt, und Falschinformationen gewinnen an Bedeutung. Eine demokratische politische Meinungsbildung wird so systematisch erschwert, was die Gesellschaft wiederum auf die rein moralische Logik des Ficoschen Dualismus von „wir" und „die" zurückwirft.
Ein weiteres Element der Kommunikationspolitik Robert Ficos besteht in einer bemerkenswerten Ambiguität seines Auftretens. Einmal pflegt der Premierminister trotz aller inhaltlichen Schärfe einen betont ruhigen Sprechstil. Selbst aggressive und beleidigende Vorwürfe gegen Medien und Opposition sind in einen zurückhaltenden, eher weinerlichen als angriffslustigen Habitus eingebettet, der Ficos Erzählung von seiner moralisch höheren Position unterstreicht und seit dem Attentat im Mai 2024 seinen Opferstatus stützt. In einer bereits seit längerer Zeit funktionierenden Arbeitsteilung sind es andere Partei- und Regierungsmitglieder, die aggressiv, laut und nicht selten vulgär auftreten und so das Feld testen. Aggressivität und Tabubrüche einerseits und die scheinbar defensiv vorgetragene Botschaft „Wir sind die Guten" andererseits stehen nebeneinander. Und da es in der politischen Kommunikation des Fico-Regimes keine Möglichkeit zu direktem Widerspruch gibt, bleiben Unstimmigkeiten und Lügen bestehen. Letztlich setzt Fico hier um, was die Politik- und Kommunikationswissenschaftlerin Paula Diehl als „Verdrehung" (twist) der politischen Repräsentation im Populismus beschrieben hat.[70] Demokratie und Populismus sind eng miteinander verknüpft, in beiden Systemen gibt es immer einen Konflikt zwischen „Entscheidern" und „Volk". Fico wirft seinen

---

[67] Ján Debnár: Moderátor zneužil vysielací čas, sťažuje sa Markíza, okamžite prerušuje vysielanie Na telo a Na telo Plus. Aktuality.sk, 27.5.2024. – Daniel Hornak, Peter Laca: Eastern Europe's Richest Family Targeted in Slovak Media Row. Bloomberg, 5.4.2024. – Slovakia: The TV Markiza affair illustrates the urgent need for guarantees of editorial independence, in line with European law. Rsf.org, 7.6.2024.
[68] Reporters without Borders: World Press Freedom Index 2024. <https://rsf.org/en/index>.
[69] Karin Kövary Sólymos: Slovakia: Deepfake audio of Denník N journalist offers worrying example of AI abuse. International Press Institute, 31.10.2023.
[70] Paula Diehl, Brigitte Bargetz: The Complexity of Populism, in: Paula Diehl, Brigitte Bargetz (Hg.): The Complexity of Populism. London 2023, S. 1–16. – Paula Diehl: Twisting representation, in: Carlos de la Torre (Hg.): Routledge handbook of global populism. Milton Park 2019, S. 129–143.

Kritikern immer wieder vor, sie stellten sich gegen die Ergebnisse demokratischer Wahlen. Šimkovičová begründet unpopuläre Entscheidungen gern mit dem Hinweis auf ihr Amt und erklärt: „Das nennt man Demokratie".[71] Demokratische Prozesse und Kontrollmechanismen werden so in einer „verdrehten" legalistischen Argumentation auf den Prozess der Wahl von Repräsentanten reduziert – in Abkehr von den Prinzipien der liberalen Demokratie, die auf Rechtsstaatlichkeit, Gewaltenteilung und die Wahrung der Minderheitenrechte setzt. Zugleich – und ebenso in Abkehr von Prinzipien der liberalen Demokratie – inszenieren sich populistische Führerpersönlichkeiten als charismatisch und führen ihre Position gerade nicht in erster Linie auf demokratische Auswahl und Kontrollmechanismen zurück, sondern auf ihre moralische Auserwähltheit. Sie verstehen sich, so Diehl, als (einzige) Quelle für Moral und Tugend einer ganzen Gesellschaft. In der Slowakei, in der demokratische Institutionen weniger gefestigt sind als in Tschechien und in der gleichzeitig die Tradition der moralischen Instanz wie die eines Václav Havel eine große Rolle spielt, scheint strukturell besonders anfällig für populistische „Verdrehungen".

Die erwähnte Ambiguität erstreckt sich auf das Verhältnis der Kommunikation nach innen und der Positionierung nach außen. In den ersten Monaten nach der Bildung der Regierungskoalition war deutlich zwischen Botschaften an das slowakische Publikum einerseits und internationale Adressaten andererseits zu unterscheiden. Dies galt insbesondere in Bezug auf Russlands Krieg gegen die Ukraine. Wiederholt sprach Fico von einer vermeintlich korrupten, faschistischen Ukraine und nahm damit eine eindeutig prorussländische Position ein, die an der offiziellen Propaganda Moskaus orientiert war. Im Januar 2024 sprach Fico der Ukraine gar den Charakter als souveräner Staat ab und behauptete, sie stünde „vollständig unter dem Einfluss der USA".[72] Gleichzeitig verhielt sich Fico bei Abstimmungen in Brüssel verhältnismäßig kooperativ und erklärte mehrfach, zwar gegen einen NATO-Beitritt der Ukraine zu sein, deren Weg in die EU aber „bedingungslos" zu unterstützen.[73] Fico versprach der Ukraine humanitäre Hilfe und räumte wiederholt ein, dass Russlands Angriff auf die Ukraine und der Krieg völkerrechtswidrig sind. Auch Außenminister Juraj Blanár sprach sich vor dem Sicherheitsrat der UNO für die territoriale Integrität der Ukraine aus. „Grenzen müssen respektiert werden und dürfen nicht mit Gewalt verschoben werden." Wie dieses Prinzip durchgesetzt werden sollte, erklärte er allerdings nicht – Waffenlieferungen lehnte er ab und forderte stattdessen „Dialog".[74]

Ambivalent ist die slowakische Haltung zu Waffenlieferungen. Im Wahlkampf spielte die Parole „Keine Patrone an die Ukraine" eine zentrale Rolle; auch Peter Pellegrini bestritt im Frühjahr 2024 seinen Wahlkampf um die Präsidentschaft mit der Forderung nach „Frieden" in der Ukraine, mit der er letztlich Russland in die Hände arbeitete. Pellegrinis Gegner Ivan Korčok wurde als Kriegstreiber diffamiert. Die Slowakei liefert tatsächlich „keine einzige Patrone" mehr aus eigenen Armeebeständen und beteiligt sich auch nicht finanziell an der von Tschechien initiierten Munitionssammlung für die

---

[71] Šimkovičovej prvé slová na výpovede v kultúre: Takto zdôvodnila postup pri Drličkovi. Topky.sk, 8.8.2024.

[72] Tomáš Skoupý: Fico: Ukrajina není suverénní stát a její vstup do NATO nepodpořím. novinky.cz, 20.1.2024.

[73] Ivan Vilček: Fico na Ukrajině „bezpodmínečně" podpořil vstup země do EU. Novinky.cz, 7.10.2024.

[74] Juraj Blanár v OSN vyzval na mierové riešenie konfliktu na Ukrajine. Teraz.sk, 25.9.2024.

Ukraine, hat aber ihre kommerzielle Rüstungsproduktion hochgefahren. Mit Rüstungsgütern im Wert von knapp 700 Millionen Euro kommt die Slowakei sogar auf Rang 7 der Liste der nach dem Anteil am Bruttosozialprodukt stärksten Unterstützer der Ukraine.[75] Ein Gegensatz, den Verteidigungsminister Robert Kaliňák so erklärte:

> Den Krieg zu unterstützen bedeutet, etwas umsonst zu verschenken, wie es bei den Kampfjets der Fall war. Dies dagegen ist die Unterstützung des Handels, der Arbeitsplätze schafft.[76]

Diese Widersprüchlichkeit ergibt sich teilweise aus einem gewissen Pragmatismus. Sie hängt mit dem traditionell pragmatischen Verhältnis der Slowakei zur Ukraine zusammen. Obwohl sich Außenminister Blanár und Fico offenbar in der Rolle des privilegierten Partners gefallen und gerne gönnerhaft auftreten,[77] geht es doch auch um Energiefragen und die stabile Versorgung der Slowakei mit Gas und Erdöl aus Russland – Bratislava ist noch immer auf die Ukraine als Transitland für Lieferungen angewiesen.

Teilweise speist sich diese Ambiguität auch aus der Position Bratislavas in der Europäischen Union. Brüssel verfolgt die Gefährdung der Rechtsstaatlichkeit und die unklare Verwendung von EU-Mitteln mit Misstrauen, hält sich bislang jedoch mit konkreten Sanktionen sehr zurück. Während aber Fico in den ersten Monaten seiner Regierungszeit außenpolitisch vorsichtig auftrat, lavierend und geradezu januskopfig, wurden seine Parteinahme für Moskau und seine Ausfälle gegen die EU, die NATO und „den Westen" seit dem Frühsommer häufiger und deutlicher. Im Interview mit dem Propagandasender *Rossija 1* bat er um eine Einladung zu den Siegesfeiern im Mai 2025 und beschuldigte die EU, den Krieg in der Ukraine bewusst zu fördern.[78] Beim feierlichen Parteitag der *Smer* am 17. November 2024 erklärte er, „bitte glaubt doch nicht, dass sich nichts ändern könne" und stellte mit seiner „nach allen Seiten offenen Außenpolitik" die Westbindung der Slowakei und auch deren Zugehörigkeit zur EU erstmals in Frage.[79] Diese wachsende Radikalisierung mag mit der Erkenntnis zusammenhängen, dass die befürchteten Strafmaßnahmen aus Brüssel ausbleiben, oder auch damit, dass in der gesamten Europäischen Union die Skepsis über eine langfristige und konsequente militärische Unterstützung der Ukraine wächst. Tatsächlich zeigt Fico zunehmend Ehrgeiz, eine eigene geopolitische Position zu entwickeln. Anders als es westliche Medien oft darstellen, ist Fico kein politischer Ziehsohn Viktor Orbáns,[80] sondern verfolgt seine eigene Agenda. Ficos Partei *Smer* schloss sich im Europäischen Parlament nicht der von Orbán initiierten neuen Fraktion *Patrioten für Europa* an. Das Interview mit *Rossija 1*, Ficos Erklärung, gern mit Vladimir Putin sprechen zu wollen,[81] sowie eine großangelegte Delegationsreise

---

[75] IfW Kiel: Ukraine Support Tracker, <https://app.23degrees.io/view/x67vE7NsM3NeQu7z-atlas-slideshow_v4-atlantic>.
[76] Kaliňák otvoril v Snine linku na výrobu delostreleckej munície, ktorej časť putuje na Ukrajinu. Denník N, 4.10.2024.
[77] Tlačové vyhlásenie ministra zahraničných vecí a európskych záležitostí SR Juraja Blanára a ministra zahraničných vecí Ukrajiny Andrija Sybihu. Facebook Úrad vlády Slovenskej Republiky. Facebook, 18.9.2024, <https://fb.watch/uWx_jReRFz/>.
[78] Interview Robert Fico auf Rossija 1 [Fn. 31].
[79] Rede Ficos. Denník N, 17.11.2024, <www.facebook.com/reel/1080299373590013>.
[80] Fico lernt von Orban. tagesschau.de, 23.11.2024. – Britta Hilpert: Slowakei: Wird Fico zum nächsten EU-Problem?. zdf.heute, 15.12.2023.
[81] Interview Robert Fico [Fn. 31].

nach China im Herbst 2024 zeigen, dass Fico sich nicht allein als Regierungschef eines kleinen, kaum bekannten mitteleuropäischen Landes sieht. Vielmehr sucht er einen Platz auf der internationalen Bühne. Dabei setzt er auch auf Provokation und Tabubrüche. Regelmäßig behauptet Fico, allein gegen einen „europäischen Mainstream" zu stehen. Im Februar 2024 rief Fico mit seiner Bemerkung international Schlagzeilen hervor, die NATO wolle Soldaten in die Ukraine schicken.[82] Diese Äußerung führte zu einer umstrittenen Stellungnahme Emmanuel Macrons über nicht auszuschließende „boots on the ground", und diese wiederum zu einer scharfen Distanzierung durch Olaf Scholz. Fico genoss sichtlich die internationale Erregung.[83]

„Souveränität"

Robert Ficos Rhetorik ist ambivalent und ausschweifend. Sie lässt sich aber in einem Schlüsselbegriff verdichten: Souveränität. Der Begriff taucht in fast jeder Rede des Premierministers auf, in verschiedenen Bedeutungen und ohne klare Definition. Das Erringen der „Souveränität" oder ihre Verteidigung haben sich für viele populistische Bewegungen und Regierungen weltweit als flexibles und nützliches Instrument bewährt. Robert Fico agiert nach dieser Logik.

Indem Fico die Souveränität der Slowakischen Republik betont und unterstreicht, dass allein er für eine „souveräne" Politik einsteht, vermittelt er den Eindruck, als sei diese Souveränität bedroht und müsse verteidigt werden. Ob es um die Entsendung slowakischer Abgeordneter ins Europäische Parlament geht oder um die Haltung des Landes zu internationalen Abkommen: Wichtiger als eine inhaltliche Bestimmung ist stets, die Souveränität der eigenen Entscheidung zu betonen.[84] Wenn Fico von „Souveränität" spricht, greift er einen eigentlich unstrittigen Terminus auf. In der klassischen „westfälischen" Tradition meint Souveränität die territoriale Unantastbarkeit eines Landes und die Selbstbestimmung einer politischen Führung über ihr Staatsgebiet. Fico betrachtet Souveränität im Rahmen internationaler Organisationen und Institutionen und kritisiert jegliche Abtretung und Übertragung von Souveränitätsrechten auf supranationale Organisationen wie die EU. Stattdessen gilt ihm Souveränität als Inbegriff guter, authentischer, nationaler Politik, als ein Gut, das es unbedingt zu verteidigen gilt. Selbst als die Regierung und der Präsident im September 2024 in einem Memorandum feierlich die Zugehörigkeit zur „Europäischen Union, der Nordatlantischen Vertragsorganisation und anderer internationaler Organisationen und Institutionen" bekräftigten,[85] klang dies mit. Nach der Unterzeichnung des Memorandums erklärte Präsident Pellegrini:

> Die Slowakei will ein vollwertiges Mitglied der EU und der NATO bleiben, das sich seiner Rechte voll bewusst ist, aber wir wollen ein stolzes Mitglied

---

[82] Ivan Vilček, Jaroslav Soukup: Některé země NATO a EU zvažují vyslat vojáky na Ukrajinu, tvrdí Fico. Novinky.cz, 26.2.2024.

[83] Peter Madro: Slovensko neizolujem, Macron potvrdil, že som mal pravdu, tvrdí Fico. V4 pokračuje aj napriek nezhodám. Pravda, 27.2.2024.

[84] Robert Fico a Juraj Blanár o smerovaní zahraničnej politiky SR. aktuality.sk, 30.10.2024. – Premiér: Vláda odsúdi porušenie medzinárodných dohôd, ak sa preukáže. Spravodajský portál Tlačovej agentúry Slovenskej republiky. Teraz.sk, 10.1.2024.

[85] Najvyšší ústavní činitelia podpísali memorandum o zahraničnej politike, 1.9.2024, <www.prezident.sk/article/najvyssi-ustavni-cinitelia-podpisali-memorandum-o-zahranicnej-politike/>.

dieser Gemeinschaften sein. [...] Wir sollten nie Angst haben, im Ausland mit einer souveränen Stimme zu sprechen, denn auch ein kleiner Staat wie die Slowakei hat das Recht, die Interessen seiner Bürger im Ausland zu vertreten.[86]

Fico ging bei demselben Anlass ausführlich auf die Souveränität der Slowakischen Republik ein. Souveränität bedeute Eigenständigkeit:

> Mit großem Bedauern aber muss ich feststellen, dass wir heute Zeugen einer Politik einer einzigen politischen Meinung sind, die leider mit großer Härte durchgesetzt wird, auch auf der Ebene der Europäischen Union.[87]

Es gebe eine „europäische Meinungsdiktatur". Diese versuche von außen zu bestimmen, „was richtig und falsch ist". Das gefährde die slowakische Souveränität, er, Fico, verteidige sie.

Ähnlich argumentiert er in zahlreichen anderen Reden, mal explizit, mal implizit: Die slowakische Souveränität werde angegriffen, durch eine Verschwörung der Opposition, durch feindliche ausländische Kräfte und insbesondere durch die Pläne der Europäischen Union. In der EU solle das „Vetorecht" einzelner Staaten abgeschafft werden, um den „großen" Nationen eine Übermacht über die „kleinen" zu verschaffen. *Smer* verteidige in der Europapolitik die nationalen Interessen der Slowakei.[88] Die Souveränität müsse verteidigt werden – zum Schutz des Christentums und der eigenen Kultur sowie gegen westliche Dekadenz und Sexualkundeunterricht an den Schulen. Vor allem aber gelte dies für die Außenpolitik. Hier verfolge die „souveräne Slowakei" eine „Außenpolitik in alle vier Himmelsrichtungen". Ficos zunehmend ehrgeizig erscheinende Außenpolitik, die Kontakte nach Moskau sowie die Reisen nach China und Brasilien, werden nicht nur mit wirtschaftlichen Interessen, sondern vor allem mit der Wahrung von Souveränität legitimiert.[89]

Diese Interpretation des Souveränitätsbegriffs steht in einem Spannungsverhältnis zur Mitgliedschaft in EU und NATO, aber auch zur Anerkennung internationaler Abkommen und Konventionen. Damit vertritt die Slowakei ein sehr weitreichendes und scharf gegen universalistische Rechtsvorstellungen gerichtetes Souveränitätskonzept, das dem ähnelt, das China vertritt oder das Viktor Orbán für Ungarn reklamiert.[90]

Unklar ist, welche Perspektive Robert Fico verfolgt. Heute profitiert die Slowakei wirtschaftlich, finanziell und sicherheitspolitisch von EU und NATO und streckt gleichzeitig seine Fühler „in alle vier Himmelsrichtungen" aus, konkret mit Blick auf die BRICS-Staaten. Innenpolitisch ist das Teil des populistischen Kurses: Fico schützt die Slowakei vor inneren und äußeren Feinden, schirmt das „Volk" vor „globalen Eliten" und „europäischen Eliten" ab. Es geht, so die Botschaft, um nichts Geringeres als die Existenz der slowakischen Nation. „Souveränität" wird so zum Kernbegriff der Erzählung

---

[86] Fico, Pellegrini a Žiga podpisujú memorandum k zahraničnopolitickému smerovaniu SR. Youtube, 1.9.2024, <www.youtube.com/watch?v=eSV9ErEMW3A>.
[87] Ebd.
[88] Fico: Po zrušení práva veta v EÚ by sa nás veľké štáty nepýtali na naše záujmy, Úrad vlády Slovenskej republiky, 9.2.2024.
[89] Robert Fico: Pozdravujem štekajúcich psíkov na Slovensku. Facebook, 4.11.2024. – Robert Fico: Návšteva Číny má strategický charakter a vyjadruje vzájomný rešpekt. Facebook, 1.11.2024.
[90] Wim Muller: China's sovereignty in international law: from historical grievance to pragmatic tool, in: China-EU Law Journal, 3–4/2013, S. 35–59. – Roland Paris: European populism and the return of „illiberal sovereignty": a case-study of Hungary, in: International Affairs, 2/2022, S. 529–547.

von Treue und Verrat, historischem Kampf und stets bedrohter Freiheit. Außenpolitisch ist Ficos Politik eine Wette auf den Sieg Russlands über die Ukraine und der Versuch, die Slowakei zu einem Teil der von Anne Applebaum beschriebenen „Achse der Autokraten" zu machen.[91] Die Vorstellung mag absurd erscheinen, dass ein kleines Land wie die Slowakei, deren Kleinheit Fico immer wieder hervorhebt, von einem solchen Netzwerk profitieren könnte. Doch das Zusammenspiel von Autokratie, Korruption und systematischer Desinformation passt zu Ficos Ambitionen.

Schluss

Die Politik der slowakischen Regierung unter Führung der stärksten Fraktion *Smer* ist ein Paradebeispiel populistischer Politik. Inhaltliche Auseinandersetzungen spielen eine geringe Rolle, während die moralische Überhöhung der eigenen Position in dichotomischen politischen Konstellationen entscheidend ist. Klassische politische Zuschreibungen wie „links" und „rechts" haben weitgehend ihren bisherigen Sinn verloren, obwohl *Smer* auf ihrer Einordnung als „Linke" beharrt. Wichtiger ist der Gegensatz von „Volk" und „Elite". Robert Fico spielt in all dem eine Schlüsselrolle. Er steht im Zentrum der Loyalitätspolitik seiner Partei. Seine Politik war bereits früher pragmatisch und am Erhalt und dem Ausbau der Macht orientiert.[92] Heute profitiert sie vom globalen Aufstieg populistischer Parteien, den Strukturen und Effekten von Desinformationsnetzwerken und der von Russland ausgehenden Aggression gegen die Ukraine und den Westen. In der Europäischen Union führt diese Politik zunehmend zur Isolation des Landes, sichert aber die Machtbasis von *Smer*.

Schlagwörter:
Slowakei, Populismus, Robert Fico, Smer-SD, Korruption, Russland

---

[91] Anne Applebaum: Die Achse der Autokraten. Korruption, Kontrolle, Propaganda. Wie Diktatoren sich gegenseitig an der Macht halten. München 2024.
[92] István Kollai, Bence Bánki: Populism in the making. The case of Slovakia, in: István Benczes, (Hg.): Economic Policies of Populist Leaders: A Central and Eastern European Perspective. London 2023, S. 126–147. – Peter Bárdy: Fico: Posadnutý mocou. Bratislava 2023.

Hella Engerer

Abkopplung von Russland
Wie weit sich die EU bei Gas und Öl gelöst hat

> Mit der Invasion Russlands in die Ukraine im Februar 2022 wurde die Abhängigkeit der Europäischen Union von Energieimporten aus Russland offenbar. Die EU-Kommission reagierte mit dem Programm „REPowerEU". Es hat zum Ziel, die Abhängigkeit von fossilen Brennstoffen aus Russland zu beenden, die europäische Energieversorgung zu diversifizieren, die Energieeffizienz zu erhöhen und die Energiewende durch den Ausbau erneuerbarer Energien zu beschleunigen. Ein Zwischenfazit der EU-Kommission im Jahr 2024 ergibt, dass die kurzfristige Abwendung einer Erdgas-Versorgungskrise gelungen ist. Doch nach dem Krisenmodus kommt der Ausbau der erneuerbaren Energien und der dafür notwendigen Infrastruktur nur schleppend voran. Nationale Interessen, wenig Koordinierung unter den Mitgliedsländern, komplexe Finanzierungsstrukturen und bürokratische Hürden erschweren die Umsetzung der langfristigen Ziele. Bis heute fehlt eine kohärente EU-Energiepolitik.

Der Angriff Russlands auf die Ukraine am 24. Februar 2022 offenbarte die starke Abhängigkeit der Mitgliedsländer der Europäischen Union von russländischen Energielieferungen. Die Staats- und Regierungschefs der EU betonten bereits am 11. März 2022 in einer inoffiziellen Erklärung,[1] diese Abhängigkeit so rasch wie möglich beenden zu wollen. Dazu sollen unter anderem die Diversifizierung der Versorgung und der Versorgungswege, die Weiterentwicklung erneuerbarer Energien und die Erhöhung der Energieeffizienz beitragen.

Laut dieser Erklärung soll die Abhängigkeit von fossilen Energieträgern unter Berücksichtigung der jeweiligen nationalen Gegebenheiten und der Entscheidungshoheit der Länder über ihren Energiemix gesenkt werden. Der am 18. Mai 2022 beschlossene REPowerEU-Plan[2] bestätigt diese nationale Herangehensweise. In der Folgezeit konnten Mitgliedsstaaten unter dem Dach des großen Wiederaufbaufonds „NextGeneration EU"

Hella Engerer (1963), Dr., wissenschaftliche Mitarbeiterin in der Abteilung Energie, Verkehr und Umwelt am Deutschen Institut für Wirtschaftsforschung, Berlin
Von Hella Engerer erschien in OSTEUROPA u.a.: Ohne Plan: Wirtschaftsentwicklung und Wirtschaftspolitik in Ungarn, in: OE, 3–5/2018, S. 253–271. – Vor dem Brexitus: Folgen des britischen EU-Referendums für Ostmitteleuropa, in: OE, 11–12/2016, S. 119–133.

[1] Europäischer Rat: Pressemitteilung, Erklärung von Versailles, Informelle Tagung der Staats- und Regierungschefs, 10. und 11. März 2022, <www.consilium.europa.eu/media/54802 /20220311-versailles-declaration-de.pdf>.
[2] Europäischer Rat, Rat der Europäischen Union: REPowerEU: Energiepolitik in den Aufbau- und Resilienzplänen der EU-Länder, <www.consilium.europa.eu/de/policies/eu-recovery-plan/repowereu/>.

ihren nationalen Aufbau- und Resilienzplänen ein spezifisches Kapitel „REPowerEU" hinzufügen.[3] Die Aufbau- und Resilienzfazilität hat eine Laufzeit von 2021 bis 2026 und ein Volumen von 648 Milliarden Euro (in Preisen von 2022). Weitere Finanzierungsquellen sind der europäische Kohäsionsfonds (bis zu 17,9 Mrd. Euro) und der Europäische Landwirtschaftsfonds für die Entwicklung des ländlichen Raums.

RePowerEU hat kurz- und langfristige Zielsetzungen. Kurzfristig liegt der Schwerpunkt auf der Reduktion von fossilen Energieimporten, insbesondere leitungsgebundenem Erdgas aus Russland. Damit sollte zunächst im ersten Kriegswinter 2022/2023 eine Energiekrise abgewendet werden. Mittel- bis langfristig soll der Plan dazu beitragen, erneuerbare Energien auszubauen und die Dekarbonisierung der Industrie zu fördern, die Wasserstoffwirtschaft voranzutreiben und die Gas- und Strominfrastruktur zu modernisieren. Darüber hinaus wurden die europäischen Zielvorgaben für Energieeinsparungen und für den Anteil erneuerbarer Energien im Energiemix überarbeitet.

Die kurzfristige Abwendung einer Energiekrise ist gelungen. Mittel- bis langfristig sind indes noch einige Herausforderungen zu bewältigen. Dabei geht es um den Umstieg auf erneuerbare Energien in den Mitgliedsstaaten, aber auch darum, die grenzüberschreitende Infrastruktur weiter auszubauen und gemeinsam die Sicherheit der Energieversorgung zu gewährleisten.

Abwendung einer Erdgas-Versorgungskrise

Vor dem Krieg kamen etwa 40 Prozent der europäischen Erdgasimporte aus Russland. Insbesondere in den mittelost- und südosteuropäischen Ländern war die Abhängigkeit von russländischen Lieferungen hoch (Abbildung 1). Allerdings hatten einige dieser Länder, u.a. Litauen und Kroatien, bereits vor Kriegsbeginn mit der Diversifizierung ihrer Gaseinkäufe begonnen. Wichtige erste Maßnahmen zur Verringerung der Abhängigkeit von russländischen Lieferungen waren die Erhöhung der Liefermengen aus anderen, bisherigen Bezugsländern sowie die weitere Diversifizierung der Bezugsländer. Hierzu strebte die Kommission ursprünglich eine gemeinsame Einkaufsplattform für alle teilnehmenden EU-Mitgliedsstaaten sowie weitere Länder (Moldova, Ukraine, Georgien, Länder des westlichen Balkans) an. Auf diese Weise sollten Erdgas, auch als Flüssiggas (LNG), und Wasserstoff, gemeinsam und damit möglichst kostengünstig beschafft werden. Dieses Instrument konnte kurzfristig nicht umgesetzt werden; eine erste Aufforderung der EU zur gemeinsamen Beschaffung erfolgte im April 2023.[4]

---

[3] Bis Ende 2023 hatten alle Mitgliedsländer außer Bulgarien, Deutschland, Irland und Luxemburg ihren Plänen ein REPowerEU-Kapitel hinzugefügt.

[4] Europäische Kommission, Vertretung in Deutschland: EU-Energieplattform: Kommission veröffentlicht erste Aufforderung an Unternehmen zur gemeinsamen Gasbeschaffung, Pressemitteilung, 25.4.2023, <https://germany.representation.ec.europa.eu/news/eu-energieplattform-kommission-veroffentlicht-erste-aufforderung-unternehmen-zur-gemeinsamen-2023-04-25_de>.

Abbildung 1: Anteil russländischer Erdgasimporte an jeweiligen Gesamtimporten im Jahr 2021, nach Ländern, in Prozent

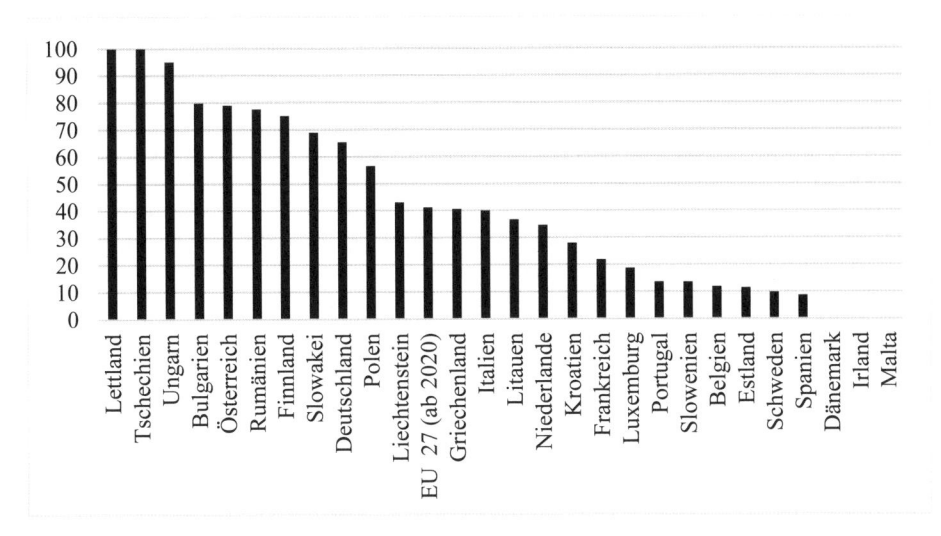

Quelle: Eurostat, eigene Darstellung. Anmerkung: Österreich und Kroatien geschätzt

Allerdings ergriffen im für die Versorgungslage kritischen Winter 2022/2023 einzelne Länder selbst die Initiative, um die Importe aus bisherigen Bezugsquellen zu erhöhen, neue Lieferanten zu gewinnen und die Energieinfrastruktur aus- und später sogar neu zu bauen. Beispielsweise wurden mehrere LNG-Terminals an der deutschen Küste geplant, Polen steigerte die Regasifizierungskapazität des LNG-Terminals in Swinemünde. Die Importe aus den USA und dem Nahen Osten wurden ebenfalls erhöht.

Infolgedessen gingen die russländischen Erdgaslieferungen per Pipeline stark zurück. (Abbildung 2). Die Lieferungen über die *Jamal*-Pipeline endeten bereits im Frühjahr 2022. Im August 2022 folgte der Lieferstopp über die Pipeline *Nord Stream 1*. *Nord Stream 2* wurde Ende September 2022 zerstört. Lieferungen per Pipeline aus Russland erfolgen heute noch durch die *TurkStream*-Leitung und den Transit durch die Ukraine. Über *TurkStream* erhalten beispielsweise Griechenland und Ungarn russländisches Erdgas. Durch die Ukraine wurde noch bis 2024 Erdgas nach Baumgarten in Österreich geliefert. Mitte November 2024 stellte *Gazprom* seine Lieferungen an Österreich ein; dem war ein Rechtsstreit zwischen dem österreichischen Erdgasunternehmen OMV und *Gazprom* um Schadensersatzforderungen vorausgegangen.[5]

Um eine Energiekrise im Winter 2022/2023 abzuwenden, ging es vordringlich darum, kurzfristig die Liefermengen aus den bisherigen Bezugsländern außerhalb Russlands zu erhöhen. Dabei spielten Pipelinegas aus Norwegen und LNG aus den USA eine zentrale Rolle.

---

[5] Gas strömt weiter in die EU. Unbekannter Abnehmer hält Gazprom-Lieferung am Laufen, in: ntv.de, 6.12.2024.

Abbildung 2: Erdgaseinfuhren der EU 27 aus Russland zwischen Mai 2022 und September 2024, in Milliarden Kubikmetern

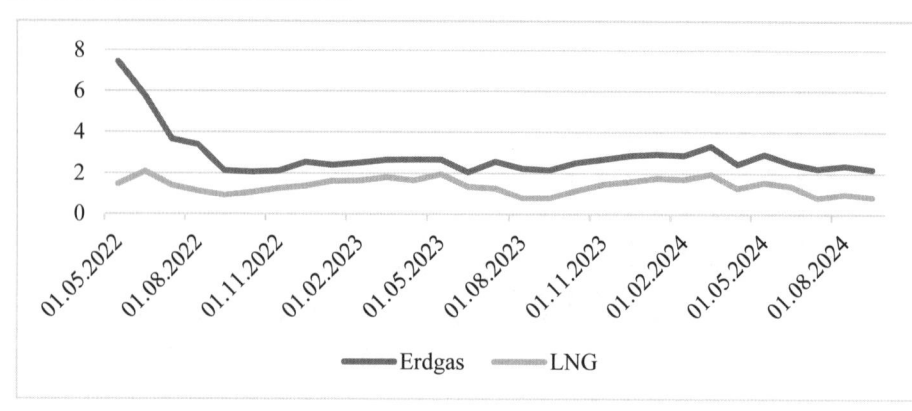

Quelle: Eurostat, eigene Darstellung

Diese Lieferungen sollten auch dazu beitragen, die Gasspeicher noch vor dem Winter aufzufüllen. Die EU gab vor, bis zum 1. November 2022 die nationalen Gasspeicher auf 80 Prozent ihrer Kapazität aufzustocken. Im Jahr davor lagen die Füllstände wegen verminderter Lieferungen aus Russland noch deutlich darunter. Tatsächlich konnte diese Vorgabe in den meisten Mitgliedsländern, die über Speicherkapazitäten verfügen, erfüllt werden (Abbildung 3).

Abbildung 3: Füllstände europäischer Gasspeicher zum 1. November der Jahre 2021–2023, 100 Prozent bedeuten eine gesicherte Kapazität, höhere Füllstände sind möglich

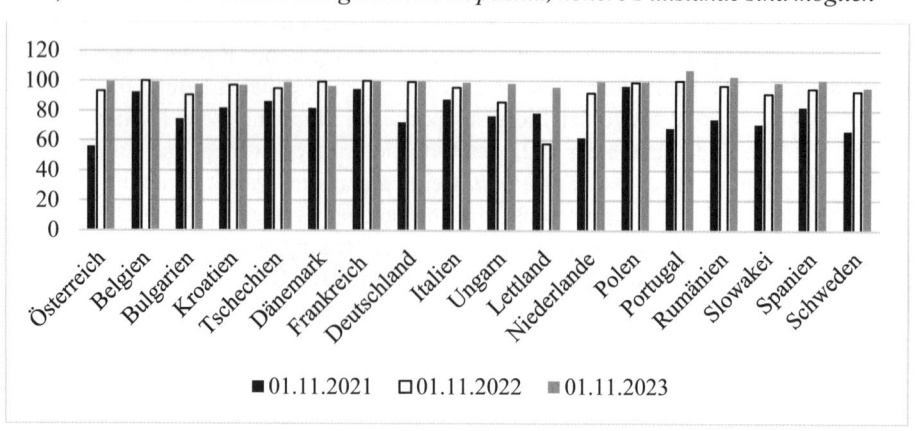

Quelle: Gas Infrastructure Europe, eigene Darstellung

Mit der Steigerung von Importen aus bisherigen Lieferländern außerhalb Russlands sowie neuen Bezugsquellen wurden die Erdgasimporte in der Folge weiter diversifiziert. Unter Berücksichtigung von LNG fächert sich die Bezugsstruktur somit weiter auf; höhere Anteile von Lieferanten aus dem Nahen Osten werden hinsichtlich der Versorgungssicherheit indes kritisch hinterfragt.

Insgesamt sank der Anteil russländischer Erdgaseinfuhren an den Gesamtimporten und LNG der EU bis 2023 auf etwa 15 Prozent. Vor dem Krieg hatte Pipelinegas aus Russland mit etwa 40 Prozent die Lieferungen lange dominiert. Inzwischen gelangt vermehrt Erdgas in Form von LNG aus Russland in die EU, insbesondere über Terminals in Belgien und Frankreich. Die EU-Kommission hat daher in ihrem 14. Sanktionspaket vom Juni 2024 Maßnahmen gegen russländische Flüssiggasprojekte und -lieferungen beschlossen. Diese richten sich gegen Investitionen in LNG-Projekte, die in Russland gebaut werden. Nach einem Übergangszeitraum von neun Monaten wird zudem die Umladung von Flüssigerdgas aus Russland über EU-Häfen verboten.[6] Derartige Maßnahmen können dazu beitragen, LNG-Lieferungen aus Russland in die EU zu reduzieren und die russländischen Erdgaslieferungen insgesamt in die EU zu begrenzen. Allerdings werden sich wohl Länder wie Ungarn nicht eindeutig von Russland abwenden und weiterhin kostengünstig Erdgas von dort beziehen.

Eine weitere Maßnahme zur Sicherstellung der Erdgasversorgung war die Senkung des Erdgasverbrauchs in der EU. Laut Vorgabe sollten die Mitgliedsländer freiwillig ihren jeweiligen Erdgasverbrauch im Zeitraum vom 1. August 2022 bis zum 31. März 2023 um 15 Prozent im Vergleich zu ihrem durchschnittlichen Verbrauch in der Referenzperiode von April 2017 bis März 2022 senken (Abbildung 4).[7] Mit teilweise starken Einsparungen gelang es, dieses Ziel EU-weit zu erreichen. Dabei lagen die Einsparungen in Irland, Spanien und Polen unter der 15-Prozent-Marke; Malta, das nicht an das europäische Verbundsystem angeschlossen ist, hatte sogar Verbrauchssteigerungen. Länder wie Frankreich, Tschechien und Italien lagen etwa im Durchschnitt der EU-27. Starke Verbrauchsrückgänge konnten Finnland, Litauen und Schweden realisieren. Diese Länder haben ohnehin einen vergleichsweise geringen Pro-Kopf-Verbrauch bei Erdgas.

Die Europäische Kommission verlängerte im März 2024 die Vorgabe zum Sparen um ein weiteres Jahr, also bis zum 31. März 2025.[8] Es ist fraglich, ob durch die starre EU-Vorgabe nachhaltig Anreize für weitere Einsparungen gesetzt sind. Länder, die bereits deutliche Einsparungen erzielt haben, könnten sogar gewisse Verbrauchssteigerungen bis zum ursprünglichen Referenzziel realisieren und das Ganze als „Einsparung" verbuchen. Darüber hinaus können starre Einsparziele auch hemmend wirken, beispielsweise bei kurzfristig konjunkturell bedingten Mehrverbräuchen.

---

[6] Europäische Kommission: EU beschließt neues Sanktionspaket gegen Russland – LNG, Schiffe, Personen, Banken, 24.6.2024, <https://germany.representation.ec.europa.eu/news/eu-beschliesst-neues-sanktionspaket-gegen-russland-lng-schiffe-personen-banken-2024-06-24_de>.

[7] Verordnung (EU) 2022/1369 des Rates vom 5. August 2022 über koordinierte Maßnahmen zur Senkung der Gasnachfrage, <https://eur-lex.europa.eu/legal-content/DE/TXT/?uri=CELEX%3A32022R1369>. – Verordnung (EU) 2023/706 des Rates vom 30. März 2023 zur Änderung der Verordnung (EU) 2022/1369 zwecks Verlängerung des Nachfragesenkungszeitraums für Maßnahmen zur Senkung der Gasnachfrage und zur verstärkten Berichterstattung und Überwachung in Bezug auf die Umsetzung dieser Maßnahmen, <https://eur-lex.europa.eu/legal-content/de/TXT/?uri=CELEX%3A32023R0706>.

[8] Rat der Europäischen Union: Gasversorgungssicherheit: Mitgliedstaaten einigen sich auf Empfehlung über die Fortsetzung der freiwilligen Maßnahmen zur Senkung der Gasnachfrage, Pressemitteilung, 4.3.2024, <www.consilium.europa.eu/de/press/press-releases/2024/03/04/security-of-gas-supply-member-states-agree-on-recommendation-to-continue-voluntary-demand-reduction-measures/>.

Abbildung 4: Gaseinsparungen in der EU im Zeitraum August 2022 bis März 2023 gegenüber der Referenzperiode April 2017 bis März 2022, in Prozent

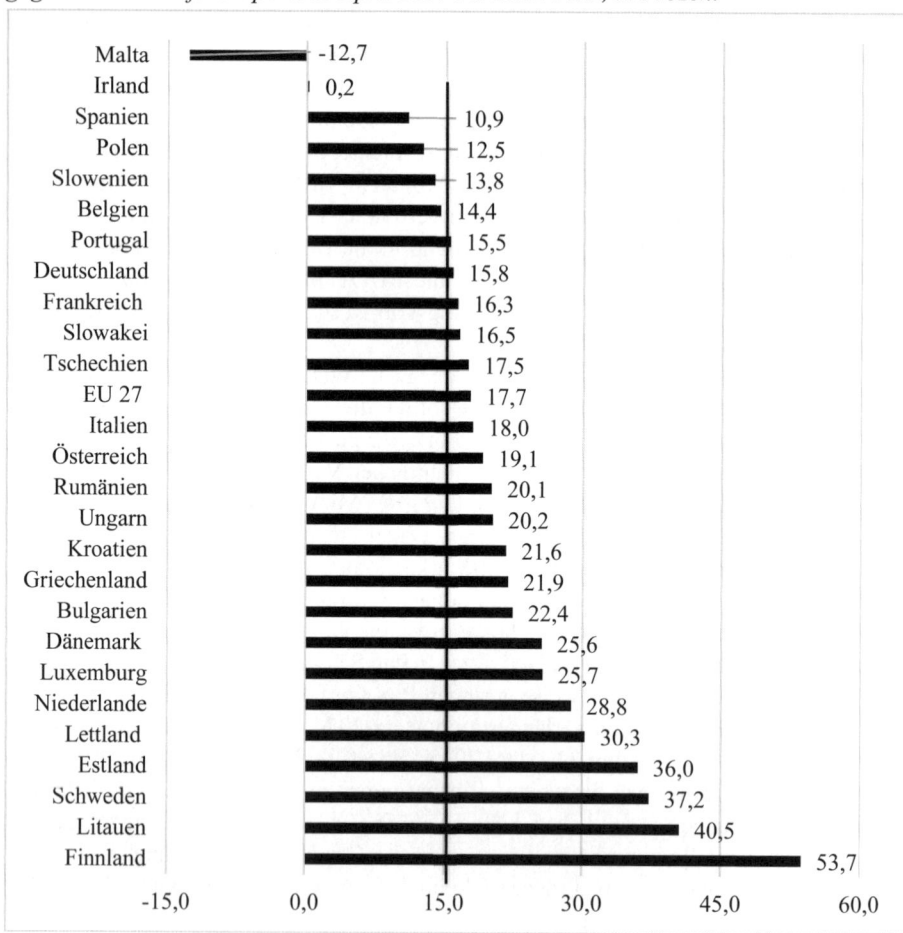

Land	Prozent
Malta	-12,7
Irland	0,2
Spanien	10,9
Polen	12,5
Slowenien	13,8
Belgien	14,4
Portugal	15,5
Deutschland	15,8
Frankreich	16,3
Slowakei	16,5
Tschechien	17,5
EU 27	17,7
Italien	18,0
Österreich	19,1
Rumänien	20,1
Ungarn	20,2
Kroatien	21,6
Griechenland	21,9
Bulgarien	22,4
Dänemark	25,6
Luxemburg	25,7
Niederlande	28,8
Lettland	30,3
Estland	36,0
Schweden	37,2
Litauen	40,5
Finnland	53,7

Quelle: Eurostat, eigene Darstellung

Erdöl

Die Staats- und Regierungschefs der EU wollen auch die Abhängigkeit der EU von Öllieferungen aus Russland senken. Dies teilten sie in ihrer inoffiziellen Erklärung im März 2022 mit. Allerdings waren die Anteile russländischer Lieferungen an den Ölimporten der EU weitaus geringer als bei Erdgas. Erdöl ist im Vergleich zu Erdgas einfacher kurzfristig zu beschaffen und zu ersetzen, da es nicht leitungsgebunden ist und am Weltmarkt gehandelt wird. Es kann leichter von anderen Lieferanten bezogen werden. Bei der Verringerung russländischer Öllieferungen stand weniger die Versorgungssicherheit im Fokus; vielmehr ging es – mehr noch als beim Erdgas – darum, die durch Ölexporte erzielten Einnahmen Russlands zu reduzieren. Im sechsten Sanktionspaket der

EU vom Juni 2022 wurde der Import von Rohöl und Erdölprodukten aus Russland auf dem Seeweg in die EU verboten. Das Embargo für Ölprodukte trat im Februar 2023 in Kraft.[9] Allerdings blieb die Lieferung von Öl über Pipelines weiter möglich. Ungarn, Tschechien und die Slowakei hatten mit Verweis auf ihre starke Abhängigkeit von Öl aus Russland eine Ausnahmeregelung für Lieferungen über die *Družba*-Pipeline erwirkt. Die betroffenen Länder haben keinen Zugang zum Seeweg. Für Raffineriestandorte, die ausschließlich mit Pipeline-Öl aus Russland versorgt wurden, müssen alternative Transportrouten und Bezugsquellen gefunden werden. Zudem müssen die auf die Qualität russischen Öls ausgerichteten Anlagen auf die Verarbeitung von anderen Ölqualitäten umgestellt werden. Deutschland beendete Ende 2022 den Pipelineimport. Tschechien hat angekündigt, die Öllieferungen aus Russland im Jahr 2025 einzustellen. Im Sommer 2024 schränkte die Ukraine den Erdöltransit des russländischen Unternehmens *Lukoil* nach Ungarn und die Slowakei ein. Die beiden EU-Länder werfen der Ukraine vor, gegen das Assoziierungsabkommen zu verstoßen, demzufolge der Transit von Energiegütern nicht behindert werden darf. Die Länder wandten sich mit einem Beschwerdebrief an die Kommission.[10] Die EU ist hingegen der Ansicht, dass durch das ukrainische Embargo keine unmittelbaren Auswirkungen auf die Sicherheit der Ölversorgung der EU zu erwarten sind. Sie verweist darauf, dass andere Lieferanten die fehlenden Ölmengen ersetzen könnten.[11] Diese Einschätzung wird auch durch die inzwischen geringen Importmengen aus Russland gestützt. Nach zwei Jahren REPowerEU-Programm lässt sich bilanzieren, dass mit dem Ausbau von alternativen Bezugsquellen sowie Verbrauchssenkungen die Abhängigkeit von Lieferungen aus Russland deutlich verringert und eine Versorgungskrise bei Erdgas abgewendet werden konnte.

Die Finanzierung von REPowerEU

REPowerEU finanziert sich vor allem durch die Aufbau- und Resilienzfazilität. Hinzu kommen 20 Milliarden Euro an Zuschüssen aus dem Emissions-Zertifikatehandel. Mit dem Erlös aus der Versteigerung bislang stillgelegter Zertifikate aus der Marktstabilitätsreserve sollen so klimafreundliche Technologien gefördert werden.[12] Darüber hinaus können bis zu 5,4 Milliarden Euro freiwillig aus der Brexit-Reserve in die Aufbau- und Resilienzpläne übertragen werden. Es können auch noch Mittel aus dem Kohäsionsfonds (bis zu 17,9 Mrd. Euro) und dem Europäischen Landwirtschaftsfonds für die Entwicklung des ländlichen Raums herangezogen werden. Die Europäische Kommission rechnete für REPowerEU ursprünglich mit einem Bedarf von 210 Milliarden. Euro bis zum Jahr 2027 und insgesamt mit 300 Milliarden. bis 2030. Am meisten sollte in den Ausbau erneuerbarer Energien

---

[9] Zu den Sanktionen der EU gegenüber Russland vgl. Europäischer Rat, Rat der Europäischen Union: Zeitleiste – EU-Sanktionen gegen Russland, <www.consilium.europa.eu/de/policies/sanctions-against-russia/timeline-sanctions-against-russia/>.

[10] Ungarn und Slowakei protestieren gegen ukrainische Ölsanktionen. Zeit Online, 23.7.2024.

[11] EU-Kommission beruhigt Ungarn und Slowakei im *Lukoil*-Sanktionsstreit, in: Zdf heute, 1.8.2024, <www.zdf.de/nachrichten/politik/ausland/ukraine-russland-konflikt-blog-100.html>.

[12] Karsten Neuhoff, William Acworth und Anne Schopp: Marktstabilitätsreserve stärkt den europäischen Emissionshandel, DIW Wochenbericht Nr. 21 2015, S. 510–516, https://www.diw.de/de/diw_01.c.505052.de/publikationen/wochenberichte/2015_21_3/marktstabilitaetsreserve_staerkt_den_europaeischen_emissionshandel.html.

investiert werden, gefolgt von der Erhöhung der Energieeffizienz und weniger Einsatz von fossiler Energie in der Industrie (Abbildung 5). Zwei Jahre nach Implementierung von REPower legte die Kommission ein Zwischenfazit zu den 27 Mitgliedsländern vor.[13] Dem ist zu entnehmen, welche Finanzmittel in den im Rahmen von REPowerEU geänderten Resilienz- und Aufbauplänen für den Bereich Energie vorgesehen sind (Abbildung 6). Mittel aus anderen Quellen, wie dem Kohäsionsfonds, sind darin nicht enthalten. Daher entspricht die in Abbildung 6 dargestellte Gesamtsumme nicht dem ursprünglich veranschlagten Investitionsbedarf. Insgesamt addieren sich die Mittel länderübergreifend auf 184,5 Milliarden Euro. Es ist bemerkenswert, dass in den geänderten Plänen viel Geld in die Erhöhung der Energieeffizienz von Gebäuden fließt. Dann erst folgen der Ausbau von Erneuerbaren und der Netzausbau.

Abbildung 5: Geplanter Investitionsbedarf von REPowerEU, in Milliarden Euro

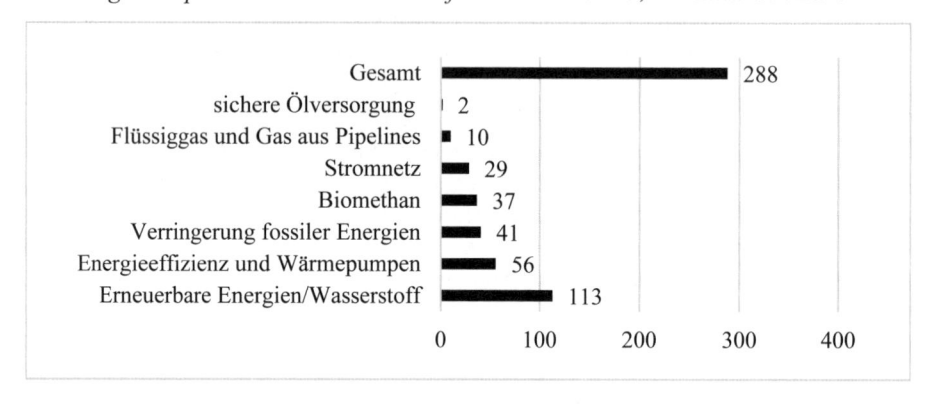

Kategorie	Milliarden Euro
Gesamt	288
sichere Ölversorgung	2
Flüssiggas und Gas aus Pipelines	10
Stromnetz	29
Biomethan	37
Verringerung fossiler Energien	41
Energieeffizienz und Wärmepumpen	56
Erneuerbare Energien/Wasserstoff	113

Quelle: Europäische Kommission, Eigene Darstellung

Abbildung 6: Energievorhaben in den geänderten Aufbau- und Resilienzplänen, in Milliarden Euro

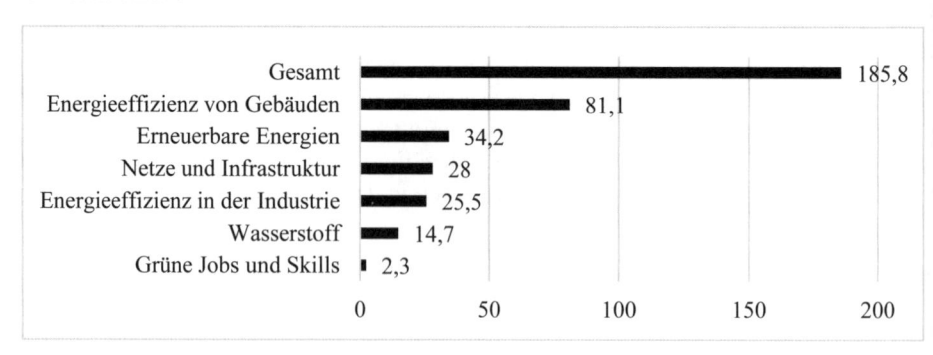

Kategorie	Milliarden Euro
Gesamt	185,8
Energieeffizienz von Gebäuden	81,1
Erneuerbare Energien	34,2
Netze und Infrastruktur	28
Energieeffizienz in der Industrie	25,5
Wasserstoff	14,7
Grüne Jobs und Skills	2,3

Quelle: Europäische Kommission

---

[13] Europäische Kommission: REPowerEU – 2 Years On, Brüssel, 2024, <https://energy.ec.europa.eu/topics/markets-and-consumers/actions-and-measures-energy-prices/repowereu-2-years_en>.

REPowerEU wird überwiegend durch eine Umschichtung oder Umwidmung von Mitteln finanziert.[14] Die zur Finanzierung von REPowerEU vorgesehene Versteigerung von CO_2-Zertifikaten aus der Marktstabilitätsreserve kann den unerwünschten Nebeneffekt haben, die Anreizwirkungen des Emissionshandels zu konterkarieren.[15] In den ersten Monaten 2024 sank beispielsweise bei einem erhöhten Angebot und einer verhaltenen Nachfrage der Auktionspreis, was dem Ziel der Dekarbonisierung entgegenwirkt.[16] Von den Mitteln der Aufbau- und Resilienzfazilität im Umfang von insgesamt 648 Milliarden Euro[17] waren im Frühjahr 2024 etwa ein Drittel ausgezahlt. Davon entfiel nur ein geringer Teil auf die Umsetzung von REPowerEU).[18] Nicht alle EU-Länder erhielten gleich viele Mittel. Beispielsweise bezogen Polen und Ungarn bis dato nur einen geringen Anteil der jeweils für sie vorgesehenen Mittel (Abbildung 7). Hintergrund sind Auseinandersetzungen mit der EU-Kommission in Bezug auf die Rechtsstaatlichkeit. In Ungarn beklagte die EU-Kommission in ihrem Rechtsstaatsbericht im Sommer 2024 erneut Verstöße.[19] Im polnischen Fall wurde das Verfahren nach dem Regierungswechsel 2023 und den daraufhin eingeleiteten Reformen eingestellt.[20] Polen erhält nun Mittel und kann damit auch Maßnahmen im Rahmen von REPowerEU umsetzen. Nach zwei Jahren der kurzfristigen Krisenintervention sollte es in Zukunft darum gehen, verstärkt langfristige, nachhaltige Ziele der Energiepolitik zu verfolgen.

---

[14] Zum Stand 1. März waren in den Mitgliedstaaten für REPowerEU rund 10,4 Mrd. Euro Vorfinanzierung ausgezahlt. Vgl. Deutscher Bundestag: Unterrichtung durch die Bundesregierung. Sechster Bericht der Bundesregierung zum Aufbauinstrument „Next Generation EU", Drucksache 20/1087f5, 21. 3. 2024, S. 16, https://dserver.bundestag.de/btd/20/108/2010875.pdf.
[15] Siehe hierzu Germanwatch: Energiepaket der EU überzeugt bei den meisten Zielen, aber großes Fragezeichen bei Finanzierung, Pressemitteilung, 18.5.2022, https://www.germanwatch.org/de/85406.
[16] Nathan Canas: CO2-Preis-Rückgang gefährdet EU-Ziele zur Dekarbonisierung, in: euractiv.com, übersetzt von Florian Schöneweiß und Ingred Bauer, 5.3.2024, https://www.euractiv.de/section/energie/news/co%E2%82%82-preis-rueckgang-gefaehrdet-eu-ziele-zur-dekarbonisierung/.
[17] Europäische Kommission: Die Aufbau- und Reslilienzfazilität, https://commission.europa.eu/business-economy-euro/economic-recovery/recovery-and-resilience-facility_de.
[18] Zum Stand 1. März waren nach Angaben des Deutschen Bundestags in den Mitgliedsstaaten für REPowerEU rund 10,4 Mrd. Euro Vorfinanzierung ausgezahlt; tabellarisch lassen sich davon indes nur 5,5 Mrd. den einzelnen Mitgliedsländern als REPower-Vorfinanzierung zuordnen. Vgl. Deutscher Bundestag: Unterrichtung durch die Bundesregierung [Fn. 24].
[19] EU-Rechtsstaatsbericht. Viele Verstöße in Ungarn, Sorge um Slowakei. Tagesschau, 24.7.2024, <www.tagesschau.de/ausland/europa/eu-rechtsstaatbericht-ungarn-100.html>.
[20] Europäische Kommission: EU-Kommission beendet Artikel-7-Verfahren gegen Polen, Pressemitteilung, 29.5.2024, <https://germany.representation.ec.europa.eu/news/eu-kommission-beendet-artikel-7-verfahren-gegen-polen-2024-05-29_de>.

Anteil der Auszahlung an vorgesehenen Mitteln aus der Aufbau- und Resilienzfazilität, in Prozent, Stand Frühjahr 2024

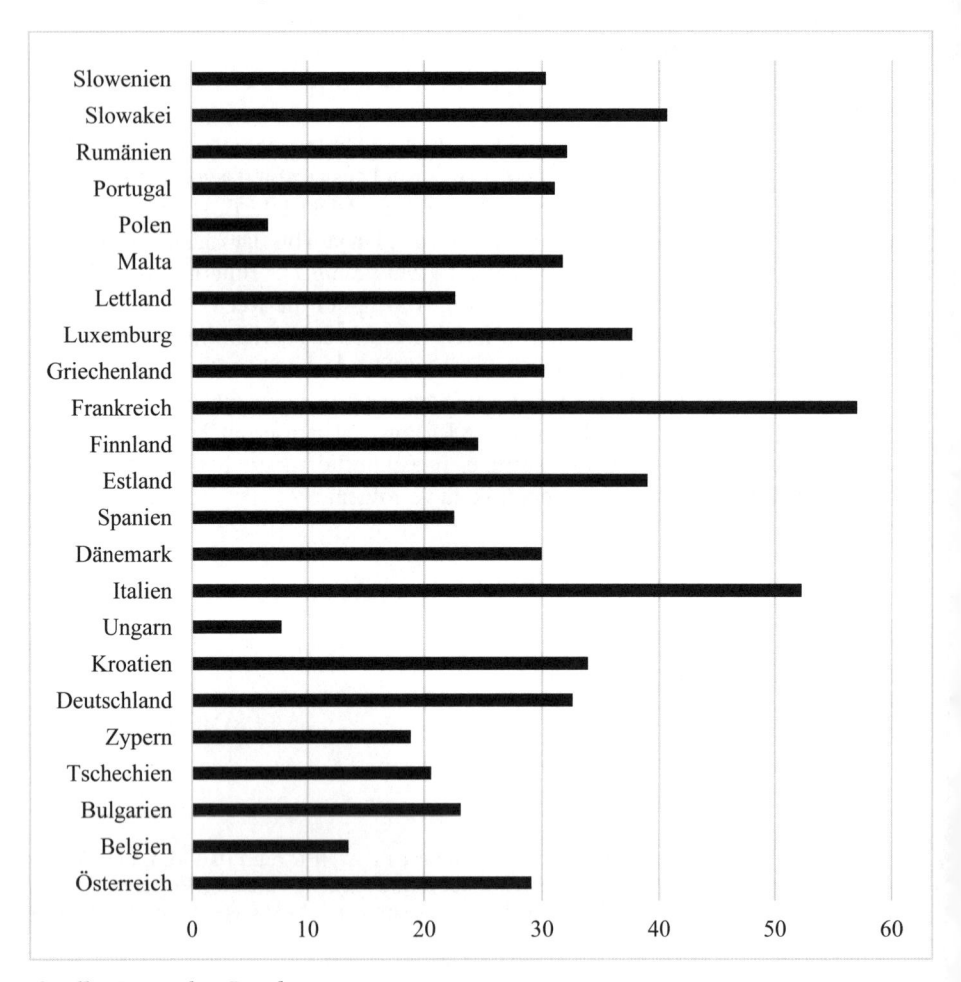

Quelle: Deutscher Bundestag

Langfristige Ziele

In ihrem Zwischenfazit[21] bewertete die EU-Kommission die kurzfristig realisierten Verbrauchsrückgänge beim Erdgas, die bislang erreichte Diversifizierung der Bezugsquellen sowie die inzwischen hohen Füllspeicherstände vor Winteranfang positiv. Nach der Krisenabwehr geht es nun um eine erste Einschätzung dazu, ob parallel die mittel- bis langfristigen Ziele angegangen wurden. Hierzu gehören die Erhöhung der Energieeffizienz, der beschleunigte Ausbau erneuerbarer Energien, die Weiterentwicklung der Wasserstoffwirtschaft sowie die Modernisierung und Verbesserung des europäischen

---

[21] Europäische Kommission: REPowerEU – 2 Years On [Fn. 13].

Gas- und Stromverbunds. Um den Fortschritt von REPowerEU in den Teilbereichen zu messen, hat das Center on Global Energy der Columbia Universität den REPowerEU-Tracker entwickelt.[22]

Bei der Bewertung des Fortschritts im Bereich Energieeffizienz ist zu berücksichtigen, dass die Vorgaben für den Energieverbrauch im September 2023 durch die veränderte Energieeffizienzrichtlinie[23] gelockert wurden. Statt bisher 13 Prozent müssen nun bis 2030 nur noch 11,7 Prozent im Vergleich zum EU-Referenzszenario von 2020 eingespart werden. Dies entspricht einer Obergrenze von 763 Millionen Tonnen Rohöläquivalent für den Endenergieverbrauch (statt 712 Millionen Tonnen) und von 993 Millionen Tonnen Rohöläquivalent für den Primärverbrauch. Dabei ist der Zielwert für den Endenergieverbrauch für alle Mitgliedsländer gemeinsam verbindlich; die Vorgabe für den Primärenergieverbrauch ist lediglich eine Orientierungsgröße.[24] Der jährliche Einsparzielwert für den Endenergieverbrauch wird schrittweise bis 2030 angehoben.[25] Laut REPowerEU-Tracker ist die EU mit einem Endenergieverbrauch von 879 Millionen Tonnen Rohöläquivalent im Jahr 2023 auf Kurs und bleibt bei linearer Fortschreibung nicht nur innerhalb des aktuell geltenden 11,7-Prozentziels, sondern erfüllt auch die ursprüngliche 13-Prozent-Marke (Abbildung 8).

Abbildung 8: Energieverbrauch in der EU nach REPower-Tracker

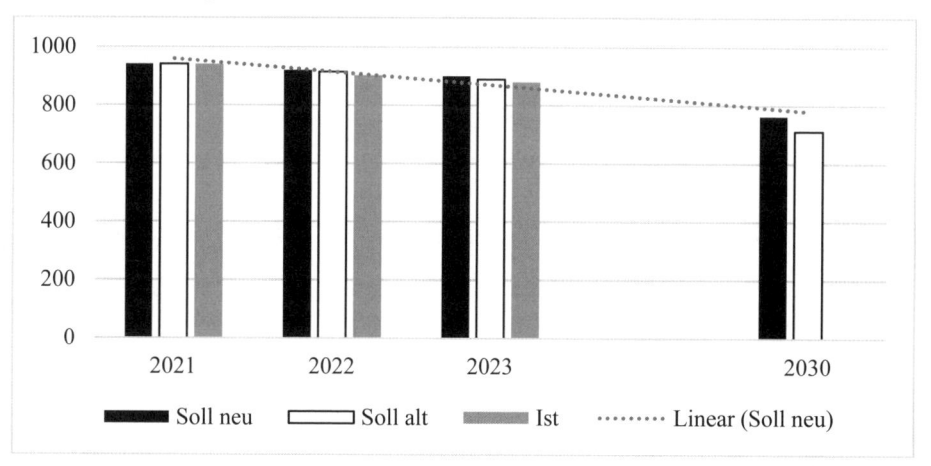

Quelle: REPowerEU-Tracker

---

[22] REPower EU Tracker, Center on Global Energy at Columbia, https://www.energypolicy.columbia.edu/publications/repowereu-tracker/.
[23] Europäische Kommission: Energy Efficieny Directive, https://energy.ec.europa.eu/topics/energy-efficiency/energy-efficiency-targets-directive-and-rules/energy-efficiency-directive_en. – Richtlinie (EU) 2023/1791 des Europäischen Parlaments und des Rates vom 13. September 2023 zur Energieeffizienz und zur Änderung der Verordnung (EU) 2023/955 (Neufassung), https://eur-lex.europa.eu/legal-content/DE/TXT/PDF/?uri=CELEX:32023L1791.
[24] Rat der Europäischen Union: Rat nimmt Energieeffizienz-Richtlinie an, Pressemitteilung, 25. 7. 2023, https://www.consilium.europa.eu/de/press/press-releases/2023/07/25/council-adopts-energy-efficiency-directive/.
[25] Die nationalen Einsparzielwerte werden anhand einer Formel berechnet, die Energieintensität, Pro-Kopf-BIP, Entwicklung erneuerbarer Energien und Energieeinsparpotenzial berücksichtigt.

Beim Ausbau erneuerbarer Energien ergibt sich hingegen ein gemischtes Bild: Während der Ausbau der Solarenergie die Zielvorgaben erreicht, liegt jener der Windenergie bereits in den ersten Jahren deutlich hinter den Vorgaben (Abbildungen 9 und 10). Das anvisierte Ziel von 500 Gigawatt im Jahr 2030 ist beim bisherigen Ausbaupfad nicht zu erreichen. Die EU-Kommission verabschiedete daher im Herbst 2023 den Europäischen Windkraft-Aktionsplan,[26] der zu einer Beschleunigung beim Ausbau der Windkraft führen soll. Der Plan umfasst unter anderem vereinfachte Genehmigungsverfahren, ein verbessertes Auktionsdesign, Maßnahmen zum (grenzüberschreitenden) Netzausbau sowie den erleichterten Zugang zu weiteren EU-Finanzmitteln, darunter aus dem EU-Investitionsfonds.[27]

Abbildung 9: Tatsächlicher Ausbau der Solarenergie (PV) und Ziel in der EU, in Gigawatt

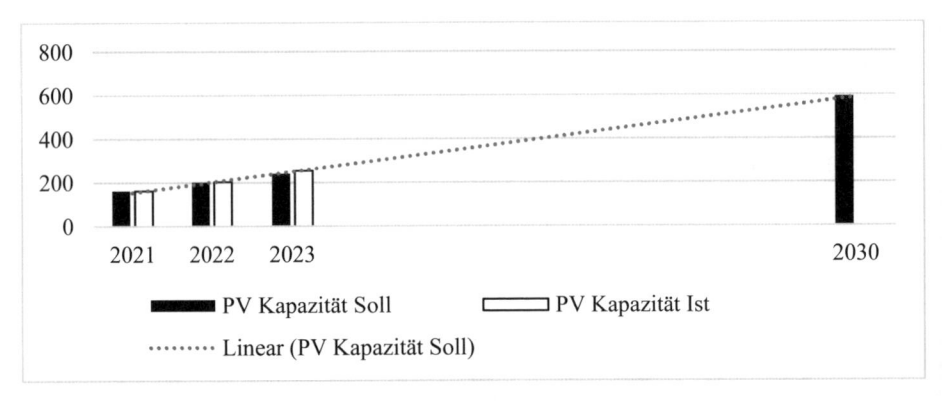

Quelle: REPowerEU-Tracker

Abbildung 10: Tatsächlicher Ausbau der Windenergie und Ziel in der EU, in Gigawatt

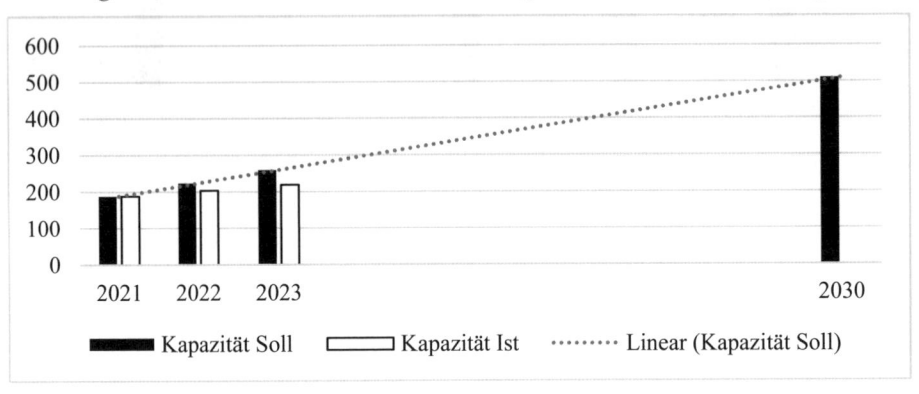

Quelle: REPowerEU-Tracker

---

[26] Europäische Kommission: Mitteilung der Kommission an das Europäische Parlament, den Rat, den Europäischen Wirtschafts- und Sozialausschuss und den Ausschuss der Regionen, Europäischer Windkraft-Aktionsplan, 24.10.2023, https://eur-lex.europa.eu/legal-content/DE/TXT/PDF/?uri=CELEX:52023DC0669.
[27] Ebd., S. 16f.

Als „bescheiden" bezeichnete der Europäische Rechnungshof die Erfolge bei grünem Wasserstoff, und zwar sowohl hinsichtlich der Binnenproduktion in der EU als auch der Importe.[28] Er kritisierte die Ziele als zu ehrgeizig und forderte die EU-Kommission auf, ihre Wasserstoffstrategie zu überdenken. Die Prüfer wiesen darauf hin, dass die EU-Fördermittel für den Bereich Wasserstoff – im Zeitraum 2021–2027 geschätzte 18,8 Milliarden Euro – über mehrere Programme (darunter auch REPowerEU) verstreut sind, sodass es für Antragsteller schwierig sei, das für sie geeignete Programm zu finden. In der Aufbau- und Resilienzfazilität (inklusive REPowerEU) sind für Wasserstoffprojekte etwa 13,6 Milliarden Euro eingeplant.

Abbildung 11: Aus der Aufbau- und Resilienzfazilität für Wasserstoffprojekte vorgesehene ursprüngliche und endgültige Mittel, in Milliarden Euro

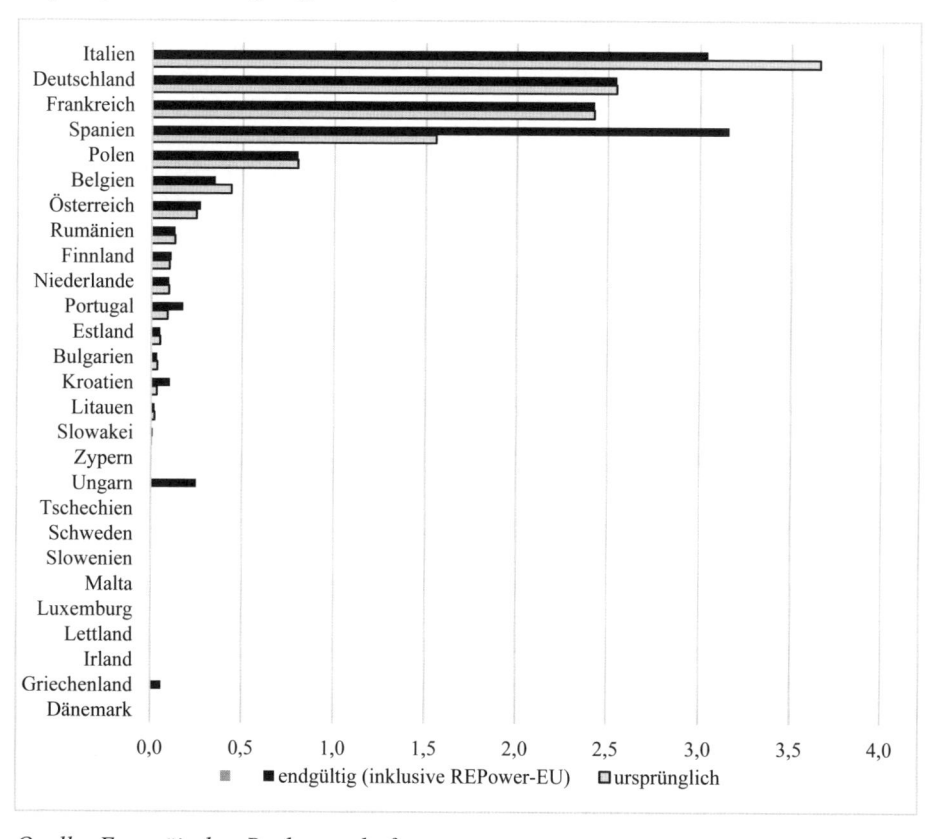

Quelle: Europäischer Rechnungshof

---

[28] Europäische Rechnungshof: Sonderbericht 11/2024: Die Industriepolitik der EU im Bereich erneuerbarer Wasserstoff – Rechtsrahmen weitgehend angenommen – Zeit für einen Realitätscheck, 17.7.2024, <www.eca.europa.eu/de/publications/SR-2024-11>. – Erneuerbarer Wasserstoff: EU-Prüfer fordern Realitätscheck, News, 17.7.2024, <www.eca.europa.eu/de/news/NEWS-SR-2024-11>. – Bericht des EU-Rechnungshofs. Bescheidene Erfolge bei grünem Wasserstoff. Tagesschau, 17.7.2024, <www.tagesschau.de/wirtschaft/energie/gruener-wasserstoff-europa-100.html>.

Der Großteil dieser Mittel entfällt auf EU-Mitgliedsländer mit einer großen und starken Industrie (Abbildung 11), was das Erreichen von CO_2-Neutralität erschwert. Zudem sei, stellt der Europäische Rechnungshof fest, der Transport von grünem Wasserstoff aus EU-Ländern mit hohem Produktionspotenzial in Länder mit hoher Nachfrage aus der Industrie nicht gesichert. Zahlreiche EU-Mitgliedsländer haben bis jetzt gar keine Mittel für Wasserstoff in ihre Aufbau- und Resilienzfazilität eingestellt.

Fazit

Zwei Jahre nach Einführung von REPowerEU fallen die Ergebnisse gemischt aus. Kurzfristig wurde eine Versorgungskrise in der EU abgewendet. Im Winter 2022/2023 haben viele Mitgliedsländer den Erdgasverbrauch reduziert, die (Erdgas-)Lieferungen aus Russland verringert oder ersetzt und die Füllstände ihrer Speicher erhöht. Nach dem Krisenmodus wurden aber die Weichen für einen beschleunigten Ausbau erneuerbarer Energien nicht gestellt. Der Fortschritt beim Kapazitätsausbau der Windenergie ist dürftig. Den Aufbau der Wasserstoffproduktion und -infrastruktur beurteilt der Europäische Rechnungshof als „bescheiden". Stattdessen sehen viele Mitgliedsländer in ihren Aufbau- und Resilienzplänen einen hohen Anteil an Finanzmitteln für den Gebäudesektor vor. Dies kann die Wärmewende vorantreiben. Lediglich der Ausbau der Solarenergie schreitet gut voran.

Die finanziellen Mittel für REPowerEU stammen vor allem aus Umschichtungen, zusätzliche Mittel stehen kaum bereit. Ein starker fiskalischer Impuls von REPowerEU ist daher in den meisten Mitgliedsländern nicht zu erwarten. Zum jetzigen Zeitpunkt müssen die vorgesehenen Mittel erst noch in konkrete Projekte umgesetzt werden. Bürokratische und institutionelle Hemmnisse erschweren dies. Der europäische Rechnungshof kritisiert im Bereich Wasserstoff beispielsweise die Komplexität, mit der Antragsteller konfrontiert sind, auch weil die Finanzmittel über eine Vielzahl von Töpfen verstreut sind. Auch im Bereich Windkraft sind die Genehmigungsverfahren langwierig. Die Kooperation zwischen den Mitgliedsländern bleibt auch beim Netzausbau verbesserungsbedürftig. Grenzübergreifende Netze sind zur Erhöhung der Versorgungssicherheit unerlässlich. Die gemeinsame Plattform zur Beschaffung von Energieimporten muss sich erst noch weiter bei den Mitgliedsländern etablieren. Es bleibt eine grundsätzliche Schwäche von REPowerEU, eher von nationalen Interessen auszugehen, als gemeinsames Handeln zu stärken.

Schlagwörter:
Energiesicherheit, Erdöl, Erdgas, Russland, Europäische Union, erneuerbare Energien

Namig Abbasov, Emil A. Souleimanov

Aufstieg eines Verbrechers
Ramzan Kadyrovs Gewaltherrschaft in Tschetschenien

Der Präsident der russländischen Teilrepublik Tschetschenien, Ramzan Kadyrov, gründet seine Herrschaft auf Angst und Schrecken. Er setzt Gewalt gezielt ein, um Gegner auszuschalten, Dissens zu ersticken und seine Herrschaft zu konsolidieren. Nach Ende des Zweiten Tschetschenienkrieges ging er als Sieger aus dem Machtkampf verschiedener militärischer Kampfverbände hervor. Seitdem lässt er Menschenrechtsaktivisten, Journalisten, die Zivilgesellschaft sowie die LGBTQ+-Community systematisch verfolgen. Ihm werden Menschenrechtsverletzungen wie Folter, Entführungen und außergerichtliche Tötungen vorgeworfen. Dabei macht er nicht an den Grenzen der autonomen Teilrepublik halt, sondern geht in ganz Russland und sogar im Ausland gegen Kritiker und Gegner vor. Seine Gewaltherrschaft wird vom Kreml toleriert und somit verschiebt er immer wieder die Grenzen autoritärer Herrschaftsausübung in der Russischen Föderation.

Ramzan Kadyrov, der seit 2007 amtierende Präsident der russländischen Teilrepublik Tschetschenien, ist ein Gewaltherrscher im umfassenden Sinn: Seit er seinem Vater, dem 2004 bei einem Anschlag ums Leben gekommenen ehemaligen Präsidenten Achmat Kadyrov, an der Spitze der Republik nachgefolgt ist, baut er seine Macht auf Gewalt und Unterdrückung auf. Brutalität dient ihm als Werkzeug, um seine politischen Ziele zu erreichen und seine Autorität im Inland wie Ausland zu behaupten. Kadyrovs Regime des „Fingerbrechens und Zungenausreißens"[1] ist in diesem Sinn ein klassischer Fall von repressivem Autoritarismus: ein System, in dem Gewalt, Einschüchterung und öffentliche Demütigung genutzt werden, um jede Opposition auszuschalten und die Zivilgesellschaft zu ersticken.[2] Ihm werden zahlreiche Menschenrechtsverletzungen vorgeworfen, unter

---

Namig Abbasov (1991), Ph.D., Digital Humanities Analyst an der Data Science and Analytics Unit an der Arizona State University
Emil Aslan Souleimanov (1978), Ph.D., Professor für Sicherheitsstudien an der Karls-Universität, Prag
Von Namig Abbasov und Emil Souleimanov ist in Osteuropa u.a. erschienen: Putin als Pyrrhos. Russland in Syrien und Libyen, in OE, 6/2020, S. 165–173.
Von Emil Souleimanov ist in Osteuropa u.a. erschienen: Unerwartete Allianzen. Karabach, Gaza und die Folgen, in: OE, 12/2023, S. 7–15. – Schrecken ohne Ende. Russland im Syrienkrieg, in: OE, 10–12/2018, S. 281–392. – Ein umkämpftes Dreieck. Russland, der Westen und der „Islamische Staat", in: OE, 11–12/2015, S. 23–32.

[1] Zitiert nach: Chechen Leader Threatens To „Break Fingers And Tear Out Tongues". Radio Free Europe/Radio Liberty, 13.6.2019.
[2] Jacqueline H. R. de Meritt: The strategic use of state repression and political violence, in: Oxford Research Encyclopedia of Politics, 2016. – C. Davenport: State repression and political order, in: Annual Review of Political Science, 10/2007, S. 1–23.

anderem die gezielte Verfolgung von Bürgerrechtlern, unabhängigen Journalisten, zivilgesellschaftlichen Organisationen und Angehörigen der LGBTQ+-Community. Elena Milašina, Investigativjournalistin bei der *Novaja Gazeta*, beschreibt den tschetschenischen Präsidenten als Politiker, der „keine Grenzen kenne".[3] Ein einschlägiger Bericht der OSZE liest sich wie eine Fallstudie über die Institutionalisierung politischer Gewalt.[4] Die Opfer dieser Gewalt lassen sich grob in fünf verschiedenen Gruppen einteilen: Bewaffnete Gruppierungen, die mit Kadyrov um die Macht konkurrieren; Angehörige von angeblichen Rebellen oder deren Sympathisanten; Exiltschetschenen; Menschenrechtler sowie kritische Journalisten und Politiker in Russland, und schließlich queere Personen. Je nachdem, wer jeweils betroffen ist und welches politische Ziel sie verfolgt, variieren die Formen der Gewaltanwendung und Techniken ihrer Umsetzung *(Tabelle 1)*.

Machtkampf

Als erstes ging Kadyrov mit brutaler Gewalt gegen jene bewaffneten Gruppierungen vor, die nach dem Tod seines Vaters in der Lage und willens schienen, seine Macht infrage zu stellen. Diese ursprünglich von Moskau unterstützten Verbände, die ein Gegengewicht zur Kadyrov-Familie schaffen sollten, schmälerten seine Autorität erheblich: Auch nachdem Ramzan Kadyrov zahlreiche staatliche Ämter und Polizeiposten mit eigenen Leuten besetzt hatte, waren weiterhin antiseparatistische bewaffnete Gruppen in Tschetschenien aktiv, die er nicht kontrollierte. Um seine Macht zu konsolidieren, musste er diese Gruppen neutralisieren. Allen voran galt dies für die *Bajsarovcy*, offiziell unter dem Namen *Gorec* bekannt. Movladi Bajsarov, der Anführer der Gruppe, war der erste prominente Gegner Ramzan Kadyrovs, der dessen wachsende Macht nicht akzeptierte und ihn direkt und öffentlich herausforderte. Da die Gruppe Ölvorkommen in Bajsarovs Heimatdorf Pobedinskoe kontrollierte, war ihr Widerstand nicht nur militärisch, sondern auch wirtschaftlich von Bedeutung.[5]
Bereits in seiner Funktion als Regierungschef, noch ehe er seinem Vater im Präsidentenamt nachgefolgt war, setzte Ramzan Kadyrov alles daran, Bajsarov und seine Leute zu aus dem Weg zu schaffen. Im November 2006 löste er *Gorec* auf und verteilte die Mitglieder der Gruppe auf mehrere Einheiten unter seinem Oberkommando. Bajsarov versuchte, beim FSB zu bewirken, dass die Einheit dem russländischen Innenministerium unterstellt blieb, aber Kadyrov setzte sich im Kreml durch. Der Umstand, dass Bajsarov in Moskau nicht von der föderalen russländischen Polizei festgenommen wurde, sondern von einer tschetschenischen Einheit der *Kadyrovcy*, ist ein Hinweis auf Machtzuwachs des Präsidentensohns.

---

[3] Zitiert nach: Neil MacFarquhar: Menacing Video Posted by Chechen Leader Alarms Critics of Putin in Russia. The New York Times, 1.2.2016.
[4] Wolfgang Benedek: OSCE Rapporteur's Report under the Moscow Mechanism on alleged Human Rights Violations and Impunity in the Chechen Republic of the Russian Federation. OSCE, 21.12.2018, <https://osce.org/odihr/407402?download=true>.
[5] Očered' „Gorca". V Moskve zastrelen glavnyj protivnik Ramzana Kadyrova, in: Vremja novostej, 20.11.2006.

Tabelle 1: Die Opfergruppen Kadyrov'scher Gewalt

Betroffene	Art der Gewalt	Umsetzung	Ziele
Bewaffnete Gruppen	- Mordanschläge - Erzwungene Auflösung - Einschüchterung, Festnahmen	- Einsätze der Präsidentenmiliz (Kadyrovcy) - Politischer Druck	- Militärische Bedrohungen ausschalten - Bewaffnete Kräfte kontrollieren
Familien von Aufständischen	- Brandstiftung - Entführungen - Öffentliche Drohungen	- Verdeckte Operationen - Öffentliche Schuldzuschreibungen	- Aufstände verhindern - „Kosten" von Illoyalität deutlich machen - Lokale Gemeinschaften einschüchtern
Exil-Tschetschenen, Diaspora	- Mordanschläge - Einschüchterung - Überwachung	- Einsatz von Killerkommandos - Zusammenarbeit mit Agenten im Ausland - Nutzung von Diaspora-Netzwerken	- Politischen Dissens im Ausland ersticken - Loyalität erzwingen - Reichweite/ Macht demonstrieren
Journalisten, Aktivisten etc.	- Körperverletzung - Juristische Schikanen - Öffentliche Demütigung - Druck über soziale Medien	- Schauprozesse - Inszenierte öffentliche Selbstkritik - Drohungen und Kampagnen im Internet	- Kritische Berichterstattung unterbinden - Politischen Aktivismus bekämpfen
Queere Personen	- Verschleppung - Folter - Entführungen - Außergerichtliche Hinrichtungen	- Geheime Gefängnisse - Öffentliche Verleugnung - Propaganda gegen „kulturelle Bedrohung"	- Minderheiten marginalisieren - An konservative Werte appellieren - Westlichem Liberalismus die Stirn bieten

Quelle: OSZE

Obwohl ihm schon seit 2004 vorgeworfen wurde, in Mordfälle verwickelt gewesen zu sein,[6] begann die Strafverfolgung erst, nachdem er offen Position gegen Kadyrov bezogen hatte. Der Mord an Bajsarov gehört zu den ersten Tötungen der *Kadyrovcy* außerhalb Tschetscheniens.[7]

Eine weitere bewaffnete Gruppierung, gegen die Kadyrov vorging, waren die moskautreuen *Kakievcy*, das Bataillon *Zapad*, das dem russländischen Militärnachrichtendienst GRU unterstellt war. Im Zweiten Tschetschenienkrieg kämpfte es unter der Führung von Said-Magomed Kakiev in den westlichen tschetschenischen Bergen gegen Aufständische. Auch nachdem der Krieg de facto beendet war und Kadyrov Tschetschenien bereits unter seine Kontrolle gebracht hatte, wollte sich die Gruppierung nicht mit dem Aufstieg eines ehemaligen Untergrundkämpfers und Sohns eines islamischen Führers abfinden. Bei einem ersten Zusammenstoß zwischen *Kakievcy* und *Kadyrovcy* im Juni 2007 gab es Verluste auf beiden Seiten;[8] Kakiev verlor darauf seinen Posten als Kommandeur des Bataillons *Zapad*. Die Auseinandersetzungen gingen unter seinem Nachfolger Bislan Elimchanov jedoch weiter.[9] Elimchanov überlebte mehrere Mordanschläge, erst 2008 wurde sein Verband schließlich aufgelöst und in die *Kadyrovcy* integriert.[10]

Den härtesten Kampf lieferte Kadyrov sich wohl mit dem Pendant der *Kakievcy*, dem ehemaligen Bataillon *Vostok,* auch bekannt als *Jamadaevcy*. Drei der Jamadaev-Brüder, die während des Zweiten Tschetschenienkriegs im östlichen Teil der tschetschenischen Berge auf russischer Seite kämpften, wurden als „Helden Russlands" ausgezeichnet und gehörten zu den bedeutendsten Konkurrenten Kadyrovs.[11]

Erste Schritte gegen sie unternahm Kadyrov bereits im Dezember 2005, als er die Führung des tschetschenischen Ablegers der Partei *Einiges Russland* übernahm. Es folgten diverse gewaltsame Zusammenstöße; der entscheidende am 14. April 2008 in Gudermes.[12] Das tschetschenische Parlament reagierte darauf mit einer Sondersitzung, bei der es Russlands Verteidigungsministerium aufrief, die Kommandeure des *Vostok*-Bataillons zu entlassen und die Truppe aufzulösen.[13] Sulim Jamadaev wurde aus dem Bataillon entlassen, sein ältester Brüder Ruslan, der Mitglied der Staatsduma war, wurde im September 2008 ermordet;[14] im Oktober 2008 wurde das Bataillon schließlich aufgelöst und ebenfalls

---

[6] Movladi Baisarov Killed in Moscow, The North Caucasus Weekly, Jamestown Foundation, 11/2006.
[7] Tomáš Šmíd, Miroslav Mareš: „Kadyrovtsy": Russia's counterinsurgency strategy and the wars of paramilitary clans, in: Journal of Strategic Studies, 5/2015, S. 650–677, hier S. 663.
[8] Ebd., S. 662.
[9] Ebd., S. 668.
[10] Jean-François Ratelle, Emil Aslan Souleimanov: A perfect counterinsurgency? Making sense of Moscow's policy of Chechenisation. Europe-Asia Studies, 8/2016, S. 1287–1314, hier S. 1308.
[11] Brian Glyn Williams: Fighting with a Double-Edged Sword: Proxy Militias in Iraq, Afghanistan, Bosnia, and Chechnya. Michael A. Innes (Hg.): Making Sense of Proxy Wars: States, Surrogates & the Use of Force. Washington D.C. 2012, S. 61–88, hier S. 85–86.
[12] Emil Aslan Souleimanov, Namig Abbasov, David S. Siroky: Frankenstein in Grozny: vertical and horizontal cracks in the foundation of Kadyrov's rule, in: Asia Europe Journal, 1/2019, S. 87–103, hier S. 99.
[13] Zum weiteren Verlauf der Konfrontation siehe Šmíd, Mareš, „Kadyrovtsy" [Fn. 10], S. 662.
[14] Luke Harding: Bitter rival of Chechnya's leader is shot dead in Russian capital. The Guardian, 25.9.2008.

in die *Kadyrovcy* eingegliedert.[15] Auf Sulim Jamadaev wurde im März 2009 in Dubai ein Anschlag verübt; er erlag später seinen Verletzungen.
Damit hatte Ramzan Kadyrov alle bewaffneten Gruppen, die mit ihm um die Macht in Tschetschenien konkurrierten, erfolgreich ausgeschaltet. Eine entscheidende Rolle spielten dabei die *Kadyrovcy*, die persönliche Miliz des Präsidenten. Gegründet als Spezialeinheit, die Loyalität erzwingen und Widerstand eliminieren sollte, wurde sie sukzessive Russlands Nationalgarde unterstellt, die Putin 2016 ins Leben rief.[16] Dies sollte zur Professionalisierung der Einheit beitragen und sie in die Strukturen der föderalen Streitkräfte integrieren. Jüngeren Berichten zufolge steht sie jedoch weiterhin unter Kadyrovs direkter Kontrolle; auch innerhalb der *Rosgvardija* hat sie sich ihre spezifische Identität und einen gewissen Grad von Autonomie bewahrt.[17]
Im Krieg Russlands gegen die Ukraine wurden die *Kadyrovcy* neben regulären russländischen Truppen eingesetzt, um die Disziplin der Mannschaften an der Front zu überwachen und Entfernung von der Truppe zu verhindern. Ihnen werden Zwangsmaßnahmen einschließlich körperlicher Züchtigung gegen russländische Soldaten[18] ebenso wie Menschenrechtsverletzungen gegen ukrainische Zivilbürger vorgeworfen. Zu ihrem bereits in Tschetschenien erprobten Repertoire gehören Einschüchterung, Plünderung und außergerichtliche Hinrichtungen – internationale Beobachter und Menschenrechtsorganisationen haben wiederholt ihre Sorge geäußert.[19] Trotz des furchteinflößenden Rufs der *Kadyrovcy* bestehen an ihrer Effizienz in Gefechtssituationen jedoch gewisse Zweifel. Möglicherweise werden sie eher als psychologisches Druckmittel und Propagandainstrument eingesetzt, um Gegner einzuschüchtern und die eigene Loyalität gegenüber dem Kreml unter Beweis zu stellen, als um signifikante Gewinne auf dem Schlachtfeld zu erzielen.[20]

Sippenhaft

2016 drohte der tschetschenische Präsident sämtlichen Rebellen, „ihre Väter und Brüder" sowie „all ihre Haustiere" zu töten.[21] Tatsächlich geht Kadyrov jedoch schon wesentlich länger mit brutaler Gewalt gegen die Familien all jener vor, in denen er Aufständische oder politische Gegner sieht: Entführungen, Brandstiftung und öffentliche Bloßstellung gehören zu den gängigen Methoden, um Furcht und Schrecken zu verbreiten und Dissens

---

[15] Williams, Fighting [Fn. 14], S. 86. – Ratelle, Souleimanov, A perfect counterinsurgency? [Fn. 13].
[16] Why Kadyrov's Personal Militia Will Not Fill Russia's Wagner-Shaped Void, The Moscow Times, 22.8.2023. – Zur Nationalgarde: Margarete Klein: Russlands neue Nationalgarde. Stärkung der Machtvertikale des Putin-Regimes, in: OE, 5/2016, S. 19–32.
[17] Chechnya's Boss and Putin's Foot Soldier: How Ramzan Kadyrov Became Such a Feared Figure in Russia. The Conversation, 18.10.2023.
[18] W.A. Jones: The Chechen Kadyrovtsy's Coercive Violence in Ukraine, in: The US Army War College Quarterly: Parameters, 3/2023, S. 117–132.
[19] The Real Role of Pro-Russian Chechens in Ukraine. Al Jazeera, 18.8.2022.
[20] The Kadyrovtsy: Putin's Force Multiplier or Propaganda Tool?, New Lines Institute, Oktober 2022, <https://newlinesinstitute.org/state-resilience-fragility/the-kadyrovtsy-putins-force-multiplier-or-propaganda-tool>.
[21] Joshua Yaffa: Putin's Dragon. Is the ruler of Chechnya out of control?. The New Yorker, 31.1.2016.

im Keim zu ersticken. Menschenrechtsorganisationen haben diese Form der gewaltsamen Machtkonsolidierung dokumentiert;[22] gelegentlich kommen auch Augenzeugenberichte an die Öffentlichkeit. So hat ein ehemaliger tschetschenischer Kommandeur aus dem inneren Machtzirkel um den Präsidenten ausgesagt, Kadyrov und seine Untergebenen hätten sich persönlich an Tötungen illegal festgenommener Personen beteiligt.[23]

Eine besonders beliebte Taktik gegen mutmaßliche Aufständische besteht darin, die Häuser ihrer Eltern und Verwandten niederzubrennen. Eine erste Welle solcher Brandstiftungen wurde zwischen Juni 2008 und Juni 2009 registriert: Human Rights Watch meldete in diesem Zeitraum 27 Fälle in verschiedenen Landesteilen.[24] Ein Betroffener berichtet, seine Neffen hätten im Verdacht gestanden, sich einer Rebellengruppe angeschlossen zu haben; der Anführer der bewaffneten Männer, die sein Haus abgebrannt hätten, habe erklärt, die Entscheidung komme „von oben".[25]

Eine zweite Verfolgungswelle gegen Angehörige von Gegnern des Kadyrov-Regimes begann nach einem Anschlag bewaffneter Islamisten in Groznyj am 4. Dezember 2014, bei dem vierzehn Polizisten und ein Zivilist getötet worden waren.[26] Kadyrov verkündete, die Häuser der Familien der Täter würden zerstört werden: „Die Zeiten, in denen Eltern nicht für die Taten ihrer Söhne und Töchter einstehen mussten, sind vorbei", fügte er hinzu.[27] Mehr als ein Dutzend Häuser, die angeblich den betreffenden Familien gehörten, wurden daraufhin dem Erdboden gleichgemacht. Augenzeugenberichten zufolge wurden die Bewohner nachts mit ihren Kindern ins Freie getrieben und die Häuser in Brand gesetzt.[28] Der Anwalt Sergej Babinec, der für das *Komitee gegen Folter* (Komanda protiv pytok) Menschenrechtsverletzungen in Tschetschenien dokumentiert, erklärt, es spiele keine Rolle, ob die betroffenen Familien gegen irgendwelche Gesetze verstoßen hätten, Häuser würden schon aufgrund des bloßen Verdachts einer Verbindung zu einem mutmaßlichen Aufständischen in Schutt und Asche gelegt. Angesichts des Ausmaßes dieser Vorfälle gehen Experten davon aus, dass das Vorgehen direkt mit der tschetschenischen Staatsführung abgestimmt ist.[29]

Im Dezember 2021 berichteten tschetschenische Blogger im Exil erstmals über konzertierte Entführungen von Angehörigen tschetschenischer Regimegegner im Ausland.[30] Kritiker sollten auf diese Weise unter Druck gesetzt werden, ihre Aktivitäten einzustellen oder nach Tschetschenien zurückzukehren. Gleich mehrfach betroffen war etwa die

---

[22] „What Your Children Do Will Touch Upon You". Punitive House-Burning in Chechnya. Human Rights Watch, 2.7.2009, <https://hrw.org/report/2009/07/02/what-your-children-do-will-touch-upon-you/punitive-house-burning-chechnya>.

[23] In einem Fall sollen Kadyrov und Adam Delimchanov, der später Abgeordneter in der Staatsduma wurde, einen Mann mit einem Schaufelstiel geschlagen haben, der später hingerichtet wurde; Kadyrov selbst verabreiche Gefangenen gern persönlich Elektroschocks oder schieße auf ihre Füße, siehe: Slain Exile Detailed Cruelty of the Ruler of Chechnya. The New York Times, 31.1.2009.

[24] Dreizehn dieser Fälle sind in dem einschlägigen Bericht der Organisation dokumentiert: „What Your Children Do . . ." [Fn. 25].

[25] Ebd.

[26] At least 19 people dead as Islamists clash with police in Chechnya. The Telegraph, 4.12.2014.

[27] Zitiert nach: Chechen leader targets families as insurgents swear loyalty to leader of Islamic State. The Telegraph, 17.1.2015.

[28] Ebd.

[29] Ebd.

[30] Dozens of relatives of government critics reportedly kidnapped in Chechnya. OC Media. 28.12.2021.

Familie Jangulbaev, die für ihre offene Kritik an Kadyrov bekannt ist. So wurde im Januar 2022 Zarema Musaeva, die Ehefrau eines pensionierten Richters und Mutter des Menschenrechtlers Abubakar Jangulbaev, aus ihrem Haus in Nižnij Novgorod entführt und nach Tschetschenien verschleppt. Im Februar 2022 bezichtigte Kadyrov die Jangulbaev-Familie des Terrorismus' und forderte öffentlich ihre „Auslöschung".[31] 2023 verurteilte ein Gericht in Tschetschenien Musaeva aus offensichtlich politischen Gründen zu fünfeinhalb Jahren Haft. Ihr Gesundheitszustand hat sich seither deutlich verschlechtert; ihre Behandlung und die generellen Zustände in tschetschenischen Gefängnissen geben Anlass zu ernster Besorgnis.[32]

In jüngster Zeit hat Kadyrov mehrfach Blutrache und kollektive Bestrafung für die Familien mutmaßlicher Terroristen gefordert. Nach einer Serie von Anschlägen auf christliche und jüdische Gotteshäuser sowie eine Polizeistation in Dagestan im Juni 2024 verlangte Kadyrov, die Sicherheitskräfte sollten die Familien der Schuldigen töten. Auch wenn derlei Äußerungen in traditionellen tschetschenischen Gerechtigkeitsvorstellungen verankert sind, deuten sie doch auf eine alarmierende Verschärfung staatlicher Gewaltanwendung in der Teilrepublik hin.[33] Im Oktober 2024 hat Kadyrov eine persönliche Blutfehde gegen dagestanische Politiker verkündet, die ihm angeblich nach dem Leben trachteten.[34] Derlei Botschaften vertiefen die regionalen Spannungen und machen deutlich, in welchem Maß Kadyrovs Macht auf Gewalt basiert.

Auftragsmorde im Ausland

Kadyrovs Repressionen machen nicht an Russlands Grenzen halt. Das Repertoire seiner länderübergreifend eingesetzten Methoden reicht von Einschüchterungskampagnen bis zu gezielten Tötungen. Zielscheiben solcher Repressionen sind insbesondere ehemalige tschetschenische Rebellen und Regimegegner, die aus Russland geflohen sind. Artur Denisultanov-Kurmakaev, ein in Österreich gefasster Agent Kadyrovs, der dort ehemalige Rebellen töten sollte, sprach im Verhör von einer „Liste im Präsidentenpalast in Gudermes", auf der die Namen von etwa 5000 Tschetschenen stünden.[35] Dreihundert davon habe Kadyrov selbst als seine Feinde bezeichnet, die deshalb dem Tod geweiht seien. Diese Personen dürften nicht nur nicht mehr nach Tschetschenien einreisen, es existiere auch eine eigene, direkt Kadyrov unterstellte Abteilung der Sicherheitskräfte, die mit ihrer Tötung beauftragt sei.[36]

Bei einer Reihe von Anschlägen außerhalb Russlands soll der tschetschenische Präsident persönlich seine Finger im Spiel gehabt haben, so etwa im bereits erwähnten Fall von Sulim Jamadaev, der 2009 in Dubai getötet wurde. Die Polizei in Dubai ging davon aus,

---

[31] Russia: Kadyrov Threatens Yangulbaev Family. Radio Free Europe, Radio Liberty, Januar 2022.
[32] Jailed Chechen Political Prisoner Zarema Musayeva Hospitalized. Radio Free Europe, Radio Liberty, 22.10.2024.
[33] Kadyrov Urges Killing Relatives of Gunmen Behind Dagestan Attacks. The Moscow Times, 26.6.2024.
[34] Kadyrov Declares Blood Feud Against Russian Lawmakers in First Remarks on Wildberries Shootout. The Moscow Times, 10.10.2024.
[35] Suspect is held in slaying of Chechen exile. The York Times, 15.1.2009.
[36] A Written Summary by Artur Kurmakaev-Denisultanov. The New York Times, 10.06.2008.

dass der Mord an Jamadaev „von Adam S. Delimchanov geplant wurde, einem Mitglied der russländischen Staatsduma und bekannten Verbündeten des tschetschenischen Präsidenten".[37] Die Tatwaffe, so die Polizei weiter, sehe aus wie die Waffen, die Delimchanovs Leibwächter benutzten. Russland trage vor der ganzen Welt die Verantwortung dafür, „diese tschetschenischen Mörder zu kontrollieren".[38]

Ein weiterer Fall, in den Kadyrov verwickelt gewesen sein soll, war der Mord an Umar Israilov, einem ehemaligen Rebellen, 2009 in Wien. Nach seiner Beteiligung am Zweiten Tschetschenienkrieg, war er nach eigener Aussage zum Dienst in Ramzan Kadyrovs Leibgarde gezwungen worden, später war er nach Polen geflohen und hatte letztlich Asyl in Österreich beantragt. Dort begann er, Kadyrov offen für Menschenrechtsverletzungen in Tschetschenien zu kritisieren, und klagte beim Europäischen Gerichtshof für Menschenrechte gegen ihn.[39] Er war ein wichtiger Kronzeuge für Menschenrechtsverletzungen durch Kadyrov und seine Untergebenen.[40] In Wien war er nach eigenen Angaben von dem oben erwähnten Kadyrov-Agenten Artur Denisultanov-Kurmakaev bedroht worden. Denisultanov-Kurmakaev selbst gab an, Teil seines Auftrags sei gewesen, Israilov zur Rückkehr nach Tschetschenien zu bewegen und ihn andernfalls zu töten – ein Auftrag, den er nicht habe ausführen wollen, „um keine Gesetze zu brechen".[41] Zwei Monate später wurde Israilov auf der Straße erschossen.[42]

Obwohl Denisultanov-Kurmakaev vor den österreichischen Behörden ausgesagt hatte, er könne keinen „gesetzeswidrigen" Tötungsauftrag ausführen, versuchte er 2017 in der Ukraine ein tschetschenisches Ehepaar zu töten. Amina Okueva und Adam Osmaev, beide ethnische Tschetschenen, gehörten dem Bataillon *Džochar Dudaev* an, einer tschetschenischen Freiwilligeneinheit, die in der Ostukraine gegen die von Russland unterstützten Separatisten kämpfte. Okueva war Heckenschützin und ihr Mann seit 2015 Kommandeur der Einheit. Denisultanov-Kurmakaev stellte sich dem Paar als Alex Werner, Reporter der französischen Zeitung *Le Monde* vor und bat um ein Interview, um eine ausführliche Reportage über ihre Rolle im Krieg in der Ostukraine zu schreiben. Er traf das Ehepaar mehrmals zum Interview, bis er sie am 1. Juni 2017 aufforderte, ihn zur französischen Botschaft in Kiew zu begleiten, wo er ihnen ein Geschenk vom Chefredakteur der Zeitung überreichen wolle. Okueva schilderte später, dass der Fake-Journalist sie gebeten habe, sich für ein weiteres Interview auf die Rückbank des Autos zu setzen. Als sie hinten Platz genommen hatte, zog er plötzlich eine Pistole aus einer roten Box und schoss Osmaev in die Brust. Darauf zog Okueva selbst eine Waffe und schoss auf den tschetschenischen Schützen.[43] Beide Männer überlebten die Attacke und wurden in einem Kiewer Krankenhaus behandelt. Okueva wurde allerdings später bei einer Autofahrt erschossen.[44]

---

[37] Ellen Barry: Dubai Police Link Murder of Chechen to Russian. The New York Times, 5.4.2009.
[38] Ebd.
[39] Investigation Links Critic's Death to Top Chechens. The New York Times, 25.4.2010.
[40] Slain Exile [Fn. 26].
[41] Zitiert nach Andrew E. Kramer: Masquerading as Reporter, Assassin Hunted Putin Foes in Ukraine. The New York Times, 9.6.2017.
[42] Drei Jahre später wurden drei aus Tschetschenien stammende Männer für den Mord an Israilov verurteilt, siehe: Fall Israilov: Oberlandesgericht bestätigt Strafen. Die Presse, 17.4.2012.
[43] Ebd.
[44] Berlin Murder Raises Suspicions of Russian Involvement. The New York Times, 27.8.2019.

Einer der meistbeachteten Fälle ereignete sich 2019, als der ehemalige tschetschenische Kommandeur Selimchan Changoschwili am hellichten Tag in Berlin erschossen wurde. Changoschwili hatte im Zweiten Tschetschenienkrieg gegen Russland gekämpft. Nachdem er 2015 einen Mordanschlag in der georgischen Hauptstadt Tbilisi überlebt hatte, hatte er in Deutschland Asyl beantragt. Auf dem Rückweg vom Freitagsgebet wurde er auf der Straße erschossen. Wieder „waren alle Augen auf Moskau (und Groznyj) gerichtet".[45] Eine gemeinsame Recherche verschiedener Medien, u.a. des *Spiegel*, des Investigativportals *Bellingcat* sowie des russischen *Insider*, enthüllte die Identität des Täters, Vadim Krasikov, der mit falschem Pass nach Deutschland eingereist war. Die Recherche sah den Mordfall durch den russländischen Geheimdienst koordiniert und schrieb auch Kadyrov eine zentrale Rolle zu.[46] Auch die deutsche Justiz sah eine staatliche russländische Verwicklung in den Fall als erwiesen an und sprach von „Staatsterror".[47] Vadim Krasikov wurde in Berlin wegen Mordes verurteilt, kam aber im August 2024 im Rahmen des großen Gefangenenaustauschs zwischen Russland und dem Westen frei.[48]

Im Juli 2020 wurde Mamichan Umarov, ein tschetschenischer Blogger und Kritiker Kadyrovs, in Wien getötet. Auch diese Tat ist Teil einer größeren Tötungskampagne gegen Exiltschetschenen, meist unter mutmaßlicher Beteiligung der russischen Geheimdienste.[49]

Töten für den Kreml

Kadyrovs Gewalt gilt aber auch russischen Politikern, Journalisten und Bürgerrechtlern, die seine Herrschaft kritisieren oder seine Verbrechen öffentlich anprangern. Gegen sie geht er mit Drohungen, Schmutzkampagnen und roher Gewalt vor – stets mit dem Ziel, Kritiker zum Schweigen zu bringen und Angst zu verbreiten. Davon sind vor allem russländische Oppositionspolitiker und Gegner Putins betroffen. Sie wurden vom tschetschenischen Präsidenten als „Volksfeinde" und „Schakale"[50] oder als reif für die Psychiatrie bezeichnet.[51] Kadyrov beließ es allerdings nicht bei verbalen Attacken, sondern war mutmaßlich auch in die Ermordung bekannter Politiker involviert.[52]

Der bekannteste Fall ist der Mord am Oppositionspolitiker Boris Nemcov. Zwar leugnete Kadyrov jegliche Beteiligung an dessen Erschießung, bezeichnete Nemcovs Mörder allerdings als „wahrhaftigen russischen Patrioten". Für Il'ja Jašin, einen engen Freund Nemcovs, bestand nicht nur „kein Zweifel daran, dass Kadyrov hinter dem Mord an

---

[45] Mike Eckel: Former Chechen Commander Gunned Down In Berlin; Eyes Turn To Moscow (And Grozny). Radio Free Europe, Radio Liberty, 29.8.2019.
[46] Berlin Hit Job Could Blight German-Russian Relations, Politico, 30.8.2019.
[47] The Tiergarten Murder: German Court Finds Russia Committed an Act of State Terrorism, in: German Practice in International Law, 17.9.2024. Zum Tiergartenmord: Markus Wehner: Der Tiergartenmord. Russländischer Staatsterrorismus in Deutschland, in: OE, 11/2022, S. 79–89.
[48] Who is Vadim Krasikov, Russian hitman freed from German jail in prisoner swap? Reuters, 1.8.2024.
[49] Chechen Refugee Killed in Vienna amid String of Violence. The New Arab, 7.7.2020.
[50] Putin's Chechen Enforcer. The Economist, 4.2.2016.
[51] Menacing Video Posted by Chechen Leader Alarms Critics of Putin in Russia. The New York Times, 1.2.2016.
[52] Emil Aslan Souleimanov, Namig Abbasov, David S. Siroky: Frankenstein in Grozny [Fn. 15], S. 87–103.

Nemcov steckt", er machte ihn auch für weitere Morde an politischen Gegnern des Kreml verantwortlich.[53]

Nach der Ermordung Nemcovs attackierte Kadyrov weitere Politiker. Er veröffentlichte ein Video auf Instagram, in dem der ehemalige russländische Ministerpräsident und Vorsitzende der *Partei der Volksfreiheit* (Parnas), Michail Kas'janov, in einem Fadenkreuz erscheint. Später wurde Kas'janov von einem mutmaßlichen Kadyrov-Mann in einem Moskauer Restaurant angegriffen.[54] Auch Vladimir Kara-Murza Jr., ein weiterer Mitstreiter Nemcovs und stellvertetender Vorsitzender von Parnas, nahm Kadyrov zuerst bei Instagram ins Visier. Kara-Murza war bereits 2015 Opfer einer lebensbedrohlichen Vergiftung geworden, das dadurch ausgelöste Organversagen überlebte er nur knapp.[55]

Neben Oppositionspolitikern wurden auch Journalisten und Menschenrechtsaktivisten wiederholt zur Zielscheibe des Kadyrov-Regimes. Aus einem OSZE-Bericht zur Lage der Menschenrechte in Tschetschenien geht hervor, dass es von Seiten der tschetschenischen Regierung zu Übergriffen gegen Bürgerrechtler, Juristen, unabhängige Medien und zivilgesellschaftliche Organisationen gekommen sei.[56] In der Teilrepublik herrsche ein Klima der Angst und Einschüchterung.[57]

Darüber hinaus ist Kadyrov beschuldigt worden, direkt an der Hinrichtung von bekannten Journalisten beteiligt gewesen zu sein.[58] Besonderes Aufsehen erregte die Ermordung der Investigativjournalistin Anna Politkovskaja, die ausführlich über Menschenrechtsverletzungen in Tschetschenien berichtet hatte. Nach ihrem Tod 2006 – noch vor Ramzan Kadyrovs Amtsantritt als Präsident – wurden drei Tschetschenen als Tatverdächtige angeklagt, 2012 und 2014 wurden mehrere Angeklagte zu Haftstrafen verurteilt,[59] doch die Hintergründe des Mordfalls sind bis heute nicht endgültig geklärt.

Auch Natal'ja Ėstemirova, die ehemalige Direktorin des tschetschenischen Ablegers von Memorial, wurde von Kadyrovs Leuten attackiert. Memorial war damals die einzige russische Menschenrechtsorganisation, die noch in Tschetschenien aktiv war. Während Ėstemirova 2009 Menschenrechtsverletzungen in Tschetschenien recherchierte, wurde sie entführt und umgebracht.[60] Ihre Leiche wurde später in Inguschetien gefunden, die

---

[53] Zitiert nach: Chechen leader Kadyrov „threatens whole of Russia", opposition says. The Guardian, 23.2.2016. – Siehe auch: Chechen's Ties to Putin Are Questioned Amid Nemtsov Murder Case. The New York Times, 19.3.2015.

[54] Ebd.

[55] Kremlin critic Vladimir Kara-Murza in „critical state" after organ failure. The Guardian, 2.2.2017. – Lawyer: Russian Investigators Summon Kremlin Critic In Poisoning Probe. Radio Free Europe, Radio Liberty, 15.1.2016.

[56] OSCE Cites Torture, Executions Among „Grave" Rights Violations In Chechnya. Radio Free Europe, Radio Liberty, 20.12.2018.

[57] Benedek, OSCE Rapporteur's Report [Fn. 4].

[58] Russian Federation: The federal authorities must respond immediately and decisively to latest threats against human rights defenders, journalists and political activists, Amnesty International Public Statement, 20.1.2016, <https://amnesty.org/download/Documents/EUR4632552016ENGLISH.pdf>.

[59] Politkowskaja-Mord bleibt unvergessen. Deutsche Welle, 7.10.20211.

[60] Patrick Reevell: Human rights worker in Chechnya sentenced to 4 years in prison amid fears of further crackdown. ABC News, 18.3.2019. Zu Natal'ja Ėstemirova siehe auch das Interview mit ihrer Tochter: „Die offene Wunde Tschetschenien". Lana Estemirova im Gespräch mit Sergej Lebedev, in OE, 1–3/2024, S. 201–212.

Mörder wurden aber nie gefasst.[61] Vor ihrer Ermordung war Ėstemirova der außergerichtlichen Tötung von 13 Frauen, denen „unmoralisches Verhalten" vorgeworfen wurde, nachgegangen.[62] Memorial setzte nach ihrer Ermordung die Dokumentation von Menschenrechtsverletzungen in Tschetschenien fort und wurde wiederholt von Bewaffneten bedroht. In Dagestan setzten maskierte Männer das Büro in Brand und verprügelten einen Angestellten.[63]

Ojub Titiev, auch er ein bekannter Menschenrechtsaktivist und Nachfolger von Ėstemirova als Vorsitzender von Memorial Tschetschenien, wurde 2018 von einem tschetschenischen Gericht zu vier Jahren Haft verurteilt; ihm wurde der illegale Besitz von Marihuana vorgeworfen.[64] Sein Anwalt war überzeugt, dass die Vorwürfe fingiert waren und das Marihuana seinem Mandanten von den Behörden untergeschoben worden war. Internationale Menschenrechtsorganisationen verurteilten das Verfahren als politisch motiviert. Obwohl das Gericht die Haftbedingungen erleichterte und Titiev 2019 auf Bewährung freikam,[65] zeigt dieser Fall einmal mehr, dass Menschenrechtsaktivisten und Journalisten in Tschetschenien nicht frei arbeiten können.

Eine andere Attacke ereignete sich im März 2016: Auf dem Rückweg von einem Tagesausflug nach Tschetschenien wurden sechs Journalisten und zwei Menschenrechtsaktivisten nahe der Grenze zu Inguschetien zusammengeschlagen und ihr Bus in Brand gesteckt. Sie hatten an einer Reise zum Thema Menschenrechtsverletzungen im Nordkaukasus teilgenommen, die vom *Komitee gegen Folter* organisiert worden war. Ein Reporter schilderte, wie bewaffnete Männer „versuchten, [sie] aus dem Bus zu zerren und [sie] mit Schlagstöcken und scharfkantigen Gegenständen schlugen".[66] Einige Tage später wurde auch der Vorsitzende des *Komitees gegen Folter* in der tschetschenischen Hauptstadt Groznyj angegriffen.[67]

2023 wurden die russische Journalistin Elena Milašina und ihr Anwalt Aleksandr Nemov in Groznyj von maskierten Angreifern verprügelt. Sie waren nach Tschetschenien gekommen, um das Verfahren gegen Zarema Musaeva zu dokumentieren, die für ihre Kritik an Kadyrov politisch verfolgt wurde. Die Angreifer verprügelten Milašina und Nemov mit Plastikrohren, rasierten ihr die Haare ab, übergossen sie mit grüner Farbe, stahlen ihre Ausrüstung und warnten sie vor weiterer Berichterstattung über tschetschenische Angelegenheiten.[68]

Nicht zuletzt sieht man immer wieder Personen des öffentlichen Lebens, die öffentlich Abbitte leisten für ihre Kritik an Kadyrov.[69] Diese Auftritte werden höchstwahrscheinlich

---

[61] Chechen Leader Threatens [Fn. 1].
[62] Layla Taimienova: Kadyrov's Campaign of Anti-Gay Violence. Foreign Affairs, 10.5.2017.
[63] Elena Milašina: Neizvestnye v maskach podožgli ofis „Memoriala" v Ingušetii. Novaya Gazeta, 16.1.2018.
[64] Maria Vasilyeva: Court in Chechnya sentences rights activist to four years in penal colony. Reuters, 18.3.2019.
[65] Russia: Titiev's Parole a Welcome Step but Not Justice. Amnesty International, 11.6.2019, <https://amnesty.ie/russia-titievs-parole-a-welcome-step-but-not-justice/>.
[66] Zitiert nach Shaun Walker: Journalists and activists beaten and bus torched on Chechnya tour. The Guardian, 10.3.2016.
[67] Patrick Reevell, Human [Fn. 63].
[68] Russia: Armed Thugs Beat Up Russian Journalist and Lawyer. International Federation of Journalists, 4.7.2023.
[69] Public humiliation: Chechen leader's simple strategy to control social media. The Guardian, 10.10.2016.

unter Androhung von Gewalt erzwungen.[70] Das führt dazu, dass viele einflussreiche Persönlichkeiten von vornherein jede Kritik an Kadyrov vermeiden. Mit Drohungen, physischer Gewalt und Strafverfolgung gelingt es dem tschetschenischen Präsidenten, seinen Einfluss in Russland auszubauen und dem Ruf des Schreckensherrschers alle Ehre zu erweisen. Der Kreml ist offensichtlich nicht geneigt, den regionalen Despoten in die Schranken zu weisen.

Hass im Namen der Moral

Tschetscheniens LGBTQ+-Community wird seit langem systematisch verfolgt. Die gegen sie ergriffenen Maßnahmen reichen von Verhaftungen bis zu Folter und Mord. In Kadyrovs Repressionsapparat nehmen sie einen zentralen symbolischen Platz ein: Sie sollen den Ruf des Landeschefs als Hüter „traditioneller Werte" festigen. In den vergangenen Jahren kam es zu mehreren homophoben Kampagnen. Die unabhängige russländische Zeitung *Novaja Gazeta* veröffentlichte am 1. April 2017 einen Bericht über diese „Säuberungsaktionen", dem zufolge die tschetschenische Polizei mehr als 100 schwule Männer in geheimen, inoffiziellen Gefängnissen gefangengehalten und gefoltert habe.[71] Die Männer sollen allein „wegen ihrer untraditionellen sexuellen Orientierung oder eines bloßen derartigen Verdachts" inhaftiert worden sein.[72] Internationale Medien berichteten über Elektroschocks und Schläge in diesen illegalen Gefängnissen.[73] Drei Männer starben an den Folgen der Folter, weitere wurden außergerichtlich hingerichtet. Im Mai 2017 bestätigte ein Bericht von Human Rights Watch diese Informationen. Demnach wandten sich 7 5 Männer an LGBT Network, eine Organisation, die sich für die Rechte Homosexueller einsetzt, und 52 von ihnen berichteten von Gewalterfahrungen. Über 30 schwule Männer waren vor den Verfolgungen in Tschetschenien nach Moskau geflohen. Sie berichteten, dass sie mit Elektroschocks zur Preisgabe der Namen ihrer Datingpartner gebracht werden sollten.[74]

Laut dem Bericht der *Novaja Gazeta* begannen die Säuberungsaktionen, nachdem GayRussia.ru, eine Moskauer LGBTQ+-Aktivistengruppe, bei den Behörden die Erlaubnis für Pride-Paraden in vier nordkaukasischen Städten beantragt hatte. Sie hatten mit einer Ablehnung durch die Behörden gerechnet und planten, diese für eine Klage

---

[70] Ein Beispiel ist etwa der russische Lokalpolitiker Konstantin Senčenko, der Ramzan Kadyrov Anfang 2016 auf Facebook scharf kritisiert hatte und sich kurz darauf ebendort „aufrichtig entschuldigte", siehe: Critic of Chechen leader Kadyrov „apologises profoundly". BBC, 15.1.2016.

[71] Elena Milašina: Ubijstvo česti. Kak abicii izvestnogo LGBT-aktivista razbudili v Čečne strašnyj drevnij obyčaj. Novaja Gazeta, 1.4.2017. – Siehe auch: Kadyrov's Campaign of Anti-Gay Violence. Foreign Affairs, 10.5.2017. – Chechnya's Anti-Gay Pogrom. The New York Times, 3.5.2017.

[72] Andrew E. Kramer: Chechen Authorities Arresting and Killing Gay Men, Russian Paper Says. The New York Times, 1.4.2017.

[73] Andrew Roth: Chechnya: two dead and dozens held in LGBT purge, say activists. The Guardian, 14.1.2019.

[74] „They Have Long Arms and They Can Find Me". Anti-Gay Purge by Local Authorities in Russia's Chechen Republic. Human Rights Watch, 26.5.2017, <www.hrw.org/report/2017/05/26/they-have-long-arms-and-they-can-find-me/anti-gay-purge-local-authorities-russias>. – Siehe auch: Chechnya's Anti-Gay Pogrom. The New York Times, 3.5.2017.

vor dem Europäischen Gerichtshof für Menschenrechte gegen die Verletzung von LGBTQ+-Rechten in Russland zu verwenden. Obwohl die Paraden nie stattfanden, lieferte der entsprechende Antrag den Vorwand für eine „prophylaktische Säuberungswelle', die in Morden gipfelte".[75] Laut der *New York Times* „stellt die zielgerichtete, kollektive Bestrafung homosexueller Männer unter Kadyrov eine neue Dimension in der langen Tradition der Menschenrechtsverletzungen in der Region dar".[76] Auch die OSZE ging den Vorwürfen nach und bestätigte, dass Mitglieder der LBTQ+-Community sowie Menschenrechtsaktivisten organisierter staatlicher Gewalt ausgesetzt waren.[77]

Die tschetschenische Regierung dementierte alle Vorwürfe. Ein Sprecher des Innenministeriums bezeichnete den Bericht der *Novaja Gazeta* als Aprilscherz. Kadyrovs Pressesprecher ging so weit zu sagen, dass es sich um eine Lügen- und Desinformationskampagne handele und es in Tschetschenien keine homosexuellen Menschen gebe.[78] Putins Sprecher verlautbarte, man habe keine Kenntnis von einer Kampagne gegen Homosexuelle in Tschetschenien. Der russländische Justizminister beim Rat für Menschenrechte der Vereinten Nationen erklärte zwei Jahre später, Untersuchungen hätten keine Hinweise auf Säuberungsaktionen gegen Homosexuelle in Tschetschenien ergeben, und eine LGBTQ+-Community sei in Tschetschenien nicht gefunden worden.[79]

Trotz aller internationalen Verurteilungen kam es im Dezember 2018 zu einer neuen Welle der Gewalt gegen Homosexuelle in Tschetschenien. Das LGBT Network berichtete, dass zwei Männer getötet und Dutzende verhaftet wurden.[80] Von Dezember 2018 bis Januar 2019 wurden 40 Männer und Frauen in denselben Geheimgefängnissen festgehalten wie schon während der Verfolgungen im Jahr 2017.[81] Erneut kam es zu Fällen von Folter, wie Amnesty International und Human Rights Watch bestätigten.[82] Wie schon 2017 wiesen Vertreter der tschetschenischen Regierung diese Berichte als Lügen zurück.[83]

Die Verfolgung der LGBTQ+-Community rissen auch bis ins Jahr 2021 nicht ab. Die Berichte von Betroffenen ähneln einander: Ein Überlebender gab an, an einen Stuhl gefesselt und so lange mit Elektroschocks gefoltert worden zu sein, bis er die Namen von Bekannten preisgab.[84]

---

[75] Zitiert nach Andrew E. Kramer: Chechen Authorities [Fn. 75].
[76] Andrew E. Kramer: Reporting on People Who „Don't Exist". The New York Times, 23.4.2017.
[77] Benedek, OSCE Rapporteur's Report [Fn. 4].
[78] Siehe Tanya Lokshina: Anti-LGBT Violence in Chechnya. Human Rights Watch, 4.4.2017, <www.hrw.org/news/2017/04/04/anti-lgbt-violence-chechnya>. – Andrew E. Kramer, Reporting on People [Fn. 79].
[79] Russia: New Anti-Gay Crackdown in Chechnya, Human Rights Watch, 8.5.2019, <https://hrw.org/news/2019/05/08/russia-new-anti-gay-crackdown-chechnya>.
[80] Andrew E. Kramer: Chechnya Renews Crackdown on Gay People, Rights Group Says. The New York Times, 14.1.2019.
[81] Nataliya Vasilyeva: 2 killed, 40 detained in new gay purge in Chechnya: Report. Washington Post, 14.1.2019.
[82] Russia: Chechen authorities resume homophobic crackdown. Amnesty International, 14.1.2019, <https://amnesty.org/en/latest/news/2019/01/chechnya-crackdown-renewed/>. – Russia: New Anti-Gay Crackdown in Chechnya, Police Detain, Torture Men in Grozny. Human Rights Watch, 8.5.2019, <https://www.hrw.org/news/2019/05/08/russia-new-anti-gay-crackdown-chechnya>.
[83] Zitiert nach: Russia: New Anti-Gay Crackdown [Fn. 85].
[84] No End to Chechnya's Violent Anti-Gay Campaign. Human Rights Watch, 31.8.2021, <https://hrw.org/news/2021/08/31/no-end-chechnyas-violent-anti-gay-campaign>.

Mit dem Angriff Russlands auf die Ukraine kamen neue Verfolgungsmethoden hinzu. Zuletzt mehrten sich Hinweise, dass queere Personen, Dissidenten und „andere Missetäter" gezwungen wurden, als angebliche „Freiwillige" mit Kadyrovs Truppen im Krieg gegen die Ukraine zu kämpfen.[85] Die Verfolgung der tschetschenischen LGBTQ+-Community ist eine der erschütterndsten Facetten des Kadyrov-Regimes. Sie bringt die Unfähigkeit der föderalen russländischen Verwaltung zu Tage, Minderheiten vor staatlicher Gewalt zu schützen. Damit trägt Russland Kadyrovs Gewaltherrschaft mit.

Fazit

Ramzan Kadyrovs Regime in Tschetschenien zeigt beispielhaft, wie autoritäre Herrscher systematisch Gewalt anwenden, um ihre Macht zu konsolidieren und zu erhalten. Kadyrov hat staatliche Gewaltanwendung in einem beispiellosen Maß normalisiert, indem er verschiedene gesellschaftliche Gruppen wie Rebellenverbände, Angehörige von Feinden, Journalisten, Kritiker im Ausland sowie die LGBTQ+-Community gezielt verfolgt. Dabei greift das Regime auf diverse Methoden der Gewaltanwendung wie Folter, außergerichtliche Tötungen, Mord und Entführungen zurück. Kadyrovs Herrschaft basiert auf Terror und Zwang.

Die Zerschlagung gegnerischer bewaffneter Gruppen wie der *Bajsarovcy*, *Kakievcy* und die *Jamadaevcy* zementierte Kadyrovs Herrschaft über Tschetschenien und beseitigte Rivalen, die ihn hätten herausfordern können. Kollektivstrafen erzwingen Ergebenheit und verhindern Aufstände. Drohungen und Gewalt wendet er auch jenseits der Landesgrenzen gegen Kritiker und Dissidenten an. Im Land wird jeder Dissens durch öffentliche Bloßstellungen, Medienkampagnen oder Gewalt unterdrückt. Nicht zuletzt inszeniert er sich durch die Unterdrückung sexueller Minderheiten als Hüter traditioneller Werte und tritt internationale Menschenrechtskonventionen mit Füßen.

Kadyrovs Gewaltexzesse sind kein Nebenprodukt autoritärer Herrschaft, sondern eine orchestrierte Strategie zur Machterhaltung. Er nutzt Gewalt als politisches Instrument und Legitimationsquelle, um Dissens zu ersticken und Anerkennung sowohl im Land als auch international zu erlangen. Seine ungeteilte Macht, die von Moskau schweigend toleriert wird, veranschaulicht das Zusammenspiel von regionaler und zentraler autoritärer Herrschaft in Russland.

Aus dem Englischen von Aurelia Ohlendorf und Olga Radetzkaja

Schlagwörter:
Tschetschenien, Russland, Ramzan Kadyrov, Gewalt, Folter, außergerichtliche Tötungen, LGBTQ+, queer

---

[85] Queer Men in Chechnya Forced to Fight in Ukraine. OC Media, 15.9.2024.

Felix Riefer

Die Russlanddeutschen
Von der Schicksals- zur Erinnerungsgemeinschaft

Russlanddeutsche werden in Deutschland nach den Vorstellungen betrachtet, die sich die Deutschen von der Sowjetunion und Russland machen. Das Wissen über das Schicksal der Russlanddeutschen bleibt begrenzt. Dass sie als Angehörige einer nationalen Minderheit infolge des Zweiten Weltkrieges politisch verfolgt und jahrzehntelang diskriminiert waren, ist ebenso in Vergessenheit geraten wie ihr Kampf um Emanzipation, Rehabilitation und Ausreise aus der Sowjetunion. In Deutschland werden sie fälschlicherweise oft als russische Diaspora dargestellt.

In ihrer „Geschichte des Andersdenkens in der UdSSR" schildert die Menschenrechtlerin und Mitbegründerin der Moskauer Helsinki-Gruppe Ljudmila Alekseeva anschaulich die „Ausreisebewegung der Sowjet-Deutschen".[1] Alekseeva beschreibt eine Begebenheit vom 11. Februar 1974 in Moskau, die zum Symbol für den jahrelangen Kampf der sogenannten Russlanddeutschen um das Recht auf Ausreise in die Bundesrepublik Deutschland werden sollte. An jenem Tag kettete sich Ludmilla Oldenburger mit ihren beiden Söhnen an einer Ampel gegenüber dem Gebäude des Zentralkomitees der Kommunistischen Partei der Sowjetunion fest. Sie verlangte die freie Ausreise von Angehörigen der deutschen Minderheit in die Bundesrepublik Deutschland. Oldenburger wurde verhaftet und der „Diffamierung des sowjetischen Staates" sowie „Verbreitung falscher Tatsachen" (Art. 190-1), der „Organisation und Teilnahme an gemeinschaftswidrigen Gruppenaktionen" (Art. 190-3) sowie „Anstiftung von Minderjährigen zu Straftaten" (Art. 210) des Strafgesetzbuches der RSFSR angeklagt.[2] Dies führte an ihrem Wohnort Tallinn zu einer ähnlichen Demonstration zur Unterstützung des Ausreisewillens der Deutschen und gegen Oldenburgers Festnahme. Unter den Demonstranten waren der Vorsitzende der Vereinigung der Estland-Deutschen, Peter Bergmann, und die Mitglieder Woldemar Schulz und Gerhard Fast.[3] Sie wurden ebenfalls entsprechend angeklagt. Danach kam es an verschiedenen Orten der Sowjetunion, etwa im kirgisischen Frunze (heute Bischkek) oder im kasachischen Alma-Ata (heute Almaty) immer wieder zu Demonstrationen von Deutschen. Am 31. März 1980 schaffte es eine Demonstration mit der Forderung „Wir

---

Felix Riefer (1986), Dr. rer. pol., Politikwissenschaftler, Bonn, Mitglied im Vorstand der Wissenschaftlichen Kommission der Deutschen in und aus Osteuropa, Sibirien, Zentralasien und Kaukasien (WKDO) in Göttingen/Detmold

[1] Ljudmila Alekseeva: Istorija inakomyslija v SSSR: novejšij period. Moskva ³2012, S. 143–149.
[2] „Sovetskie nemcy chotjat uezžat' v FRG", in: Chronika Tekuščich Sobytij vypusk 32, 17 ijulja 1974, S. 25–26.
[3] Ebd.

wollen in unserer Heimat BRD leben" gar auf den Roten Platz in Moskau.[4] Der Wunsch auf freie Ausreise wurde gleichzeitig auch vor der sowjetischen Botschaft in der Bundesrepublik Deutschland in Bonn artikuliert. Mit Losungen wie „Breschnew, laß unsere Verwandte[n] raus" oder „Laßt die Rußland-Deutschen aus der UdSSR ausreisen!" wurde die Sowjetführung an ihre Selbstverpflichtung erinnert. Schließlich hatte sich die Sowjetunion durch die Unterzeichnung der Schlussakte von Helsinki der *Konferenz über Sicherheit und Zusammenarbeit in Europa* am 1. August 1975 verpflichtet, die Geltung der Menschenrechte und Grundfreiheiten zu beachten und in humanitären Bereichen mit den anderen Teilnehmerstaaten zusammenzuarbeiten.[5] So nahm Friedrich Ruppel, ein wolgadeutscher Protagonist der Ausreisebewegung, nach seiner Übersiedlung in die Bundesrepublik 1974 regelmäßig an solchen Demonstrationen vor der sowjetischen Botschaft in Bonn teil.[6] Ruppel hatte Zwangsarbeit im nördlichen Ural, dann in der Verbannung im Altaj verrichten müssen und danach in Kasachstan gelebt. 1970 gelang es ihm, sich im Moskauer Gebiet niederzulassen, von wo er die Samizdat-Schrift „RePatria" herausgab.[7] Ausreisewillige Deutsche wie Friedrich Ruppel oder Ludmilla Oldenburger wurden von prominenten Menschenrechtlern wie Andrej Sacharov unterstützt. Sacharov und andere Angehörige von Menschenrechtskomitees leiteten Petitionen von Deutschen in den Westen weiter.[8] Schließlich konnten nur die wenigsten Deutschen in der Sowjetunion bis zur Aufhebung der Beschränkung in der Wahl ihres Wohnortes Mitte der 1970er westlich des Urals oder gar in ihren ehemaligen Siedlungsgebieten leben.[9] Denn vor ihrer Zwangsumsiedlung nach Sibirien und Zentralasien im Jahr 1941 hatten die meisten Deutschen im zaristischen Russland, ab der zweiten Hälfte des 18. Jahrhunderts als ins Land „gerufene Kolonisten" am Unterlauf der Wolga, am Nordufer des Schwarzen Meeres und in Wolhynien (heute Ukraine) und im Südkaukasus (besonders im heutigen Georgien) gelebt.[10] Diese deutschen Siedler pflegten ihre deutsche Sprache und Kultur und identifizierten sich zumeist mit der jeweiligen Region, in der sie lebten, ohne sich in der Bevölkerung des Russländischen Imperiums als Gruppe der Deutschen in Russland zu denken. Sie galten stets als loyal gegenüber der Krone und dem Staat.[11] Erst mit dem Aufkommen des Nationalismus als politische Weltanschauung Ende des 19. Jahrhunderts verstanden sich die Deutschen in den verschiedenen Gebieten des Zarenreichs langsam als eine nationale Einheit und wurden auch in der Hauptstadt des Russländischen Reiches St. Petersburg zunehmend als eine solche wahrgenommen. Trotz ihrer Loyalität wurden die ersten Erlasse zur Liquidierung der deutschen Kolonien und Deportation ihrer Siedler

---

[4] Ebd., hier S. 147–148. – Benjamin Pinkus, Ingeborg Fleischauer: Die Deutschen in der Sowjetunion. Geschichte einer nationalen Minderheit im 20. Jahrhundert. Baden-Baden 1987, S. 510–511.
[5] Konferenz über Sicherheit und Zusammenarbeit in Europa, Helsinki, <www.osce.org/files/f/documents/6/e/39503.pdf>.
[6] bpb.de Dossier Russlanddeutsche: Russlanddeutscher Samisdat. Abschnitt III: Lebensläufe einiger nonkonformer Aktivisten und Dissidenten, <www.bpb.de/282068>.
[7] Ebd.
[8] Pinkus, Fleischauer, Die Deutschen in der Sowjetunion [Fn. 4], S. 512 und 508.
[9] Alfred Eisfeld, Olga Eisfeld (Hg.): Deportation der Deutschen aus dem europäischen Teil der Russischen Föderation 1941–1942, Dokumentensammlung. Nürnberg 2023. S. 44.
[10] Irina Mukhina: The Germans of the Soviet Union. Oxon 2007, S. 7–27,
[11] Viktor Krieger: Kolonisten, Sowjetdeutsche, Aussiedler. Eine Geschichte der Russlanddeutschen. Bonn 2015, S. 9.

am 2. Februar und 13. Dezember 1915 noch im Zarenreich formuliert. Nach der Februarrevolution 1917 wurden die Erlasse jedoch nicht mehr umgesetzt.[12]

Der Anfang vom Ende des deutschen Kulturerbes in Russland

Mit dem Überfall des nationalsozialistischen Deutschlands auf die Sowjetunion am 22. Juni 1941 wurden die Russlanddeutschen von Moskau als feindliche exterritoriale ethnische Minderheit behandelt. Obwohl sie keinen Anteil am Aufstieg des NS-Regimes hatten, erließ der Sowjetstaat in kürzester Zeit mehr als 30 Erlasse, Beschlüsse, Verordnungen oder Befehle, die auf Repressionen gegen die Deutschen, ihre Vertreibung aus dem europäischen Teil der Sowjetunion und damit auf die Vernichtung der über 200 Jahre dauernden deutschen Kulturtradition in Russland zielten. Im Kern handelte es sich um das, was später als „ethnische Säuberung" bezeichnet werden sollte.[13] Die nun als Sowjetdeutsche bezeichneten ehemaligen Kolonisten wurden nach und nach im Gulag-System verstreut. Bis Ende 1941 wurden etwa 900 000 Deutsche in abgelegene, unentwickelte Regionen des Sowjetimperiums nach Sibirien oder Zentralasien verschleppt, wo sie Zwangsarbeit verrichten mussten.[14] Dies geschah unter dem pauschalen Vorwurf, Russlanddeutsche hätten mit der Wehrmacht und dem nationalsozialistischen Deutschland kollaboriert. Angefangen mit der von Iosif Stalin unterschriebenen Direktive vom 14. August 1941 wurden zunächst die Deutschen von der Krim und aus dem Südwesten der Ukraine deportiert. Schließlich folgte der Deportationserlass des Präsidiums des Obersten Sowjet vom 28. August 1941, mit dem gleichzeitig eine Spezialabteilung der Geheimpolizei NKVD eingerichtet wurde, die sich um die „Umsiedlung von Bewohnern deutscher Volkszugehörigkeit in entlegene Rayons" kümmern sollte.[15] Am 31. August 1941 erfolgte der Beschluss des Politbüros des ZK der VKP(B) zur Deportation der Deutschen aus der Zentral-, Nord- und Ostukraine.[16] Etwa die Hälfte der Deportierten (438 715) waren Wolgadeutsche aus der „Wolgadeutschen Republik". Dieses Siedlungsgebiet der Deutschen war bereits 1918 zu einer „Arbeitskommune" erklärt worden und hatte ein gewisses Maß an ethnoterritorialer Autonomie genossen. Als Vorzeigeprojekt Stalins war sie 1924 zur „Autonomen Sozialistischen Sowjetrepublik der Wolgadeutschen" (ASSRdWD) aufgewertet worden und sollte Anziehungskraft auf die Genossen in der Weimarer Republik entfalten.[17] Nach dem Überfall Nazi-Deutschlands auf die Sowjetunion wurde sie 1941 liquidiert. Damit entstand in unmittelbarer Nähe der Stadt Kujbyšev (heute Samara) Raum zur Evakuierung von Betrieben und Behörden aus dem

---

[12] Likvidacionnye zakony ot 2.2.1915, <https://geschichte.rusdeutsch.ru/18/30/235>. – Likvidacionnyj zakon ot 13.12.1915, <https://geschichte.rusdeutsch.ru/18/30/205>. – Pervaja mirovaja vojna i nemcy Rossii, <https://geschichte.rusdeutsch.ru/18/30>.
[13] Eisfeld, Deportation der Deutschen [Fn. 9], S. 43–44.
[14] Alfred Eisfeld: Nationalitätenpolitik gegenüber der deutschen Minderheit in der Sowjetunion von 1917 bis zur Perestrojka. bpb.de Dossier Russlanddeutsche 2017 <www.bpb.de/250039/>. – Krieger, Geschichte der Russlanddeutschen [Fn. 11], S. 119.
[15] Eisfeld, Deportation der Deutschen [Fn. 9], S. 37.
[16] Alfred Eisfeld, Olga Eisfeld (Hg.): Deportation der Deutschen der Ukraine 1941–1946, Dokumentensammlung. Kyiv 2021. S. 101–103 und 105–107.
[17] Felix Riefer: Russlands revisionistische Außenpolitik und der falsche Diasporadiskurs in Deutschland, in: FORUM für osteuropäische Ideen- und Zeitgeschichte, 1/2024, S. 89–123, hier S. 112–114.

Westen der Sowjetunion.[18] Allein aufgrund dieser Umstrukturierung der Region sollte der spätere Wunsch nach Wiederherstellung der Wolgadeutschen Republik keine reelle Chance mehr haben. Der NKVD bildete eigens für die Umsiedlung der Wolgadeutschen die Abteilung „Sondersiedlung".[19] Nach diesem Vorbild wurden auch andere Ethnien umgesiedelt, durch die sogenannte Kommandanturaufsicht geheimdienstlich überwacht, in den hohen Norden, nach Sibirien und Zentralasien deportiert und dort ausgebeutet. So haltlos wie die fabrizierten Vorwürfe des Sowjetstaates gegen die Russlanddeutschen waren, so schamlos war zuvor die Zusammenarbeit der Sowjetführung mit dem NS-Regime. Mit dem Hitler-Stalin-Pakt vom 24. August 1939 teilten die zwei totalitären Diktaturen Ostmitteleuropa, Osteuropa und Südosteuropa untereinander auf. In diesem Rahmen wurden zwischen 1939 und 1941 etwa 400 000 „Volksdeutsche" aus dem von der Sowjetunion beanspruchten Gebiet als „Vertragsumsiedler" ins Deutsche Reich gebracht und dort eingebürgert.[20] Später, zwischen 1943 und 1945, als die Rote Armee die Wehrmacht zurückdrängte, wurden vor allem Schwarzmeerdeutsche, die unter die Herrschaft der deutschen Besatzungsmacht geraten waren, von den Deutschen als sogenannte „Administrativumsiedler" eingebürgert und in den Warthegau umgesiedelt. Von diesen ca. 350 000 Personen wurden etwa 250 000 nach dem Zweiten Weltkrieg trotz erworbener deutscher Staatsbürgerschaft wieder in die Sowjetunion verschleppt. Eine weitere kleinere Gruppe der etwa 20 000 in Ostpreußen lebenden Reichsdeutschen wurde nach dem Einmarsch der Roten Armee in die Sowjetunion deportiert.[21] Per Verordnung des Ministerrates der UdSSR vom 21. Februar 1948 wurde schließlich die Verbannung der Deutschen in den entlegenen Regionen verschärft und „auf ewig" festgeschrieben. Erst die innenpolitische Entspannung nach Stalins Tod 1953, das „Tauwetter" unter Generalsekretär Nikita Chruščev, und die Neuausrichtung der Beziehungen zur Bundesrepublik Deutschland führten am 13. Dezember 1955 zur Aufhebung des Sondersiedlerstatus der deutschen Minderheit und ihrer Befreiung von der Kommandanturaufsicht. Eine weitere Dekade sollte vergehen, ehe am 29. August 1964 der folgenschwere Erlass vom 28. August 1941 aufgehoben wurde. Wörtlich heißt es:

> Das Leben hat gezeigt, dass diese wahllos erhobenen Anschuldigungen unbegründet und ein Ausdruck der Willkür unter den Bedingungen des Kults der Person Stalins waren.[22]

Allerdings verweigerten die sowjetischen Behörden den verbannten Deutschen eine Rückkehr in ihre ursprünglichen Siedlungsgebiete ebenso wie die Wiederherstellung ihrer nationalen und kulturellen Autonomie.

---

[18] Eisfeld, Deportation der Deutschen [Fn. 9], S. 31–33.
[19] Alfred Eisfeld: Geschichte und Kultur der Deutschen in Kasachstan. Göttingen. Almaty 2017, S. 179.
[20] Rolf-Barnim Foth: Die Sowjetdeutschen im Spannungsfeld von Innen- und Außenpolitik der UdSSR und der Bundesrepublik Deutschland: Etappen einer gescheiterten Nationalitätenpolitik. Berlin 2022, S. 34.
[21] Ebd. S. 29.
[22] Erlass des Präsidiums des Obersten Sowjets der UdSSR betreffs Änderungen am Erlass vom 28. August 1941 „Über die Umsiedlung der Deutschen, die im Wolgagebiet leben", <https://wolgadeutsche.net/library/item/979>.

Der beschwerliche Weg zur Rechtswahrnehmung nach dem BVFG

Diese Teilrehabilitierung wurde in der sowjetischen Öffentlichkeit nicht verbreitet. Die Propaganda gegen die Deutschen, die als „Faschisten" galten, sowie das Stigma der „Fünften Kolonne" bestimmten den Alltag der Russlanddeutschen.[23] Selbst jenen Deutschen, die sich in der Verbannung arrangiert hatten und versuchten, sich in der sowjetischen Konsumgesellschaft, die in den 1960er und frühen 1970er Jahren entstand, ein Auskommen aufzubauen, versperrten Gesetze die echte Integration sowie vielfältige Formen der Diskriminierung den sozialen Aufstieg. Der „Fünfte Punkt" im sowjetischen Pass fixierte die Nationalität. Wer „deutsch" war, dem wurden echte Teilhabechancen in der Sowjetgesellschaft verwehrt.[24] So konstatierte Vladimir Auman, der letzte für interethnische Beziehungen zuständige Mitarbeiter im ZK der KPdSU, Anfang der 1990er Jahre:

> Die sowjetische Führung hat es in den vergangenen 50 Jahren nicht nur unterlassen, den Russlanddeutschen zu helfen, in ihrer Heimat Fuß zu fassen, sondern sie hat ihnen sogar noch das Leben schwer gemacht, indem sie auf jede erdenkliche Weise Feindschaft und Ablehnung kultivierte.[25]

Tatsächlich gaben sich die meisten Russlanddeutschen nicht mit der unvollständigen Rehabilitierung zufrieden. Obwohl die Angehörigen der deutschen Volksgruppe weit über das sowjetische Territorium zerstreut worden waren, was ihre Aktions- und Mobilisierungsfähigkeit erheblich erschwerte, bildete sich Anfang der 1960er Jahre eine Rehabilitationsbewegung, die es allen Restriktionen und Repressionen zum Trotz wiederholt schaffte, mehrere tausend Unterschriften für ihre Forderungen zu sammeln.[26] Da im de facto ethnisch-hierarchisch strukturierten Sowjetstaat nationale Gruppenrechte an die Existenz einer ethnoterritorialen Entität wie etwa einer Unionsrepublik oder einer Autonomen Republik gebunden waren, sahen die Aktivisten der nationalen Bewegung die Voraussetzung für eine vollständige Teilhabe und Rehabilitation in der Wiederherstellung der Wolgarepublik. Die deutsche Minderheit entsandte im Juni und Juli 1965 zwei Delegationen nach Moskau, um die Wiederherstellung ihrer Republik und somit ihrer Rechte als vollwertige Sowjetbürger zu erreichen. Nachdem die erste Delegation einfach abgewiesen worden war, empfing der Vorsitzende des Obersten Sowjets Anastas Mikojan am 27. Juli 1965 zwar die zweite Delegation, jedoch blieb das Treffen ohne spürbare Ergebnisse. Vielmehr diffamierte das Sowjetregime von nun an die Anhänger einer Wiederherstellung der Autonomie als Nationalisten und ließ sie überwachen und schikanieren.[27] Ende der 1960er Jahre änderten die Aktivisten ihr Ziel. Da eine echte Rehabilitation der Deutschen in der Sowjetunion nicht möglich war, setzten sie sich von nun für ihr Recht auf Ausreise nach Deutschland ein. Eindringlich zeigte dies die Samizdat-Publikation von 1973 „Vom Gedanken über die Wiederherstellung der ASSR der Wolgadeutschen bis zum Gedanken über die Emigration", die den berühmten Satz von

---

[23] Foth, Etappen einer gescheiterten Nationalitätenpolitik [Fn. 20], S. 568–569.
[24] Pinkus, Fleischauer, Die Deutschen in der Sowjetunion [Fn. 4], S. 351–469.
[25] Vladimir Auman, Valentina Čebotareva: Istorija rossijskich nemcev v dokumentach 1763–1992 gg. Moskva 1993. S. 430.
[26] Pinkus, Fleischauer, Die Deutschen in der Sowjetunion [Fn. 4], S. 500–560, hier 508.
[27] Krieger, Geschichte der Russlanddeutschen [Fn. 11], S. 162–164.

Marx als Untertitel hatte „Das Sein bestimmt das Bewusstsein"[28], was in diesem Zusammenhang nur als sarkastisch zu verstehen war. Die Aktivisten der Ausreisebewegung, darunter Therese Chromowa-Schilke und Andreas Maser aus Frunze, überreichten diese Samizdat-Schrift zusammen mit dem „Appell der in der Sowjetunion lebenden Bürger deutscher Nationalität an die Organisation der Vereinten Nationen"[29] im Namen von etwa 35 000 ausreisewilligen Deutschen der UNO und dem Obersten Sowjet der UdSSR.[30] Hierin baten sie um Unterstützung für „den Wegzug aus der UdSSR dorthin, wo der Großteil der deutschen Nation lebt, in ihre historische Heimat, nach Deutschland".[31] Unter Verweis auf die *Allgemeine Erklärung der Menschenrechte* warfen sie den sowjetischen Behörden im Umgang mit den Deutschen in der Sowjetunion Verbrechen gegen die Menschlichkeit vor, da ihnen eine vollwertige Rehabilitation vorenthalten werde und ihnen Vernichtung durch erzwungene Assimilation drohe.[32] 1974 überreichte Andrej Sacharov eine von 20 000 Russlanddeutschen unterstützte Petition an die Bundesregierung, in der sie auf ihre schwierige Lage aufmerksam machten.

In der Bundesrepublik Deutschland wurde das *Kriegsfolgenschicksal* aller Deutschstämmigen, die aufgrund ihrer Ethnizität in kommunistischen Staaten Ostmitteleuropas, Osteuropas und Südosteuropas verfolgt wurden, seit 1953 durch das Gesetz über die Angelegenheiten der Vertriebenen und Flüchtlinge (Bundesvertriebenengesetz; BVFG) anerkannt.[33] Im Falle einer Genehmigung der Ausreise konnten verfolgte Deutschstämmige auf dieser Rechtsgrundlage ein Aufnahmeverfahren beantragen und als Aussiedler die Staatsbürgerschaft der Bundesrepublik erhalten. Allerdings konnten bis zur Neufassung der sowjetischen Aus- und Einreisebestimmungen am 22. September 1970 fast ausschließlich jene Deutschen aus der Sowjetunion ausreisen, die zuvor die Staatsangehörigkeit des Deutschen Reiches besessen hatten. Dies traf vor allem auf ehemalige Vertrags- und Administrativumsiedler zu. Erst ab 1971 wurde die Möglichkeit der Familienzusammenführung auch für Nachfahren der ehemaligen Kolonisten eröffnet. Doch die meisten Wolgadeutschen sowie die östlich des Dnipro deportierten Russlanddeutschen konnten in der Bundesrepublik ihr Recht nach dem BVGF erst geltend machen, nachdem die Sowjetunion mit Wirkung vom 1. Januar 1987 ihre Ausreisebestimmungen liberalisiert hatte.[34] Von da an wurde der Kreis der zur Ausreise Berechtigten deutlich erweitert und es durften auch Menschen ausreisen, die nicht zuvor von Familienangehörigen aus dem

---

[28] Russlanddeutscher Samisdat: Dokument 1.10: Teil 3: Kurzgefasster Historischer Überblick über das Leben der Deutschen in Russland mit der Schlussfolgerung von der Notwendigkeit der Rückwanderung in die Historische Heimat – Deutschland, <www.bpb.de/283571>.
[29] Ebd., Lebensläufe einiger Dissidenten [Fn. 6].
[30] Krieger, Geschichte der Russlanddeutschen [Fn. 11], S. 165. – Pinkus, Fleischauer, Die Deutschen in der Sowjetunion [Fn. 4], S. 502–505.
[31] Russlanddeutscher Samisdat: Dokument 1.10: Teil 2: Appell der in der Sowjetunion lebenden Bürger deutscher Nationalität an die Organisation der Vereinten Nationen, 18. Mai 1973 [Fn. 28].
[32] Ebd.
[33] Jannis Panagiotidis: The Unchosen Ones. Diaspora, Nation, and Migration in Israel and Germany. Bloomington 2019. S. 193–242, hier S. 213–217.
[34] Sovet Ministrov SSSR postanovlenie ot 28 avgusta 1986 goda N 1064 O vnesenii dopolnenij v Položenie o v"ezde v Sojuz Sovetskich Socialističeskich Respublik i o vyezde iz Sojuza Sovetskich Socialističeskich Respublik <https://www.sertrb.ru/docviewer.php?/document/ 901770754>. – Spravka o vyezde na postojannoe žitel'stvo za granicu sovetskich graždan nemeckoj nacional'nosti, <https://geschichte.rusdeutsch.ru/22/45/225>.

Ausland eingeladen wurden. Bis dahin führte bereits die Bekundung der Ausreiseabsicht zu weiteren Schikanen und erheblichen Benachteiligungen durch Staat und Gesellschaft.[35]

Von der Schicksalsgemeinschaft zur Erinnerungsgemeinschaft

Anfang der 1990er Jahre kam es zu einer paradoxen Konstellation. Das „Nicht-Auswanderungsland" Sowjetunion lockerte seine Ausreisebestimmungen, und die Bundesrepublik, die sich damals – kontrafaktisch – noch als „Nicht-Einwanderungsland" verstand, sah sich mit dem Exodus bzw. der massiven Einwanderung der Russlanddeutschen konfrontiert, die ihr Recht nach dem Bundesvertriebenengesetz in Anspruch nehmen wollten. In der politischen Debatte der Bundesrepublik wurden damals Aussiedler und nichtdeutschstämmige Migranten gegeneinander ausgespielt. Doch diese Kontroverse bildete die Realität der systematisch zerstreuten und materiell wie kulturell enteigneten ethnischen Minderheit nicht ab. Viele von den Neuankömmlingen sprachen ein veraltetes Deutsch, kaum oder gar kein Deutsch; dafür aber in den meisten Fällen Russisch. So wurden die Deutschen aus der Sowjetunion und ihren Nachfolgestaaten durch eine Brille der bundesdeutschen Vorstellungen über die Sowjetunion oder Russland betrachtet, ohne das Kriegsfolgenschicksal der Angekommenen als politisch-ethnisch verfolgte und diskriminierte nationale Minderheit sowie ihre Emanzipations-, Rehabilitations- und schließlich Ausreisebewegung in der Sowjetunion zu kennen. Die Deutschen, die bis gestern im sowjetischen Umfeld als „Faschisten" diffamiert worden waren, wurden in Deutschland nun zu „Russen". Dieser Umstand wird bis heute von den Betroffenen mit großem Unverständnis aufgenommen. Gegenwärtig formuliert das Putinsche Russland einen ausgreifenden Anspruch auf alle russischsprechenden Menschen als *sootečestvenniki*, als russische Landsleute. Dabei wird dieser Deutungsrahmen des Kreml auch auf die Bundesbürger mit russlanddeutschem Hintergrund häufig einfach unkritisch übertragen; nicht selten wird so aus „heimgekehrten" Deutschen eine russische Diaspora konstruiert.[36] Heute leben etwa 2,6 Millionen ehemalige Russlanddeutsche und ihre Familienangehörigen in Deutschland. Davon stammt etwa die Hälfte aus Kasachstan, knapp 40 Prozent aus der Russländischen Föderation. Mit wesentlich geringeren einstelligen Prozentanteilen sind noch Kirgistan, die Ukraine und Usbekistan als Herkunftsländer zu nennen.[37] Im wiedervereinigten Deutschland mit seiner sich etablierenden Migrationsgesellschaft gilt die Einbürgerung von Russlanddeutschen gelegentlich mitunter als *Privileg*.[38] Tatsächlich handelt es sich jedoch um eine Art *Wiedergutmachung* des von der nationalsozialistischen Kriegsführung und der Volkstumspolitik mitverschuldeten *Kriegsfolgenschicksals* der Russlanddeutschen durch Repatriierung. Erst die Erfahrung der Deportation ab 1941, der Repression und Diskriminierung sowie der später einsetzende Kampf um Emanzipation, Rehabilitation und schließlich die Ausreise aus der Sowjetunion führten dazu, dass

---

[35] Pinkus und Fleischauer, Die Deutschen in der Sowjetunion [Fn. 4], S. 544–545. – Foth: Etappen einer gescheiterten Nationalitätenpolitik [Fn. 20], S. 31–32.
[36] Migration, Identität, Politik. Trans-inter-national: Russland, Israel, Deutschland. Berlin 2019, [OSTEUROPA, 9–11/2019].
[37] Nils Friedrichs, Johannes Graf: Integration gelungen? Lebenswelten und gesellschaftliche Teilhabe von (Spät-)Aussiedlerinnen und (Spät-)Aussiedlern. Berlin 2022, S. 8–14.
[38] Jannis Panagiotidis: Spätaussiedler, Heimkehrer, Vertriebene. Russlanddeutsche im Spiegel bundesdeutscher Gesetze. bpb.de Dossier Russlanddeutsche 2018, <www.bpb.de/274597/>.

sich diese Menschen als *Schicksalsgemeinschaft* begriffen.[39] Da das Gros der Gruppe der Deutschen aus den Ländern der ehemaligen Sowjetunion zwischen Ende der 1980er und Anfang der 2000er Jahre in die Bundesrepublik Deutschland auswanderte, bildete auch die Anpassung an die neuen Lebensumstände, der Übergang aus einer planwirtschaftlichen, sozialistischen Diktatur in eine marktwirtschaftliche, freiheitliche Demokratie, ein identitätsstiftendes Merkmal für die Angehörigen dieser großen Gruppe vermeintlicher „Russlanddeutscher", die sich ansonsten erheblich voneinander unterschieden.[40] Vergleichende repräsentative Studien bescheinigen den Deutschen aus den Ländern der ehemaligen Sowjetunion insgesamt eine gelungene Integration in die deutsche Gesellschaft.[41] Doch das Bild, das die deutschen Medien von den Russlanddeutschen zeichnen, ist von Klischees, Ausgrenzung und Verunglimpfung bestimmt. Dies zeigt sich in der medialen Darstellung, in der die Probleme von Menschen aus sozial schwächeren Milieus im Vordergrund stehen, die dann verallgemeinert werden.[42] Es ist ein Versäumnis der Nachwendezeit, dass die Hintergründe, weshalb mehr als zweieinhalb Millionen Menschen in die Bundesrepublik eingewandert sind, kaum bekannt sind. Die Aufbereitung dieser Thematik über den Lehr- und Kulturbetrieb und somit die Verankerung im gesellschaftlichen Allgemeinwissen Deutschlands steht noch aus. Die in der Hilfsorganisation *Landsmannschaft der Deutschen aus Russland* organisierten (Spät-)Aussiedler erinnern bereits seit 1982 jährlich an den 31. August 1941 als den *Tag der Russlanddeutschen*.[43] Dabei dient der Erinnerungsgemeinschaft der Deutschen aus den Ländern der ehemaligen Sowjetunion das Grenzdurchgangslager Friedland seit 2007 als Erinnerungsort für die bundesweite Gedenkveranstaltung. Als „das Tor zur Freiheit" ist Friedland positiv besetzt, denn für die meisten Deutschen aus den Ländern der ehemaligen Sowjetunion war das Grenzdurchgangslager *die* Aufnahmeeinrichtung in der ersehnten Heimat.[44] Von hier aus ließe sich die Geschichte der russlanddeutschen Aussiedler und Spätaussiedler als eigenständiger Strang in der kollektiven Erinnerung der Bundesrepublik Deutschland als Einwanderungsgesellschaft erzählen. Als Teil der europäischen Geschichte ließe sich das Schicksal der Russlanddeutschen als eine Geschichte der Selbstermächtigung und der Befreiung aus dem Hegemonialanspruch Moskaus erinnern.

Schlagwörter:
Russlanddeutsche, Spätaussiedler, Deportationen, Wolgadeutsche

---

[39] Mukhina: The Germans of the Soviet Union [Fn. 10], S. 151.
[40] Jannis Panagiotidis: Postsowjetische Migration in Deutschland. Eine Einführung. Weinheim, Basel 2021.
[41] Friedrichs, Graf: Integration gelungen? [Fn. 37]. – Susanne Worbs, Eva Bund, Martin Kohls, Christian Babka von Gostomski: (Spät-)Aussiedler in Deutschland: Eine Analyse aktueller Daten und Forschungsergebnisse. Nürnberg 2013.
[42] Preis für unterirdische Berichterstattung „Goldene Kartoffel" für SWR-Doku über Russlanddeutsche, <https://neuemedienmacher.de/aktuelles/beitrag/goldene-kartoffel-fuer-swr-doku-ueber-russlanddeutsche/>. – Riefer: Russische Außenpolitik und der falsche Diasporadiskurs in Deutschland [Fn. 17], hier S. 97–98, 108–111, 121–123. – Nikolai Klimeniouk: Fleißige deutsche Opfer, frustrierte russische Täter. bpb.de Dossier Russlanddeutsche 2018, www.bpb.de/276854/.
[43] Webseite der Landsmannschaft der Deutschen aus Russland <https://lmdr.de/einladung-zur-zentralen-gedenkfeier-der-landsmannschaft-der-deutschen-aus-russland-e-v-am-31-august-2024/>. Das „Russland" im Namen der Landsmannschaft ebenso wie in der Bezeichnung „Russlanddeutsch" bezieht sich auf das historische, nicht das heutige Russland.
[44] Gesine Wallem: Ankunft in Friedland. Das Grenzdurchgangslager als Erinnerungsort und Aufnahmeeinrichtung für russlanddeutsche Aussiedler und Spätaussiedler. bpb.de Dossier Russlanddeutsche 2018, <www.bpb.de/271947/>.

Abstracts

Pressure points
Georgia, Moldova, Ukraine

Georgia after the Election
Defenceless against Russia
Zaal Andronikashvili on the Georgian Nightmare, Act 3

Billionaire Bidzina Ivanishvili's Georgian Dream party has secured an absolute majority in Georgia's parliament by means of election fraud. With the polls predicting defeat, Georgian Dream opted for an inventive combination of manipulation. The pro-European opposition indulged in illusions and made mistakes. It was unable to take advantage of the fact that 80 percent of Georgians want to join the EU. Geopolitically, Georgia and Ukraine are different theatres of the same battle that Russia is waging. Georgia's only protection from Moscow is integration into the EU and NATO. Ivanishvili's election victory has interrupted this course. The election is a great success for Moscow. And Brussels merely watching from the sidelines.

Hans Gutbrod
Revealing Numbers
How Georgia's Election was Systematically Manipulated

The parliamentary elections in Georgia were rigged and influenced by the government in an extremely efficient way. This was achieved through buying votes, intimidation, multiple voting, and identity fraud. A special feature was the systematic misuse of private data so that the authorities knew exactly which voters to target. There is also a large gap between urban and rural areas in the manipulation of the election. At the district level in particular, statistical analysis can be used to quantify with astonishing accuracy how many more votes Georgian Dream received and how many fewer votes the opposition received due to certain violations.

Anna Guminska
Sandu Elected, Division Cemented
Presidential Elections in Moldova

In Moldova, incumbent President Maia Sandu won the presidential elections. A referendum held at the same time on making accession to the European Union a constitutional goal also ended in victory for the supporters of EU membership. Both decisions were close. This is an expression of the country's social, economic, and political divisions.

Namig Abbasov, Emil A. Souleimanov
Rise of a Criminal
Ramzan Kadyrov's Tyranny in Chechnya

The president of the Russian republic of Chechnya, Ramzan Kadyrov, bases his rule on fear and terror. He employs violence in a targeted manner to eliminate opponents, nip dissent in the bud, and consolidate his rule. After the Second Chechen War, he emerged victorious from the power struggle between various military combat forces. Since then, he has systematically persecuted human rights activists, journalists, civic organizations, and the LGBTQ+ community. He is accused of numerous human rights violations such as torture, abductions, and extrajudicial killings. He does not stop at the borders of the autonomous republic, but takes action against critics and opponents throughout Russia and even abroad. The Kremlin tolerates Kadyrov's tyranny and thus allows the limits of authoritarian rule in Russia to be expanded further.

Martin Schulze Wessel
Conflicting Worldviews
Debates about Rearmament and Russia's War

What does the "turn of an era" mean for contemporary history? Immediately after Russia's invasion of Ukraine, the first studies meticulously reconstructing Germany's political entanglements with Russia began to appear. They showed that German politics for years had ignored Russian domestic political developments and their consequences for foreign policy. This denial of reality had already existed in the late 1970s. The peace movement was formed in response to NATO's 1979 dual-track decision. In the debate over peace and defence, two worldviews and political strategies competed: containment or appeasement. These worldviews influenced the behaviour of the actors in the 1980s and continue to do so to this day. One side demands vigilance and defence, the other restraint. In an era characterised by Russia's war policy and hegemonic ambitions, the pacifists' worldview from the 1980s and the virtue of prudence make for poor advisors.

Benno Ennker
The Sweet Poison of Appeasement
Russia's War and German Manoeuvring

British foreign policy in the 1930s, which went down in history as "appeasement", pursued the goal of stopping Hitler's revisionist course. It led to disaster. Today, Russia is pursuing an aggressive and revisionist policy. Although no one explicitly professes a policy of appeasement, the manoeuvring of relevant circles in German politics on the question of whether Ukraine should be given full military support for its defensive struggle amounts to de facto appeasement. What is needed is a change of course: Germany should be prepared to counter the Russian aggressor through deterrence and defence.